Understanding of Hermeneutical Practical Theology

해석학적 실천신학이해

이 원 일 지음

크리스찬 커리큘럼

머리말

차디찬 겨울바람이 매섭게 불던 어느 겨울날 나에게 한 가지 물음이 운명처럼 다가왔다. 나는 지금까지 무엇을 해 왔는가? 그리고 앞으로 하고 싶은 것은 무엇인가? 너무 어렵게 생각하지 말고 우선 쓰고 싶은 대로 한번 글로 써보자. 역시 학교에서 배운 것은 기억에 오래 남는 것 같다. 박사학위를 받은 지가 벌써 수십 년이 지났음에도 박사과정을 공부할 때 전공 교수님들의 한 말들이 기억에 남아 있었다.

기독교 교육학에서 실천신학적 접근을 강조하던 말들에 대한 기억이다. 기독교 교육학에는 여러 가지의 접근 방법론이 있다. 그중에서 새로운 접근 방법론으로서 실천신학적 접근을 강조하면서 강의하던 모습에 대한 기억이다.

선지 동산에서 제자 양육에 대한 소명을 감당하면서 여러 권의 저서를 써 왔다. 실천신학에 대한 것은 기존의 여러 책으로 가르치며 학생들과 토론하기도 하며 수업해 왔다. 실천신학이 재미있었지만 그래도 뭔가 아쉬운 점도 여전히 남아 있었다. 광범위하면서 뭔가 초점이 약하다는 것이다. 원초적인 물음이 가시질 않는 것이다. 왜 실천신학이 필요할까? 왜 실천신학이어야 하는가? 이러한 원초적인 물음들을 가지고 지금까지 가르쳐 온 내용들을 일단 정리하기 시작하면서 본 저서가 나오게 되었다.

본 저서에 담고 싶은 내용은 실천신학이 필요한 이유에 대한 것이다. 왜 실천신학이어야 하는가? 이 물음에 응답하는 차원에서의 저서이다. 인자가 올 때 세상에서 믿음을 보겠느냐? 이 물음에 응답하기 위해서이다. 어떻게 구원받는가? 신학교에 입학하면서 수업 시간에 많이 듣던 물음이다. 신학교에 들어간 처음으로 돌아가 본 것이다. 구원받는 믿음은 어떤 믿음일까? 이 물음에서 왜 실천신학이어야 하는 것인지에 대한 실마리를 찾을 수 있었다.

인자가 세상에 다시 올 때 보고 싶어 하는 믿음을 위해서는 실천신학적 이해가 반드시 있어야 한다. 인자가 보고 싶어 하는 믿음은 다름 아닌 실천적 신앙이라는 내용으로 쓰여지게 된 것이 본 저서이다. 실천적 신앙이라는 말은 글을 쓴 처음부터 강하게 가졌다기보다 어떻게 보면 글을 쓰면서 점점 더 뚜렷하게 되었다고 해야 할 것이다. 삼위일체 하나님의 섭리적 프락시스에 기초한 신앙이 바로 실천적 신앙이다. 삼위일체 하나님의 섭리적 프락시스에 기초한 실천적 신앙인으로 양육하고 실천적 신앙공동체를 형성하고자 하는 것이 바로 해석학적 실천신학이다.

실천신학은 신학자나 평신도나 모두에게 요긴하다고 할 수 있다. 신앙공동체 모두는 실천신학을 하고 있다고 해야 할 것이다. 이 저서의 독자는 신학대학교에서 신학을 하는 신학생들만이 아니라 교회를 비롯한 모든 신앙공동체를 구성하고 있는 평신도도 포함된다. 본 저자를 포함하여 모든 사람이 인자가 세상에 올 때 인자가 보고 싶어 하는 실천적 신앙인, 그리고 실천적 신앙공동체가 되었으면 하는 마음이다.

본 저서가 나오기까지 영적 순례에서 동반자의 길을 걸어온 아내 박영숙, 그리고 열악한 형편 가운데서도 잘 자라왔고 잘 살아가고 있는 딸 민예와 사위 이상환, 아들 상우 모두에게 감사의 마음을 전하고 싶다. 영적 학문적 여정을 함께 해온 학계와 교계의 모든 교수님과 목사님, 본 저서의 연구와 출판을 위해 재정적으로 부담해 준 이진순 권사님, 그리고 편집과 인쇄를 위해 수고해 주신 신원사의 정연대 사장님 등 모두에게 고마운 마음이다. 지금까지의 저서들은 기존의 출판사를 통해왔으나, 교수 현역으로서 마지막 저서인 본 저서는 처음으로 독립 출판사를 통해서 출판하게 되었다는 점도 또 다른 의미가 있다고 할 것이다. 지금까지의 여정을 인도하신 삼위일체 하나님께 무한한 감사와 영광을 돌린다.

목차

1장

해석학적
실천신학의 개념

실천신학(Practical Theology)이란 무엇인가? 실천신학은 실천과 관련한 신학이다. 여기서 실천(practice)은 단순한 움직임을 말하는 것이 아니다. 특정한 시간과 공간에서 의도적인 움직임을 말한다. 실천은 가치 중립적이기보다는 가치 지향적이며 공동체적이다. 그리고 실천은 추상적이며 탈역사적인 것이 아니라 구체적이며 역사적이다.[1]

따라서 실천과 관련한 실천신학은 다음의 물음들과 관련한다. 사람은 어떻게 행동이라고 하는 실천을 하게 되는가? 예수 그리스도 안에서 계시 된 하나님은 어떤 존재인가? 예수 그리스도의 성육신을 비롯한 이 땅에서의 사역은 인간의 구원과 관련하여 무엇을 말하고 있는가? 삼위일체 하나님에 의한 실천적 신앙인과 신앙공동체는 어떤 특성이 있는가? 등이다.[2]

실천신학이라는 개념은 하나님의 역사(役事), 형성, 재형성, 제자도, 증인, 공적 사역 등과 같은 실천 지향적인 단어들과 관련된다. 실천신학이라는 개념은 회중, 소그룹, 신학교 등의 실천적 신앙공동체에서 협력적이며. 개방적이며, 함께 나눔과 관련된다. 여기서 말하는 신앙공동체란 그리스도이신 예수를 중심으로 형성된 공동체이다.

---

1) John Swinton and Harriet Mowat, *Practical Theology and Qualitative Research* (London: SCM Press, 2006), 17-21.
2) James Newton Poling, *Rethinking Faith: A Constructive Practical Theology* (Minneapolis: Fortress Press, 2011), 1-7.

그리고 실천신학은 전문가뿐만 아니라 일반인의 지식과 경험을 통한 하나님의 계시도 포함하는 개념이다.3) 따라서 실천신학은 삼위일체 하나님의 섭리적 프락시스에 대한 신학적 성찰과 지혜로운 분별을 기초로 한다. 그리고 구체적인 상황에서 하나님의 뜻을 분별하고 모든 신앙인과 신앙공동체의 실천적 삶을 추구하는 실천적 속성을 가진 학문이다.4)

1. 사역으로서의 실천신학

실천신학 개념에 대한 이해를 위한 하나의 접근은 사역(使役, ministry)이라는 개념을 단서로 하는 것이다. 사역이라는 한자어는 사람을 부리어 일을 시킴 또는 시킴을 받아 어떤 일 함을 의미한다. 기독교적인 의미에서 사역이라는 개념은 하나님께 사신으로 보냄을 받은 자로서 일을 분별하여 행동하는 것을 의미한다.5) 그리고 사역은 삶의 자리에서 계속해서 주어지는 문제와 도전들로 말미암는 과정적이며 다면적인 특성이 있다.

사역이라는 개념과 유사한 개념으로는 목회(牧會), 교역(敎役) 등이 있다. 사역, 목회, 교역 등은 서로 유사한 의미를 지니고 있다. 안수받은 목회자의 경우는 사역이라는 용어보다는 목사나 교역자의 일을 의미하는 목회나 교역이라는 용어를 주로 사용한다. 그러나 사역이라는 용어를 점차 많이 사용하는 경향이다. 그 이유는 사역이라는 용어는 목회 또는 교역 등을 포괄하며, 또한 목회자뿐만 아니라 평신도를 포괄하기 때문이다. 사역이라는 개념에

---

3) Bonnie J. Miller-McLemore, "The Contributions of Practical Theology," in *Practical Theology* (West Sussex: Blackwell Publishing, 2012), 14.

4) John Swinton and Harriet Mowat, *Practical Theology and Qualitative Research*, 25-27.

5) 은준관,『실천적 교회론』(서울: 대한기독교서회, 1999), 49.

는 신앙공동체 모두의 일이라는 의미를 강조하고 있다.

실천신학을 사역이라는 개념을 중심으로 이해하려는 것은 목회, 교회, 그리고 삶의 현장에서 하나님의 뜻을 분별하며 일하는 하나님의 사람들과 관련되기 때문이다.6) 하나님의 사람이라는 정체성을 가지고 삶의 현장에서 하나님의 뜻을 위하여 일하는 사람이 사역자이다. 사역자라는 용어는 삶의 현장인 가정, 교회, 사회 등에서 하나님의 사역을 하는 모든 사람에 대한 신앙적 표현이다.

사역으로서 실천신학에는 세 가지의 유형이 있다. 첫째, 목회자 중심으로 사역을 이해하고자 하는 실천신학이다. 목회자 중심 실천신학이다. 목회자는 안수받은 목사를 대표로 한다. 목사와 관련한 실천신학이다. 목사가 목회를 하기 위해 갖추어야 할 자질을 비롯하여, 목회와 관련한 일을 어떻게 해야 할 것인지에 대하여 제시한다.

둘째, 교회를 중심으로 하는 사역으로서의 실천신학이다. 교회 중심 실천신학이다. 교회에서 하는 사역을 분류한다. 예배, 교육, 친교, 봉사, 그리고 전도 및 선교 등의 사역이다. 교회라고 하는 공동체가 교회의 사역을 협력하여 감당하도록 사역자를 양육하는 방안들을 다룬다.

교회 중심의 실천신학에서 중심 개념인 사역은 돌봄(caring)이라는 말로 대체하여 사용하기도 한다. 모든 인류와 창조물을 위한 하나님의 돌봄을 교회는 어떻게 구체화할 수 있을 것인가? 하나님의 돌봄을 대신하는 목회적 돌봄으로서의 실천신학이다.7) 목회자와 교회가 중심이 되어 돌봄의 사명을 강조함으로 목회신학(pastoral theology)이라고도 한다.

---

6) Johannes van der Ven, *Practical Theology: An Empirical Approach* (AC Kampen, The Netherlands: Kok Pharos Publishing House, 1993), 34-41; C. Ellis Nelson, *How Faith Matures* (Louisville, Kentucky: Westminster/John Knox Press, 1989), 14-15. practical theology is our effort to respond to real life situations, times when we must make a decision or must take action in some way. ⋯ a case study method ⋯

7) James N. Poling, *Rethinking Faith: A Constructive Practical Theology*, 159-160.

목회신학과 실천신학은 1950년대 중반기부터 오늘날까지 혼용해서 사용하고 있다. 목회신학과 실천신학의 공통된 관심사는 현장과 살아 있는 경험 등을 중요하게 여기는 것이다. 그러나 차이점은 목회신학은 목회자가 중심이 되어 교회공동체에서 평신도의 정서적인 측면, 그리고 돌봄 활동을 강조하는 반면에, 실천신학은 목회신학을 포함하여 학문적인 차원과 공적인 차원 등 더 폭넓은 차원에서 신앙공동체의 사역을 다루고 있다는 점에서 차이점이 있다.8)

셋째, 오늘날 목사와 교회 중심의 실천신학과 달리 삶의 자리인 현장에서 역사하는 하나님의 사역(God's ministry)을 중심으로 하는 실천신학이다. 실천신학은 하나님의 사역으로 이해하고자 하는 관점이다.

목사의 목회와 교회의 사역이라고 하는 테두리를 넘어서서 역사적이며 일상적인 삶의 현장 가운데서 역사하는 하나님은 하나님의 사역을 위해서 동역자를 부르는 소명의 하나님이다. 공적 차원에서 하나님에 의한 소명과 하나님 나라를 위한 사명에 관심을 가지는 학문이 실천신학이다. 이를 공적 실천신학(public practical theology)이라고도 한다.

실천신학은 하나님의 부름을 받아 하나님의 사역에 참여하는 모든 하나님 사람들의 사역(ministry of God's people)에 대하여 실천적인 의미를 탐구한다. 실천신학적 관점에서 보면 하나님께 부름을 받은 소명의 사람들은 목회자, 평신도, 하나님의 백성, 하나님의 자녀, 예수님의 제자 등 다양한 용어로 일컬어질 수 있다.

그러나 이러한 용어들을 포함하여 모든 사람을 차별 없이 포괄하는 차원에서 '하나님의 사람'(God's people; 딤·전 6:11)이라는 용어를 사용하기도 한다. 실천신학은 목회자와 평신도를 포함한 하나님의 사람들이 하나님의 부르심에 의한 소명에 기초하여 서로 간에 협력을 추구한다. 그리고 하나님

---

8) Bonnie J. Miller-McLemore, "The Contributions of Practical Theology," in *Practical Theology*, 6.

의 사람들이 갈등으로 가득한 삶의 자리에서 하나님의 뜻을 분별하며, 하나님의 사람으로 삶을 살아가도록 촉진하며, 하나님의 사람으로 성장하도록 양육하며 실천적 신앙공동체를 세워나갈 것을 말한다.

2. 신학으로서의 실천신학

실천신학이라는 개념 정의를 신학이라는 학문의 관점에서도 정의할 수 있다. 신학이란 하나님, 인간, 생태계 등을 성경에 기초하여 이해하고자 하는 학문이다.9) 하나님, 인간, 생태계 등에 대하여 인간의 이성, 감성, 신체성, 그리고 영성 등의 전인적이고 통합적인 차원으로 탐구하는 것이다.

하나님, 인간, 그리고 생태계 등을 이해하고자 하는 신학의 방법론은 연역법, 귀납법, 묵상 등에 포함하는 통합적 방법에 의한 탐구 등이 있음을 고려해 볼 때 신학 탐구는 전인적인 차원으로 이루어질 수 있음을 알 수 있다.

연역법적 방법은 명제, 교리 등에 대한 탐구를 통하여 하나님을 이해하고자 한다. 귀납법적 방법은 사람, 자연 등에 대한 탐구를 통하여 하나님에 대한 이해를 추구한다. 그리고 통합적 방법은 이성, 감성과 함께 기도와 묵상 등을 포함하여 하나님 이해를 추구한다. 세 가지의 신학적 방법론은 '실천신학이라는 학문'(poimenics)을 이해하는 것에 도움을 주고 있다.10)

---

9) C. Ellis Nelson, *How Faith Matures*, 11. The word "theology" means knowledge of God. 그러나 반 데르 벤은 루터의 신학의 핵심은 하나님과 인간의 관계성을 추구하는 것이라고 루터의 신학을 해석함. "According to Luther, the object of theology cannot be found in God as such, but only in the relationship between man and God." Johannes van der Ven, *Practical Theology*, 34.

10) Johannes van der Ven, *Practical Theology*, 161, 171. poimenics는 목회학을 의미하며 목양학이라고도 함. 포이메닉스에는 기독교 교육학(catechetics), 목회 상담학(pastoral care), 설교학(homiletics), 예배학(liturgy), 그리고 봉사학(diacony) 등의 실천신학의 학문들이 포함됨.

실천신학을 위한 방법론은 크게 세 가지로 구분할 수 있다. 이성 중심의 규범(norm, 規範)의 패러다임, 감성 및 의지 등에 의한 경험(experience, 經驗)의 패러다임, 그리고 깨달음 중심의 통합적인 차원에 의한 이해(understanding, 理解)의 패러다임 등이다. 정리하자면 규범에 의한 실천신학, 경험에 의한 실천신학, 그리고 이해를 위한 실천신학 등이다.

규범의 실천신학은 자신이 이미 형성하고 있거나 전통으로 여겨지는 신학적 지식에 기초한다. 기존의 정통이라고 간주하고 있는 신학으로 말미암는 하나님, 교회, 세상 등에 대한 이해에 기초한 지식으로 삶에 응용하고자 하는 응용 중심의 실천신학을 탐구하고자 하는 연역법적 방법론이다. 선입견이라고도 할 수 있는 기존의 신학 사상에 의해 실천신학을 추구한다.

경험의 실천신학은 자신이 경험한 것에 기초하거나, 자신의 경험 및 유사한 경험을 가진 사람들에 대한 사회과학적 탐구의 결과를 기초로 하는 실천신학적 탐구를 귀납법적 방법론이라고 한다. 개인의 경험과 사회적 경험 등으로 말미암는 사회 문화적, 정치적, 경제적 의미로 말미암는 실천신학을 추구하고자 한다.

규범의 실천신학에서 추구하는 연역법적 접근과 경험의 실천신학에서 추구하는 귀납법적 접근은 서로 다른 방향의 접근법이다. 그러나 두 접근법의 공통점은 응용에 강조점을 두고 있다. 기존 탐구에 의한 지식과 경험에 기초하여 실천신학을 탐구하고자 하는 방법론이다.

이해를 위한 실천신학은 해석학적 접근에 의한 실천신학이다. 해석학적 실천신학은 경험과 지식의 통합으로 말미암는다. 현상학적이며 해석학적이다. 살아있는 것 같이 생생하며 실제적 경험을 말하는 생경험(lived experience)에서 의미를 찾고자 하는 현상학(phenomenology)과 텍스트에 대한 비판적 성찰과 해석을 통해 이해를 추구하는 해석학(hermeneutics)에 의한 실천신학이다. 경험과 텍스트에 대한 성찰 등은 상호보완적 관계이다.11)

달리 언급하자면, 현상학적 해석학 또는 해석학적 현상학이라는 말에서도 알 수 있듯이 둘의 관계는 밤과 낮처럼 상호보완적이다. 그러나 요약하여 해석학이라고 한다. 해석학의 목적은 이해(understanding)에 있다.[12] 언어적 및 비언어적인 다양한 텍스트들에 대한 이해를 추구한다. 텍스트들에 대한 소통(communication)과 이해로 실천적 공동체 형성 및 재형성을 추구하고자 한다.

해석학에서 말하는 이해란 무엇인가? 이해는 깊은 앎(deep knowledge)이다. 체험적 앎(yada, ginoskein)이다. 아-하 경험으로서의 앎이다. 깨달음이라고도 한다. 이해는 문자적이며 객관적인 앎을 넘어선다. 그리고 이미 형성되어 있는 선입견으로 말미암아 사람, 행동, 삶, 사물, 세계 등의 컨텍스트(context)를 알려고 하는 자신의 관점을 넘어선다.[13]

---

11) John Swinton and Harriet Mowat, *Practical Theology and Qualitative Research*, 108, 109. 이원일, 『해석학적 상상력과 기독교교육과정』 (서울: 한국장로교출판사, 2004), 4, 5장. 후설은 경험의 본질을 있는 그대로 이해하기 위해 괄호 치기를 말함. 그러나 가다머는 역사적 상황성이 이해를 위해 필요함을 말함. 이 둘의 관계는 순환적이며 상호보완적인 관계임.

12) 해석학에 대해서는 다음을 참고할 것. 이원일, 『성인기독교교육의 재개념화』 (서울: 한들출판사, 2014), 132-134, 172-179, 203-206, 224-227, 247-254. 밴 데르 벤의 해석학에 대한 언급들을 참고할 것. Johannes van der Ven, *Practical Theology: An Empirical Approach*, 46-59. 해석학은 언어적 및 비언어적 텍스트에 대한 해석을 위한 학문으로 정의함. 그리고 해석학은 상황(context), 역사적 요인들, 순환적(circular), 호(arc), 시간 간격(gap)의 연결(bridge), 상호발생적 의사소통(intergenerative communication), 관계성 형성, 의미의 중요성 등을 탐구하는 학문임을 말함.

13) 여기서 한가지 주의해야 할 것은 리쾨르는 행동이나 삶 등 컨텍스트에 해당하는 것도 해석을 필요로 하는 텍스트라고 함. 리쾨르는 텍스트와 컨텍스트라는 구분 대신에 다양한 텍스트라고 말하고 있음. Paul Ricoeur, From Text To Action: Essays in Hermeneutics (Illinois: Northwestern University Press, 1991), 308-324. Dwayne Huebner, "Educational Foundations for Dialogue," *Religious Education*, Fall 1996, 587. 이원일, 『해석학적 상상력과 기독교교육과정』, 228-243. Sally A. Brown, "Hermeneutical Theory," in *The Wiley-Blackwell Companion to Practical Theology*, ed., Bonnie J. Miller-McLemore (West Sussex, UK, Blackwell Publishing, 2012), 116. 텍스트는 문학적인 속성을 지닌 텍스트를 말함. 문자적이고 고정적인 해석만이 있는 것은 textbook이라고 함. 그러나 대화의 여지가 열려 있으며, 인간의 이성, 감성, 신체성, 영성 등이 포함되어 상상력의 작동 구조를 갖는 것을 텍스트라고 함. 텍스트는 인간, 나무를 비롯하여 사물, 책, 인터넷, 매스미디어 등 모든 것이 포함 될 수 있음. 어느 것이 text냐는 것이 쟁점이 아님. 오히려 대상을 textbook이 아니라 text로 여기는 관점이 중요함을

자신의 관점으로 다양한 텍스트를 알려고 하는 경우 자신이 이미 가지고 있는 이데올로기로 말미암는 가치관을 텍스트에 주입하려고 한다. 자신의 이데올로기로 말미암는 선입견은 다른 사람이 잘 받아들이는 경우보다 받아들이지 못하는 경우가 더 많다.

　그러나 해석학적 실천신학은 선입견으로 말미암는 왜곡, 편견, 경시 등에 대하여 비판적 성찰을 추구하는 학문이다. 개인이 갖는 이데올로기뿐만 아니라, 신앙공동체가 갖는 신학 등의 이데올로기에 대해서도 지속적인 비판적 성찰을 하고자 한다. 주입에 의한 억압과 차별을 극복하고 '있는 그대로'의 존재를 알고자 하는 이해의 공동체를 형성하기 위해서이다.

　규범의 실천신학과 경험의 실천신학에서는 갈등 해결을 위해 지배자이든 피지배자이든 힘의 논리를 내세운다. 갈등을 해결하고자 하는 방법은 주로 강요와 침묵의 방법이다. 권력이나 힘에 의한 침묵에서 피지배자의 위치에 있는 상대는 힘으로 맞서며 저항하기도 한다. 피지배자는 또한 폭력에 의한 폭력의 저항이다. 폭력은 신체적이며 물리적 폭력만이 아니라 언어적, 정서적, 성적 등의 다양한 폭력을 말한다. 갈등에 대한 해결은 파괴적인 경향을 지닌다.

　그러나 해석학적 패러다임에 의하면 모든 텍스트(text)는 각자 독특성을 가지고 있다는 것에서 출발한다. 해석학적 관점에서 이해는 해당하는 텍스트의 관점에서 관련 텍스트를 이해하려고 한다. 자신의 이데올로기로 말미암는 선입견에 대한 비판적 성찰로 말미암아 텍스트의 세계로 들어가서 그 세계를 이해하려고 한다. 개별적인 텍스트의 세계에 대한 이해이다. 이해는 있는 그대로의 세계를 분별하고 수용하고 공존하는 것이다.

　해석학적 관점에 의한 이해의 실천신학은 구성적 방법론으로서 소통의 과정을 중요하게 여긴다. 자신의 세계를 주입하려고 하기 보다는 텍스트의

말함. 대상을 대화의 상대로 여기는 모든 것은 text가 될 수 있음. 어떤 인간이든 대화의 대상인 텍스트로 여기는 것이 해석학의 관점임.

상황성(contextuality)을 이해하려고 한다. 이는 이해를 위해 서로 간의 대화로 말미암는 의사소통이 중요한 이유이다.

따라서 해석학적 패러다임으로 신학적 텍스트를 이해하기 위해서는 텍스트뿐만 아니라 컨텍스트(context)에 대한 이해도 중요하다.14) 텍스트가 어떤 상황에서, 어떤 배경으로, 어떤 담론 또는 방법으로 쓰였는지, 어떤 심리의 인물들이 등장하는지 등을 간학문적(interdisciplinary)으로 접근하여 이해를 추구한다.

이해를 위해 파악해야 할 상황(context)와 관련되는 대표적인 학문들은 심리적, 역사적, 사회적, 문화적, 경제적, 그리고 정치적 학문 등으로서 주로 사회과학과 인문과학에 해당하는 학문들이다. 따라서 해석학적 실천신학은 신학과 사회과학 등의 간학문적인 특성을 지니고 있다.15) 그러나 신학과 달리 사회과학은 하나님의 존재를 부정하거나 하나님의 존재를 연구의 대상으로 여기지 않기 때문에 학문 간의 대화에서 어려움이 있기도 한다.

간학문적 특성을 지닌 이해를 위한 해석학적 실천신학에서 다루는 텍스트와 주제는 이미 결정된 정답을 대상에게 그것을 강압적으로 주장하거나, 정리된 이론을 현장에 그대로 적용하기보다는 그 텍스트와 주제 등의 상황에 대한 비판적 성찰이 중요하다. 그 이유는 의미와 가치를 알고자 하는 모든 해석에는 개연성(probability)이 있기 때문이다.16) 따라서 해석학은 텍스트의 문자적인 의미를 강조하는 근본주의나 그와 상반되는 과학적이며 신학적인 자유주의 등과 달리 비판적 성찰을 강조하는 제3의 이론이다.17)

---

14) context에 대한 본 저서에서의 표기는 '상황' 또는 '현장' 등으로 번역하여 표기하고자 하며, 영어의 음역을 그대로 하여 '컨텍스트'로 표기하기도 함. Text에 대한 본 저서에서의 표기는 대부분 음역을 그대로 하여 '텍스트'로 표기하고자 함. 즉, 텍스트와 컨텍스트로 표기하기도 함.

15) James N. Poling, *Rethinking Faith: A Constructive Practical Theology*, 154-159.

16) *Ibid.*, 157.

17) Johannes van der Ven, *Practical Theology: An Empirical Approach*, 47.

간학문적인 이해를 위한 해석학적 실천신학은 이미 형성되어 있는 사회적 이데올로기나, 이미 결정되었다고 파악된 구조를 개인에게 적용하거나 응용하려고 하는 위험을 극복하고자 하는 신학이다. '지금 그리고 여기서'에 해당하는 의미를 추구한다. 과거와 미래가 중요한 것은 현재에 의미가 있기 때문이다. 과거의 현재이며, 미래의 현재이며, 현재의 현재이다. 현재는 과거의 포로가 아니며 미래를 위한 희생물로 아니다. 매일 새 하늘과 새 땅이다.

3. 신앙 형성으로서의 실천신학

사람은 이해를 추구하는 존재이다. 이해되지 않으면 어둠 속에 있는 것처럼 답답해한다. 이러한 전제와 관련하여 다음의 물음들이 제기된다. 사람은 어떻게 이해를 추구하는가? 일관성 있는 이해는 어떻게 가능한가? 이해로 말미암는 일관성 있는 삶은 어떻게 가능한가? 무엇이 일관성 있는 이해의 삶을 가능하게 하는가? 참된 것이 무엇인가를 아는 것은 이해의 준거가 될 수 있는가? 거짓된 것은 이해에 장애가 되는가? 믿음(신앙)으로 아는가? 앎으로 믿는가? 어떤 믿음(신앙)이 이해에 이르게 하는가?

해석학적 접근에 의한 실천신학을 논함에 있어서 실천신학의 근거를 신앙(πίστις, faith, 믿음)에서 찾고자 한다. 신앙에 대한 해석학적 이해이다. 신앙에 대한 해석학적 이해는 앞서 언급한 사역, 학문 등의 차원에서의 실천신학에 대한 정의를 포함한다. 그러나 신앙에 대한 해석학적 이해는 좀 더 근원적 차원에서 실천신학을 이해하고자 한다.[18]

---

18) 해석학과 실천신학의 관련성에 대해서는 다음을 참고할 것. Sally A. Brown, "Hermeneutical Theory," in The Wiley-Blackwell Companion to Practical Theology, ed., Bonnie J. Miller-McLemore (West Sussex, UK: Wiley-Blackwell,

하나님은 신앙을 선물로 주는 존재자이다. 하나님에게서 선물로 받은 신앙이다. 하나님의 선물 또는 하나님의 은혜라는 맥락으로 신앙 그리고 신앙 형성이라는 차원에서 실천신학의 뿌리(root)를 찾고자 한다. 따라서 실천신학의 뿌리는 어떤 추상적인 이론이나 행동주의적 실천에 근거하는 것보다 더 깊은 차원에 있다.

실천신학을 이론과 실제의 통합적인 학문이라고 말하기도 한다. 신학과 인문과학 및 사회과학 등의 간학문적 특성을 지니고 있다고 말한다. 물론 맞는 말이다. 그러나 좀 더 근본적인 차원에서 실천신학을 말하기 위해 본 저서는 저술되었다. 왜 실천신학이 필요한가? 단순히 이론과 실제의 통합을 말하거나, 결과로서 분별이나 실천을 위해 필요하다고 말하기도 한다.[19]

그러나 왜 이론과 실제의 통합이어야 하는가? 왜 간학문이어야 하는가? 왜 분별과 실천이어야 하는가? 왜 모든 신학은 실천신학이어야 하는가? 실천신학은 모든 신학의 뿌리가 될 수 있는가? 이러한 물음들은 좀 더 근본적인 차원에서 논의하고자 한다.

본서에서는 실천신학의 뿌리로서 '신앙'을 제시하면서 앞의 물음들과 연관된 중요한 물음들은 다음과 같이 제시한다. "인자가 올 때 세상에서 믿음을 보겠느냐?"(눅 18: 8)는 물음이다. 인자가 보기를 원하는 신앙은 어떤 신앙을 말하는가? 하나님의 은혜로 구원받는 신앙이란 어떤 신앙을 말하는가? 구원받는 신앙에는 의지적인 차원도 있는가? 의지적 차원의 신앙이란 무엇인가? 신앙과 행함은 어떤 관계인가? 신앙과 삶은 어떤 관련이 있는가? 구원받는 삶이란 어떤 삶을 말하는가? 구원받는 신앙에 대하여 어떤 학문적인 논의들이 있는가?

2012), 112-122.

19) Jeanne Stevenson-Moessner, *Prelude to Practical Theology: Variations on Theory and Practice* (Nashville: Abingdon Press, 2008), 44, 45.

히포(Hippo)의 어거스틴(St. Aurelius Augustinus, 354~430)

어거스틴은 신앙에 대하여 '이해하기 위해 믿어라'(crede, ut intelligas; believe so that you may understand)고 말한다. 알기 위해서는 믿어야 한다는 말에서 신앙이 앎의 기초임을 말하고 있다. 어거스틴이 말하는 신앙이란 어떤 의미를 지니고 있는가? 이 물음에 대한 답을 다음의 어거스틴이 "행함이 없는 믿음은 구원을 위해 충분하지 못함"[20)이라는 제목의 글에서 우선 찾아보고자 한다.

> 우매한 사람은 사도가 "그러므로 사람이 의롭다 하심을 얻는 것은 율법의 행위에 있지 않고 믿음으로 되는 줄 우리가 인정하노라"(롬 3:28)라고 말하는 것에 대하여 사람이 악한 생활을 하며 선행이 없더라도 믿음만 있으면 충분하다는 뜻으로 생각했습니다. 이런 사람을 사도가 "선택된 그릇"이라고 생각했을 리가 없습니다. 사도는 "그리스도 예수 안에서는 할례나 무할례나 효력이 없으되 사랑으로써 역사하는 믿음뿐이니라"(갈 5:6)고 말합니다. 하나님의 충성스러운 종과 더러운 귀신을 구별하는 것은 이런 믿음입니다. 사도 야고보의 말씀과 같이, 귀신들도 "믿고 떨지만"(약 2:19), 선행은 하지 않습니다. 그러므로 귀신들에게는 의인이 믿음으로 산다는 그 믿음이 없습니다. 사랑으로 역사하는 믿음이 없고, 그 행위에 따라 하나님이 영생으로 갚아 주시는 믿음이 없습니다. 그러나 우리의 선행까지도 하나님에게서 오며 우리의 믿음이나 사랑도 하나님에게서 오는 것이므로, 저 위대한 이방인 교사는 '영생 자체'도 하나님이 거저 주시는 '은사'라고 부릅니다(롬 6:23).

어거스틴에 의하면 성경에 "사랑으로써 역사하는 믿음"(갈 5:6)을 온전한

---

20) Saint Augustin, "On Grace and Free Will," in ed., Philip Schaff, *Nicene and Post-Nicene Fathers of The Christian Church, Vol. V. Saint Augustin: Anti-Pelagian Writings*, 김종흡 역, 『아우구스티누스의 은혜론』 (서울: 생명의 말씀사, 1990), 184. 어거스틴은 '은혜와 자유의지에 대하여'에서 18장 '행함이 없는 믿음은 구원을 위해 충분하지 못함'(Faith Without Good Works Is Not Sufficient For Salvation)이라고 함. 구원이라는 합격선에 미달 되어 구원받지 못함을 말함.

신앙이라고 말한다. 온전한 믿음으로 구원을 얻는다. 온전한 믿음은 행함이 있는 믿음이다.21) 구원을 받을 수 있는 행함이 있는 믿음을 형성하는 것에 실천신학의 존재 이유가 있다.

그러나 어거스틴은 선행까지도 하나님의 은혜에 속한다고 강조한다. 관련된 성경은 "나를 떠나서는 너희가 아무것도 할 수 없음이라"(요 15:5)의 말씀을 제시하고 있다. 그리고 "행위에서 난 것이 아니니"(엡 2:9)라는 말씀은 "우리 자신에게 그 원인이 있다고 생각하는 그런 행위에 대해서 하는 말씀"22)으로 해석한다. 어거스틴에 의하면 자기의 선행을 자기의 것인 듯이 자기의 의를 자랑하거나 자기의 힘으로 선행을 할 수 있다고 생각해서도 안 된다는 것이다.

인간은 선행을 위해 창조되었다(시 51:10; 고후 5:17-18; 엡 2:10). 그러나 선행은 하나님의 은혜이다. 선행의 보상으로서의 영생도 하나님의 은혜이다. 영생도 하나님이 거저 주시는 것으로서 전적인 하나님의 은혜이다.23) 선행은 하나님의 은혜가 헛되지 않음을 말한다. 따라서 "각 사람이 행한 대로 갚으시리라"(마 16:27; 시 62:12; 계 22:12)는 말씀에서 구원에 이르는 온전한 믿음을 위해서는 하나님의 은혜는 삶 속에서 선행으로 구원에 이르는 믿음으로 나타남을 말한다. 모든 선행의 원인은 하나님의 은혜이다. 믿음도 하나님의 선물이다.

---

21) Saint Augustin, "On the Predestination of the Saints," in ed., Philip Schaff, *Nicene and Post-Nicene Fathers of The Christian Church, Vol. V. Saint Augustin: Anti-Pelagian Writings*, 218. "그 보배 피로 값 주고 주 친히 사신 것이오니 나 이제 사나 죽으나 주 뜻만 따라 살리라"(찬송가 313장 중에서). 주 십자가에 흘리신 그 피를 믿는 믿음은 하나님의 뜻을 따라 사는 것과 분리될 수 없음. 믿음은 삶으로 확증(confirmation)되며, 믿음의 삶으로 살아가는 것이 구원받는 믿음임. 본 저서에서 신앙과 믿음은 동의어로 사용하고 있음.

22) Saint Augustin, "On Grace and Free Will," in ed., Philip Schaff, *Nicene and Post-Nicene Fathers of The Christian Church, Vol. V. Saint Augustin: Anti-Pelagian Writings*, 185, 186-187.

23) *Ibid.*, 187.

하나님의 은혜라고 하는 우산 아래에서 신앙은 행함이 있는 신앙이다. 행함이 있는 신앙은 하나님의 은혜에 의해서 가능하다. 주의해야 할 것은 행함으로 구원에 이른다고 오해하지 말아야 한다. 믿음과 행함이 아니다. 행함이 있는 믿음이다. 믿음에 속한 행함이다. 따라서 구원받는 믿음이란 하나님의 은혜로 말미암아 사랑으로써 역사하는 믿음이다.[24] 하나님의 은혜가 사람의 의지보다 먼저 역사한다. 아무도 자기 힘으로 선행을 시작하거나 완수할 수 없다. 하나님의 은혜는 사랑의 행함이 있는 믿음으로 말미암아 구원에 이르게 한다.

> 예수께서는 믿음(faith) 자체도 하나님이 원하시는 행위(work)라고 하시며, 우리에게 믿음을 행하라고 명령하십니다. 유대인들이 예수에게 "우리가 어떻게 하여야 하나님의 일을 하오리까?"라고 물었을 때, 대답하시기를 "하나님의 보내신 자를 믿는 것이 하나님의 일이니라"(요 6:28, 29)고 하셨습니다. 그러므로 사도가 믿음과 행위를 구별하는 것은 … 히브리 민족의 두 나라 유다와 이스라엘을 구별하는 것과 같습니다. 사람이 의롭다 함을 얻게 하는 것이 행위가 아니라 믿음이라고 사도가 말하는 것은 믿음을 먼저 받고, 이 믿음에서 다른 일들 즉 사람이 의롭게 살 수 있게 하는 그 행위라고 부르는 것들을 얻게 되기 때문입니다. … 그러므로 그리스도를 믿기 전이나 믿은 때에나 또 믿은 후에 고넬료가 한 모든 선행은(행 10:4) 모두 하나님에게 돌려야 합니다. 그렇지 않으면 사람이 교만하게 될 수 있습니다.[25]

하나님의 예정에 대해서도 의인이 될 것을 미리 아셨기 때문에 믿는 자들

---

24) *Ibid.*, 220. "… 선한 일을 위하여 지으심을 받은 자라 …" (엡 2:9-10) 믿음과 마찬가지로 우리가 믿음으로 말미암아 행하는 선행도 은혜에 속함. Saint Augustin, "On the Predestination of the Saints," in ed., Philip Schaff, *Nicene and Post-Nicene Fathers of The Christian Church, Vol. V. Saint Augustin: Anti-Pelagian Writings*, 233, 242.

25) Saint Augustin, "On the Predestination of the Saints," in ed., Philip Schaff, *Nicene and Post-Nicene Fathers of The Christian Church, Vol. V. Saint Augustin: Anti-Pelagian Writings*, 233, 234.

을 예정한 것이 아님을 말한다. 예지 예정이 아니라 예정 예지다.[26] 하나님은 우리가 성결하게 될 수 있기 때문에 예정하신 것이 아니다. 오히려 성결함을 위하여 예정하신 것이다. 인간이 스스로 성결할 수 있기 때문이 아니다. 성결하게 하시려고 택하신 것이다. 믿음은 행함을 포함한다. 그리고 하나님의 목적인 예정과 내용으로서의 믿음은 이분법적이 아니라 통합적으로 이해해야 한다.

어거스틴에 의하면 하나님이 '바로의 마음을 완악하게 하셨다'(출 4:21, 7:3, 14:4)라는 말씀을 해석할 때 주의해야 할 것을 말한다. 애굽 왕 바로 자신이 자기의 자유의지를 오용함을 자기의 마음이 완악하여지는 것을 하나님은 방임하시는 것이다.[27]

애굽 왕 바로는 자신의 자유의지를 빼앗긴 것이 아니다. 자신에게 주어진 자유의지를 오용함으로 완악하여진 것이다. 자유의지를 오용한 결과에 대한 책임은 인간의 몫이다. 하나님은 공의롭기 때문에 악을 악으로 심판하시며, 선을 선으로 은혜받게 한다. 하나님의 은혜는 사람의 의지를 제거하는 것이 아니라, 악한 의지를 선하게 하며, 선한 의지는 돕는다.

어거스틴은 인간에게 있어서 가능성(capacity), 의지(willing), 실현(being)에 대하여 "첫번째 기능은 다음 두 기능 없이도 존재할 수 있으나, 다른 두 기능은 첫 번째 기능 없이는 일어날 수 없다"[28]고 말한다. 선을 위한 가능성

---

26) *Ibid.*, 263. 우리가 선행을 할 것이고, 믿음으로 살 것이고, 성결하게 될 것을 예지하셨기 때문에 예정하신 것이 아니라, 하나님이 우리를 예정하셨을 때에 하나님 자신의 은혜와 역사로 우리가 선행, 믿음, 성결하게 되리라는 것을 예지하였음. 모든 것은 하나님의 은혜에서 출발함.

27) Saint Augustin, "On Grace and Free Will," in ed., Philip Schaff, *Nicene and Post-Nicene Fathers of The Christian Church, Vol. V. Saint Augustin: Anti-Pelagian Writings*, 216. John Calvin, *Institutes of the Christian Religion, Vol. II*, 김종흡 외3인, 『기독교강요, 상』 (서울: 생명의 말씀사, 2010), 454.

28) J. Patout Burns, *Theological Anthropology*, 송인설, 손은실 공역, 『교부들의 신학적 인간학』 (서울: 도서출판 솔로몬, 1995), 86, 88, 103. 펠라기우스는 세 기능 중에서 가능성만 하나님께로부터 오고 나머지 의지와 행동은 우리 자신에게서 온다고 주장함. 이에 대

이 없이는 존재할 수 없다는 것이다. 가능성은 내가 그것을 갖고 싶지 않더라도 이미 내 안에 있기 때문이다. 그러나 가능성은 하나님의 은혜 안에서의 가능성이다. 하나님 은혜를 선용하는 가능성이다.

연속하여 하나님의 은혜로 말미암는 행함을 다음의 비유로 설명하고 있다.[29] 인간의 시력은 하나님에 의해 주어진 선물이다. 하나님을 기쁘시게 하도록 사용하기를 원하신다. 그러나 그 시력을 어떻게 사용하느냐? 시력을 사용할 수 있는 자유를 오용한다면, 이는 자신의 책임이다. 시력이라는 것을 주신 은혜는 시력의 선용을 포함한다.

어거스틴은 "복음으로 하면 저희가 너희를 위하여 원수 된 자요"(롬 11:28)에 대한 해석에서 인간은 자유를 오용함으로 죄를 짓게 되지만, 죄의 일도 하나님은 선용하실 수 있음을 말한다. 따라서 "그들이 하나님의 뜻을 거스려 하는 일도 하나님의 뜻이 아니면 이루어질 수 없습니다"[30] 라고 말한다. 사람이 악행을 할 수 있지만, 하나님의 은혜에 의해 복음을 믿도록 하기 위하여 그 악행도 하나님의 주권적 섭리 아래 예정하신다. 따라서 하나님의 은혜 아래 있는 신앙은 행함이 포함되는 실천적 신앙이다.

더 나아가 그리스 고대 철학에서 출발하는 인간의 보편성보다는 오늘날에도 많이 언급되는 개인의 차이성을 긍정하는 차원의 언급을 어거스틴에게서 찾아 볼 수 있는 것은 놀라운 일이다. 어거스틴은 사람마다 있는 각자의 차이도 다름 아닌 하나님의 은혜라고 말한다.

한 반박으로 어거스틴은 인간의 의지와 실현도 하나님의 은혜라고 함. 하나님의 은혜는 하나님의 도우심으로 가능함(빌 2:13). 하나님의 은혜는 하나님의 도우심을 말함. 인간이 가져야 할 사상은 인간의 주체사상이 아니라 하나님의 주권사상임.

29) *Ibid.*, 87, 99. 하나님의 은혜로 말미암는 하나님의 도움을 위해서는 기도해야 함. 어거스틴은 다음의 성경을 제시함. "내 눈을 돌이켜 허탄한 것을 보지 말게 하시고"(시 119:37)

30) Saint Augustin, "On the Predestination of the Saints," in ed., Philip Schaff, *Nicene and Post-Nicene Fathers of The Christian Church, Vol. V. Saint Augustin: Anti-Pelagian Writings*, 256.

다른 사람에 대하여 교만한 사람은 "나의 믿음이 나를 다르게 만든다" 또는 "나의 의가" 또는 그 밖의 어떤 것이라고 대답할지 모릅니다. 이런 생각에 반대하는 뜻으로 저 훌륭한 선생은 "네게 있는 것 중에 받지 아니한 것이 무엇이뇨"(고전 4:7b)라고 합니다. 하나님에게서 받은 것이 아닙니까? 하나님께서 당신에게 주신 것을 다른 사람에게는 주시지 않고 당신을 그 사람과 다르게 만드십니다. ⋯ 우리를 가축과 다르게 이성적인 존재로 만드는 것, 사람들 사이에서도 잘생긴 사람과 못생긴 사람, 총명한 사람과 우둔한 사람 등을 서로 다르게 만드는 은혜도 타고난 본성에 돌릴 수 있습니다. ⋯ 거룩한 생활에 속한 어떤 좋은 은사에 관해서, 그것을 하나님에게서 왔다고 하지 않고 자기의 것이라고 했으며, 그것 때문에 교만하게 된 것입니다. ⋯ 믿음을 가질 수 있는 능력(가능성)은 타고난 본성에 속한 것이지만, 실제로 믿는 것은 본성에서 오는 것이 아니기 때문입니다. ⋯ 믿을 수 있는 능력, 사랑할 수 있는 능력은 타고난 본성에 속한 것이지만, 믿는 것이나 사랑하는 것은 은혜에 속하는 것입니다. "누가 너를 구별하였느냐?" "누가 너를 다르게 만들었느냐?" "네게 있는 것 중에 받지 아니한 것이 무엇이냐?" 라고 하는 구절은 사람의 의지 안에 있는 믿음 자체를 가리킵니다.31)

사람들을 서로 다르게 만드신 것도 하나님의 은혜이다. '누가 너를 남달리 구별하였느냐?'(고전 4:7a). 이는 '누가 너를 다른 사람과 다르게 만들었느냐?'라는 말이다.32) 나를 나 되게 한 것도 하나님의 은혜이다. 하나님의 은혜에 의해서 '나는 나다'라고 할 수 있다.

어거스틴이 말하는 신앙의 의미를 여기서 한번 정리하고자 한다. 어거스틴이 말하는 신앙은 삼차원적이다. 하나님의 은혜로 죄의 노예로부터 자유하게 한 십자가의 예수를 구주로 영접하는 것, 예수의 피 값으로 하나님의

---

31) *Ibid.*, 231. It is God's grace which specially distinguishes one man from another.

32) *Ibid.*, 230. "For who maketh thee to differ?" St. Augustine, "On Christian Doctrine," in Trans., by Rev. Professor J. F. Shaw, A Select Library of the *Nicene and Post-Nicene Fathers of The Christian Church, Vol. V. Saint Augustin: Anti-Pelagian Writings* (New York: Dover Pub., Inc., 2009), 150. "Chap. 19. The Christian teacher must use different styles on different ocassions."

자녀가 된 것, 그리고 더 나아가 하나님의 자녀로서 하나님의 말씀의 핵심인 사랑을 행함으로 영생에 이르게 됨을 믿는 믿음이다.

삼차원적 신앙을 실천신학의 기초로 삼는 것은 신앙의 이성적이고 감성적인 차원은 강조되어 왔으나, 신앙의 의지적인 차원은 경시된 것에 대한 비판적 성찰의 결과이다. 신앙의 의지적인 차원도 신앙의 실천적 차원에 포함되어야 한다. 신앙의 의지적 차원이 포함된 실천적 신앙을 말한다. 실천적 신앙이 구원받는 신앙이다. 그러나 경시되어 온 부분이기도 하다.

어거스틴이 말하는 신앙은 인간의 이성적이고 감성적인 믿음의 속성뿐만 아니라, 의지적인 믿음을 포함한 삼차원적 믿음이다. 전인적 신앙, 통합적 신앙을 말하고 있다. 이를 통틀면 실천적 신앙이라고 할 수 있다.

어거스틴의 관점으로 바라보면 목회자와 평신도를 포괄하는 용어인 하나님의 사람 또는 하나님의 백성에게 요구되는 신앙(faith)은 행함(work)을 포함한 통합적인 실천적 신앙이다. 실천적 신앙이 구원에 이르는 신앙이다(사 7:9; 마 7:21). 실천적 신앙이 참된 믿음이다. 실천적 신앙으로 구원받는다.

켄터베리의 안셀름(Anselm of Canterbury, 1033~1109)

어거스틴의 '이해하기 위해 믿어라'는 명제를 이어받은 중세기 켄터베리의 안셀름은 신 존재 증명을 위한 저서 프로슬로기온(Proslogion, 1078)을 썼다. 원래 제목은 『이해를 추구하는 신앙』(fides quaerens intellectum; faith seeking understanding)이다. 신앙의 중요성을 말한다. 신앙이 있으면 이해에 이르게 된다는 의미이다. 신앙이 이해의 기초이다. 신앙은 움직이는 것이다. 하나님의 은혜에 의한 신앙은 이해하고자 하는 방향으로 움직인다.

안셀름은 『이해를 추구하는 신앙』에서 '이해하기 위한 신앙'(credo ut intelligam; I believe so that I may understand)을 말하고 있다.33) 자신은 믿기 위해서 알고자 하는 것이 아니라, 알기 위해서 믿으려고 한다는 것이다.

안셀름이 이렇게 말하는 이유는 자신은 믿지 않으면 알 수 없다는 것에 대한 '믿음'을 갖고 있기 때문이다. 신앙의 대상과 알고자 하는 대상은 동일하다. 그러나 신앙과 이성의 관계에 대하여 신앙으로 말미암는 앎을 말하고 있다. 믿을 때 비로써 알게 된다.

> 주여, 내가 당신의 높으심에 달하게 하시지 않음은 결단코 내 지성이 그것에 비할 수 없기 때문입니다. 하지만 내 마음이 믿고 사랑하는 당신의 진리를 얼마만큼이라도 알기를 사모하나이다. 나는 믿기 위해 알려고 하지 않고 알기 위해서 믿나이다. 왜냐하면 "내가 믿지 않으면 알 수 없다는 것" (사 7:9)도 믿기 때문입니다.[34]

안셀름이 하나님의 존재를 알기 위해 믿음의 인식론을 제시하고 있다. 그 이유는 하나님은 "그보다 더 큰 것을 생각할 수 없는 바로 그것" 또는 "그보다 더 큰 것을 생각할 수 없는 바로 그분" 또는 "보다 더 큰 것을 생각할 수 없는 최고 존재"[35]이기 때문이다.

> 당신은 어제도 계셨고, 내일 계시는 것이 아니라 어제도 계시고, 오늘도 계시고, 내일도 계십니다. 더구나 당신은 어제, 오늘, 내일이 아니라 간단하게 당신은 모든 때이십니다. 왜냐하면 어제와 오늘과 내일은 시간 안에 있을 뿐이기 때문입니다. 하지만 당신 없이는 아무것도 존재하지 않는다 해도, 당신이 장소와 시간에 계신다는 것이 아니고 만물이 당신 안에 있다는 것이지요. 왜냐하면 아무것도 당신을 품을 수 없고, 당신이 모든 것을 보듬고 계시기 때문입니다.[36]

하나님은 인간의 생각 범위에 갇혀 있는 존재가 아니다. 하나님의 존재는

---

33) Anselm von Canterbury, *Proslogion*, 공성철 역, 『프로슬로기온: 신 존재 증명』 (서울: 한들출판사, 2005), 62-63.

34) *Ibid.*, 63.

35) *Ibid.*, 65, 99, 103.

36) *Ibid.*, 115.

인간의 이성을 넘어서는 존재이다. 하나님은 시간과 공간을 초월하신 분이다. 그러나 인간은 시간과 공간에 제한적인 세계 내적 존재(Being-in-the-World)이다. 초월자와 피조물과의 차이이다. 따라서 하나님을 알기 위해서는 이성이 아닌 믿음에서 출발해야 함을 말하고 있다.

안셀름이 말한 '나는 이해하기 위해 믿는다'는 명제를 포괄하고 있는 '이해를 추구하는 신앙'이라는 말은 어떤 의미를 지니고 있는가? 참된 믿음이 무엇인지 말하면서 더 나아가 신앙의 목적이 무엇인지를 말하고 있다. 신앙의 목적은 이해를 추구하는 것이다.

안셀름이 믿는 하나님은 피조물과 구별되는 초월적 하나님이다. 모든 피조물을 넘어서서 존재하기에 믿음으로 하나님을 알 수 있다.[37] 초월적 하나님은 '나는 나다'(출 3:14)라고 하는 존재 그 자체이다. 하나님은 하나님이다.

안셀름이 말하는 '이해'는 이성적인 앎을 말한다. 믿음으로 말미암아 하나님을 이성적으로 알고자 한 것이다. 그러나 여기서 한 가지 중요한 사실이 있다. 안셀름이 말한 신앙으로 말미암아 하나님의 존재를 안다는 것은 하나님을 피조물과는 구별되는 거룩한 하나님으로 있는 그대로 '인정'하는 것이다.

오늘날 하나님의 형상으로 지음을 받은 인간의 존재는 어떠한 존재인가? 구원받은 하나님의 자녀는 자기 자신을 '나는 나다'라는 존재로 믿는다.[38] 자기를 있는 그대로 수용하고 긍정한다. 요한복음에서 '나는 나다'라고 한 예수의 정체성 선언에서 잘 말해 주고 있다.

예수의 정체성은 하나님의 사람으로 하여금 한 개인으로서 독특성을 지닌 존재임을 깨닫게 한다. 한 개인은 있는 그대로의 존재 그 자체이다. 신앙의 목적은 바로 존재 그 자체에 대한 이해에 있다. 하나님의 사람으로서 자신을 있는 그대로 또는 타인을 있는 그대로 인정하며 공감하며 살도록 하는 것이다. 이것을 이해라고 한다.

---

37) *Ibid.*, 69, 87, 105.
38) 이원일, 『미래세대와 기독교교육』 (서울: 한국장로교출판사, 2023), 179, 196.

장 칼뱅(John Calvin, 1509~1564)

종교개혁가인 칼뱅은 믿음에 대하여 정의하기를 "믿음은 우리에 대한 하나님의 선하심을 굳게 또 확실하게 하는 지식이며, 이 지식은 그리스도 안에서 값없이 주신 약속의 신실성을 근거로 삼은 것이며, 성령을 통해서 우리의 지성에 계시 되며 우리의 마음에 인친 바가 된다"[39]고 말한다. 칼뱅은 신앙에 대하여 지적인 측면을 강조하고 있다.

그러나 다시 한번 진지하게 생각해 보도록 하자. 칼뱅이 말하는 신앙은 지적인 측면까지인가? 정서적인 차원까지인가? 칼뱅이 말하는 진정한 참된 신앙이란 무엇을 말하는 것인가? 진정한 신앙의 속성은 무엇인가? 온전한 믿음(딛 1:13, 2:2)이란 무엇인가? 구원받는 신앙이란 어떤 속성을 지니고 있는가?

우선 칼뱅은 신앙에 대하여 마음에 없는 말로만의 형식적인 신앙, 아무런 지식이 없이 무조건 믿으면 된다고 하는 맹신적인 신앙에 대하여 비판적이다. 칼뱅에게서의 신앙은 우선 지식의 요소가 있다. 여기서 지식은 확신으로서의 지식이다. 그리고 확신은 마음의 확신이다.[40] 칼뱅은 신앙을 확신으로 정의한다. 하나님의 진실성을 확신하는 것이 신앙이다.

확신으로 말미암는 평온한 마음으로 하나님 앞에서 서지 못한다면 바른 믿음이 없다는 것을 분명히 보여준다는 것이다. 따라서 칼뱅이 말하는 마음의 확신으로서의 믿음은 인지적인 측면과 정서적인 측면이 함께 포함되어 있다.

칼뱅은 제네바 교회의 교리문답(1545년)에서 그리스도 신앙 안에서의 하나님 인식을 말하고 있다. 하나님을 알기 위해서는 하나님께 대한 전적인 신

---

39) John Calvin, *Institutes of the Christian Religion, Vol III*, 김종흡 외3인, 『기독교강요, 중』 (서울: 생명의 말씀사, 2010), 26.
40) *Ibid.*, 37, 73, 75.

뢰를 지녀야 함을 말한다. 전적인 신뢰를 달리 말하자면 '확신'이다. "인간을 사랑하시는 하나님께서 우리의 아버지이시며, 우리의 구원을 가능하게 하는 장본인이라는 사실을 진심으로 굳게 믿어야 합니다"[41]라는 부분에서 알 수 있듯이 확신으로서의 믿음이다.

여기서 말하는 확신은 인간적인 노력에 의한 확신이 아니라 성령에 의한 확신이다. 따라서 칼뱅에게서의 참된 신앙이란 성부 하나님의 선하신 뜻을 확고하게 인식하는 것이며, 오직 하나님의 선물이다.[42] 성령으로 말미암는 확신이며 하나님의 선물이다. 그러면 칼뱅에게서 성령에 의한 신앙과 인간의 의지로 말미암는 선행은 어떤 관계인가?

> 의로움과 선행을 분리시킨다면, 선행 없이도 의로워질 수 있는가? 불가능합니다. 우리가 우리에게 자신을 내어주신 그리스도를 신앙을 통하여 영접했다면 … 우리의 새로운 삶으로의 변화를 가능케 하는 성령을 약속하셨기 때문에 가능한 것입니다. 우리가 그리스도를 분리시키지 않는 한 칭의와 성화는 필연적으로 결합 됩니다.[43]

칼뱅은 제네바 교리문답에서 신앙과 선행은 구분은 되지만 분리될 수 없음을 분명히 하고 있다. 선행도 성령으로 말미암아 가능하기 때문이다. 신앙은 선행의 뿌리다.[44] 칼뱅은 신앙의 속성에 인간의 의지가 포함되었는지에 관해서는 명확하게 말하지 않는다. 오히려 지금까지의 내용을 살펴볼 때 인지적이며 정서적인 차원에서 신앙의 속성을 말하고 있다고 할 수 있다.

그러나 칼뱅은 성경에서 신앙은 여러 가지 뜻이 있지만, 신앙은 "그리스도를 소유하는 것이며, 그리스도 안에는 지혜와 지식의 모든 보화가 감추어

---

41) Johannes Calvin, *Catechismus Ecclesiae Genevensis*, 박위근, 조용석 편역, 『요한네스 칼빈의 제네바 교회의 교리문답』 (서울: 한들출판사, 2010), 47-49.

42) *Ibid.*, 93.

43) *Ibid.*, 101.

44) *Ibid.*, 101.

(골 2:3) 있으므로 신앙을 거룩한 교훈의 전체로 확대하는 것이 옳으며, 신앙을 거룩한 교훈에서 분리할 수 없다"[45]고 말하고 있다. 여기서 다시 물음을 제기하고자 한다.

칼뱅의 언급에서 거룩한 교훈이란 무엇을 말하는가? 칼뱅이 그리스도를 소유하는 것으로서의 신앙을 말하는 의미는 무엇인가? 신앙이란 성령에 의해 그리스도가 마음에 거주하심을 믿는 것을 의미한다(고후 13:5).[46] 그러나 내 마음에 거주하시는 그리스도의 어떤 속성들을 믿는다는 것인가? 그리스도의 인지적이며 정서적인 요소들만을 믿는다는 것인가? 아니면 그리스도의 행하심도 믿는다는 의미인가? 그리스도를 소유하는 신앙은 어떤 속성을 지니고 있는가?

> 그리스도 안에서 의를 받기 원하는가? 그렇다면 우선 그리스도를 소유해야 한다. 그러나 그리스도를 소유하면서 그의 거룩함에 참여하지 않을 수 없다. 그는 둘로 나누어질 수 없기 때문이다(고전 1:13). 주께서 우리에게 이 은혜를 주시며 우리가 이 은혜들을 누리도록 하시는 방법은 그가 자기를 우리에게 주시는 것뿐이므로, 그는 동시에 두 가지를 함께 우리에게 주신다. 한쪽이 있으면 반드시 다른 쪽도 있다. 그러므로 우리가 의롭다 함을 받는 것은 행위와 떨어진 것이 아니면서도 행위에 의한 것은 아님이 사실인 것은 분명하다. 우리는 그리스도 안에 참여함으로써 의롭다 함을 받으며, 그리스도 안에 참여한다는 것은 의에 못지않게 거룩함을 포함한다.[47]

칼뱅은 신앙의 의지적인 요소는 그리스도의 행하심에서 찾고 있다. 그리스도의 행하심은 성육신한 그리스도의 삼중직으로 행하심이다. 그리스도의 치유적인 제사장직, 말씀 선포와 가르침의 예언자직, 그리고 섬김의 왕 등 삼중직에 의한 사역은 실천신학의 기초이다. 그리고 그리스도의 삼중직으로 행하심은 그리스도의 의지가 포함되어 있음을 의미한다.

---

45) John Calvin, *Institutes of the Christian Religion, Vol III*, 35.
46) *Ibid.*, 71.
47) *Ibid.*, 340.

칼뱅에 의하면 구원은 단계적으로 완성된다. 하나님의 나라는 '이미, 그러나 아직 아니'(already, but not yet) 듯이, 구원도 마찬가지이다. 예수를 구주로 영접함으로 구원받았다. 그러나 성령의 능력에 힘입어 구원을 계속 이루어 나가야 한다(빌 1:6, 2:12, 13; 갈 5:6).[48] 칼뱅이 구원의 단계적 완성을 위해 제시하고 있는 성경은 로마서 8장 30절이다. 부르심, 의롭게 하심, 영화롭게 하심 등이다. 그러나 이러한 단계적 과정에서 구원의 원인이자 동력은 내 안에 거하시는 그리스도이다. 나의 행함이 아니라 그리스도의 행함으로 구원을 이루어 나간다. 따라서 영생이 하나님의 선물이듯이 행함도 하나님의 선물이다.

칼뱅은 "신앙은 사람의 지혜를 의존하는 것이 아니라 성령의 능력을 근거로 삼는다(고전 2:4-5)"[49]고 말한다. 신앙이 성령의 능력에 기초한다는 말의 의미는 무엇일까? 그리스도의 능력에 의한 신앙이다. 자기의 힘이 아닌 그리스도의 능력으로 선한 일은 가능하다. 신앙을 성령의 선물이라고 한다.[50] 성령이 주신 선물인 신앙에는 예수를 따르고자 하며 하나님의 말씀을 따라 살고자 하는 의지가 포함된 것은 의심의 여지가 없다.

성령으로 말미암는 신앙은 일평생 회개의 연속이어야 한다. 신앙과 회개를 "뗄레야 뗄 수 없이 굳게 결합 되어 있다"[51]는 말처럼 신앙과 회개는 이분법적이지 않다. 칼뱅은 회개의 연속에 대하여 "육을 죽이기 위해서 끊임없이 노력하며 훈련하여, 드디어 육을 완전히 죽이고 하나님의 영이 우리 안에서 주관하시게 되도록 하는 것이 그리스도인의 일생"[52]이라고 말한다. 신앙은 일생을 하나님의 말씀을 통하여 성령이 주관하도록 하는 것이다.

진정한 그리스도인이라고 할지라도 자기 힘으로는 아무런 선한 일을 할

---

48) *Ibid.*, 370-375, 376.
49) *Ibid.*, 66.
50) *Ibid.*, 12.
51) *Ibid.*, 424.
52) *Ibid.*, 105.

수 없다는 칼뱅의 말은 인간에게 하나님이 기뻐하시는 선한 일은 자기의 힘이 아닌 하나님의 은혜로 가능함을 말하는 것이다. 하나님의 은혜에 의한 믿음은 자기의 힘이 아닌 하나님의 능력에 대한 믿음이다. 따라서 칼뱅이 말하는 신앙에는 의지의 요소가 포함되어 있음을 말하고 있다고 할 수 있다. 칼뱅이 말하는 참된 신앙에는 행함이 있는 것으로 보아야 한다.

성경에는 다음의 차이도 있다. 로마서 4장 3절 "성경이 무엇을 말하느냐 아브라함이 하나님을 믿으매 그것이 그에게 의로 여겨진바 되었느니라"에 대한 부분과 야고보서 2장 21절 "우리 조상 아브라함이 그 아들 이삭을 제단에 바칠 때에 행함으로 의롭다 하심을 받은 것이 아니냐"는 구절의 차이다.

이러한 차이를 어떻게 해석해야 하는가? 칼뱅은 "진정한 믿음에 의해서 의롭다 함을 얻은 사람들은 순종과 선행으로 그 의를 증명한다"[53]고 말한다. 칼뱅은 참된 믿음에는 의지의 속성이 있음을 말하고 있다. 칼뱅은 의롭게 됨과 관련하여 인간의 공로 사상을 비판하고 있다. 그러나 신앙의 속성에서 의지를 제외할 것을 말하고 있는 것은 아니다.

웨스트민스터 신앙고백(1647년)에서 신앙은 하나님의 선물이며, 하나님의 선물로 주신 신앙은 행함이 없는 죽은 신앙이 아니라 "사랑을 통하여 역사하는 신앙"(약 2:17, 22, 26; 갈 5:6; 살·전 1:3)이다.[54] 사랑을 통하여 역사하는 신앙이 구원에 이르게 한다. 그리고 신앙을 선물로 주신 하나님은 신앙을 완성한다. 성도의 견인(perseverance)이다.

웨스트민스터 신앙고백에 의하면 감사하고, 구원을 확신하고, 권면하는 등의 선한 행위는 하나님의 말씀에 양심적으로 순종하는 것으로서 참되고 살아 있는 신앙의 열매이다.[55] 하나님의 선물인 신앙의 열매가 선행이라고

---

53) *Ibid.*, 363.

54) E. F. Karl, ed., *Die Bekenntnisschriften der reformierten Kirche*, 손달익·조용석 편역, 『웨스트민스터 신앙고백』(1674년) (서울: 한들출판사, 2010), 83, 97.

55) *Ibid.*, 103.

한다면 신앙에는 의지가 포함된 전인적인 신앙이라고 할 수 밖에 없다. 지적인 신앙, 정서적인 신앙, 그리고 의지적인 신앙이다. 신앙은 참된 하나님을 알게 하며, 신앙은 마음에 평안을 갖게 하며, 그리고 신앙은 말씀 따라 살게 한다.

칼 바르트(Karl Barth, 1886~1968)

신정통주의 신학자인 칼 바르트에 의하면 교의학(Dogmatics)은 인간의 이성적인 인지(cognition)에 의한 학문이다. 인간의 이성적이며 지성적인 능력에 의한 연구결과라는 말이다. 그러나 그보다 앞서 신앙을 전제로 한다. 따라서 신앙의 행위로서의 교의학이다.56) 신앙으로 말미암는 행위는 신학함이라는 행위로도 나타날 수 있음을 의미한다. 바르트에 의하면 그리스도의 소명에 대한 순종이 바로 신앙이기 때문이다.

바르트가 신앙의 행위를 말하면서 기도에 의해서 교의학적 연구가 가능하다는 것을 말한다. 바르트가 말하는 기도는 인간의 의지가 아닌 하나님의 의지로 모든 것이 행해짐을 인정하는 행위이다. 따라서 기도의 행위는 "인간이 하나님을 지당하게 그리고 인간 자신을 부당하게 여긴다는 것"57)을 의미한다.

그러나 바르트가 말하는 신앙에 대한 이해는 하나님의 말씀과 관련하여 분명하게 나타난다. 바르트에 의하면 신앙(πίστις)은 하나님의 신실함에 대한 믿음이다(롬 3:3). 신앙은 하나님의 의지와 말씀에 근거한다. 그러나 바르트는 신앙을 지식(γνωσις)이라고 말한다.58) 바르트는 어거스틴, 토마스 아

---

56) Karl Barth, *Die Kirchliche Dogmatik: Die Lehre vom Wort Gottes*, 박순경 옮김, 『교회교의학: 하나님의 말씀에 관한 교회』 (전반부) (서울: 기독교서회, 2013), 44.

57) *Ibid.*, 52.

58) *Ibid.*, 300.

퀴나스, 보나벤투라, 루터, 칼뱅 등이 말한 지성적인 신앙을 인용하면서 신앙은 지성이 그리스도에 순종하는 성품이며, 지성 안에 있으며, 지적인 앎이라고 말한다.

바르트가 말하는 지적인 신앙은 경험으로서의 신앙이 아니다. 특히 캔터베리의 안셀름이 *proslogion*의 제1장에서 말한 "언제 당신이 우리의 눈을 밝혀 주시며 또 우리에게 당신의 하시는 일을 보여 주시겠나이까? … 당신이 스스로 가르치시지 않는다면 나는 물을 수도 없으며, 당신이 당신을 보여 주시지 않는다면 나는 당신을 발견할 수도 없나이다"[59]는 말을 인용하면서 하나님의 초월성과 계시를 강조하고 있다.

안셀름이 말한 초월적 계시이론에 기초하여 하나님 알기를 원하는 것이 바르트의 생각이기도 하다. 안셀름이 물으면서 기도하고, 기도하면서 묻는 신앙이 바르트의 신앙이기도 하다. 바르트가 초월적 계시로 하나님을 알고 믿는다고 하는 것은 하나님의 말씀에 의해서이다. 바르트는 칼뱅이 『기독교 강요』 3권 2장 6절에서의 언급을 인용하면서 신앙은 하나님 말씀에 대한 신앙임을 강조한다.[60] 바르트에 의하면 신앙은 인간의 느낌에 대한 신앙이 아니라, 하나님 말씀의 약속에 대한 신앙이다.

바르트에 의하면 하나님 말씀의 약속과 신앙은 상호관계적이다. 약속이 멈추면 신앙도 멈춘다. 약속이 폐지되면 신앙도 폐지된다. 그 반대의 경우도 동일하다(롬 4:14). 말씀과 신앙은 분리될 수 없는 상호관계적이다. 말씀과 신앙은 순환 관계이다. 말씀으로부터 신앙으로 또 말씀을 지향하는 신앙이다. 그러나 인간은 그의 신앙을 스스로 창조한 것이 아니라, 말씀이 신앙을 창조했다.[61] 인간이 신앙에 도달한 것이 아니라, 신앙이 그 말씀을 통하여

---

59) *Ibid.*, 302.

60) *Ibid.*, 304.

61) *Ibid.*, 321. Karl Barth, *Die Kirchliche Dogmatik: Die Lehre vom Wort Gottes*, 황정욱 옮김, 『교회교의학: 하나님의 말씀에 관한 교회 Ⅳ/3-2』 (서울: 기독교서회, 2012), 23.

인간에게 다가왔고 도달한 것이다. 신앙이 말씀을 통하여 인간에게 도달한 것이라는 점에서 신앙은 신앙을 받은 그 사람에게는 주어진 선물이다.

바르트에 의하면 신앙은 하나님의 역사이며 은혜이다. 그리스도인의 신앙은 하나님에게서 난 것이다(요1서 5:4).[62] 하나님이 선물로 준 신앙은 세상에서 당하는 고난을 극복해 나간다. 예수 그리스도가 십자가의 고난을 이긴 것과 같다. 신앙의 대상이자 근원은 예수 그리스도이다. 내가 예수 그리스도를 믿는 것이 아니라, 예수가 그리스도로 믿어지는 것이다.

바르트는 신앙을 신뢰(fiducia)로 이해하면서, 멜랑흐톤의 "신앙이란 무엇인가? 그것은 언제나 하나님의 모든 말씀에 지적으로 수긍함이다."[63]는 말을 인용하고 있다. 신앙은 지식(notitia)이며, 지적인 수긍(assensus)이라고 할 수 있음을 말한다. 그러나 비록 신앙의 인지적인 측면을 강조하지만, 바르트가 신앙의 의지적인 측면을 간과하는 것은 아니다.

바르트는 '인자가 올 때에 세상에서 믿음을 보겠느냐?'(눅 18:8)는 물음에 대하여 "아니다. 그리스도교 이념, 원리, 윤리, 관습은 전달될 수 있고 전통에서 물려받을 수 있지만, 예수 그리스도에 대한 믿음의 능동적 지식은 그렇지 않다"[64]고 말한다.

믿음의 능동적 지식이란 무엇인가? '주여, 주여'하는 자가 그리스도에게 속하는 것이 아니라, '인격적 행위'에 의해서 그리스도에게 속한다고 말한다.[65] 바르트는 인격적 행위에 의해 그리스도에게 속한다고 말하는 것에 대해 성경에는 "다만 하늘에 계신 내 아버지의 뜻대로 행하는 자라야 들어가리라"(마 7:21)고 되어 있음을 강조한다. 이로써 예수 그리스도가 나의 주가 되고 내가 그리스도에 속한다.

---

62) *Ibid.*, 185.

63) Karl Barth, *Die Kirchliche Dogmatik: Die Lehre vom Wort Gottes*, 박순경 옮김, 『교회교의학: 하나님의 말씀에 관한 교회』 (전반부), 308.

64) *Ibid.*, 58.

65) *Ibid.*, 59.

바르트는 신앙을 하나님의 선물이라고 강조하면서 "올바른 신앙은 인간을 동시에 새롭게 하는, 달리 행위하게 하는, 또 전적으로 한 새로운 양식과 존재에로 이끄는 능력 있는 행동적이며 동적이며 활동적인 것이다. 그래서 그러한 신앙이 부단히 선을 행하지 않는다는 것은 불가능하다"[66]고 말한다. 바르트에 의하면 올바른 신앙은 의지적이며 행동적이다.

하나님은 인간을 의롭다고 하고, 거룩한 삶으로 나아가게 한다. 칭의와 성화이다. 그러나 바르트는 칼뱅의 『기독교강요』 제3권 3장 1절, 11장 6절 등에 대한 해석을 통하여 칭의와 성화는 '동시에' 일어나는 것임을 강조한다. 칭의 그 다음으로 성화가 아니다. 칭의의 순간이 성화의 순간이다. 바르트의 이러한 해석은 신앙을 이해하는데 매우 큰 유익이 있다.

바르트에 의하면 하나님은 인간의 칭의와 성화를 실행하는 주체이면서, 칭의와 성화를 '동시에' 실행한다. 칭의와 성화는 시간적으로 반드시 동시에 나타나며, 수학의 점보다도 더 가까이 결합 되어서 결코 분리되거나 나누어지지 않는다.[67]

바르트에 의하면 칭의와 성화 사이에 시간적 서열은 없다. 칭의가 먼저 있고 그 다음에 성화가 발생하는 것은 "아니다. 아니다! 양 사건은 동시에 그리고 함께 사건이 된다 … 예수 그리스도 안에서 양자는 동시에 그리고 함께 발생하며 작용하는 것"[68]이라고 말한다.

바르트에 의하면 칭의와 성화는 예수 그리스도의 인성과 신성과의 관계와 같이 구분되지만 분리되지 않는다. 소명, 칭의, 성화, 영화 등 시간에 따라 순차적으로 일어나는 구원 이해에 대한 비판이다. 그러나 바르트가 칭의와 성화의 출발점은 하나님의 선물인 신앙이라는 점을 좀 더 분명하게 강조

---

66) Ibid., 324.
67) Karl Barth, Die Kirchliche Dogmatik: Die Lehre vom Wort Gottes, 최종호 옮김, 『교회교의학: 하나님의 말씀에 관한 교회 Ⅳ/2』 (서울: 기독교서회, 2012), 696-700.
68) Ibid., 703-704.

했으면 하는 아쉬움이 들기도 한다.

물론 바르트는 칭의와 성화는 한 분 하나님의 동일한 행동의 두 측면이라고 말하고 있기는 한다. 그러나 핵심은 신앙이라는 개념이다. 구원받는 신앙은 어떤 신앙인가? 어떤 속성의 신앙인가? 의지적 속성이 있는가? 행동적인 속성이 있는가? 삶이 있는가?

이러한 아쉬움에 대하여 바르트는 "오직 믿음에 의하여 그리고 참된 용서에 의하여 인간은 의롭게 된다. 그러나 그럼에도 불구하고 인간이 받을 자격이 없는, 하나님의 의롭게 여기심은 실제 성화의 삶과 결코 분리될 수 없다"[69]는 바르트의 언급에서 바르트가 이해하는 신앙은 의지적인 요소가 있음을 추론할 수 있다.

바르트는 칼뱅의 칭의와 성화의 관계에 대한 이해를 통하여 종교개혁 당시에 에라스무스에서 유래한 선한 행동에 대하여, 그리고 인문주의자 혹은 로마가톨릭 교회보다 더 적은 것이 아닌 오히려 더 큰, 더 진지한, 더 깊이 그리스도인의 행함과 삶에 관여하려 했다는 사실이 분명하다. 그리고 결정적인 문구를 남기고 있다. "'오직 믿음으로'는 명백히 하나의 안락한 평화의 키스가 될 수는 없다."[70] 이중의 은혜(duplex gratia)를 말한다.

이중의 은혜란 무엇인가? 칭의와 성화는 모두 하나님의 은혜로 이루어져 나감을 말하는 것이다. 바르트의 칼뱅 신학에 대한 이해의 특징은 무엇인가? 칼뱅의 경우 루터의 칭의론을 그대로 수용하면서도, 거기에서 더 나아가 이중의 은혜를 강조함으로, 칭의에 근거한 새로운 삶으로서의 성화를 강조하고 있다. 바르트에 의하면 "칼뱅은 루터와 달리 성화의 신학자"[71]이다. 성화의 신학자인 칼뱅은 신앙인으로 하여금 일생 동안 계속적으로 변화되어 나가는 삶을 강조하고 있다. 그러나 하나님의 은혜에 의해서이다.

---

69) *Ibid.*, 702.
70) *Ibid.*, 702, 703.
71) *Ibid.*, 706.

바르트는 당시의 역사적 배경도 칼뱅이 이렇게 성화를 강조하는데 일조한 것으로 이해하고 있다. 칼뱅은 그 시대의 개혁신학의 '오직 믿음'(sola fide)이라는 일관된 주장에 대하여 인문주의자들과 로마가톨릭교회의 비판들에 직면한다. 이러한 비판들에 대하여 칼뱅 자신의 신학이 실천적으로도 유효한 것임을 말하려고 한 것으로 바르트는 이해한다.

그러나 그렇지 않더라도 바르트는 칼뱅의 『기독교강요』 3권 2장 7절에서 "신앙은 성령을 통하여 우리의 사고 안에 계시된, 그리고 우리들의 가슴 안에 굳고 확실하게 각인된, 그리고 또한 그리스도 안에서 공포된 은혜의 약속이라는 진리 위에 근거된 인식이다. 다른 어떤 것이 아닌 바로 이 믿음 안에서 인간의 거듭남 그리고 모든 단계와 형태들에 있어서의 성화가 발생한다"[72]는 내용에 근거하여 칭의와 성화의 동시성을 주장한다. 바르트는 칼뱅의 『기독교강요』 3권 13~14장 및 17~18장 등에서 칭의 안에는 선한 행위가 포함되어 있음을 재확인하고 있다.

위르겐 몰트만(Jürgen Moltmann, 1926~2024)

몰트만은 루터교회 정통주의 신학에서 말하는 오직 믿음을 통한 구원을 말하는 칭의 사상은 너무 객관화되었다고 말한다. 따라서 18세기 부흥 운동의 핵심 개념인 거듭남이라는 주관적 개념으로 보완되어야 한다고 주장한다. 몰트만의 언급처럼 신앙과 거듭남을 객관과 주관으로 구분하는 것은 어떤 의미가 있는가?

몰트만에 의하면 거듭남은 내 안에 새로운 나를 세우는 것이다.[73] 그리고

---

72) John Calvin, *Institutes of the Christian Religion, Vol III*, 제2장 7절. Karl Barth, *Die Kirchliche Dogmatik: Die Lehre vom Wort Gottes*, 최종호 옮김, 『교회교의학: 하나님의 말씀에 관한 교회 IV/2』, 707. 재인용.

73) Jürgen Moltmann, *Der Geist des Lebens*, 김균진 역, 『생명의 영』 (서울: 대한기독교서회, 1992), 202.

몰트만은 크래머(E. Cremer)의 말을 인용하면서 "칭의는 다시 태어남이다"[74]라고 말한다. '칭의'를 '거듭남'으로 재개념화한 것은 칭의에 대한 이해를 돕는 매우 흥미로운 시도이다.

몰트만은 믿음으로 말미암아 의롭게 된다는 말에서 신앙을 일종의 기능을 가진 도구로 이해하기보다는 인격적인 존재로서 이해하고 있다. 칭의는 하나님의 자녀로 새롭게 태어나는 것이다(요 3:3-5).[75] 칭의와 거듭남에 대한 몰트만의 이해를 놓고 볼 때 그가 이해하는 신앙은 객관적인 사물이거나 기능을 가진 도구이기보다는 역동적이며 살아있는 인격체이다.

태어남이 자신의 의지와는 상관없이 주어진 것이듯이 다시 태어남, 즉 거듭남도 자신의 의지에서 시작된 것이 아니라 주어진 것이다. 따라서 신앙은 하나님의 선물이며, 새 사람도 하나님의 선물이다. 하나님의 선물로서 신앙은 내 안에 있는 새 사람(엡 4:24; 골 3:10)이다. 새 사람은 하나님의 은혜로 말미암아 의롭다 일컬음 받은 자이며 거듭난 자이다.

거듭난 자는 무엇을 향하여 또는 위하여 다시 태어났는가? 바로 하나님의 나라이다. 그리스도를 따르기 위해서이다. 성령 안에서의 삶을 위해서이다. 부활의 영으로 말미암은 그리스도의 다시 태어남을 의미하는 부활과 같이 성령을 통하여 하나님의 자녀는 하나님 나라의 삶을 위한 희망을 위하여 다시 태어난다. 거듭남은 성령으로 말미암는 삶이다.

> 그리스도인들이 하나님의 자녀 신분과 하나님 나라의 상속자로 다시 태어나는 사건 속에서 그리스도의 활동들과 성령의 활동들이 서로 침투한다. 이 사건을 '칭의'라 부를 때, 우리는 그것을 그리스도의 활동으로 묘사한다. 이 사건을 '다시 태어남'이라 부를 때, 우리는 그것을 성령의 활동으로 묘사한다.[76]

---

74) *Ibid.*, 203.
75) *Ibid.*, 203, 208.
76) Jürgen Moltmann, *Der Geist des Lebens*, 208.

몰트만에게서의 칭의는 그리스도의 활동이며, 거듭남은 성령의 활동이다. 몰트만에게서 결국 칭의와 거듭남은 같은 의미이다. 칭의를 재판과 관련된 법정적인 의미로 이해함으로 객관화시킬 수 있는 우려에 대해 주관적인 거듭남의 체험신학으로 반응하여 언급하고 있다.

바르트에게서의 신앙은 하나님의 말씀에 대한 믿음이라면, 몰트만에게서의 신앙은 하나님의 자녀로서의 믿음이다. 내가 하나님의 자녀라는 신앙이다. 몰트만에게서의 신앙은 인격적이다. 인격화된 신앙이다. 그리고 인격체로서의 신앙이다.

신앙을 인격체라고 한다면 몰트만의 성화에 대한 이해는 한결 쉬워진다. 사람이 신체적으로 성장하듯이 성화는 다름 아닌 신앙의 성장이다. 신앙이 자라는 것이다. 믿음의 성장은 양적이면서 질적이다. 몰트만에 의하면 믿음의 성장은 삶 가운데서 믿음을 표현하며 실천적일 때 가능하다.[77] 믿음의 표현은 언어적, 신체적, 얼굴의 표정 및 손의 움직임 등으로 다양하다. 실천적 삶이라고 하는 다양한 표현을 통해 신앙은 성장한다.

정리하자면 몰트만이 칭의를 거듭남으로 재개념화한 것은 신앙의 속성을 이해하는데 큰 도움을 준다. 실천신학의 관점에서 인격체로서의 칭의와 거듭남은 '나를 따르라'(마 4:19, 8:22, 요 21:22 등)는 말로 수렴할 수 있지 않을까? 예수의 나를 따르라는 말에는 동적이며 실천적인 신앙의 의미를 강조하고 있기 때문이다. 신앙은 예수를 따르는 것이라고 할 수 있다. 신앙에 대한 이러한 재개념화는 구원받는 신앙의 실천적 속성을 강조한다.

존 웨스트호프 3세(John Henry Westerhoff III, 1933~2022)

웨스트호프는 자유주의 신학에서 인간의 죄는 무지에 해당하며, 신정통

---

77) *Ibid.*, 222, 240.

주의 신학에서 인간의 죄는 인간의 '의지'가 근본적으로 타락한 것이라는 각각의 신학에 대한 이해를 가지고 있다고 말한다. 웨스트호프는 신학적인 관점에서 상반된 이해를 가진 자유주의 신학과 신정통주의 신학을 통합하고자 하는 신학적 위치를 견지하고 있다.78)

웨스트호프는 자신의 신학적 위치를 해방신학으로서의 실천신학이라고 말한다. 그가 말하는 해방신학은 행동과 삶을 강조하고 있다. 그러나 좀 더 정확하게 말하자면 웨스트호프가 말하는 실천신학은 행동(action)과 성찰(reflection), 성경 및 전통과 경험, 개인과 공동체, 회심과 양육 등의 통합에 의한 실천신학이다. 따라서 웨스트호프를 민중 신학적인 해방신학자라고 염려스럽게 바라보지 않아도 될듯하다.

웨스트호프는 신앙(faith)과 종교(religion)를 구분한다. 그에 의하면 종교는 교리, 규칙, 정책적인 제도, 시설 등이다. 종교는 신앙의 표현이며, 신앙을 위한 수단이다. 그러나 신앙은 인격적이며, 역동적이며, 궁극적인 것이다. 신앙이 유일한 목적이다. 종교가 아니라 신앙이 초점이어야 함을 말한다.79) 성경에 '관하여' 배우는 것(종교)과 성경이 증언하는 예수 그리스도의 제자로 사는 일(신앙) 사이에는 큰 차이가 있다는 말이다. 웨스트호프는 예수의 제자로 사는 것을 신앙이라고 말하고 있다. 예수를 따르는 것이 신앙이다.

웨스트호프에 의하면 종교는 한 사람이 다른 사람에게 일방적으로 가르칠 수 있다. 그러나 신앙은 신앙공동체 안에서 상호작용을 통하여 스스로 깨닫게 되는 속성이 있다. 신앙의 깨달음은 행함에 의해서이다. 행함(acting)은 지(thinking), 정(feeling), 의(willing)가 통합됨으로써 발생 된다. 회심(conversion) 은 인간의 지, 정, 의 등 전인격적인 존재의 새로운 방향 설정

---

78) John H. Westerhoff Ⅲ, *Will Our Children Have Faith?* (New York: The Seabury Press, 1976), 31.

79) *Ibid.*, 21-23.

을 말한다.[80] 웨스트호프가 말하는 참된 회심은 하나님의 뜻을 실현하기 위한 삶의 자리매김이다. 참된 회심은 '예수는 그리스도'에 대한 신앙이 삶으로 나타나는 신앙이다.

웨스트호프가 말하는 신앙은 명사이기보다는 동사이다. 신앙은 움직이는 것이다. 신앙은 지, 정, 의 등을 포함하고 있는 행동(behaving) 양식이며, 활동(action)이다.[81] 요약하자면 신앙은 행하는 것이다. 믿음과 행함이 아니라 믿음 안에 행함이 포함되어 있다. 따라서 신앙은 행함이며 활동(an action)이다. 움직이는 것이다. 자신의 신앙은 자신의 움직임인 활동을 통해서 가장 잘 드러난다. 신앙은 다른 사람과의 상호작용이라는 활동들(actions)로 말미암아 생겨나며, 성장하며, 일상생활에서 삶으로 표현된다.

제임스 파울러(James William Fowler, 1940~2015)

신정통주의 신학자 리차드 니버와 폴 틸리히에게서 영향을 받은 파울러에 의하면 신앙(faith)은 헬라어 pistuō와 라틴어 credo의 의역이며, 헬라어와 라틴어에서 말하는 신앙은 모두 동사형이다.[82] 신앙은 존재의 능동적인 방식으로써 움직임과 관련한다. 방향 없는 움직임이 아니라 방향을 지닌 움직이며, 대상을 지니고 있으며, 대상과의 관계적이다. 따라서 신앙은 지향성을 갖고 움직이는 것이다.

---

80) *Ibid.*, 39-42.

81) *Ibid.*, 75, 89, 91. 움직이는 동사로서의 전인적 신앙에 대한 언급들은 다음을 참고할 것. Thomas H. Groome, *Christian Religious Education* (San Francisco: Harper & Row Publishers, 1980), 57. 제임스 파울러는 동사로서의 전인적 신앙을 통합하는 힘(einbildungskraft) 이라고 하는 상상력으로서의 신앙(faith as imagination)이라고 말함. James W. Fowler, *Stages of faith: The Psychology of Human Development and the Quest for Meaning* (San Francisco: Harper & Row, 1981), 24, 25.

82) James W. Fowler, *Stages of faith: The Psychology of Human Development and the Quest for Meaning*, 16.

신앙이 지향성을 지니고 있다는 점에서 파울러는 신앙을 상상력으로 이해한다. 상상력으로서의 신앙이다. 상상력(einbuildscraft)은 다양한 요소들을 하나로 형성하는 힘이다.83) 신앙도 삶의 파편들인 여러 가지의 요소들을 하나로 묶고 통합하여 이미지를 형성(bildung)한다. 이러한 상상력과 신앙의 이미지 형성은 역동적인 과정이다. 과정이라는 말은 동사라는 말이다. 동사로서의 신앙이다.

그리고 상상력은 형상이라고 하는 이미지를 만들고, 신앙은 비전을 갖게 한다. 이미지와 비전도 역시 역동적인 과정이며 동사이다. 고착되지 않고 계속해서 재형성하는 특성이 있다.84) 파울러에 의하면 인간은 자신이 갖는 주된 이미지로 말미암아 비전이 형성되고 재형성되며, 자신의 행동이 시작되며 삶이 이루어진다.

토마스 그룹(Thomas H. Groome, 1945~2014)

토마스 그룹에 의하면 예수님이 가르친 신앙(faith)에는 세 가지의 개념이 포함되어 있다. 지성(head)으로서의 신뢰(beliefs), 정서(heart)로서의 관계성(relationships), 그리고 행동(hands)으로서의 헌신(commitments) 등이다. 신앙은 지성, 정서, 그리고 행동 등의 세 가지 측면들을 포괄하는 총체적 신앙(whole faith)이다.85) 성육신적 신앙이라고도 한다.

---

83) *Ibid.*, 24-31. 33-34. Faith is imagination as it composes a felt image of an ultimate environment. ⋯ faith's imaginal life is dynamic and continually changing ⋯

84) *Ibid.*, 30-31. The image faith composes are not static.

85) Thomas H. Groome, *Will There Be Faith?: New Vision For Educating and Growing Disciples* (New York: Harper Collins, 2011), 26, 205. 신앙에 대한 삼차원적 언급은 다음도 참고할 것. Thomas H. Groome, *Christian Religious Education: Sharing Our Story and Vision* (Harper & Row Pub., 1980), 56-66. 여기서는 Faith as Believing, Faith as Trusting, Faith as Doing 등으로 표현하고 있음.

토마스 그룹이 말하고 있는 신앙의 세 가지 차원은 사랑을 실천하는 삶에서 하나로 결합되어 나타난다(신 6:5, 레 19:18, 마 22:34-40, 막 12: 28-34, 눅 10:25-38). 신앙은 과거에 정체되어 있거나, 미래를 희망하는 것에 머무는 것이 아니다. 신앙은 과거와 미래가 포함된 현재 삶으로 살아가는 것이다. 무엇보다 하나님의 나라를 이루며 살아가는 삶이다.

이상에서 언급한 웨스트호프, 제임스 파울러, 토마스 그룹 등이 말하는 신앙은 서로 유사한 의미를 가지고 있다. 이들에 의하면 신앙은 살아있으며, 동사적이며, 전인적이다. 신앙은 지, 정, 의를 지닌 살아있는 전인적인 인격체이다. 따라서 신앙은 '속사람'(고·후 4:16; 엡 3:16), '새 사람'(골 3:10), '마음에 숨은 사람'(벧·전 3:4) 등으로 재개념화 할 수 있다. 바울서신의 칭의론에서 말하는 '신앙'과 요한복음의 '거듭남'이라고 하는 개념을 '속사람' 등에서 의미하는 영적 인격체라는 말로의 재개념화 할 수 있다. 이러한 재개념화의 관점에서 볼 때 실천신학은 영적 인격체인 신앙을 형성하고 재형성하는 학문이다.

신앙과 실천신학

앞선 언급들을 정리하자면 해석학적 관점에서 볼 때 인간은 온전한 신앙이나 통합적 신앙을 의미하는 실천적 신앙으로 구원을 선물로 받는다. 실천적 신앙으로서의 믿음은 지적인 믿음이나 정서적인 믿음으로 제한되는 것이 아니라 의지적인 믿음이 포함된다. 인간의 지·정·의는 구분되지만 분리되지는 않는다. 삼위일체 하나님의 존재 양상과 유사하다. 따라서 믿음의 인지적, 정서적, 의지적인 요소들은 우선 통합적이다.

통합적인 믿음은 인격적이며 동사적이라는 점에서 실천적이다. 따라서 해석학적 신앙은 통합적이며 실천적이다. 실천적이라는 말에 통합적이라는 의미가 포함된다. 실천적 신앙(믿음)을 말하는 대표적인 성경 구절은 "사랑으로써 역사하는 믿음"(갈 5:6)이다. 실천적 신앙이란 사랑으로써 역사하는 신앙이다. 그리고 실천적 신앙인이란? 사랑으로써 역사하는 믿음의 사람을 말하며, 실천적 신앙공동체란? 사랑으로써 역사하는 신앙공동체를 말한다.

달리 말하자면 해석학적 신앙(믿음)은 실천적 신앙이다. 실천적 신앙은 "나를 따르라"(요 21:22; 마 16:24)는 말씀에 응답하여 '예수를 따르는 것'이다. 구원받는 신앙은 '예수를 따르는 것'이다. 실천적 신앙을 말한다. 구원받는 신앙에 대한 재개념화이다. 예수를 따르는 실천적 신앙으로 구원을 받는다. 예수를 따르는 예수의 제자로서의 정체성이기도 하다.

예수의 제자로서의 실천적 신앙(믿음)이 구원에 이르는 온전한 믿음이다. 그러나 재차 강조하자면 믿음과 행함으로 구원을 받는 것은 아니다. 구원을 위해 인간의 행함도 필요하다는 것은 인간의 의를 드러내는 것이다. 인간의 의로는 구원받을 수 없다. 오직 믿음으로 구원을 받는다. 그러나 그 구원받는 믿음은 어떤 믿음을 말하는가? 어떤 속성을 지닌 믿음인가? 실천적 속성을 지닌 믿음이다.

해석학적 실천신학은 지, 정, 의를 포함하고 있는 실천적인 신앙 형성을 위한 학문이다. 달리 말하자면 신앙이 동사적이며 인격적이고 통합적인 특성이 있다는 것은 신앙은 다면적임을 말한다.86) 다면적이라는 말에는 다차원적이라는 의미를 포함하고자 한다. 신앙 그 자체가 다면적이며 다차원적이고, 신앙으로 말미암는 삶도 다면적이고 다차원적이다. 그러나 편의상 다차원적이라는 의미를 포함하여 다면적이라는 용어를 사용하고자 한다.

신앙이 다면적인 이유는 다음의 질문에 근거한다. 신앙 형성의 주체가 누구인가? 신앙 형성의 주체는 삼위일체 하나님이다. 하나님은 명사적이기보

---

86) John Swinton and Harriet Mowat, *Practical Theology and Qualitative Research* (Lomdon: SCM Press, 2006), 4, 5. 신앙의 실천성에 대하여 리어왕에 대한 대본으로 리어왕이 연극이라고 알기보다는 리어왕이라는 연극을 공연하고 그 공연을 통하여서 리어왕이 연극인 것을 알게 됨을 말함. 실천으로서의 신앙을 faith as performance라고 함.

다는 동사적인 하나님이다. 좀 더 정확히 말하자면 동명사(gerund)의 속성을 지닌 하나님이다.87) 동명사의 속성이란 하나님이라는 존재는 명사에 해당하지만, 하나님은 사역하는 동사적 존재임을 말한다. 정적인 존재론적 하나님 이해(unmoved Mover)가 아닌 사역이라는 동적이며 실천적 관점에서의 하나님 이해(moved Mover)를 말한다. 동명사의 속성을 지닌 하나님은 섭리하시는 하나님이다. 하나님의 섭리는 다면적 다층적 특성을 갖고 있다. 다면적 다층적인 하나님의 섭리는 신비롭기도 하다. 다면적이고 다층적으로 하나님의 섭리를 달리 말하자면 복합적이라고 하거나 통합적이라는 말로 사용하기도 한다.88)

동명사로서의 통합적이며 섭리적 하나님에 의한 인간의 신앙도 복합적 또는 통합적이다. 그리고 실천적이다. 실천신학은 섭리의 삼위일체 하나님이 실천적인 신앙을 형성해 나가는 것을 도와 나가는 학문이다. 섭리적 프락시스의 하나님이 한 인간의 실천적인 신앙을 형성하고 재형성해 나가는 것을 겸손한 위치에서 도와 나가는 학문이 실천신학이다.

실천신학과 간학문성(interdisciplinarity)

다면적이고 통합적인 실천적 신앙은 역사적인 구속사적 신앙(redemptive-

---

87) Bonnie J. Miller-McLemore, "The Contributions of Practical Theology," in *Practical Theology*, 8. Christian God is more verb-like than noun-like. 밀러-맥르모어에 의하면 출 3:14의 YHWH에 대한 번역은 I am who I am. 이지만, 일부 학자들은 I am who I becoming으로 번역하기도 함. YHWH라는 단어 자체가 동사형임. 따라서 실천신학은 동사형의 신학임. 좀더 정확히 말하자면 하나님은 명사형이지만 동사형인 동명사(gerund)의 속성을 지니고 있음을 말함.

88) John Swinton and Harriet Mowat, *Practical Theology and Qualitative Research*, 13. 다면적이고 다층적인 실재(reality)에 대해 축구 경기를 예로 들고 있음. 점수로 누가 이기고 졌는지에 대한 관점보다는 비판적 성찰을 통하여 그 경기를 둘로 싼 여러 가지 측면들과 요소들을 고려해 보면 하나의 경기는 단순한 게임 그 이상으로 복합적임을 알게 됨.

historical faith)이다. 인격체로서의 기독교의 실천적 신앙은 역사가운데서 구속사에 대한 믿음과 함께 구속사를 지향하는 신앙이다. '이미 그러나 아직 아님'으로서의 신앙이다. 구속사를 지향하는 신앙은 일회적이면서 과정적 이다. 일회적이란 회심의 순간을 말한다. 과정적이란 계속되는 회심의 과정 으로서 성숙의 과정을 말한다. 이러한 과정은 하나님에 의한 프락시스의 과 정이다.

삶의 자리라고 하는 역사 가운데서 구속사를 지향하는 실천적 신앙은 하 나님에 의한 텍스트(text)와 컨텍스트(context)의 프락시스 과정을 통해서 형성(formation)되고 재형성(transformation)된다.[89] 따라서 실천신학은 하 나님의 사람이 텍스트와 컨텍스트의 프락시스 과정으로 구속사적 신앙을 형 성 및 재형성하는 것을 계속하도록 돕는 학문이다.[90]

밀러-맥르모어가 오늘날 실천신학적 사고에 영향을 끼친 중요한 사상가 들을 이해하고 정리한 것에 나타난 실천신학의 경향 중 하나는 실천적 신앙, 텍스트, 컨텍스트 등은 이분법적이 아니라 상호관계적이며 순환적이며 과 정적이라는 것이다.[91]

오늘에 이르기까지 신학계는 실천적이며 구속사적 신앙 형성을 위해 성 경과 신학을 중심으로 하는 텍스트에 많은 관심을 기울여 왔다. 개혁신학은 '오직 성경'이라는 교리를 강조해 왔다. 마땅히 구원에 이르는 신앙은 성경

---

89) 본 저서에서 'transformation'이라는 단어는 '재형성' 또는 '변혁' '재구조화' '재개념화' 등으로 번역하거나 유사한 의미를 지닌 것으로 여기며 사용함.

90) Jeanne Stevenson-Moessner, *Prelude to Practical Theology: Variations on Theory and Practice* (Nashville: Abingdon Press, 2008), 53. Practical theology can move from action to reflection, from reflection to action, and then repeat itself. The movement is cyclical and circular, not linear.

91) Bonnie J. Miller-McLemore, "The Contributions of Practical Theology," in *Practical Theology*, 2. 가부장제, 백인우월주의, 계층에 따른 차별 등은 사회 문화와도 관련되기 때문에 한 개인으로서의 사람과 공동체의 변형(transformation)은 시간을 요하 며 경우에 따라서는 여러 세대에 걸치는 간세대적 시간이 소요된다는 점에서 과정 (process)이라고 함. 해석학적 과정을 말함. James N. Poling, *Rethinking Faith*, 167.

과 구속사적 신학을 중요하게 여겨야 한다.

그러나 실천적 신앙을 형성하고 재형성하기 위해서는 텍스트에 해당하는 성경과 신학을 중요하게 여기는 것만큼, 컨텍스트도 중요하게 여겨야 한다.92) 컨텍스트는 나 자신을 포함한 모든 인간, 자연과 동물을 포함한 생태계 등을 비롯하여 삶의 자리에 해당하는 가정, 교회, 학교, 사회, 그리고 지구 공동체 등을 말한다. 그리고 이러한 현장들과 관련한 학문들이다.93)

컨텍스트는 공간과 시간의 영향을 서로 주고받는 세계 내적인 모든 존재이다. 한 개인의 심리적인 차원을 넘어서서 사회문화적인 차원을 포함한다. 그리고 컨텍스트는 세계 내적 존재들의 다양성과 차이성을 지니고 있다. 컨텍스트는 나름대로 독특하고 특별함으로 그 안에서 영향을 주거나 받는 존재들은 다양하면서도 차이가 있을 수밖에 없다.94) 다양하면서도 차이가 있는 통합적인 실천적 신앙을 격려하는 실천신학이 해석학적 실천신학이다.

그리고 실천적 신앙, 텍스트, 컨텍스트 등의 프락시스 과정으로 말미암아 역사 가운데 구속사적 비전이 형성된다. 구속사적 비전은 구속사적 이미지이다. 구속사적 비전과 그리스도의 이미지는 구속사적 의미이다. 그리고 하나님의 사람에게 이해를 추구하는 실천적인 구속사적 신앙을 '형성'하고 '재형성'하고자 하는 학문으로서의 실천신학은 낮은 자세를 갖게 하는 학문이다. 이해는 지배자의 위치가 아닌 함께 하는 자로서의 위치에 있을 때 가능

---

92) James N. Poling, *Rethinking Faith: A Constructive Practical Theology*, 160. 폴링은 실천신학을 사회적 변형(social transformation)으로도 정의함. 성과 가정폭력 등에 대한 변화를 위해서는 개인적인 차원 못지않게 사회 문화적인 차원에서 가부장적 가치에 대한 변화가 필요함을 말함으로 컨텍스트에 대한 이해의 중요성을 말하고 있음. 이외에도 성(gender), 인종(race), 계층(class)의 차이에 의한 억압과 폭력 등의 편견에 대한 비판적 성찰을 통한 정당성 추구를 말함.

93) 강희천,『기독교교육사상』(서울: 연세대학교출판부, 1991), 9, 10. Richard R. Osmer, *Practical Theology: An Introduction* (Grand Ripids. Michigan: William B. Eerdmans Publishing Company, 2008), 163-173.

94) James Newton Poling, *Rethinking Faith: A Constructive Practical Theology*, 161.

하기 때문이다.

실천신학에서의 신앙은 듣고자 하며, 보려고 하며, 느끼고자 하며, 체험하고자 하는 전인적 신앙을 통하여 하나님, 사람, 그리고 삶을 이해하고자 한다. 이해를 추구하는 실천적이며 구속사적 신앙을 형성하고 재형성해 나가는 학문이 실천신학이다.

이해는 삶으로 살아가는 것을 포함한다. 삶으로 살아갈 때 비로소 온전한 이해에 이르게 되기도 한다. 이러한 이해를 공적 이해(public understanding)라고 한다. 공적 이해는 개인적인 차원에서의 깨달음을 포함하여 신앙공동체와 사회적인 차원의 공동체에 대한 깨달음이며, 공동체를 통한 깨달음이다. 개인적인 차원과 사회적인 차원은 이분법적이 아니다. 그러나 사회적 차원의 이해로까지 나가야 한다. 실천적 신앙 형성으로서의 실천신학의 목적은 가정, 교회, 그리고 사회 등의 다양한 공동체가 이해하며 살아갈 수 있도록 하는 것이기 때문이다.

해석학적 실천신학의 목적은 실천적 신앙으로 실천적 신앙공동체를 형성하고 재형성하는 것이다. 실천적 신앙공동체의 형성과 재형성이란 무엇을 말하는가? 신앙공동체의 계속되는 변혁을 말한다. 개혁교회는 항상 개혁되어야 한다(ecclesia reformata, semper reformanda)는 말과 일치 한다.95) 교회뿐만 아니라 가정, 그리고 사회 등의 모든 공동체에 해당하는 말이다. 개인의 경우도 고립적이거나 폐쇄적이 아닌 실천적 신앙공동체를 지향하는 개인이다. 따라서 실천적 신앙공동체의 형성과 재형성이란 실천적 신앙, 텍스트, 그리고 컨텍스트의 만남으로 삶의 자리에서 새 하늘과 새 땅으로 나아가는 순례자적인 삶을 말한다.

정리하자면 해석학적 관점에서 신앙을 이해하고자 할 때 그 특징은 신앙은 다면적이라는 것이다. 전인적이라고도 하고 통합적이라고 한다. 그러나

---

95) *Ibid.*, 3.

해석학적 관점에서 신앙은 구속사적이며, 전인적이며, 다면적 특성 등의 통합적이라는 것으로만 제한되지는 않는다.

해석학적 관점에서의 신앙은 과정적이며, 공동체적이며, 변혁적 특성 등의 통합적이며, 그리고 중요한 것은 실천적이다. 실천적 신앙의 대상은 개인과 공동체이다. 개인의 경우 개인의 신앙을 양육하여 예수를 따르는 예수의 제자로서 하나님의 사람으로서 살아가도록 하는 것이며, 공동체의 경우 가정, 교회, 학교, 사회, 생태계 및 세계 등에서 예수 그리스도의 몸으로서의 실천적 신앙공동체 형성과 재형성이다.

이상에서 언급한 해석학적 신앙으로서의 실천적 신앙을 다음 특징들로 정리할 수 있다. 실천적 신앙은 삼위일체 하나님에 대한 해석학적 이해에 기초한 신앙이다. 해석학적 관점에 의한 삼위일체 하나님은 상호주관적 공동체성의 하나님이며, 대화적 소통적 상호주관성을 지닌 하나님이며, 그리고 섭리적 과정성을 지닌 하나님이다. 섭리적 과정성이란 섭리적 프락시스로서의 과정성을 말한다.96) 세 가지 속성은 상호관계적이며 순환적 관계를 지니고 있다.

실천적 신앙을 형성하고 재형성해야 하는 이유는 무엇인가? 목적은 무엇인가? 실천적 신앙공동체를 형성하고 재형성하는 것이다. 실천적 신앙공동체를 통하여 개인과 공동체에 일어나는 갈등, 분열, 그리고 파괴를 넘어서기 위해서이다. 갈등은 해석의 갈등이다. 해석의 갈등으로 개인과 공동체는 분열하며 파멸에 이르게 된다. 실천적 신앙에 의해 이해의 지평을 넓혀 나가는 실천적 신앙공동체를 추구해 나가는 것이 해석학적 실천신학이다.

실천적 신앙에 의한 실천적 신앙공동체는 익숙함에 머물기보다는 낯섦을

---

96) 이원일, 『해석학적 상상력과 기독교 교육과정』(서울: 한국장로교출판사, 2004), 333-344. 삼위일체 하나님의 속성에서 '섭리적 과정성' 또는 '섭리적 프락시스로서의 과정성'은 본 저서의 이후에 언급할 경우에는 개인이나 교회 등과 관련하여서는 '순례자적 과정성'으로 언급함. 섭리적 과정성은 하나님의 속성에 해당하며, 순례자적 과정성은 개인 및 교회 등에 해당하는 것으로 구분하여 사용함.

추구하는 영 교육과정(null curriculum)의 공동체이다.[97] 영 교육과정은 기존의 교육과정에서 경시되거나 무시되고 있는 내용에 대한 비판적 성찰을 말한다. 따라서 실천적 신앙공동체는 현실에 안주하기보다는 능동적으로 변화를 추구한다. 달리 말하자면 실천적 신앙공동체는 새 하늘과 새 땅을 지향하는 공동체이다(수 17:14-18).

〈비판적 성찰을 위한 물음〉

1. 실천신학의 개념으로 제시하고 있는 세 가지는 무엇인가? 그리고 각각의 특징은?
2. 하나님의 은혜로 구원받은 신앙의 속성은 어떤 특성을 지니고 있는가?
3. 동명사로서의 하나님 속성을 말하고 있는 성경 구절들을 찾아보고 그 의미를 나누어 보자.
4. 해석학적 실천신학의 목적은 무엇인가? 실천적 신앙공동체의 특징은 무엇인가?

---

97) 영 교육과정에 대해서는 다음을 참고할 것. *Ibid.*, 28.

2장

해석학적
실천신학의 역사

더 멀리 되돌아볼수록, 더 멀리 앞을 내다볼 수 있다. 역사에 대한 성찰은 단순히 과거를 회고하는 차원이 아니다. 과거에 대한 회고를 통하여 현재와 미래에 나아갈 방향을 비판적으로 성찰해 볼 수 있다. 이런 점에서 역사에 대한 성찰의 유익이 있다.

해석학적 실천신학의 목적은 하나님의 사람으로 하여금 하나님의 섭리에 참여하는 실천적 신앙으로 삶을 살아가게 하는 것이다. 그리스도 예수를 중심으로 하는 해석학적 신앙에 의해 한 개인은 실천적 신앙인으로 양육되며, 더 나아가 신앙공동체는 실천적 신앙공동체로 형성되고 재형성하는 것이다.[1] 실천적 신앙의 특성을 가진 실천적 신앙공동체는 교회로만 제한되지는 않는다. 가정, 사회, 생태계, 세계 등의 포괄적인 신앙공동체이다.

실천적 신앙공동체는 어떤 모습으로 오늘에 이르고 있는지를 역사적 관점에서 살펴보고자 한다. 실천적 신앙과 신앙공동체에 대하여 학문적으로 다루고 있는 실천신학의 역사를 어떤 관점에서 보느냐에 따라 시작의 시기와 내용에는 차이가 있다.[2]

---

1) John Swinton and Harriet Mowat, *Practical Theology and Qualitative Research* (London: SCM Press, 2006), 10.
2) 여기서 본서에서 사용하는 실천신학에 대한 용어를 정리하자면 단순하게 사용한 실천신학이라는 용어는 실천신학의 모든 유형을 포괄하는 용어임. 반면에, 특정한 유형을 강조할 때는 그 유형의 개념을 사용하도록 할 것임. 예를 들면, 해석학적 실천신학이라는 용어가 대표적임.

실천신학의 역사를 논함에 있어 우선 모든 신학에 나타나고 있는 사역(使役, ministry)이라고 하는 실천적 성격으로 실천신학을 이해하는 관점이다.3) 실천적 관점에서 교회를 중심으로 한 사역의 차원에서 실천신학의 역사를 언급하고 있다. 대표적으로 은준관은 사역이라는 관점에서의 실천신학의 역사에 대해 교회의 사역을 중심으로 성경 시대를 출발점으로 하고 있다.

또 다른 관점은 실천신학이라는 용어가 신학 분야라고 하는 학문으로 사용되기 시작한 경우를 실천신학의 출발점으로 이해하는 관점이다.4) 학문적인 차원에서 실천신학이라는 용어가 사용되기 시작한 것을 실천신학 역사의 출발점으로 언급하고 있다.

학문적 관점으로 실천신학의 역사를 언급하고 있는 아스머는 실천신학의 출발점을 종교개혁에서 시작된 것으로 이해한다. 종교개혁에서 이신칭의 사상으로 믿음을 강조함으로 말미암아 행함을 경시한다는 비판에 대한 반응으로 학문적인 차원에서 실천신학을 본격적으로 연구하기 시작한 것으로 이해하고 있다.

본서에서는 실천신학의 근거를 우선 하나님의 사역에서 찾고자 한다. 삼위일체 하나님의 존재 그 자체는 실천적이기 때문이다. 그리고 성서신학, 조직신학, 역사신학, 실천신학 등의 모든 신학에는 실천을 포함하고 있는 실천적인 학문이다. 특히 '실천신학'이라는 개념은 '실천'이라는 사역의 개념과 '신학'이라는 학문적인 개념 사이에 간학문성을 갖고 있다.

그리고 하나님의 실천적 사역이 없었던 시대는 없는 것과 같이 신앙공동체의 본질은 실천적이다. 그러나 문제는 신앙공동체가 어떤 유형의 사역을 하고 있는지에 대한 것이다. 역사적 관점에서 볼 때 신앙공동체 사역의 특징

---

3) 은준관, 『실천적 교회론』 (서울: 대한기독교서회, 1999).

4) Richard R. Osmer, "Teaching as Practical Theology," ed., Jack L. Seymour and Donald E. Miller, *Theological Approaches to Christian Education* (Nashville: Abingdon Press, 1990), 217, 218.

은 무엇인가?

신앙공동체는 어떻게 신앙을 형성하고 재형성했는가? 하나님의 사역이라는 실천적 관점으로 실천신학의 역사를 살펴보면서 학문의 관점도 함께 언급하고자 한다. 여기서 말하는 신앙 또는 믿음이란 인지적 차원, 정서적 차원, 그리고 의지적 차원도 함께 포함되는 전인적이며 통합적인 특성의 해석학적 신앙이다. 그리고 해석학적 신앙은 다양한 삶의 자리에서 하나님 말씀을 실천하는 실천적 신앙공동체를 형성하고자 하는 실천적 신앙이다.

1. 성경 시대

실천적 신앙과 신앙공동체는 하나님의 천지 창조에서 비롯되었다. 그리고 창조주 하나님에 의한 언약은 실천적 신앙과 신앙공동체를 역사 가운데 구체화하고 있다. 창조주 하나님과 언약의 하나님에 의한 이스라엘 백성들의 출애굽 과정은 하나님의 통치를 의미하는 하나님 나라를 추구하고자 하는 실천적 하나님 백성을 형성하는 여정이었다(창 1:3; 17:7; 출 3:10). 출애굽의 과정에서 성막, 제사, 쉐마, 그리고 다양한 사역들은 공동체에 의한 공동체 자체의 기능이 아니라 하나님의 통치에 의한 실천적 신앙공동체의 존재 양식이며 존재론적 표현이다.5)

존재 양식이며 존재론적 표현이란 창조주 하나님이면서 해방자 하나님은 어떤 존재인지를 나타내는 것임을 말한다. 달리 말하자면, 구속의 역사 (history of redemption)를 말하는 구속사는 역사 가운데서 하나님의 백성을 구원하기 위해 섭리하는 실천적 하나님의 정체성이다.6) 출애굽 과정에서의

---

5) 은준관, 『실천적 교회론』 (서울: 대한기독교서회, 1999), 16.
6) Johannes van der Ven, *Practical Theology: An Empirical Approach* (AC Kampen, The Netherlands: Kok Pharos Publishing House, 1993), 70.

성막, 제사 등은 바로 하나님의 정체성을 나타내는 존재론적 표현이다.

출애굽 과정을 넘어서 가나안 땅에서 사무엘 선지자의 뜻은 다름 아닌 하나님을 유일한 왕으로 섬기는 실천적 신앙공동체를 형성하는 것이다. 이스라엘의 왕은 서열적이고 계층적인 질서와 지배를 강조하는 세상적인 왕이 아니라는 사상이다. 사무엘에 의한 실천적 신앙공동체의 범위는 전 사회를 아우르는 국가 단위이다.

그러나 사울의 경우 이방 나라의 절대 군주 왕정 정치를 모방하고자 함으로 하나님 중심의 신앙공동체는 변질하기 시작한 것이다.7) 다윗이나 솔로몬 시대에 절대 군주의 왕정 정치제도는 심화 되어 감으로 하나님의 통치를 의미하는 하나님 나라를 이루어 나가고자 하는 실천적 신앙공동체 의식은 약화 되어 나갔다. 다양한 선지자들은 제도화되고 계급화되는 신앙공동체를 삶의 자리에서의 실천적 신앙공동체로 변혁할 것을 말하지만, 세속의 왕 중심 절대 군주에 의한 지배와 강요에 익숙한 맛을 들인 이스라엘은 결국 파멸에 이르게 된다.

신약성경에서 구속의 주 예수 그리스도의 제자 공동체 사역과 초대교회의 성령의 주권적 섭리 가운데 복음을 위한 실천적 신앙공동체로 재형성되었다. 성령의 능력에 의한 초대교회는 실천적 신앙공동체의 원형(archetype)이다. 실천적 신앙공동체의 실천적 사역은 성령의 은사로 서로 교제가 있고, 떡을 떼며, 오로지 기도에 힘쓰며, 박해 가운데 흩어짐을 당하면서도, 복음의 말씀을 전하기를 힘쓰는 등의 실천적 신앙공동체로서의 사역이다(행 2:42-47).

스데반 설교는 구약성경 예언자들의 맥락 가운데서 왕정체제의 의식으로 예루살렘 성전을 우상화하려는 교권주의에 대한 비판이다(행 7:48-50). 대안으로서 성령에 의해 삶의 자리에서 하나님의 주권을 인정하는 역동적이며 변혁적인 실천적 신앙공동체로서의 하나님 나라를 형성해 나가야 할 것에

---

7) 은준관, 『실천적 교회론』, 16.

대하여 말하고 있다.

실천신학의 관점에서 바라본 실천적 신앙공동체 형성과 재형성을 위한 하나님의 사역에 대한 구약성경과 신약성경에서의 특징들은 다음과 같다.[8] 첫째, 가정, 회당, 교회, 사회 등의 신앙공동체에 대한 모든 사역은 인간의 기획과 제도에 의해서가 아닌 성령의 능력에 의한 하나님의 소명에 기초한다. 둘째, 모든 사역은 하나님, 하나님 백성 공동체로서의 교회, 세계의 관계 안에 있다. 세계에 대하여 열려 있고, 세계와의 대화적 관계 속에서 하나님 백성으로서의 교회는 사역을 감당해 나간다. 셋째, 모든 사역은 일상적인 삶의 자리에서 하나님 나라로서의 복음을 증언하는 것이다. 하나님의 은사로 말미암는 사역들은 서열 관계가 아니다. 상호주관적이며 섬김의 사역이다 (엡 4:11, 12). 섬김을 위한 은사는 서로 구분되나 계급으로서의 구분은 아니다. 성전 우상화와 교권화에 대한 비판적 성찰로 말미암는 일상적 삶에서 구속적인 사랑을 위한 실천적 신앙공동체를 지향하는 은사이다.

2. 교부 시대

교부 시대 신앙공동체 형성을 위한 사역의 특징은 교회의 사역을 위하여 교회를 교권적이며 제도적인 구조로 형성되어 나간 것이다. 우선 그 이유에 대한 긍정적인 차원으로 이해할 수 있다. 로마제국의 박해와 영지주의 등의 이단들에 대한 대응하기 위해서이다.

그러나 문제는 실천적 신앙공동체의 하나님 백성들에 의한 공동체적 실천적 사역이 교권적이며 제도적인 구조로 변질되어 나감으로 말미암는 교회의 제도화(institutionalization)이다. 교회의 구조에 있어서 단일감독제

---

8) *Ibid.*, 102, 103.

(monarchical episcopate)의 출현이다. 단일감독제는 교회의 수장으로서 감독이 있고, 그다음으로 장로, 그리고 집사 등의 서열구조를 말한다.[9]

A.D. 325년에 최초의 에큐메니컬 공의회인 니케아 공의회를 기점으로 감독과 장로체제를 성직자와 평신도로 분리하게 되었다. 여기에 감독은 세례, 성찬, 그리고 안수에 대한 권한을 독점하면서 장로와도 자신들을 구별하고 계급화하였다. 따라서 하나님 백성으로서의 교회의 실천적인 신앙 공동체성은 점차 약화 되어 나가는 문제점이 부각 되었다.

교회의 실천적 신앙 공동체성의 약화는 중세기 화체설이 확립된 1215년 제4차 라테란 공의회 이후 성직자와 평신도, 교회와 세계, 성과 속의 이분법은 심화 되었다. 성직자 내부 세계도 계급화되고, 서열화되어 나갔다. 따라서 평신도를 포함한 하나님의 사람들로 구성된 다양한 신앙공동체에서의 실천적 신앙 공동체성은 약화 되어 나갔다. 교회 신앙공동체에서 사역은 일부 성직자들의 몫이 되었다. 목회자 외에 평신도는 사역 대상으로 사역에서 수동적인 위치로 왜곡되어 나갔다.

3. 종교개혁 시대

종교개혁 시대를 본격적으로 열어나간 마틴 루터의 사역 이해의 특징은 교회를 성도의 교제(communio sanctorum)로 이해하는 것에 있다. 성도의 교제로서의 교회는 우선 로마교회의 교권주의에 대한 비판이다. 그리고 초대교회의 실천적 신앙 공동체성을 회복하려는 신학적 노력이다. 만인 제사장 신학에 기초한 성도의 교제는 루터의 사역론을 이해하는 기초이다.[10] 복

---

9) *Ibid.*, 104. James E. Reed, Ronnie Prevost, *A History of Christian Education* (Nashville: Broasman & Holman Publishers, 1993), 75.
10) 은준관, 『실천적 교회론』, 111.

음에 기초한 모든 성도는 하나님과 사람 사이에 중보자, 제사장, 그리고 대언자이다.

칼뱅의 사역론은 하나님의 질서(ordination Dei)에 기초한다. 하나님의 질서에서 구심점은 예수 그리스도이다. 머리 되시는 그리스도가 성령을 통하여 교회의 임무를 위해 다양한 은사를 부여하는 것으로 이해한다. 칼뱅이 말하는 하나님의 질서에 의하면 그리스도는 교회의 사역을 위해 안수를 통해 목사를 세우는 것이다.[11]

따라서 목사는 교회의 제도가 아닌 하나님이 세운 종이요, 하나님은 목사를 통해 교회를 사역해 나간다. 목사의 권위는 교회의 머리이신 그리스도에게 있다. 그리스도는 하나님의 말씀인 성경을 통해 역사한다. 성찬식에서 성령은 떡과 포도주에 임재한다.[12] 목사의 권위는 성령으로 역사하는 하나님의 말씀과 성찬에 있다. 칼뱅의 하나님의 질서에 의하면 실천신학은 안수받은 목사에 의한 실천신학이다.

지금까지 사역의 관점을 중심으로 실천신학의 역사를 살펴보았다. 종교개혁 시대 이후로는 학문적인 차원에서도 실천신학의 역사를 함께 살펴보고자 한다. 학문적 관점에서 실천신학을 본격적으로 언급하기 시작한 것은 종교개혁 사상과 관련이 깊기 때문이다.

종교개혁의 주요한 사상인 은혜에 의한 믿음으로 말미암는 구원론과 관련해서 학문적인 차원에서 실천신학이 출발했다. 은혜에 의한 믿음으로 말미암아 구원을 받는다고 하는 이신칭의 사상은 당시 인문주의자들이나 가톨릭교회에 의해서 삶의 자리에서 도덕적 또는 윤리적인 삶을 경시하는 것으로 비판을 받았다.

이러한 비판에 대응하는 차원에서 16세기와 17세기의 개혁신학은 우선 실천신학으로서 기독교 윤리학을 강조하는 것으로 대응했다.[13] 기독교인으

---

11) *Ibid.*, 116.
12) *Ibid.*, 224.

로서 기독교적인 삶이 중요하다는 것을 강조하기 위해서이다. 종교개혁 당시 기독교 윤리학은 교회 신앙공동체를 구성하고 있는 목회자와 평신도가 소속된 세상에서의 모든 직업에 대한 새로운 해석을 하게 된다.

그리스도인으로서의 모든 직업은 생업을 우선으로 하지만, 생업으로서의 모든 직업은 하나님 나라를 위한 하나님의 소명이라는 것이다. 기독교 윤리적인 차원에서 일상생활을 신앙으로 분별하는 것에 도움을 주는 학문을 실천신학으로 일컬어지게 되었다. 또한 실천신학이 교회뿐만 아니라 가정 등의 일상생활과 관련된 현장과 관련된 학문임을 본격적으로 말하기 시작한 시기이기도 하다. 종교개혁 시기의 가정 신앙공동체 형성에 대한 강조는 히브리인 시대에 강조된 실천적 가정 신앙공동체 형성을 회복한 것이라는 점에서 의미가 있다.14)

4. 근세 시대

근세 시대의 신앙공동체 사역 이해는 영국에서 1534년 수장령에서 출발한다. 수장령에 의해 국가교회로서의 성공회는 주교 중심의 교회와 사역이 되었다. 영국에서 성공회는 국교도(conformity)라고 한다. 반면에 국교도로서의 성공회의 행정체제와 교리 체계를 거부하고 종교개혁 사상을 따르고자 하는 개혁교회를 비국교도(nonconformity)라고 한다. 비국교도로서 대표적인 경우는 청교도(puritans)이다.15) 실천적 신앙공동체로서 청교도는 주로

---

13) Richard R. Osmer, "Teaching as Practical Theology," ed., Jack L. Seymour and Donald E. Miller, *Theological Approaches to Christian Education*, 218.

14) 이원일, 『해석학적 상상력과 기독교교육과정』 (서울: 한국장로교출판사, 2004), 39, 40, 59; 이원일, 『성인기독교교육의 재개념화』 (서울: 한들출판사, 2014), 38, 39.

15) 김재성, 『개혁신학의 정수』 (서울: 이레서원, 2003), 245, 283, 346. 청교도 신학에 기초하여 영국 의회에서 1646년 채택된 웨스트민스터 신앙고백과 1647년 웨스터민스터 대교

칼뱅의 신학에 기초하며 경건하고 양심에 따른 검소한 삶을 강조했다.

1559년 칼뱅의 제자로서 스코틀랜드에 돌아온 청교도 존 낙스가 설립한 스코틀랜드 장로교회는 언약 신학에 기초한 칼뱅의 교회론에 따라 목사, 교사(박사), 장로, 집사 등의 네 가지 직분만 인정하고, 그리스도의 통치는 네 직분자를 통해 시행되도록 했다.[16] 장로교회 행정체제는 교황 중심 체제나 주교 등의 감독 중심 체제가 아닌 장로 중심 체제이다.[17] 교회 행정은 목사, 교사(박사), 장로 등으로만 구성하여 감당하게 하고 이를 당회라고 하였다. 교회의 치리와 사역은 당회, 노회, 대회, 총회 등을 중심으로 감당하였다.

장로교회의 위계성에 대한 반발로 1567년 청교도 사상의 맥락에 서 있는 회중 교회(congregational Church)가 본격적으로 시작되었다.[18] 회중 교회는 회중 중심의 교회와 사역을 말한다. 회중 교회는 루터의 종교개혁 사상인 만인제사장론에 기초한다. 성직자와 평신도의 이분법적인 제도를 철폐하고, 누구나 설교와 성례전을 인도할 수 있도록 하고 있다. 실천적 신앙공동체 형성을 위해 공동체성을 강조한 사역이 다시 강조된 것이다.

1739년 미국 대각성 운동을 거치면서 개혁교회는 목회자와 평신도에 의하여 회중 중심적이면서 개교회 중심적인 실천적 신앙공동체를 형성하는 사역으로 나아갔다.[19] 그러나 산업혁명의 분위기가 크게 영향을 끼치던 1850년 이후의 시기에는 과학을 반대하고 문자적 성경 해석을 강조하는 근본주의 사역, 회심을 중심으로 하는 복음주의 사역 등이 있었다. 그러나 1850년 이후에는 미국교회의 실천적 신앙공동체 사역은 세계의 급격한 변화에 따라 사회문제에 관심을 넓혀 나간 시기이기도 하다.[20] 노예제도 등 사회문제에

리문답 및 소교리문답 등은 미국 장로교회 형성에 영향을 끼쳤음.

16) 김재성, 『개혁신학의 정수』, 375.

17) *Ibid.*, 374. 스코틀랜드 장로교회의 행정체제는 1643년에 발표되었음.

18) 은준관, 『실천적 교회론』, 116.

19) *Ibid.*, 120.

20) 이원일, 『미래세대와 기독교교육』 (서울: 한국장로교출판사, 2023), 5장. 근대시대에 산업

초점을 두는 사회 문화적인 차원을 강조하는 개혁교회의 사역, 사회개혁과 사회정의 실현을 강조하는 사회복음 사역, 과학과 진화론을 수용하는 자유주의 사역 등이다. 정리하자면 19세기 중반기에 산업혁명의 영향으로 급격한 사회의 변화로 말미암아 실천적 신앙공동체도 다양하게 형성되기 시작했다.

반면에 근세 시대에 학문의 관점으로 바라본 실천신학 역사는 어떤 특징을 지니고 있는가? 17세기에 이르러 학문적인 관점에서의 실천신학은 신앙공동체의 구성원으로서의 평신도들을 가정, 사회 등의 일상에서 분별력 있는 신앙으로 살아가도록 하는 차원은 강조하지는 못하였다. 오히려 안수받은 목회자(ordained minister)가 신앙공동체로서의 교회에서 리더십을 갖추는데 도움을 주는 실천신학으로 초점이 맞추어져 나갔다.21) 이를테면 금욕신학, 교회 정치 및 헌법, 목회자의 직무 등이다. 같은 맥락에서 도덕 신학과 기독교 윤리학도 교회에서 목회자의 사역을 위한 실천신학을 강조했다.

18세기에는 실천신학의 초점이 교회 사역을 위한 목회자에게 더 집중하게 되었다. 목회자의 교회 사역을 위한 실천신학이 되어간 것이다. 목회자들이 실제 목회에서 일어나는 일들과 관련하여 목회자의 직무와 기능 강화에 도움을 주는 학문으로 여긴 것이다.22)

이러한 움직임은 18세기와 19세기 초반기인 1730년대와 1740년대에

혁명(1760~1830) 기간을 지나면서 유럽은 기계화, 도시화, 양극화 등의 문제로 사회적 갈등이 커지게된 결과로 혁명의 소용돌이 가운데 주일학교가 공식적으로 시작되었고(1780), 프랑스에서는 대혁명(1789), 미국에서는 노예해방을 위한 남북전쟁 등이 일어났고 (1861~5), 마르크스는 산업화로 말미암는 노동 등으로 인한 아동학대를 비롯하여 자본주의에 대한 비판으로 공산주의자동맹(1847), 공산당 선언(1848), 자본론(1867), 볼세비키혁명(1917. 11) 등으로 말미암아 오늘에 이르기까지 세계는 이념의 격랑 가운데 놓여 있는 등의 사회문제에 높은 관심을 가진 시기임. 사회와 세계의 급격한 변화는 실천신학의 방법론에도 많은 영향을 끼쳤음.

21) Richard R. Osmer, "Teaching as Practical Theology," ed., Jack L. Seymour and Donald E. Miller, *Theological Approaches to Christian Education*, 219.

22) *Ibid.*, 219, 220.

조난단 에드워드, 조지 휫필드, 존 웨슬리 등에 의한 제1차 대각성 운동(first great awakening)과 요나단 에드워즈의 외손자 디모데 드와이트, 찰스 피니 등에 의한 1790년대와 1800년대 초에 일어난 제2차 대각성 운동 등은 학문 차원의 실천신학 이해에도 영향을 끼쳤다. 실천신학을 목회자 양성과 목회자의 자질을 강화하는 학문으로 여기는 방향으로 심화하는데 일조한 시기인 것이다.23)

그러나 시대적 흐름을 학문적으로 반영해 나가고자 하는 노력은 19세기에 이르러 학문적 차원의 실천신학을 언급하기 시작한 신학자 슐라이에르마허(Friedrich Schleiermacher, 1768~1834)에게서 찾아볼 수 있다. 슐라이에르마허는 신학을 철학적 신학, 역사적 신학, 그리고 실천신학 등의 세 종류로 구분하였다.24) 슐라이에르마허에 의하면 실천신학은 철학적 신학과 역사적 신학으로 이어지는 신학 체계를 교회에 적용하는 응용신학이다. 체계적으로 정리된 이론적인 신학을 사역의 현장에 적용하는 차원에서의 실천신학이다.

그러나 아스머는 슐라이에르마허의 실천신학 이해에 대해서 후대에서 오해하고 있는 중요한 한 가지를 지적하고 있다. 아스머에 의하면 슐라이에르마허의 응용신학으로서 그리고 목회신학으로서 실천신학으로 이해했다는 것은 후대의 오해로 보고 있다.25) 후대가 오해하고 있는 것은 슐라이에르마허가 실천신학을 안수받은 목회자의 직무와 직무에 따른 기능 강화로 한정하고 있다는 것이다. 과연 어느 쪽의 말에 무게가 실릴까?

---

23) 이원일, 『해석학적 상상력과 기독교교육과정』, 142-150. C. Ellis Nelson, *How Faith Matures* (Louisville, Kentucky: Westminster/John knox Press, 1989), 191, 192.

24) Friedrich Schleiermacher, *Brief Outline of Theology as a Field of Study*, Revised Trans of the 1811 and 1831 editions, Terrence N. Tice (Louisville, Kentucky: Westminster John Knox Press, 2011), 11-14.

25) Richard R. Osmer, "Teaching as Practical Theology, ed., Jack L. Seymour and Donald E. Miller, *Theological Approaches to Christian Education*, 220.

우선 실천신학은 신앙공동체인 목회자와 평신도를 포함한 하나님의 백성
으로서 또는 하나님의 사람으로서 '전체 교회'의 지도력 행사(leadership
function)에 초점을 두고 있다고 이해하는 것이 그의 학문적 특성과도 부합
된다고 이해할 수 있다.

슐라이에르마허가 언급한 교회의 지도력(leadership of church)이라는 말
은 어떤 구체적인 직위로 제한하기보다는 폭넓은 의미로 이해할 수 있다.26)
이는 슐라이에르마허의 학문적 특성인 해석학에 기초하여 신학을 전개하고
있다는 관점에서 보면 이러한 비판은 타당성이 있다. 슐라이에르마허는 해
석학을 기계적이 아닌 예술적 특성을 지니고 있으며, 개별과 전체의 순환적
관계성을 지닌 학문으로 이해하기 때문이다.27)

그러나 슐라이에르마허가 말하는 실천신학은 목회자를 위한 학문이라고
해석할 수 있는 여지도 다분히 있다고 할 것이다.28) 슐라이에르마허가 말한
목회신학으로서의 실천신학은 오늘까지도 교회 신앙공동체에서 안수받은
목회자의 전문적인 역량을 함양하기 위한 신학교육의 실천 분야로 여기는
경향도 있다. 이러한 영향으로 오늘날까지도 실천신학을 목회자의 설교, 가
르침, 치유 등에 대하여 목회자 역량 강화를 위해 이론을 실제에 적용하는
차원으로 강조하고 있다. 그리고 실천신학을 이론적인 신학에서의 탐구 결
과를 교회의 목회에 적용하는 응용신학으로 여기기도 한다.

---

26) Friedrich Schleiermacher, *Brief Outline of Theology as a Field of Study*, 2, 7,
101, 103, 114-126. 137-138. "not relegated to the clergy alone within the
Christian community, … a responsibility of all Christians points to much
territory in the area of lay ministry …"

27) Friedrich Schleiermacher, *Hermeneutik und Kritik mit besonderer*, 최신한 옮김,
『해석학과 비평』(서울: 철학과 현실사, 2000), 26, 166.

28) James N. Poling, *Rethinking Faith: A Constructive Practical Theology* (Minneapolis:
Fortress Press, 2011), 150.

5. 현대 시대

한국 교회와 달리 1970년, 1980년대에 미국교회는 침체기를 맞이하면서 교회의 갱신과 사역을 위한 길잡이가 필요하였다. 실천적 신앙공동체로서의 회복을 위한 길잡이 역할을 복음에 대한 교회의 실천을 강조한 하워드 그라임스(Howard Grimes), 데슈너(John Deshner) 등의 실천신학자들이 감당하였다.29)

그리고 학문적인 차원에서 실천신학이라는 범주에 목회를 위한 다양한 하위분야들의 학문이 포함되기 시작했다. 이러한 다양한 실천신학의 분야들을 실천신학이라는 이름으로 하나로 통합하려는 시도가 1960년대에 힐트너(Seward Hiltner)에 의해 시작되었고, 프린스턴 신학교는 이를 수용하여 실천신학 전공에 대한 구조조정을 시작하였고, 다른 신학교에서도 통합적인 차원에서 실천신학전공으로 구조 조정해 나갔다. 이후 전문화라는 명목으로 다시 실천신학의 다양한 분야들이 세분화하는 방향으로 다루어지고 있기도 하다. 그러나 1985년 실천신학협회(Association of Practical Theology; APT)가 힐트너와 스나이더(Ross Snyder) 등에 의해 시작됨으로 실천신학은 통합의 방향으로 다시 힘겹게 나아가고 있다.30)

그러나 여기서 한 번의 큰 변화가 1980년대 후반기에 본격적으로 시작되어 2000년대 이후부터 거세게 일어나게 된다. 실천신학에서 삶의 자리인 상황(context)을 중요하게 반영하며 부각 된 것이다. 상황의 독특성, 다양성, 복합성 등에 대한 이해를 위해 파멜라 쿠튀르(Pamela Couture), 반 데르 벤(Van der Ven) 등에 의해 사회분석(social analysis)이 중요하게 여겨지게

---

29) Mary E. Moore, "Purpose of Pratical Theology: A Comparative Analysis between United states Practical Theologians and Johannes Van Der Ven," *Hermeneutics and Empirical Research in Practical Theology*, ed., Chris A. M. Hermans and Mary E. Moore (Leiden·Boston: Brill, 2004), 172-174.

30) *Ibid.*, 175, 176.

되었다.31) 그리고 트레이스(David Tracy)의 비판적 상관관계적 접근에 의한 수정주의 신학의 영향으로 윤리적 차원의 실천적 지혜를 강조하고 있다. 이외에도 단순한 사회분석을 넘어서서 정의와 해방을 추구하는 사회변혁의 실천신학이 언급되고 있기도 하다.

따라서 20세기 후반기에 이르러서는 목회자의 교회 사역을 위한 신학에 기초하고 있다는 실천신학의 학문적 정체성에 대한 의문이 거세게 일어났다. 실천신학은 신학에만 기초하고 있다는 관점으로부터 사회과학에도 기초한 실천신학으로 이해할 것에 대한 논의이다. 팔리의 경우 신앙(faith)과 실제(practice)의 통합을 하비투스(habitus)라고 불렀다.32) 하비투스는 신앙의 습관이라는 의미이다. 이는 신앙과 과학을 이분법적으로 이해하는 계몽주의적 관점을 넘어서서 통합적으로 이해하기 위해서이다.

이러한 간학문적 접근을 향한 학문적 관점의 변화는 실천신학이 목회자와 평신도라고 하는 이분법을 극복하고 하나님의 백성 또는 하나님의 사람이라는 실천적 신앙공동체 형성이라는 방향으로 나가야 할 것에 대한 정리가 어느 정도 되어 가는 시점에서 일어난 것이다. 실천적 사역이 먼저 있고 학문적인 변화는 그 이후에 일어난 것이다.

하나님의 나라를 지향하는 하나님의 실천적 사역이 교회의 범위로 제한되기보다는 가정, 교회, 사회, 생태계 등을 포함한 삶의 전 영역을 포함하는 것에 대하여 신학적인 차원에서 그 변화를 반영한 것이다. 오늘날 실천적 신앙공동체는 교회뿐만 아니라, 가정, 학교, 사회, 자연생태계 등의 지구 공동체를 포괄하고 있다. 사역과 소명에 대한 이분법의 극복이다.

이상에서 하나님의 사람들을 실천적 신앙인으로 세워나가고 더 나아가

---

31) *Ibid.*, 178, 184.

32) James N. Poling, *Rethinking Faith: A Constructive Practical Theology*, 149, 150. 팔리를 비롯한 신학과 사회과학 등으로 말미암는 통합적 실천신학을 언급한 학자들에 대해서는 다음을 참고할 것. 이원일, 『해석학과 기독교교육현장』 (서울: 한국장로교출판사, 2008), 353-357.

실천적 신앙공동체를 형성하고 재형성하고자 한 실천신학의 역사를 언급하였다. 실천신학 이해에 대하여 사역적인 차원과 학문적인 차원은 앞서거니 뒤서거니 하면서 변화되어왔다. 앞서 언급한 실천신학의 역사를 사역적 관점과 학문적 관점으로 나누어서 정리하자면 다음과 같다.

사역적 관점에서 경향

현대 시대 실천신학의 경향을 사역의 관점으로 언급한 은준관에 의하면 한국과 미국 등에서는 실천신학적 논의는 실천적 신앙공동체 형성을 강조하는 경향이다. 제2차 바티칸 공의회에 의한 교회 구조의 재개념화로 평신도를 사역의 동반자로 이해하기 시작한 것이다. 실천신학의 관점에서는 제2차 바티칸 공의회 이전과 이후로 구분할 정도로 획기적이다. 그리고 제2차 세계 대전의 트라우마로 1960년대 교회에서 실천적 사역은 목회상담으로 개인에 대한 돌봄을 강조하거나, 부흥회를 통한 개인의 회심을 중요하게 여기는 개인 중심 목회이다.[33]

그러나 1970년대 들어서면서 실천적 사역은 빈부의 양극화, 전쟁, 빈곤, 공해, 폭력, 인종차별 등의 사회적 변화에 따른 사회적 갈등 문제로 인하여 소통을 추구하는 사회 운동가 또는 대리인으로서의 사역, 1980년대 이후에는 교회 성장으로 말미암는 교회경영 중심의 사역, 또는 사람들의 내면적 의미와 깨달음을 심화하는 영성 사역 등으로 다양하게 변화하고 있다.

이러한 변화에도 불구하고 한국과 미국 등에서 교회 중심의 사역이라는 경향으로 사역에 대한 흐름이 지속하는 가운데 목회의 이원론적 사고 구조가 여전히 지속하고 있기도 하다. 따라서 목회적 돌봄 및 상담 대 예언자적 사역, 개인전도 중심의 사역 대 사회문제 해결 중심의 사역, 신앙적 및 헌신

---

33) 은준관, 『실천적 교회론』, 53-55.

적 사역 대 직업적 및 전문적 사역 등의 이분법적 구조로 인하여 사역현장이 혼란을 겪고 있다. 그리고 안수 목회와 평신도 사역의 불분명한 관계도 지속하고 있다.

20세기 실천적 사역의 경향은 세계화와 다원화 등의 영향으로 목회 또는 사역의 영역들이 다양해진 것은 고무적인 경향이라고 할 수 있다. 앞으로도 목회 또는 사역의 영역은 얼마든지 새롭게 나타날 수 있고, 또 그렇게 되어야 한다. 그렇지만 다양한 목회 또는 사역은 여전히 목회자 중심이라는 전통적 관점이 지속하고 있다. 안수받은 목회자 중심적이며 교회 중심적인 패러다임은 목회 또는 사역에서 여전히 이분법적 사고에 의한 것이다.34)

이러한 안수 목회 중심의 실천적 사역은 신학교육에 뿌리를 두고 있다. 안수 목회자 양성을 위한 신학교육을 목회적 패러다임(clerical paradigm)이라고 말한다. 목회적 패러다임에 의한 사역을 성직주의(clericalism)라고도 한다. 평신도와는 대비되는 성직자를 교회 사역을 위해 양성하는 의미에서 성직주의이다.

신학교육에서 목회적 패러다임의 이분법적 사고에 의한 성직주의 패러다임에 대한 대안으로 제시되는 것은 회중적 또는 공동체적 패러다임(congregational paradigm)이다. 성직자와 평신도라고 하는 이분법적인 구조를 넘어서고자 하는 하나님의 백성 또는 하나님의 사람들이라는 공동체적 패러다임에 대한 이론적 기초는 궁극적으로 하나님의 사역에 기초한다.35)

오늘날 다양한 사역 유형들 가운데서 큰 흐름으로 전개되고 있는 중요한 주제는 하나님의 사역(the ministry of God)이다. 사역의 주체에 대한 비판적 성찰이다. 목회자 또는 평신도가 사역의 주체가 아니라 하나님이 사역의 주체라는 것이다. 하나님의 사역이라는 전제 아래에서 하나님의 사역에 소

---

34) 이원일, "신학교육에서의 교육과정," 『해석학과 기독교 교육현장』 (서울: 한국장로교출판사, 2008), 제8장.

35) *Ibid.*, 353-357.

명으로 참여하는 하나님 사람(the people of God)의 사역이다.36)

하나님 사람의 사역이 되기 위해서는 목회자를 비롯하여 평신도 한 사람 한 사람을 실천신학자가 되도록 하는 실천신학이다.37) 목회자만의 실천신학이 아니라 평신도를 포함한 하나님의 사람들이라고 하는 실천적 신앙공동체 전체의 실천신학이다. 자신의 신앙을 다양한 삶의 자리에서 실천하고자 하는 모든 그리스도인은 실천신학을 하고 있다.38) 자신의 신앙과 일상의 다양한 삶의 상관관계를 추구하는 모든 그리스도인들은 실천신학자이다.

그러면 목회자와 평신도의 차이점은 무엇인가? 목회자는 하나님의 사람으로서 평신도를 세상과 삶의 다양한 분야에서 하나님의 프락시스에 참여하는 하나님의 사역자로 세우는 자이다. 목회자는 평신도를 삶의 전 영역에서 실천신학을 잘 감당하는 실천신학자들로 양육해야 한다.39) 목회자는 평신도가 일상의 삶과 관련하여 성경을 해석할 수 있도록 평신도를 양육해야 한다. 궁극적으로 목회자와 평신도 모두는 갈등으로 가득한 삶의 자리에서 이해를 추구하는 하나님의 사람이 되는 것이다. 그리고 모두는 삶의 자리를 실천적 신앙공동체로 형성하며 재형성하는 하나님의 동역자들(co-workers)이다.

성속(聖俗)에 대한 이분법적이며 목회자 중심의 성직주의(clericalism)와 개인 및 일부 종파(sect) 중심의 종파주의(sectarianism or laicism) 운동은 실천적 신앙공동체 패러다임으로 극복되어야 한다. 실천적 신앙공동체 패러다임에서는 하나님의 사역으로 하나님의 사람들이 다양한 삶의 자리에서 하나님 나라를 추구하는 소명 공동체이면서 은사 공동체를 형성하고 재형성하고자 한다.

---

36) 은준관, 『실천적 교회론』, 120, 121.
37) 장신근, 『공적실천신학과 세계화시대의 기독교교육』 (서울: 장로회신학대학교출판부, 2007), 45.
38) James N. Poling, *Rethinking Faith: A Constructive Practical Theology*, 137, 141, 142.
39) 은준관, 『실천적 교회론』, 157.

그러나 여기서 다시 한번 목회자의 중요성을 간과하지는 말아야 함에 대하여 언급할 필요가 있다. 목회자는 다양한 신앙공동체를 구성하고 있는 하나님의 사람들로 하여금 삼위일체 하나님의 프락시스를 분별하게 하며 하나님과 함께 동행하는 변혁적 삶을 살아가도록 하는 촉진자(facilitator)이다. 목회자의 위치는 신앙공동체의 일원이며, 소통으로 함께 하나님 나라를 향하며, 순례의 길을 지속적으로 갈 수 있도록 하는 촉진자의 위치이다.

오늘날 사역의 관점에서 21세기 실천신학의 경향을 정리하자면 실천신학을 위한 주체는 신학자와 목회자로 제한되지 않는다. 실천신학은 평신도를 포함하는 하나님의 백성들 또는 하나님의 사람들이라고 하는 모든 그리스도인들의 몫이다.40) 목회자와 평신도를 이분법적이거나 계층 구조적이 아닌 상호주관적인 관계로 실천신학이 추구되어야 하는 것이 실천신학의 과업으로 이해하는 것이다. 이런 관점에서 이해하자면 실천신학은 하나님의 사람들로서 구성된 실천적 신앙공동체의 전체 과업이다.

그리고 실천적 신앙공동체를 형성하고 재형성하는 과업이다. 신학자와 목회자뿐만 아니라 신앙공동체를 구성하고 있는 평신도의 경우도 실천신학자이다. 평신도는 실천적 사역자로서 자신이 속한 다양한 삶의 자리에서 실천적 신앙공동체를 형성하도록 부름을 받은 존재이다. 실천적 신앙공동체 형성을 위한 신학적 자료는 성경과 신학적인 텍스트만으로 제한되지 않는다. 경험도 중요한 자료가 된다. 평신도의 경우 삶의 자리에서 겪는 경험이라는 중요한 자료가 목회자보다 상대적으로 더 풍성할 수 있다. 평신도는 다양한 경험들에 대하여 신학적 성찰(theological reflection)을 통하여 하나님의 활동에 나타나는 하나님의 뜻을 분별하며 하나님의 백성으로 살아가는 실천신학자이다.

---

40) Thomas H. Groome, *Christian Religious Education* (San Francisco: Harper & Row Pub., 1980); 이원일, 『해석학과 기독교 교육현장』, 361.

학문적 관점에서 경향

20세기 전반기에는 실천신학이 사회과학에 기초한 종교교육, 목회상담과 돌봄 등의 분야가 부각 된 시기였다. 이 두 운동을 이끈 인물들은 코우(George A. Coe), 힐트너(Seward Hiltner) 등이다. 코우와 힐트너 등은 경험과 경험의 재구성을 강조하는 듀이(John Dewey)의 이론에 영향을 받았다.[41] 이 시기는 실천신학에 대한 사회과학적 접근의 시기이며, 하나님의 초월성보다 하나님의 내재성이 강조되었다.

그러나 20세기 중반기에는 실천신학에 대한 사회과학적 접근에 대한 비판으로 신정통주의 신학에 의한 실천신학이 부각 되었다. 구속사 중심으로 성경을 이해하며, 예수 그리스도 안에서 하나님은 자기 계시를 드러내며, 하나님과의 관계 속에서 세상을 분별하는 것을 강조하는 신정통주의 신학에 의한 실천신학을 말한 대표적인 인물은 스마트(James Smart)와 스미스(Shelton Smith) 등이다.[42]

신정통주의자들의 실천신학 방법론은 하나님의 초월성을 강조하는 신학적 접근이다. 성서신학, 조직신학, 그리고 역사신학 등의 이론 신학에 의한 신학적 이론을 예배학, 설교학, 선교학, 목회상담, 그리고 기독교 교육학 등의 실천신학 영역에 적용하고자 하는 실천신학이다. 그리고 신학 이외의 인문 및 사회과학, 철학 등의 학문을 전혀 고려하지 않는 것은 아니지만 경시하였다. 달리 언급하자면 신학과 사회과학의 간학문성을 경시하는 접근 방법론이다.

그러나 여기서 한 번의 또 다른 큰 변화가 1980년대 이후에 일어나게 된다. 실천신학에서 삶의 자리인 상황(context) 이해의 중요성이 부각 된 것이

---

41) Richard R. Osmer, "Teaching as Practical Theology, ed., Jack L. Seymour and Donald E. Miller, *Theological Approaches to Christian Education*, 221.
42) *Ibid.*, 221, 222.

다. 상황의 독특성, 다양성, 복합성 등에 대한 이해를 위해 사회분석을 중요하게 여기게 되었다.

그리고 20세기 후반기에는 맑스(Marx)와 아리스토틀(Aristotle) 등의 이론에 기초한 프락시스 인식론(praxis epistemology)이 실천신학에 영향을 주었다. 전자는 해방신학, 그리고 후자는 하우어워스(Stanley Hauerwas)의 인성의 윤리학(ethics of character) 등으로 각각 구체화 되었다.[43] 해방신학이나 인성의 윤리학 등은 신학의 파편화와 전문화를 주장하며 신학의 근대적인 이분법적 사고를 극복하고자 하며, 개인주의적 신앙을 넘어선 공적 신앙을 추구하고 자 하는 가운데 있다.

오늘날 21세기 실천신학의 학문적 경향은 신학 이론을 사역의 현장에 적용하는 것에 중점을 두고 있는 연역법적이며 일 방향적인(unidirectional) 응용신학이거나, 컨텍스트와 경험 중심의 사회과학적 접근의 귀납법적 실천신학 등의 양극단을 극복하고자 하는 것이다.

신학과 사회과학, 텍스트와 컨텍스트, 이론과 경험 등의 양방향적(multidirectional)이며, 간학문적 접근의 실천신학을 추구하는 경향으로 나타나고 있다. 하나님의 사람들이 다양한 일상에서 분별력 있는 신앙생활을 하도록 간학문적 접근으로 실천신학을 추구하고 있다.[44]

더 나아가서 슐라이에르마허 이후 신학의 분류에서 실천신학을 신학의 한 영역으로 제한하는 것을 넘어서고자 하는 경향이다. 실천신학은 신학의 한 영역이기보다는 신학 전반을 실천이라고 하는 관점에서 이해하려고 하는 신학 방법론이다.[45] 실천신학의 관점으로 전통적으로 이론 신학이라고 여

---

43) *Ibid.*, 222.

44) Bonnie J. Miller-McLemore, "The Contributions of Practical Theology," in *Practical Theology* (West Sussex: Blackwell Publishing, 2012), 13.

45) *Ibid.*, 2, 3. Mary E. Moore, "Purpose of Pratical Theology: A Comparative Analysis between United states Practical Theologians and Johannes Van Der Ven," *Hermeneutics and Empirical Research in Practical Theology*, ed., Chris

기고 있는 성서신학, 조직신학, 역사신학 등에 대한 실천적 이해이다.

모든 신학은 실천-이론-실천이라고 하는 실천적 신학 방법이라는 관점으로 신학 그 자체를 실천신학적으로 재개념화하고자 하는 경향이다. 오늘날에도 다양한 삶의 자리에서 하나님 사랑과 이웃 사랑(마 22:37-40)을 행하고 있는 하나님을 분별의 영성으로 깨달으며, 하나님의 뜻을 추구하며 살아가는 것을 실천신학적 관점에서는 '신학 하기'(doing theology)라고 한다.[46]

'신학 하기'에 대한 예를 들자면, 사랑의 실천으로서 전도함으로 다양한 경험을 하게 되고, 깨달음을 갖게 되며, 하나님과 사람에 대하여 새로운 이해를 하게 되며, 더 나아가 전도를 계속해 나가는 순환적 과정을 지닌 구조이다. '신학 하기'는 가정에서의 신앙적 실천을 비롯하여 각 삶의 자리에서 신앙적 실천과 이에 대한 신앙적 성찰을 통한 순환적 과정을 말한다.

실천신학의 중요성에 대해서는 국제적인 공감대가 형성되고 있다. 1985년 이후로는 국제적인 차원에서 실천신학자들의 모임이 형성되기 시작했으며, 1996년에 한국에서도 국제적인 실천신학자들이 모인 가운데 국제실천신학학회가 있었다.[47] 더 나아가 국제적인 차원의 실천신학학회지가 발간되어 오늘에 이르기까지 간학문적인 논의를 활발하게 이어나가고 있다.

실천신학에 대한 사역적 관점에서의 경향과 학문적 관점에서의 경향을 정리하자면 실천신학은 하나님의 행하심과 이에 동참할 것에 대하여 설교,

---

A. M. Hermans and Mary E. Moore (Leiden·Boston: Brill, 2004), 176, 185, 190. 브라우닝의 '근본적 실천신학'(1992)에서 '전략적 실천신학'이라고 함. 이외에 Cobb, Hough, Van der Ven 등이 실천신학의 관점에서 모든 신학을 이해하고 있음.

46) John Swinton and Harriet Mowat, *Practical Theology and Qualitative Research* (London: SCM Press, 2006), 24, 255-259. 행동의 신학(theology of action)이라고도 함. 실천신학은 행동을 연구하는 신학임을 말함. 행동(action)은 사회과학에서처럼 실용적이거나 문제해결을 위한 연구이기보다는 하나님과 인간의 관계성을 유지하고 실현하는 것과 관련이 있음. 하나님과 친밀한 관계성을 형성하며, 또한 우리 자신과 서로와의 친밀한 관계성을 형성하는 것을 돕는 학문임(마 22:37-40). 실천신학자는 하나님 사랑, 자기 자신 및 이웃 사랑이라는 목적을 위해 하나님과 세상 사이의 중재자 위치에 있음.

47) James N. Poling, *Rethinking Faith: A Constructive Practical Theology*, 150.

성경 공부, 논문, 저서, 소명에 의한 실천적 삶 등을 통해서 각각 다양하게 표현하며 실천하고 있다.

지금 그리고 여기에서 신앙의 영성으로 하나님의 역사하심을 깨닫고, 표현하고, 하나님의 역사에 반응하여 동참하고자 하는 하나님 사람들의 실천적 신앙을 양육하고, 다양한 실천적 신앙공동체를 형성하고자 하는 경향이다. 개인의 실천적 신앙을 양육하는 일과 실천적 신앙공동체를 형성하고 재형성하는 일은 쉬운 일이 아닌 만큼 실천신학의 책임도 크다.

실천신학적 책임은 지역적 및 국제적인 차원에서 협력과 소통으로도 추구되어 나가고 있다. 협력과 소통에는 왜곡으로 말미암아 갈등이 일어날 수 있는 여지가 다분하다. 그러나 실천적 사역을 위해서는 삼위일체 하나님의 교제에서의 친밀성에 기초해야 한다. 갈등을 극복해 나가는 과정 그 자체가 실천신학적이다.

〈비판적 성찰을 위한 물음〉

1. 실천적 신앙공동체와 관련된 성경 구절을 찾아보고 그 의미를 나누어 보자.
2. 실천적 신앙공동체 형성을 위해 교회 직분의 의미를 어떻게 이해되어야 하는가?
3. 고린도전서에서 '신학 하기'에 해당하는 내용들을 찾아보고 그 의미를 나누어 보자
4. 실천신학의 세분화를 넘어서 통합화를 위한 주제 선정과 실천적 사역을 나누어 보자.

실천신학을 이해하기 위한 방법론은 개인의 실천적 신앙을 양육하는 일과 실천적 신앙공동체를 형성하고 재형성하는 일을 위한 사역의 주체, 사역의 범위와 내용, 그리고 사역의 방법 등에 대해서 사역의 관점에 따라 세 가지 패러다임으로 분류할 수 있다.

안수받은 목회자의 사역을 중심으로 하는 방법론은 교권적 패러다임, 하나님의 사람들로서 평신도들의 사역을 중심으로 말하는 회중적 패러다임, 그리고 교회의 안과 밖을 통합하여 모든 사람과 삶의 자리로서 역사를 섭리하시는 하나님의 사역을 말하는 하나님의 프락시스 패러다임 등으로 분류할 수 있다.[1]

그러나 학문적 방법론에 의한 실천신학 패러다임의 분류는 연역법적인 규범적(規範的, normative) 패러다임, 귀납법적인 경험적(經驗的, experiential) 패러다임, 그리고 간학문성(interdisciplinarity)에 의한 해석적(解釋的, hermeneutic) 패러다임 등이다.[2]

개인의 실천적 신앙 양육과 실천적 신앙공동체 형성 및 재형성을 위한 사

---

1) 은준관, 『실천적 교회론』 (서울: 대한기독교서회, 1999), 36-44. 이원일, 『성인기독교교육의 내러티브』 (서울: 한들출판사, 2017), 301, 321.
2) 강희천, "기독교교육학의 학문적 성격," 『기독교교육사상』 (서울: 연세대학교출판부, 1991), 1-30; "기독교교육과 비판적성찰," 『기독교교육의 비판적 성찰』 (서울: 대한기독교서회, 1999), 13-48.

역의 방법론과 학문의 방법론에는 유사한 측면들이 있다. 규범적 패러다임과 교권적 패러다임, 경험적 패러다임과 회중적 패러다임, 그리고 해석적 패러다임과 하나님의 프락시스 패러다임 등은 접근 방법론에서 서로 유사성을 지니고 있다.

1. 규범적 패러다임

규범적인 방법론은 연역법에 의한 앎을 추구한다. 시대의 변화 가운데서도 변화하지 않는다고 여기는 영원성을 가진 보편적인 정신(mind)를 계발하는 것을 목적으로 한다. 여기서 말하는 보편적인 정신은 이성, 지성이라고도 하며, 어떤 번역의 경우에는 마음이라고도 한다.3) 보편적인 정신의 함양을 위해서 전통적으로 문법, 수사학, 논리학, 수학, 천문학, 기하학, 그리고 음악 등을 중요하게 여겼다. 그리고 성경을 비롯하여 기독교 고전을 사색하거나 명상하는 방법을 중요하게 여겼다.

학문적 관점에 의한 명칭으로서 신학에서 연구된 보편적이라고 여겨지는 진리를 목회 현장에 응용하는 구조이다. 보편적인 신학 이론을 현장에 응용하고자 한다. 규범적 패러다임에서 실천신학은 응용신학으로 여겨진다. 계시적 지식으로서의 전통을 중요하게 여기며, 전통을 전수하고자 하는 것에 중요한 가치를 부여한다. 위계질서에 의한 서열적인 계층구조(hierarchy)에서 목회자는 지식을 생성하는 권위자로서 중요하게 여겨진다.

실천적 사역의 관점과 관련해서는 교권적 패러다임(clerical paradigm)으로 분류된다. 교권적 패러다임은 안수받은 목회자 중심의 패러다임이다. 안수받은 목회자 개인을 중심으로 하는 성직주의(clericalism) 패러다임이다.

---

3) 이원일, 『성인기독교교육의 재개념화』(서울: 한들출판사, 2014), 99.

목회자 한 개인 중심의 리더십에 의한 목회 또는 사역이 강조된다. 회중은 목회자의 사역을 수동적으로 수용한다. 그리고 평신도라고도 하는 회중은 목회자의 능동적인 사역에서 소외된다.

실천신학을 본격적으로 소개한 슐라이에르마허에 대한 브라우닝의 해석에 의하면 슐라이에르마허가 생각하는 실천신학은 안수받은 목회자를 중심으로 하여 신앙공동체에 대한 리더십을 함양하기 위한 학문으로 이해한다. 슐라이에르마허의 실천신학은 안수받은 목회자로 하여금 교회 내에서 설교, 예배, 교리교육, 목회상담 등의 책무를 개인적으로 감당하게 하기 위한 학문이라고 이해하는 관점이다.4) 이러한 관점에 의한 실천신학이 규범적 패러다임이다.

성직주의에 의한 교권적 패러다임에서는 신앙공동체 형성과 재형성을 위하여 안수받은 목회자를 사역의 주체로 이해하며, 목회자로 하여금 예배(worship) 중심의 사역을 제대로 감당하도록 목회자의 목회 리더십을 함양하는 것에 관심이 있다.5)

목회자 중심의 패러다임에서 이상적으로 여기는 목회자의 이미지는 설교자, 부흥사, 사회 변혁자, 교회 성장의 경영자, 영성 목회자, 상담가 등의 이미지를 중요하게 여기면서 변화되어 나가고 있다.6) 그럼에도 불구하고 교권적 패러다임에서 안수받은 목회자는 교회 내에서 주로 예배와 설교 중심의 리더십 함양을 위한 역량 강화에 여전한 관심을 가지고 있다.

---

4) Don S. Browning, "Introduction," *Practical Theology: The Emerging Field in Theology, Church, and World* (New York: Harper & Row, 1983), 10.

5) 규범적 패러다임에 속하는 대표적인 실천신학자는 복음주의 신학에 기초하고 있는 파즈미뇨(Robert W. Pazmiño)가 있음.

6) 은준관, 『실천적 교회론』(서울: 대한기독교서회, 1999), 54.

2. 경험적 패러다임

한 개인의 삶과 사역의 과정에서 가지는 경험이 이론보다 더 우월적인 위치에 있다. 귀납법적인 관점으로 관찰과 경험을 중요하게 여긴다. 주어진 시간과 교재(text)를 일정한 장소에서 가르치고 배우려고 하기보다 자연을 비롯한 다양한 장소를 함께 중요하게 여긴다.

개인 중심의 학습 못지않게 공동의 활동을 비롯하여 놀이 등을 통하여 배우는 것을 중요하게 여긴다. 개인의 인지 중심보다는 전인적인 활동을 강조한다. 집단을 비롯한 사회 공동체의 역동적인 힘에 의한 집단 역학(group dynamics)을 중요하게 여긴다.

경험을 중요하게 여긴 사상가들은 코메니우스, 루소, 페스탈로찌, 프뢰벨, 그리고 존 듀이 등이 있으며, 이들은 경험 중심적이며, 아동 중심적인 관점을 강조한 점에서 공통점이 있다.7) 문제해결 및 프로젝트 등의 방법을 사용하는 것을 효과적인 것으로 여긴다.

아동 중심의 관점이란 대상자를 아동으로 한정하는 것은 아니다. 오히려 참여자를 비롯하여 학습자 중심이라는 의미이다. 경험과 관련하여 아동은 새로운 경험을 갖도록 하는 것이 중요한 반면에 성인으로 갈수록 기존의 경험이 존중받기를 바란다.8) 나이가 많아질수록 경험을 인정받는 것은 자존감과 관련된다.

경험을 강조하는 관점은 목적 중심적이기보다는 결과 중심적이다. 바람직한 결과는 무엇인가? 바람직한 결과를 염두에 두고 사역을 추구하려고 한다. 개인의 경험으로 한정하기보다는 사회 변화의 추이를 파악하는데도 관심이 많다. 시대적인 변화와 문제에도 관심을 갖고 있으며, 공동의 관심으로

---

7) 이원일, 『성인기독교교육의 재개념화』, 100-103.
8) *Ibid.*, 173.

사회의 바람직한 변화를 추구하려고 한다.

경험적 패러다임을 강조하고 있는 스윈턴과 모왓에 의하면 실천신학은 인간이 구체적인 상황에서 갖는 경험과 그 경험에 대한 신학적 성찰과 관련되는 학문이다.9) 경험적 패러다임이라고 해서 경험만 강조하는 것은 아니다. 그러나 강조점이 경험에 있다는 것이다.

그리고 인간의 경험은 상황(situation) 가운데서의 경험이다. 따라서 경험적 패러다임에서는 인간의 경험이 일어나는 상황에 대한 해석을 중요하게 여긴다. 인간의 경험이 일어나는 상황은 문화적, 역사적, 그리고 종교적 요소 등을 비롯하여 여러 가지 요소들로 구성되어 있어 복합적(complex)이다.10) 따라서 복합적인 상황을 읽어야 하고 해석해야 한다. 복합적 상황에 대한 신학적 성찰을 통한 실천을 말한다.

경험적 패러다임에서는 수행으로서의 신앙(faith as performance)을 강조한다. 신앙은 하나의 대본이 아니라 대본으로 수행되는 연극과 같다는 말이다. 따라서 신앙은 상황적이며 구체적인 행동이다. 복음은 단순히 믿어야 할 어떤 것이 아니라 살아야 할 어떤 것이다. 인간의 경험은 복음이 근거하고 구체화하며 해석되어야 할 장(place)이다.11) 더 나아가 성령의 역사로 말미암아 새로운 물음이 제기되고 도전이 있으며 깨달음이 일어나는 해석된 컨텍스트(interpretive context)로서의 장이다.

경험적 패러다임을 위한 연구방법은 심층 인터뷰, 참여 관찰, 사례 연구 등에 의한 질적 연구방법과 설문지에 의한 양적 연구방법 등이 있다.12) 중심적인 물음은 다음과 같다. 현재 상황에서 어떤 일이 일어나고 있는가? 그리고 가시적인 차원을 넘어선 비가시적인 차원에서 실제로 일어나고 있는

---

9) John Swinton and Harriet Mowat, *Practical Theology and Qualitative Research* (Lomdon: SCM Press, 2006), 3, 5, 11, 12, 254.

10) *Ibid.*, 15, 22, 193.

11) *Ibid.*, 5, 6.

12) *Ibid.*, vii.

것은 무엇인가?

경험적 패러다임과 유사한 맥락에서 실천적인 사역의 관점을 제시하고 있는 패러다임은 회중적 패러다임(congregational paradigm)이다. 회중적 패러다임은 교권중심적인 성직주의에 대한 대안으로 제시되고 있다.13)

경험적 패러다임이며 회중적 패러다임을 강조하는 넬슨에 의하면 실천신학은 사색적이거나 체계적인 신학이 아니라, 실제적인 회중 공동체의 삶을 분별하고 행동해야 할 것과 관련한 신학이다.14) 고린도전서에서 "너희에 대한 말이 내게 들리니"(고전 1:11)에 기초하여 바울은 교회의 분쟁들에 대한 분별과 행동을 제시하고 있다.

넬슨의 관점에 의하면 바울은 고린도 교회에서 실제로 일어났거나 일어나고 있는 분쟁, 음행, 결혼, 제물 등의 문제들에 대처하고 교회 덕을 세우기 위해 어떻게 분별해야 하며, 어떻게 행동해야 할 것을 말하고 있다. 경험적이며 회중적 패러다임은 회중 공동체에서 일어난 경험들을 우선순위로 여긴다.

회중 중심 패러다임에서는 신앙공동체 형성과 재형성을 위한 사역의 주체는 목회자이기보다는 회중 공동체이다.15) 목회자 중심의 교권주의적이며 제도적인 패러다임에 대한 대안으로 나온 것이 회중적 패러다임이다. 하나님의 통치를 분별하며 증인으로 살아가는 회중에 의한 제자도(discipleship) 양육에 대한 내용들을 다루는 회중 공동체의 패러다임이다.

---

13) 경험적 패러다임에 속하는 실천신학자는 신정통주의 신학에 영향과 사회화에 의한 신앙 양육을 강조한 신앙공동체적 접근의 엘리스 넬슨(Carl Ellis Nelson), 존 웨스트호프(John Westerhoff III, 1933) 등이 있음.

14) C. Ellis Nelson, *How Faith Matures*, 204, 213-216.

15) 은준관, 『실천적 교회론』 (서울: 대한기독교서회, 1999), 21, 40, 41, 122-135. 평신도 이해를 위한 평신도 신학에 대한 세 종류의 접근은 평신도의 위치가 교권적 교회 구조에 종속적인 유기적 접근, 평신도 중심의 자유 교회적 접근, 교회와 세계의 경계 선상에서 그리스도의 증인이 되도록 하는 대변적 및 선교 신학적 접근 등임. 세 가지의 접근과 실천신학의 패러다임과는 각각 교권적, 회중적, 하나님의 프락시스 패러다임 등으로 관련되는 것으로 이해 할 수 있음.

종교개혁에서 말하는 만인제사장 원리(벧전 2:9)를 분명히 구현하고자 하며, 회중주의(congregationalism)에 의한 회중 교회(congregational church)가 대표적이다. 장로교회에서는 의사 결정 권한이 당회에 있다면, 회중 교회에서는 회중 전체에 권한이 있다. 회중 전체의 의사 결정에 따라 교회의 주요한 정책들이 결정된다.

회중적 패러다임에 속하는 또 다른 유형은 일부 종파 중심의 종파주의(sectarianism) 운동이나 평신도 중심의 평신도주의(laicism) 운동이다.[16] 종파주의 및 평신도주의는 기원전 사해 주변에서 활동한 쿰란 공동체, 수도원 공동체, 왈도파, 공동생활 형제단, 퀘이커교도, 메노나이트, 그리고 오늘날 기초공동체 운동의 평신도 교회 등에서도 찾아볼 수 있다.[17]

종파주의에서 종파의 존재 근거는 일부 종파로 제한되는 성령의 임재에 있다. 소속된 종파 이외의 공동체에 대해서는 이분법적인 사고에 의해 역사도피적이며, 배타적이거나, 정죄하는 특징을 보여주고 있다.[18]

평신도주의 운동에서는 만인제사장에 근거하며 평신도 중심의 교회를 추구한다. 예배, 설교, 성례전, 가르침, 친교, 섬김, 그리고 소명 등의 신앙공동체 사역을 감당하기 위한 역량 강화를 통해 평신도의 제자도에 관심을 갖는다. 평신도의 제자도? 평신도로서 예수를 구주 믿으며 예수의 삶을 본받아 일상 가운데 실천하는 삶을 살아가는 제자 됨을 의미한다.

---

16) 교단주의(denominationlism)는 종파주의가 아니지만 타 교단을 정죄하고 자신이 속한 교단만을 절대적으로 여기다면 종파주의로 빠질 가능성이 매우 높음. 오늘날 한국 사회에 만연하고 있는 기독교와 관련된 이단들(heresies)의 경우도 일종의 종파주의에 속함.

17) 기초교회공동체(Basic Ecclesial Communities, B·E·C)는 두 가지의 유형이 있음. 수동적인 차원에서는 중국, 북한 등의 체제에 의한 박해로 말미암아 불가피하게 형성된 가정교회 등의 유형임. 능동적인 차원에서는 남미 브라질 등의 생계와 관련하여 체제 저항적인 평신도 운동 등의 유형임. 은준관, 『실천적 교회론』, 420-422.

18) 은준관, 『실천적 교회론』, 129.

3. 해석적 패러다임

규범적 패러다임에서는 이미 파악한 이론적 지식을 필요하다고 여겨지는 지식을 갖지 못한 대상자에게 설명하고 설득하려고 한다. 지식 중심이고, 지도자 중심이다. 경험적 패러다임에서는 현재 일어나고 있는 상황을 우선하며, 그 상황에 대하여 삶으로 응답하려고 한다. 신앙은 경험으로 말미암아 성장한다는 관점을 가지고 있다. 경험 중심이고, 학습자 중심이다.

그러나 실천신학의 해석적 패러다임은 해석학에 기초한다. 해석학은 우선 이론과 실제, 지식과 경험, 지도자와 학습자, 텍스트와 컨텍스트, 과거와 현재와 미래 등의 중재에 의한 통합을 강조한다.19) 하나님을 알기 위해서는 인간을 알아야 하고, 인간을 알기 위해서는 하나님을 알아야 하기 때문에 양극단의 존재를 인정한다.

그리고 양극단의 상호작용으로 말미암아 깊은 앎을 의미하는 '깨달음'이나 '전유'(appropriation)라고도 하는 '이해'를 중요하게 여긴다. 이해는 전통이나 권위주의에 의한 주입이나 강요와 달리 양극단의 상호작용으로 스스로 깨달아지는 깊은 앎이다. 더 나아가 자신에게 가장 의미 있는 가치를 분별하며 실천하는 삶으로 나아가도록 하는 학문이다.

존재론의 관점에서 보면 규범적 패러다임과 경험적 패러다임의 공통점은 지식과 경험은 존재의 밖에 있는 것이다. 존재 그 자체에 초점을 두지는 않는다. 존재 그 자체보다는 가지고 있는 기존의 지식과 경험이 더 중요하다.

---

19) Jeanne Stevenson-Moessner, *Prelude to Practical Theology: Variations on Theory and Practice* (Nashville: Abingdon Press, 2008), 17-18. 이외에 해석적 패러다임에 속하는 실천신학자들은 폴 틸리히(Paul Tillich, 1886~1965)의 상관관계 신학에 영향을 받은 루이스 쉐릴(Lewis Sherrill, 1892~1957) 등을 비롯하여 수정주의 또는 비판적 상관관계를 말하는 트레이시(DavidTracy, 1939)에 영향받은 씨워드 힐트너(Seward Hiltner, 1909~1984), 단 브라우닝(Don Browning, 1934~2010), 토마스 그룸 (Thomas Groome, 1945), 찰스 거킨(Charles Gerkin, 1922~2004), 리차드 아스머 (Richard Osmer) 등이 있음.

해석학(Hermeneutics)

그러나 해석학은 존재 그 자체를 중요하게 여긴다. 그리고 존재 그 자체를 이해하려고 한다.[20] 존재 그 자체는 기존의 앎에 대한 주입이나, 무분별한 해석으로 말미암아 왜곡되고 있고, 편견으로 편향되게 이해되고 있다. 왜곡과 편견에 의한 해석으로 말미암아 존재 자체에 대한 이해도 왜곡되고 편견 되어 있다. 왜곡과 편견을 가진 존재는 다른 존재에 대하여서도 왜곡되고 편견적으로 이해할 수 있다. 왜곡과 편견에 대한 치유는 해석적 과정으로 일어난다.

우선 여기서 말하는 존재는 일차적으로는 인간 존재를 말한다. 그러나 인간 존재만을 말하지 않는다. 인간을 포함하여 텍스트, 동식물, 생태계, 세계 등의 모든 존재를 말한다. 리쾨르의 언급 중에 "우리가 거래하는 세상 전체와 모든 존재자는 해독해야 할 텍스트라고 할 수 있다"[21]는 말에서 알 수 있듯이 인간을 포함한 세상의 모든 존재는 해석하고 이해를 해야 할 존재로서의 텍스트이다. 그리고 모든 존재의 공존과 관계성이다. 따라서 해석적 패러다임에서는 존재 그 자체를 존중하고 인정한다. 존재 그 자체에 가치를 부여한다.

다양한 존재 그 자체에 대한 이해를 위해서는 간학문성이 요구된다. 존재 그 자체는 다양성과 다층성 등을 내재하기 때문에 하나의 학문 분야로 접근하게 되면 왜곡과 편견 등에 의한 오해, 갈등, 그리고 폭력 등의 원인을 제공할 수 있다. 따라서 다양한 생명체의 조화로운 공존을 의미하는 하나님 나라

---

20) Paul Ricoeur, *Le Conflit des Interprétations*, 양명수 옮김, 『해석의 갈등』(서울: 아카넷, 2001), 10, 26.

21) *Ibid.*, 240, 283, 322. 리쾨르에 의하면 해석학이란 해석이 필요한 모든 분야를 가리키는 것임. 그리고 해석은 드러난 것에서 숨은 뜻을 가려내는 일을 말함. 또한 해석은 순환 운동 속에서 일어남을 말하기도 함. 해석학적 순환을 통하여 숨은 뜻이라고 하는 이해에 이르게 됨을 말함. 리쾨르가 제시하고 있는 대표적인 해석학적 순환은 '믿으려면 이해해야 한다. 그러나 이해하려면 믿어야 한다'는 것임.

(사 11:1-9; 갈 3:28; 골 3:11)를 추구하는 실천신학이기 위해서는 간학문(interdisciplinary)에 의한 실천신학이어야 한다.

존재는 이용 대상이 아니다. 자기를 비롯한 타인에 해당하는 모든 존재는 당신(Thou) 이다. 자신의 존재는 독특하다. 마찬가지로 타인의 존재도 독특한 존재이다. 그 독특함을 있는 그대로 파악하는 것이 이해이다. 자신과 타인은 이해의 대상이며, 당신으로서의 공동체(community as Thou)이다.

자신의 관점이나 자신의 선입견으로 타인을 판단하는 것을 일시중지(epoché)하는 것이다. 타인에게 나의 이데올로기를 주입하려고 하는 것을 멈춰야 한다. 타인이 자신의 존재를 스스로 드러내기 위해 다양한 방법으로 자기 자신을 표현하려고 하는 것을 도와주어야 한다.

인간은 세계 내적인 존재(Being-in-the-world)이다.[22] 세계를 초월한 존재가 아니다. 인간은 살아가는 시간, 시대, 공간, 삶의 자리, 현장, 컨텍스트 등을 초월한 존재가 아니다. 살아가는 시대, 시간, 그리고 현장 등에 영향을 받는 존재이다.

유사한 맥락에서 해석학은 이해를 추구하는 학문으로서 시간과 공간 등에 의한 이해를 추구한다. 인간의 이해는 시간과 공간에 초월적인 것이 아니다. 인간의 이해는 절대적인 이해가 아니라는 의미이다. 인간의 이해는 지역, 문화, 그리고 살아가는 시대 등에 영향을 받는다.

인간의 이해는 시간과 관련하여서는 과거, 현재, 그리고 미래라고 하는 역사성에 기초한다. 현재를 이해하기 위해서는 과거를 이해해야 하며, 미래를 이해해야 한다. 현재, 과거, 그리고 미래 등의 관계성 가운데서 이루어지는 이해가 타당성을 지니게 된다.

인간의 이해는 시간뿐만 아니라 공간과 관련한다. 시간과 공간을 포괄하

---

22) Martin Heidegger, *Sein Und Zeit*, Trans., John Macquarrie and Edward Robinson, *Being And Time* (New York: Harper & Row, 1960). 이원일, 『해석학적 상상력과 기독교 교육과정』 (서울: 한국장로교출판사, 2004), 191.

는 용어는 상황 또는 현장(context)이다. 텍스트에 대한 적합한 이해는 현장과의 상호관계 속에서 이루어진다. 해석학은 텍스트와 컨텍스트의 상호작용 가운데서 적합한 이해를 추구한다.

텍스트로서의 성경 해석은 현장과의 상호 관련 속에서 이루어진다. 현장을 달리 표현하면 상황(situation 또는 context)이라고도 할 수 있다. 해석은 상황을 통하여 구체화 된다.23) '어머니가 딸을 위해 옷을 샀다'는 문장과 '어머니가 가난함에도 딸을 위해 옷을 샀다'는 문장 중에서, 상황이 언급된 후자의 문장은 어머니가 옷을 싼 이유를 분명하게 이해할 수 있게 한다.

인식론적 관점에서의 해석학에서는 이해를 인지적인 차원으로만 제한되지 않는다. 인지적 차원과 함께 생각의 형태, 느낌, 그리고 행동 등이 포함된다. 전인적 이해이다.24) 인간에 대한 전인적 이해와 인간의 본성들은 서로의 관계성을 통하여 의미는 구성되고 표현된다. 결과로서의 지식을 주입하고 암기함으로 아는 것이 아니라, 과정으로서의 지식을 함께 알아가며, 마침내 깨달음에 이르는 인식론이다. 과정적 인식론에는 이성, 감성, 의지, 행동, 경험, 지식, 대화, 그리고 침묵, 명상 등 요소들의 상호작용을 강조한다.

해석학적 이해

해석학적 관점에서 실천신학을 이해하고자 하는 해석학적 실천신학은 텍스트와 컨텍스트의 상호작용으로 개인의 해석학적 신앙을 형성한다. 해석학적 신앙이란 '이해를 추구하는 신앙'을 말한다. 깨달음을 위한 신앙이다. 궁극적인 이해는 신앙으로 가능하다. 해석학적 신앙으로 해석학적 신앙공동체를 형성하고 재형성하는 것을 추구하는 것이 해석학적 실천신학이다.

---

23) Richard R. Osmer, "Teaching as Practical Theology," ed., Jack L. Seymour and Donald E. Miller, *Theological Approaches to Christian Education*, 227.
24) *Ibid.*, 229. 해석학 유형은 인식론적 해석학, 비판적 해석학, 그리고 존재론적 해석학 등이 있음.

텍스트를 컨텍스트에 적용하거나 응용하는 차원에서 넘어서서 텍스트와 컨텍스트의 상호작용으로 말미암는 해석학적 신앙공동체이다. 텍스트와 컨텍스트의 상호작용 방법은 텍스트에서 컨텍스트의 방향으로 시작할 수도 있고, 현재의 삶인 컨텍스트에서 텍스트의 방향으로도 시작할 수 있다. 해석학적 실천신학은 쌍방향적이라는 점에 특징이 있다.

전통적으로 텍스트를 강조한 응용신학으로서의 실천신학과 달리 해석학적 실천신학은 지금 그리고 여기라고 하는 시간과 공간에 영향을 받는 오늘날 삶의 현장을 텍스트의 차원으로도 중요하게 여긴다. 삶의 현장은 사람들이 살아가는 삶의 자리를 말한다. 이해를 위해서는 삶의 자리를 알아야 한다. 삶의 자리는 공간만을 말하는 것이 아니다. 시간도 포함한다.

삶의 자리인 컨텍스트는 기독교인들이 하나님으로부터 부여받은 소명(vocation)을 가지고 오늘을 살아가는 삶의 현장이다. 삶의 자리는 시간과 공간에 영향을 받는다. 삶의 자리인 컨텍스트는 차이의 자리이다. 공간에 따른 차이와 시간에 따른 차이이다. 사역의 현장이 어디냐? 연령대가 어떻게 되느냐? 등에 따른 차이가 있을 수 있다.

해석학적 이해는 관계 속에서 이루어진다. 유사한 관계뿐만 아니라 이항 대립적인 요소들간의 관계를 통해서도 이루어진다. 따라서 이해를 위해서는 다양성을 인정해야 한다. 그 다양성은 이질적인 요소들을 지닌 다양성을 포함한다. 다양성에 대한 인정은 대상을 우선 있는 그대로 인정하는 것이다. 있는 그대로 대상의 존재 가치를 인정하는 것이다.

해석학적 이해를 위해서는 대화로 말미암는 소통이 중요하다. 소통의 방법은 언어를 통하는 것이 일반적이다. 언어에는 은유적인 언어도 포함한다. 언어적 소통을 위한 매체는 문자, 매스미디어, 디지털 매체 등이 활용된다. 그러나 소통을 위해서는 언어와 문자 못지않게 상징 등의 비언어적 매체도 포함한다. 그리고 소통을 위해서는 공감(sympathy)이 중요하다. 공감은 정서적으로 서로 교감이 되는 것이다. 진정한 소통을 위해서는 공감이 선행되어야 한다. 공감이 없으면 진정성 있는 소통이 일어나기 어렵다.

해석학적 이해는 상호작용이라는 과정에 의해 일어난다. 물론 순간적인 이해도 가능하다. 직관적인 이해가 가능하다. 그러나 순간적인 이해도 알고 보면 과정적으로 일어난다. 경험과 지식, 앎과 삶, 텍스트와 컨텍스트 등의 변증법적인 상호작용의 과정으로 이해에 이르게 된다. 경험과 지식이 쌓여서 직관적인 이해에 이르게 된다. 이해를 위해서는 일정한 짧은 시간이 필요하고, 또는 긴 시간이나 세월이 필요하기도 하다.

해석학적 이해는 갈등에 대한 폭력의 방법에 대한 대안이다. 사람은 갈등적인 존재이다. 갈등을 단시간에 해결하기 위해 언어적, 신체적, 물리적 등의 다양한 폭력에 의존하기도 한다. 오늘날 인공지능사회로 급속하게 발전되어 가는 반면에 불행하게도 과정적인 시간의 중요성에 대한 인식은 낮아지고 있다. 단시간에 문제는 해결되어야 하는 것으로 학습되어 나간다. 인공지능사회가 폭력지향 사회로 되어 가는 이유이기도 하다.

해석학적 이해를 추구하는 인간 형성을 위해서는 수평적인 차원의 다양성, 소통성, 그리고 과정성 등이 요구되는 것과 마찬가지로 수직적인 차원에서 삼위일체 하나님과의 과정적인 소통이 요구된다.[25] 신학적 해석학에 의한 인간의 이해는 수평적인 차원과 수직적인 차원 등의 입체적인 차원에서의 관계성으로 말미암아 추구되어 나간다. 오늘날 인공지능 시대에도 관계성이 중요한 이유는 이해로 말미암는 실천적 신앙공동체 형성을 위해서이다.

해석학적 실천

해석학적 실천신학이라는 학문적 관점에서의 명칭과 유사한 맥락을 가지

---

25) 여기서 말하는 인간 형성이란 한 개인의 신앙 양육과 신앙공동체를 형성하고자 하는 것에 관심을 가지고 실천하는 인간을 형성하는 것을 말함. 간략히 말하자면 실천적 신앙공동체 형성임. 실천적 신앙공동체는 개인들의 모임이며, 실천적 신앙공동체가 되기 위해서는 개인의 실천적 신앙 양육이 필수 불가결하기 때문임.

고 있는 패러다임은 하나님의 프락시스 신학이다. 해석학적 실천신학으로서의 하나님의 프락시스 신학이다. 해석학적 실천신학에서 말하는 해석학적 실천은 하나님의 프락시스이다. 신학 방법론으로 말하자면 하나님의 프락시스 패러다임(God's praxis paradigm)이다. 하나님의 프락시스 패러다임에서 실천적 사역의 주체는 목회자와 회중을 넘어서는 하나님이다.

하나님은 실천적 사역의 주체로서 실천적 신앙공동체를 형성과 재형성하기 위해 목회자뿐만 아니라 평신도를 사역의 동반자로 부르신다. 하나님의 프락시스 패러다임은 교권적 패러다임과 회중적 패러다임을 극복하기 위해 대안으로 제시되고 있는 패러다임이다.

하나님의 주권적 다스리심에 의해 목회자와 회중이 함께 참여하는 하나님의 백성 공동체로서 회중 전체의 실천적 사역이다. 실천적 사역이란 하나님이 목회자와 회중 등의 모든 하나님의 사람들에게 주는 하나님의 사역이면서 하나님이 위임하는 사역이다. 다만 목회자의 사역을 특수 사역으로, 평신도 사역을 일반 사역을 구분할 필요가 있는 것은 사역의 내용에 의해서이다.26) 그럼에도 불구하고 하나님의 프락시스에 의한 사역은 하나님 백성 공동체의 사역이다. 하나님 백성 공동체에 의한 목회적 프락시스(pastoral praxis)이다.27) 목회적 프락시스란 하나님의 프락시스에 의한 하나님 백성 공동체에 의한 사역을 말한다.

하나님의 프락시스 패러다임에서는 일반 사역과 특수 사역을 포함하여 역사를 섭리하는 하나님의 실천적 사역을 분별하고 증언하는 하나님의 백성 또는 하나님의 사람들(people of God)이라고 하는 실천적 신앙공동체를 양육하고 형성하는 것에 관심을 갖는다. 하나님은 하나님의 뜻에 따라 하나님의 동역자들을 부르시고 하나님의 동역자에게 다양한 은사를 준다. 그리고

---

26) 은준관, 『실천적 교회론』, 148.

27) Johannes van der Ven, *Practical Theology: An Empirical Approach* (Kampen, The Netherlands, Kok Phros Publishing House, 1993), 157.

하나님에게 부르심을 받은 하나님의 사람들을 통하여 사역한다.

하나님은 하나님 사람들의 소명과 은사들을 통하여 교회를 비롯하여 가정, 학교, 사회, 세계 등의 다양한 삶의 자리를 섭리하는 실천적 사역을 해나간다. 달리 말하자면 하나님의 동역자들로서 하나님의 사람들은 역사 안에서 정치, 경제, 문화, 사회, 세계 등 삶의 전 영역에서 하나님 나라 사역에 참여하도록 하나님의 동역자로 부름을 받는다.28)

하나님의 프락시스 패러다임에서는 섭리하는 하나님의 뜻을 분별하기 위해 신학뿐만 아니라 사회과학을 비롯한 일반학문을 간학문적인 차원에서 중요하게 여긴다. 간학문적 차원을 중요하게 여긴다는 점에서 교권적 패러다임이나 회중적 패러다임과 차이가 있다. 교권적 또는 회중적 패러다임에서 주된 이론적 기초는 신학 또는 사회과학 중심적이다. 그러나 하나님의 프락시스 패러다임에서는 간학문적 성찰을 중요하게 여긴다.

하나님의 프락시스 패러다임에서는 간학문적 차원과 유사한 맥락에서 하나님의 동역자는 기독교인으로만 제한되기보다는 하나님이 원하시는 모든 사람이다.29) 기독교인을 비롯하여 심지어 비기독교인까지 포괄한다.

페르시아 제국의 고레스를 '내 목자'(사 4:28, 45:1)30)라고 부르는 하나님이다. 학문적인 차원에서 간학문적인 접근을 중요하게 여기듯이 교회 내에 다양한 교인들과의 대화적 관계를 중요하게 여길 뿐 아니라, 교회 밖의 사람들과도 대화적 관계도 중요하게 여긴다. 대화적 관계는 달리 말하자면 의사소통의 중요함을 말한다.

하나님의 프락시스 패러다임에서 하나님의 사람들은 무엇보다 하나님의 부르심으로서의 소명에 기초하여 하나님의 실천적 사역을 감당하는 자들이다. 하나님의 소명은 다양하다. 하나님의 소명은 역사적이고 과정적이다.31)

---

28) 은준관, 『실천적 교회론』, 43.
29) 이원일, 『성인기독교교육의 재개념화』(서울: 한들출판사, 2014), 149, 150.
30) 본서의 성경 구절은 개역 개정판을 사용하였음.

다양한 하나님의 소명으로 말미암는 사명으로 다양한 사역을 감당하도록 하나님 동역자들의 거버넌스 리더십(governance leadership) 함양을 강조한다.

거버넌스 리더십은 테니스 복식 조와 같이 협력하여 갈등과 문제를 해결해 나가는 능력을 특징으로 하는 지도력이다. 목회자와 평신도가 하나님 사람이라는 이름 아래에 거버넌스 리더십으로 신앙공동체 형성을 위한 역량을 함양하는 것에 관심을 갖고 있다.

하나님의 프락시스 패러다임에서 하나님의 주권성과 실천적 사역의 다양성은 교회 안의 작은 교회(ecclesiolae in ecclesia)로 구현되고 있다. 교회 안의 작은 교회 사상은 교권주의와 종파주의(sectism)를 극복하는 실천신학의 패러다임으로 평가되고 있다.32)

교회 안의 작은 교회는 초대교회의 가정교회(house church) 형태의 공동체 중심 교회로 구현되기도 한다.33) 교회 안의 작은 교회는 17세기 경건주의에 의해 본격적으로 시행되었으며 성경 공부, 기도, 그리고 설교에 대하여 토론하는 등의 소그룹 신앙공동체이다.34) 18세기에는 요한 웨슬리에 의한 소공동체 운동에서도 교회 안의 작은 교회 운동이 일어났다.

웨슬리의 소그룹 신앙공동체 운동인 속회(class meeting)은 전도와 봉사를 병행함으로 사회 변화를 위한다는 점에서 경건주의가 빠질 수 있는 정적주의(quietism)와는 차이가 있다. 현대 신학자 본회퍼는 교회 안의 작은 교회로 제한하여 자신을 참교회라고 주장하는 정적주의는 또 다른 분리주의로 나갈 수밖에 없음을 지적한다.

---

31) 소명의 과정성에 대해서는 칼뱅에게 영향을 받은 니버에게서 찾아볼 수 있음. Richard Niebuhr, *The Purpose of the Church and Its Ministry* (N.Y.: Harper & Brothers, 1956), 64.
32) 은준관, 『실천적 교회론』, 411.
33) *Ibid.*, 192, 203, 208.
34) 경건주의 장점과 단점에 대해서는 다음을 참고할 것. 은준관, 『실천적 교회론』, 415.

그 대안으로 본회퍼는 어느 교회이든 하나님의 말씀이 살아 있는 곳에 성도의 교제가 이루어진다고 정의를 내린다. 가톨릭교회이든, 종파이든 하나님의 말씀이 살아 있는 한 성도의 교제가 존재한다는 것이다.[35] 본회퍼의 주장은 하나님의 말씀에 기초한 교제의 중요성을 강조한 것에 장점이 있지만, 현실적인 측면에서 고려해 보면 성도의 참된 교제를 위해 고려해야 할 사회과학적인 측면들을 간과하고 있다.

신앙의 해석학

앞서 언급한 해석적 패러다임을 정리하자면 본 저서에서 지금까지 제시하고 있는 해석의 원리는 신앙이다. "사랑으로써 역사하는 신앙"(갈 5:6)이다. 좀 더 학문적인 차원으로 말하자면 해석학적 신앙이다. 해석학적 신앙에 의한 해석학이다. 달리 말하자면 신앙의 해석학이다. 신앙의 해석학은 예수 그리스도의 경우(눅 24:13-35)와 요셉의 경우(창 45:8)가 대표적이다. 요셉은 갈등적인 상황을 신앙의 관점으로 해석하여 실천적 신앙공동체를 형성한 인물이다.

이해의 학문으로서 해석학은 문법적 해석학, 심리적 해석학, 철학적 해석학, 의심의 해석학, 비판적 해석학 등의 이름으로 발전하고 있는 현재 진행형의 학문이다. 알고 보면 사람이 살아가면서 해석이 없는 삶은 없다. 사람은 평생을 해석하면서 살아가는 해석학자이다.

자신의 삶을 해석하면서 살아간다. 자신과 관련된 삶에 대해 끊임없이 해석하며 살아간다. 좀 더 정확히 말하자면, 해석으로 말미암는 이해란 발견하는 것이 아니라 드러나는 것이다. 본질에 대한 깨달음이 다가오는 것이다. 다가오는 하나님 나라이다.

---

35) Dietrich Bonhoeffer, *The Communion of Saints* (New York and Evanston: Harper & Row, 1960), 169-170.

본 저서에서는 해석학적 관점으로 신앙을 이해하는 것에서 출발한다. 그리고 신앙의 관점에서 해석하며 이해에 이르게 하는 것을 말한다(민 13:25-33). 신앙과 해석은 해석학적 순환의 관계이다. 신앙과 이해의 관계도 해석학적 순환 관계이다.

신앙은 온전한 해석을 가능하게 한다. 그리고 해석은 온전한 신앙이 무엇인지를 이해하게 한다. 신앙과 해석의 순환 관계의 올바른 기준과 방향은 실천적 신앙공동체 형성과 재형성에 있다. 신앙과 해석의 타당성(relevance)은 실천적 신앙공동체에 유익이 되는지의 여부이다.

신앙과 해석의 관계에 있어 텍스트의 중요성을 언급하였고, 컨텍스트의 중요성을 언급하였다. 텍스트와 컨텍스트의 상호작용으로 말미암아 이해에 이르게 됨을 말한 것이다. 텍스트와 컨텍스트의 해석학적 순환 관계로 실천에 이르는 해석학적 실천신학이다.

그러나 온전한 삶을 위해서는 여기서 한 걸음 더 나아가 중요한 요소가 있어야 한다. 바로 하나님의 섭리적 프락시스에 대한 신앙이다. 그리고 삼위일체 하나님의 페리코레시스(perichoresis)에 대한 신앙이다. 하나님이 개인을 비롯한 교회, 사회, 세계 등의 공동체를 섭리하고 있다는 신앙이다. 매 순간 그리고 모든 곳에서 섭리하여 역사하는 하나님에 대한 신앙이다.

따라서 본 저서에서 제시하고 있는 해석학적 실천신학은 해석학적 관점에서 삼위일체 하나님에 대한 이해를 기초로 한다. 해석학적 관점에 의한 삼위일체 하나님은 상호주관적 공동체성, 대화적(소통적) 상호주관성, 그리고 섭리적 프락시스 등의 존재이다. 세 가지의 특성은 해석학적 순환 관계이다.[36] 하나님의 사람은 삼위일체 하나님의 섭리적 프락시스에 대한 신앙, 텍스트, 그리고 컨텍스트 등의 해석학적 순환 관계로 말미암아 실천적 신앙과 이해에 이르게 되며, 실천적 삶이 가능하게 된다(창 42-50장).

---

36) 이원일, 『해석학적 상상력과 기독교교육과정』(서울: 한국장로교출판사, 2004), 333-344.

이런 점에서 신앙의 해석학이며, 신앙의 해석학적 실천신학이다. 신앙의 해석학에 의한 신앙과 이해와 실천에 이르는 과정은 하나님의 페리코레시스에 기초한다. 하나님의 페리코레시스는 기계적이기보다는 예술적 과정에 의한 존재 양식이다. 하나님의 페리코레시스는 예술적 과정으로 말미암는 실천이다.

〈비판적 성찰을 위한 물음〉

1. 세 가지 패러다임에서 각각의 특징은 무엇인가? 그리고 차이점은 무엇인가?
2. 자신과 타인에 대하여 왜곡되고 편향되었다고 여겨지는 앎들은 무엇인가?
3. 성경에서 이방인으로서 하나님의 동역자로 사용되었다고 여겨지는 인물들은?
4. 신앙의 해석학으로 해석한 대표적인 성경 구절을 찾아보고 그 의미를 나누어 보자.

4장

해석학적 실천신학의
인간학적 기초(1)

해석학적 실천신학 또는 하나님의 프락시스 패러다임에 의한 실천신학은 성육신하신 예수 그리스도의 인성과 신성을 기초로 한다. 해석학적 실천신학은 내러티브 실천신학이라고 할 수 있다. 달리 말하자면 해석학적 실천신학, 내러티브 실천신학, 그리고 하나님의 프락시스 패러다임 등은 예수 그리스도의 신성과 인성의 통합에 기초한다.

그리스도의 인성과 신성은 구분되지만 분리되지 않는 통합적 관계를 지니고 있다. 같은 맥락에서 해석학적 실천신학으로서의 내러티브 실천신학은 인문학 및 사회과학 등의 인성에 해당하는 인간학적 기초와 신성에 해당하는 신학적 기초의 통합에 의한 학문이다.

인간학적 기초와 신학적 기초는 해석학적 순환(hermeneutical circle) 관계이다. 서로 교차적인 관계를 지니고 있어 서로 상응하면서 문제해결에 도움을 준다. 해석학적 실천신학은 인간학과 신학 등에 의한 간학문성(interdisciplinarity)의 학문이다.1)

---

1) 칼뱅은 『기독교강요』를 시작하는 서두에 인간으로서 자기 자신에 대한 앎과 하나님에 대한 앎은 해석학적 순환 관계를 갖고 있음을 말함. 칼뱅이 말하고 있는 자기 이해와 하나님 이해의 해석학적 순환의 관계는 알렉산드리아의 클레멘트(Clement of Alexandria)의 '자기 자신을 알게 되면 하나님을 알게 될 것이다'는 언급과 어거스틴의 기도 주제인 '나를 알게 해주소서. 당신을 알게 해주소서' 등의 언급에 기초하고 있음. John Calvin, *Institutes of the Christian Religion*, Trans. Ford Lewis Battles, vol. 1 (Philadelphia: The Westminster Press, 1960), 35-39.

해석학적 실천신학에 대한 인간 이해는 내러티브에 기초한다. 내러티브는 인간 삶의 이야기이다. 인간으로서 어떻게 살아왔는지, 어떻게 살고 있는지, 어떻게 살 것인지 등에 대한 이야기이다. 인간의 삶을 이야기하는 것이 내러티브이다.

내러티브에 대한 해석학적 관점은 삶을 살아가는 인간에 대한 이해를 추구하는 것을 목적으로 한다. 인간은 자기를 이해하길 원한다. 다른 사람도 자기를 이해하여 주기를 원한다. 자기의 관점을 주입하려는 입장에서는 상대방을 이해하지 못한다. 상대방과 같은 위치에서 대화를 나누고 소통 (communication)할 때 이해는 시작된다.

서로의 이야기를 나누는 소통의 과정에서 이해는 확장되어 진다. 인간 이해에서 내러티브가 중요한 이유이다. 자기의 이야기를 할 수 있어야 한다. 그리고 상대방의 이야기를 있는 그대로 듣고자 해야 한다. 그리고 서로 간의 대화로 말미암아 소통의 관계가 되어야 한다. 이해는 쉬우면서도 어려운 것은 내러티브가 어렵거나 되지 않기 때문이다.

1. 인간 이해

인간은 어떤 존재인가? 인간을 이해하기 위한 노력들은 다양하고 꾸준하다. 철학, 역사, 예술, 그리고 문학 등의 인문학적인 차원, 심리학, 사회학, 교육학, 그리고 행정학 등의 사회과학적 차원 등에서 인간에 대한 이해를 추구하고 있다. 자연과학 및 인간공학에서도 자연과 물질과 관련한 연구를 통해 인간 탐구를 지속하고 있다.

신학적인 차원에서도 인간에 대한 이해를 지속적으로 추구하고 있다. 신학적 인간 이해의 출발은 인간에 대한 성경의 정의에 근거한다. 성경에서 정의하는 인간은 하나님의 형상(imago Dei, image of God, 창 1:27)이다.[2] 하나님 형상에 대한 이해를 위해 죄와의 관계를 살펴보아야 한다. 다음의 세 가지 관점이 가능하다.

첫째, 하나님의 형상이 무엇을 의미하는지에 대한 논의에서 초대교회 교부인 이레니우스(Irenaeus)는 "하나님이 이르시되 우리의 형상을 따라 우리의 모양대로 우리가 사람들을 만들고 …"(창 1:26)에 기초하여 하나님의 형상(imago)과 하나님의 모양(similitudo)으로 구분하는 해석이다.3) 로마서 3장 23절에서 '하나님의 영광'의 상실은 말하고 있는 반면에 형상의 상실에 대해서는 말하지 않고 있다는 사실에 근거하고 있기도 하다. 이외에도 토마스 아퀴나스, 에밀 브룬너 등의 신학에서도 유사한 이해가 나타나고 있다.4)

이들의 신학에 의하면 하나님의 형상은 인간의 이성에 해당하는 반면에, 하나님의 모양은 인간의 도덕적 능력에 해당한다. 타락 이후 인간은 하나님을 향한 도덕적인 능력을 상실했지만, 인간의 이성적인 능력은 간직하고 있다.

인간의 이성적인 능력으로 하나님을 찾는 신앙이 가능함을 말한다. 이성을 함양하면 신앙적인 삶이 가능함을 말하는 것이며, 이러한 견해는 헬라철학의 영향에 의해 이성 중심으로 인간을 이해한 것에 영향을 받은 결과이다.

정리하자면 형상과 모양을 구분하는 관점에 의하면 하나님의 형상은 유지되나 모양이 타락 되었다. 이러한 관점에 대하여 제기할 수 있는 물음은 인간을 어떻게 전적으로 타락한 죄인이라고 할 수 있는가? 자신을 완전한 죄인이라고 고백할 수 있는가? 인간의 본질은 선하다고 말해야 올바르지 않

---

2) image에 대한 번역은 여러 가지임. 성경에서는 '형상'으로 번역하고 있으며, 철학에서는 주로 '표상'(representation)으로 번역하고 있음. 이외에 한자어로는 '심상'(心象)으로 사용함. 본 저서에서는 '형상' '표상' '심상' 등을 '형상' 또는 '이미지' 등으로 사용하고자 함.

3) 이원일, 『성인기독교교육의 재개념화』 (서울: 한들출판사, 2014), 134.

4) Jürgen Moltmann, *Gott in der Schöpfung*, 김균진 옮김, 『창조 안에 계신 하나님』 (서울: 한국신학연구소, 1987), 273.

은가? 등에 대한 물음이다.

둘째, 종교개혁 신학은 칭의와 관련하여 하나님의 형상을 이해한다. 종교개혁 신학에 의하면 하나님의 형상과 모양의 구분은 의미가 없다. 원죄로 말미암아 하나님의 형상으로서의 사람은 완전히 죄의 노예가 되었다(롬 6:17). 종교개혁 신학의 관점에서 죄는 인간의 본질에 대한 것이다.[5] 하나님 앞에서 원초적인 고백은 나는 죄인이라는 것이다.

인간 자신의 능력으로는 의를 위해 할 수 있는 것은 아무것도 없다. 인간은 오직 하나님의 은혜로 말미암아 예수 그리스도를 믿음으로 의롭게 된다.[6] 그러나 종교개혁 신학의 관점에서 말하는 하나님의 형상이 죄로 인하여 상실하였다는 해석에 대해 다음과 같은 의문을 제기할 수 있다. 사람으로서의 존재 가치는 상실되었는가? 죄인은 더 이상 사람다운 가치를 지니고 있지 않은가? 인간의 타락 이후에 인간으로서 존재 가치를 지니지 않게 되었다는 언급이 성경에 있는가? 인간의 대량 학살에 대한 비판의 근거를 어떻게 제시할 수 있는가?[7]

셋째, 하나님의 형상은 하나님과의 관계를 의미한다는 해석이다. 우선 하나님의 형상은 영혼만을 의미하는 것은 아니며, 몸과 영과 혼을 가진 전체의 인간을 의미한다(고·전 6:12-20). 그리고 남자와 여자를 서열적인 관계로 이해하지도 않는다(갈 3:28).[8] 남자와 여자 모두는 하나님의 형상으로 창조되었다. 여기서 우선 하나의 물음을 제기하고자 한다. 전인적인 존재로서 인간은 죄로 인하여 하나님과의 관계가 상실되었는가?

몰트만에 의하면 죄는 하나님과의 관계가 파괴되거나 상실된 것은 아니지만, 하나님과의 관계가 전도(顚倒)되었음을 말한다.[9] 죄로 인한 관계의 전

---

5) *Ibid.*, 275.
6) *Ibid.*, 274.
7) *Ibid.*, 272, 276.
8) *Ibid.*, 283, 284.
9) *Ibid.*, 276.

도됨을 말하는 대표적인 성경 구절은 "썩어지지 아니하는 하나님의 영광을 썩어질 사람과 새와 짐승과 기어 다니는 동물 모양의 우상으로 바꾸었느니라"(롬 1:23)로 제시하고 있다. 인간의 원죄는 하나님과 피조물의 관계를 뒤바꾸어 혼란스럽게 해놓았다.

인간의 죄는 하나님을 사람, 새, 짐승, 동물 등의 형상으로 바꾸어 버린 것을 말한다. 피조물, 인간의 업적들, 그리고 자기 자신에게로 향하게 될 때 신격화된다. 신격화는 누가 저지르는가? 다름 아닌 인간으로서의 자기 자신이다.[10] 자기 자신을 우상으로 섬긴다. 자기 중심성은 다름 아닌 자기 우상이다. 인간으로서의 자기 자신이 죄와 악의 책임자이다. 죄와 악의 책임은 다른 외적인 대상이 아니다.

인간이 피조물과 맺는 절대적 관계는 결국 죽음에 이르는 병으로 나타난다. 하나님의 형상을 사람의 형상이나 맘몬의 형상으로 바꾸어 버리는 것이 죄와 악의 속성이다.[11] 하나님의 형상을 회복하는 것은 다름 아닌 하나님과의 관계를 회복하는 것이다. 하나님과 올바른 관계로의 회복은 인간과 인간, 인간과 자연 등과의 올바른 관계 회복의 기초이다.

2. 인간의 의지와 신체성

실천신학에서 인간 이해의 특징은 인간의 '의지'에 대한 이해이다. 인간의 의지는 행할 수 있는 능력을 말한다.[12] 이성과 감성과의 관계 가운데서 '의지'는 어떤 특성을 지니고 있는가? 인간의 '의지'로 말미암는 행동, 그리고 윤리적인 삶은 어떤 신학적 의미를 갖고 있는가?

---

10) Paul Ricoeur, *Le Conflit des Interprétations*, 470.
11) Jürgen Moltmann, *Gott in der Schöpfung*, 277.
12) Paul Ricoeur, *Le Conflit des Interprétations*, 471.

히포(Hippo)의 어거스틴(St. Aurelius Augustinus, 354~430)

어거스틴은 인간의 본성인 식욕 등의 타고난 의지의 자유를 오용함으로 원죄로 말미암아 타락되었음을 말한다. 어거스틴은 인간이 의지의 자유를 오용하는 것에 대한 근본 원인을 사탄에게 두고 있다. 근본 원인은 근본 악을 말한다.

어거스틴은 "자유 선택을 통해 마귀로 불리는 우두머리를 갖고 있는 어떤 천사들은 하나님으로부터 도주한 도망자가 되었습니다."[13)]라고 말한다. 이 사야 14장 12절, 에스겔서 28장 17절 등과 관련한 어거스틴의 해석이다.

어거스틴에 의하면 인간은 의지의 자유를 오용한 사탄의 미혹으로 사람도 마찬가지로 자유를 오용함으로 원죄 아래 놓여 있게 되었다.[14)] 이의 결과는 "여호와께서 사람의 죄악이 세상에 가득함과 그의 마음으로 생각하는 모든 계획이 항상 악할 뿐임을 보시고"(창 6:5)에서 생각의 자유를 오용하는 죄를 짓는 것이 일상이 되었다.

달리 말하면 아담의 자유를 오용함으로 말미암는 원죄로 인간의 "의지가 죄의 노예"[15)]가 되었다. 인간의 의지는 악을 향하는 특성을 지니게 된 것이다. 악의 근원에 지속적으로 영향받고 있는 인간의 의지이다. 따라서 인간의 생각, 정서, 그리고 행동 등은 죄를 짓지 않을 수 없는 상태가 되었다(posse non peccare).

어거스틴은 "본성(nature)은 그의 자유 선택에서 오는 처음 인간 아담의 죄를 통해 타락되고 정죄된 것 … 오직 하나님의 은혜만이 하나님과 인간의 중보자, 즉 전능한 치료자를 통해 이 본성을 도우러 오심"[16)]에 대하여 말한다.

---

13) J. Patout Burns, *Theoloical Anthropology*, 송인설, 손은실 공역, 『교부들의 신학적 인간학』(서울: 도서출판 솔로몬, 1995), 132.

14) *Ibid.*, 133.

15) *Ibid.*, 130.

16) *Ibid.*, 130. 본성으로 번역되는 nature는 자연을 의미하기도 함. 자연은 우주론적 개념이

어거스틴에 의하면 하나님의 은혜에 의하여 구속함을 받은 인간의 본성과 의지와 행동은 서로 분리되지 않는다. 오히려 본성, 의지, 행함 등은 서로 관계적이다. 하나님의 은혜가 본성으로만 제한되지 않는다. 하나님의 은혜는 인간의 본성을 비롯하여 인간의 의지와 행함으로 말미암는 삶까지를 포함한다.

> 우리에 대한 하나님의 은혜는 그 세 기능 중 한 가지 곧 선한 의미와 행동을 위한 가능성만 아니라 선한 의지와 활동 안에서도 선포되어야 합니다 … 하나님은 우리에게 능력을 줄 뿐만 아니라 그 능력을 도우셨습니다. "그는 우리 안에서 우리가 의지를 품고 행하도록 역사합니다"(빌 2:13). 이것은 우리 자신이 실제로 의지를 품고 행하기 때문이 아니라, 우리가 그의 도움이 없이는 어떤 선에 대한 의지도 품지 못하고 선을 행하지도 못하기 때문입니다.17)

어거스틴은 펠라기우스와의 논쟁을 통하여 하나님의 은혜와 의지, 하나님의 은혜와 공로 등을 이분법적으로 이해하지 말아야 함을 말한다.18) 어거스틴에 의하면 하나님의 은혜는 의지에 의한 공로에 따라 받는 것은 아니다.

며, 본성은 인간론적 개념임. 마니키아니즘과 영지주의는 자연이라고 하는 우주론적 개념으로 이원론의 관점에서 악은 사람 바깥에 있는 것으로 이해함. 죄와 악의 근원을 인간의 바깥에 둠으로 인간은 죄와 악의 책임에서 벗어나 인간과 무관한 것이 됨. 그러나 어거스틴은 인간론적 관점으로 태어나면서부터 인간 내면에 들어 있는 악을 본성의 악이라고 함. 따라서 본성의 악이란 죄의 악에 대하여 인간의 책임을 묻는 개념임. 그러나 악의 기원이 인간에게 있다는 것은 아님. 과거부터 시작된 것이 악임. 악에는 과거가 있음. 인간을 통하여 악이 역사함. 따라서 인간은 악을 이어가는 존재임. Paul Ricoeur, *Le Conflit des Interprétations*, 291, 292, 306. 중요한 것은 인간의 본성과 의지에 대해 리쾨르의 해석에도 본성에는 의지가 포함되는 것으로 이해할 수 있음.

17) *Ibid.*, 107-108, 128. 하나님은 가능성을 도울 뿐 아니라 의지 작용과 행동 자체를 도우셔서 사람이 선하게 의지를 품고 행동하게 됨을 말함. 하나님의 사랑으로 이웃을 사랑하는 공적 신앙의 삶은 하나님의 도우심이라고 하는 하나님의 은혜로만 가능함.

18) Saint Augustin, "On Grace and Free Will," in ed., Philip Schaff, *Nicene and Post-Nicene Fathers of The Christian Church, Vol. V. Saint Augustin: Anti-Pelagian Writings*, 179. The grace of God is not given according to merit, but itself makes all good desert.

그러나 하나님의 은혜 그 자체가 인간의 의지를 비롯한 모든 선한 행위를 만들어 나간다(요 15:5).

어거스틴에 의하면 하나님은 본성의 가능성(capacity)뿐만 아니라, 실제로 의지(willing)를 품고 행하는 것(doing) 자체를 돕는다.[19] 본성이 가지고 있는 가능성으로 하나님의 뜻에 합당하게 살아가기 위해서는 반드시 하나님의 도우심이 필요하다. 가능성의 실현과 의지의 움직임과 성취는 서로 분리될 수 없고 함께 포함되어 있다.

어거스틴은 "하나님께서 사람의 마음에 역사하셔서 그 의지를 마음대로 좌우하심"[20]을 말한다. 하나님의 은혜는 지적이며 정서적인 차원을 넘어서서 의지에까지 역사하신다. 전인적인 차원에서의 하나님 은혜이다. 하나님이 사람의 마음을 둔하고 굳게 만드시는 것은 그들이 악행을 했기 때문으로 악행의 결과로써 하나님의 심판은 공정함을 말하기도 한다.

마틴 루터(Martin Luther, 1483~1546)

종교개혁자 루터는 인간의 의지에 대하여 "선하든 악하든 아무런 강제 없이 마치 완벽하게 자유로운 양 그것이 원하거나 기뻐하는 대로 그것이 행하는 것을 행한다"[21]고 말한다. 그러나 "인간의 의지는 그 부패함 때문에 스스로 선을 행할 수 없다"[22]고도 말한다.

인간에게는 의지의 자유가 없으며, 죄를 지을 수밖에 없는 노예의지만 있

---

19) J. Patout Burns, *Theological Anthropology*, 98-99.

20) Saint Augustin, "On Grace and Free Will," in ed., Philip Schaff, *Nicene and Post-Nicene Fathers of The Christian Church, Vol. V. Saint Augustin: Anti-Pelagian Writings*, 213. God operates on men's hearts to incline their wills whithersoever he pleases.

21) J. J. Packer and A. R. Johnston, *The Bondage of the Will*, 이형기 옮김, "노예 의지론,"『루터저작선』(서울: 크리스챤 다이제스트, 1994), 236.

22) *Ibid.*.

다. 자유의지가 인간에게 있다고 한다면 그것은 신성이 사람에게 있다는 의미로서 신성모독이라고 말하기까지 한다.23) 마틴 루터는 인간의 자유의지에 대한 비판과 함께 제시하고 있는 것은 하나님의 자유의지이다.

인간의 자유의지가 아닌 하나님의 자유의지이다. 인간의 의지가 아니라 하나님의 '의지'이다. 하나님의 '능력'으로 하나님의 뜻을 행할 수 있다.24) 인간의 자기 자신의 능력으로 하나님 말씀을 따라 살 수 있는 것이 아니라 하나님의 능력으로 가능하다.

따라서 인간이 선을 행할 수 있는 근거는 "하나님이 자기가 약속하시는 것을 아시며 행할 수 있으며 행하고자 하신다는 것에 대하여 의심이 없어야 한다. 하나님을 참되지 않거나 신실치 못하다고 여기고 있는 것은 불신앙이고 고도의 불경건이며 지극히 높으신 하나님을 부인하는 것"25)이라는 언급하고 있다.

인간이 선을 행할 수 있는 근거는 약속을 행하시는 하나님에게 있다. 하나님이 기뻐하시는 인간의 선행은 하나님으로 말미암아 가능하다. 더 나아가 "하나님의 은혜 없이는 '자유의지'는 결코 자유롭지 못하며 악의 영속적인 죄수이자 노예라는 결론이 나온다"26)고 말한다. 하나님의 능력으로 말미암는 인간의 선행이다.

그러나 왜 하나님은 모든 사람의 잘못된 의지를 제거하거나 변화시키지 않는가? 사람이 잘못을 피할 수 없는 불가피한 상황에서도 하나님은 그 잘못을 행한 사람의 책임으로 돌리는가? 등의 물음을 제기할 수 있다. 이러한 물음들에 대하여 마틴 루터는 하나님 자신의 잘못을 통해서가 아니라 인간 자신의 마음이 잘못 기울어짐을 의미하는 결함으로 인하여 우리 속에서 악

---

23) *Ibid.*, 243-245. 루터는 인간의 의지는 원죄로 말미암아 죄의 종이 되었음을 말함. 인간의 자유의지는 죄를 짓는 것 외에 아무것도 할 수 없음을 말함.

24) *Ibid.*, 255.

25) *Ibid.*, 239.

26) *Ibid.*, 242, 243.

이 역사하도록 허용한다고 다음과 같이 말한다.

> '하나님이 우리의 죽음을 원하지 않는데도 우리가 멸망 받는다면 그 책임은 우리 자신의 의지에 돌려져야 한다'고 말하는 것이 옳다. 되풀이 말하지만 만약 당신이 설교 된 하나님에 대하여 말한다면 이것은 옳은가? 하나님은 구원의 말씀을 통하여 모든 이에게 다가온다는 점에서 모든 사람들이 구원받기를 원하신다. 그리고 잘못은 하나님을 받아들이지 않는 의지에 있다. 하나님은 마태복음 23장 37절에서 '내가 네 자녀를 모으려 한 일이 몇 번이냐 그러나 너희가 원치 아니하였도다' … 왜 사람이 그 잘못을 피할 수 없을 때 하나님은 그 잘못을 의지의 책임으로 돌리는가를 묻는 것은 정당하지 못하다. 바울은 '네가 누구이기에 감히 하나님께 반문하느냐'(롬 9:10).[27]

마틴 루터의 이러한 언급은 믿음의 삶을 살아가는 가운데 겪는 이해하기 어려운 고난 가운데서도 하나님은 자유의지를 가지고 인간의 선한 삶을 인도하고 계신다는 믿음이 있어야 함을 말하는 것으로 이해할 수 있다. 악은 존재하는가? 악은 왜 존재하는가?

신정론(Theodicy)에 대한 물음은 하나님의 자유의지라는 말로 답할 수 있음을 암시해 준다. 악은 하나님에 의한 악이 아니라 인간의 삶의 방향이 잘못됨으로 말미암는다. 따라서 물음을 바꾸어야 한다. 인간이 어찌하여 악을 행하는가? 죄를 범하게 되는가? 악은 '존재'가 아니라 '행위'이다. 마찬가지로 죄도 '존재'가 아니라 '행위'이다.[28]

마틴 루터에게서의 구원이란 무엇인가? 어떤 믿음이 구원받는 믿음인가? 인간의 노예의지에 의한 인간의 능력을 통해서 구원받을 수 없다. 반면에 하나님의 의지와 하나님의 능력이라고 하는 하나님의 주권을 받아들임으로써 구원을 받게 됨을 말한다.[29] 하나님의 주권을 받아들이는 믿음은 회개의 연

---

27) *Ibid.*, 247, 248.
28) Paul Ricoeur, *Le Conflit des Interprétations*, 292.
29) J. J. Packer and A. R. Johnston, *The Bondage of the Will*, 256, 257.

속이기도 하다.

마틴 루터는 그의 95개 조항에서 행함에 대한 '면죄부'로 구원받는 것이 아니라 '회개함'으로 구원받게 됨을 말한다.30) 첫째 조항에서 말하기를 그리스도가 말한 "회개하라"(마 4:17)의 의미는 신앙인의 삶 전체가 회개하는 삶이어야 한다고 말하고 있다. 그리고 둘째와 셋째 조항에서 회개는 단순한 고해성사가 아니라 깊은 내적 회개(inner repentance)를 말한다. 그러나 내적 회개로 제한되는 것은 아니다. 다양한 금욕을 수반하는 외적인 행위가 없으면 내적 회개는 무가치하다고 말하기도 한다.

루터의 언급들을 정리하자면 구원받는 믿음이란 회개하는 믿음이다. 성령에 의한 내적인 회개와 함께 외적으로도 '회개에 합당한 열매'(마 3:8)로서 하나님의 말씀을 따라 그리스도인의 삶을 살아가고자 하는 믿음이다. 하나님 말씀을 따라가는 삶의 길에 자주 실패하더라도 하나님의 주권과 능력을 계속해서 신뢰하며 하나님의 백성으로 살고자 하는 믿음이다(행 14:22). 계속해서 회개하며 믿음으로 살아가는 하나님의 백성이 구원받은 자들이다.

장 칼뱅(John Calvin, 1509~1564)

인간의 의지와 관련하여 종교개혁자 칼뱅의 언급은 기독교 강요 제2권에서 찾아볼 수 있다. 제2권의 2장 제목인 "인간은 지금 선택의 자유를 박탈당한 채 비참한 노예의 신분으로 전락해 있다"31)는 말에서 칼뱅의 입장을 엿

---

30) Woolf Bertram Lee, *The Reformation Writings of Martin Luther, Volume I*, 이형기 옮김, "95개 조항," 『루터 저작선』(서울: 크리스챤 다이제스트, 1994), 571-583. 칼뱅은 회개에 대하여 사람과 하나님이 나누어서 하는 일은 아님을 말함. 회개는 전적으로 하나님의 은혜에 응답함으로 가능함. 칼뱅은 슥1:3 "… 너희는 내게로 돌아오라 만군의 여호와의 말이니라 그리하면 내가 너희에게로 돌아가리라 …"의 뜻은 우리의 회개와 그에 합당한 열매를 삶 가운데서 맺으면 하나님의 사랑을 받으리라는 의미로 해석함.

31) John Calvin, *Institutes of the Christian Religion, Vol II*, 김종흡 외3인, 『기독교강요, 상』(서울: 생명의 말씀사, 2010), 380.

볼 수 있다. 선택은 의지의 영역이다. 그리고 의지는 자유를 빼앗기고 죄를 짓지 않을 수 없다는 점에서 의지는 노예가 된 것이다.

칼뱅은 인간 의지가 죄의 노예가 되었음을 다양한 용어로 강조한다. 죄의 노예를 죄의 속박이라고도 하고 선을 향해 움직일 수 없는 상태라고도 한다. 선을 향해 움직일 수 없는 상태를 인간의 내면에는 선이 거하지 않고 있다고 말하기도 한다. 그리고 죄의 노예는 처음 인간에 의해서 시작되었다고 밝히고 있다. 더 나아가 원죄의 지배력은 각 개인의 영혼을 완전히 점령했음과 모든 인류에게로 나아갔음을 말하고 있다.

칼뱅은 인간의 의지를 '말'에 비유한다. 말을 타는 기수는 하나님과 사탄이다. 하나님이 기수가 되면 말을 바른길로 인도하며 말을 안정되게 움직여서 바른길로 인도하며 목적지에 도착하게 한다.[32] 그러나 사탄이 기수가 되면 말을 난폭하게 만들고 길에서 멀리 떠나게 하며 결국에는 죽게 만든다. 자연인의 의지는 사탄에게 예속되어 그 선동을 받는다.

인간의 의지가 죄의 노예 상태에서 자유롭게 되기 위한 방법은 무엇인가? 하나님의 구속(救贖)의 은혜에 의해서이다. 하나님은 구속 은혜로 말미암아 성령이 의지를 이끌어 주시는 것에 대하여 "성령이 없이 우리의 의지는 선을 사모할 수가 없다"[33]고 말한다. 칼뱅은 성령의 신학자이다. 칼뱅에 의하면 성령은 인간의 의지를 억제하거나 인도한다.

하나님은 인간의 약한 의지를 돕거나, 부패한 의지를 새로운 의지로 변화하시거나, 더 나아가 의지를 새로 만들어 내기도 한다(빌 1:6, 2:13).[34] 약한 의지를 돕는다고 해서 인간의 의지가 먼저 작용하고 하나님의 은혜가 뒤따르는 것은 아니다. 그 반대이다. 그리고 변혁(transformation)은 새로운 의지로 변화시키거나 새로 만들어 내는 것을 의미한다. 성령으로 말미암는 근

---

32) *Ibid.*, 451.
33) *Ibid.*, 419, 471, 482, 491.
34) *Ibid.*, 434, 373.

본적인 변화로서의 변혁이다.

칼뱅의 언급들을 정리하자면, 하나님은 인간의 의지도 창조하셨다. 이성과 감성뿐만 아니라 의지도 하나님이 창조하셨다. 모든 피조물이 하나님의 주권 아래 있듯이 의지도 마찬가지이다. 자신의 의지가 하나님의 은혜를 이끌어 가는 것이 아니라, 하나님의 은혜라고 하는 하나님의 주권에 자신의 의지가 따르도록 하는 것이 행함이 있는 믿음이다. 구원받는 믿음이란 하나님의 은혜 아래 이성과 감성뿐만 아니라 의지까지도 포함하는 전인적 믿음이며, 통합적 믿음이고, 실천적 믿음이다.

존 웨스트호프 3세(John Henry Westerhoff III, 1933~2022)

웨스트호프는 '우리의 어린이들이 신앙을 가질 것인가?'(눅 18:8)라는 물음에 대하여 미래세대가 신앙을 가지기 위해서는 신앙공동체에서의 '경험'이 있어야 함을 말한다. 신앙 양육을 위해서는 신앙공동체인 교회에서 복음으로 말미암는 자기의 경험을 다른 사람과 함께 나누는 것이 필요하다.35) 복음의 핵심과 신앙공동체에서의 경험은 서로 관련되는 것으로 이해한다.

구속의 은혜라고 하는 복음을 오감각과 인간의 의지에 의해 신앙공동체에서 전인적으로 경험되어질 때 신앙 양육은 이루어진다. 복음이 인간의 의지를 자극해서 경험되어질 때 비로소 신앙 양육을 위한 실천적 사역이 가능하다는 뜻이다.36)

복음에 따른 전인적인 경험이 먼저 있고, 그 경험에 대한 이야기와 이미지들이 있고, 마지막으로 경험에 대한 성찰로 말미암아 개념을 만들어 신앙 양육을 위해 사용함을 말한다. 복음에 따른 전인적인 경험은 삶에서의 활동

---

35) John H. Westerhoff III, *Will Our Children Have Faith?* (New York: The Seabury Press, 1976), 62.

36) *Ibid.*, 63, 64.

으로 말미암는 경험을 말한다. 복음을 경험하고 활동함으로 신앙을 가질 수 있다.

복음의 빛 가운데 의지로 말미암는 경험은 두 가지의 경험으로 구분할 수 있다. 우선, 지적인 활동에 해당하는 언어적, 개념적, 분석적, 선형적 또는 규칙적 활동들에 의한 경험이다. 다음으로 직관적인 활동에 해당하는 비언어적, 이미지적, 관계적, 비선형적 또는 불규칙적 활동에 의한 경험이다.[37] 예언자들은 직관적 경험으로 하나님의 음성을 들으며, 지적인 경험으로 하나님의 말씀을 성찰했다. 예언자들은 직관적 경험과 지성적 경험을 통합하여 삶의 자리인 역사 가운데서 하나님과 함께 동행한 실천적 사역자이다.

위르겐 몰트만(Jürgen Moltmann, 1926~2024)

몰트만이 말하는 신체성(leiblichkeit)은 신앙 및 의지의 관계와 연장선상에 있다. 헬라철학과 신화에서는 영혼과 육체를 이분법적으로 여긴다. 영혼의 우위성을 강조하는 반면에, 육체는 허무와 연약함 등으로 열등하다. 데카르트는 영혼과 몸이라는 구조는 주체와 객체라는 구조로 바꾸어 놓으면서 영혼과 몸을 소유 관계로 정리하고 있다.[38]

인간 의지의 외적인 형태라고 할 수 있는 신체 또는 몸은 허무하며, 연약하며, 사라질 대상이며, 일종의 껍질에 불과한 것인가? 이 물음에 대하여 몰트만은 성경에서 답을 찾고 있다.

몰트만에 의하면 구약성경에서 인간은 영혼과 몸으로 분리되기보다 하나인 전체로 이해된다. 이는 쉐마(신 6:5)에서 '마음' '뜻' '힘' 등을 하나로 언

---

37) *Ibid.*, 74.

38) Jürgen Moltmann, *Gott in der Schöpfung*, 289, 293. 몰트만에 의하면 몸과 영혼에 대하여 바르트는 플라톤과 데카르트의 영혼의 우위성과 몸에 대한 소유 관계를 수용하면서 영혼은 몸을 다스리고 몸은 영혼을 섬기는 관계로 이해했다고 비판함. Jürgen Moltmann, *Gott in der Schöpfung*, 291, 297.

급한 것에서도 잘 알 수 있다. 신약성경에서는 몸을 성령의 전(고·전 6:13, 19)이라고 말한다. 영혼의 우위를 말하거나 몸의 열등한 것으로 이해하지 않는다. 오히려 서로 영향을 주고받는 순환적인 관계이다.[39] 몸과 영혼, 의식적인 것과 무의식적인 것, 의지적인 것과 비의지적인 것 등은 순환적 관계이다.

인간은 '생산적 상상력'에 의해 영(Geist)과 몸(Leib)은 서로 영향을 주고받는 조화로운 관계로 구성되어 있다.[40] 이는 성부, 성자, 성령 삼위일체 하나님의 순환적 관계와 마찬가지이다. 인간의 건강 및 질병도 영과 상호 순환적 관계이다.

더 나아가 부활한 예수의 몸은(요 20:19, 25; 21:12-15) 인간의 죽음 이후 어떤 형태를 지닐 것에 대해 말해 주고 있다.[41] 다른 모습으로 변형된다. 완전한 영의 존재도 아니며 완전한 육의 존재도 아니다. 제삼의 신비로운 몸이다. 신령한 몸이며 영의 몸이다(고·전 15:44; 마 22:30). 인간의 죽음은 신체의 끝이 아니다. 인간의 신체는 영·육 이론적으로 이해할 것이 아니다. 오히려 영·육 상호보완적 관계로 이해해야 한다.

폴 리쾨르(Jean Paul Gustave Ricoeur, 1913~2005)

프랑스의 해석학자 리쾨르는 바울, 어거스틴, 칼뱅, 바르트, 그리고 몰트만 등의 신학자들이 말한 하나님의 은혜로 말미암는 믿음으로 구원받음에 대한 신학을 계승하고 있다. 특히 리쾨르는 칼뱅주의자로서 개혁신학의 관점으로 자신의 사상을 능수능란하게 전개해 나간다.

리쾨르는 의지의 문제에 대하여 분리를 의미하는 인간의 죄와 관련하여

---

39) *Ibid.*, 303.
40) *Ibid.*, 312.
41) *Ibid.*, 323.

풀어나가고 있다. 원죄를 지닌 인간은 상처 입은 존재이다. 따라서 직접적 이해가 아닌 우회적 이해가 가능한 존재이다. 리쾨르에 의하면 죄는 끊어진 관계이다.42) 하나님과 사람, 사람과 사람, 그리고 나와 나의 관계 단절이다. 개인적인 차원만이 아니라 공동체 차원에서의 관계 단절이다.

리쾨르에 의하면 인간의 의지와 죄는 밀접하게 연관되어 있다. 인간의 의지가 죄의 주범이다. 죄는 의지의 죄이다.43) 이를 달리 말하면 하나님의 은혜로 말미암는 믿음도 의지의 믿음이다. 믿음의 의지이다. 믿음에는 선을 향한 의지가 포함되어 있다.

원죄와 대비되는 개념은 회심이며 거듭남이다. 다시 태어남이다. 의지에 있어서 새 사람이다. 리쾨르는 그리스도의 속죄를 '십자가의 신비'라고 말한다. 리쾨르는 개혁신학의 관점으로 "십자가 신비의 핵심은 벌이 아니라 은혜다"44)라고 요약해서 말한다. 리쾨르는 자신의 속죄론에 대한 요약을 풀이하여 말하기를 의롭게 여긴다는 것은 내려진 벌을 면제받는 것이며, 의롭게 여김을 받는 사람은 그 믿음이 의로 여겨진 것이라고 말한다.

여기서 리쾨르는 중요한 물음을 던진다. 의롭게 여김에서 사람의 역할은 무엇인가? 리쾨르는 이 물음을 좀 더 구체적으로 다루지 않는다. 그러나 본 저서와 관련해서 볼 때 이 물음은 중요하다. 본 저서에서 일관된 입장은 의롭게 여김에서 사람의 역할은 없다는 것이다. 의롭게 되는 믿음은 하나님의 선물이다. 그러나 하나님의 선물인 믿음 안에는 지, 정, 의 등의 전인적인 요소들이 포함되어 있다. 하나님에 의한 신앙은 구속사를 전인적으로 지향한다.

---

42) Paul Ricoeur, *Le Conflit des Interprétations*, 466,

43) *Ibid.*, 304-308, 315, 373, 405. 리쾨르는 자신의 신학적 관점이 기독론 중심이라는 점에서 안셀름과 바르트에 기초하고 있으며, 신학은 믿음의 지성(intellectus fidei)이라고 말함. 그리고 죄의 특성은 분리에 있으며, 죄에 대비되는 것은 언약이라고 함. 언약은 부부 사랑의 관계로 상징되어 있음을 말함.

44) *Ibid.*, 392.

3. 인간의 상상력

철학적 개념인 표상(representation)은 '머릿속에 있는 어떤 것'을 의미한다. 표상이라는 단어 대신 심상(心象)이라고 하거나 성경에서는 주로 형상(形象)이라고 말한다. 추상(抽象)은 상을 빼어낸 것을 말하므로 구체적이지 못하고 비현실적이라는 의미로 사용한다. 그러나 표상, 심상, 형상 등에서 말하는 상(象)은 그림이 그려지는 구체적이며 현실적인 것을 말한다.

하나님의 형상이라고 할 때 '형상'은 이미지(image)이다. 하나님의 형상이나 이미지는 하나님을 구체적이며 현실적으로 보여주는 것이다. 이미지로서의 형상은 상상력의 결과이다. 하나님의 형상은 삼위일체 하나님의 상상력의 과정에 의한 결과이다. 하나님의 상상력은 상상력의 하나님이다. 하나님은 상상력을 지닌 존재이다. 하나님은 상상력으로 천지를 창조한 존재자이다. 오늘날 세상의 역사를 섭리하시는 섭리자이다.

하나님은 말씀으로 천지를 지으시기 전에 먼저 상상력으로 미래를 본 것이다. 미래에 대한 비전에 의한 천지 창조이다. 인간을 창조할 때도 하나님은 상상력으로 말미암아 구성된 형상으로 만드셨다. 이것이 하나님의 형상으로서의 인간이다.

하나님의 상상력으로 하나님의 이미지를 따라 만들어진 존재가 인간이다. 따라서 인간은 하나님의 작품이다. 그리고 인간은 하나님을 닮았다. 인간은 하나님을 상상할 수 있는 존재로 지음을 받았다. 인간은 다른 인간을 통해 마음의 눈으로 하나님을 볼 수 있다. 다른 인간을 포함한 피조물들을 볼 때 하나님을 볼 수 있다(마 25:40,45).

상상력과 지향성

해석학적 관점에 의하면 상상력은 지향성(intentionality)을 갖고 있다. 지향성이란 방향과 대상을 함께 아우르는 말이다.[45] 인간은 하나님을 지향하도록 빚어진 지향성의 존재이다. 하나님의 형상으로 만들어진 인간은 하나님을 지향하도록 지음을 받았다. 하나님은 인간을 지향하고 인간은 하나님을 지향하는 관계이다. 서로가 서로를 지향하는 관계적 존재이다.

인간의 타락에 대해 이성은 보존되고 도덕적 능력인 의지는 타락한 것으로 이해 할 경우 문제는 이성과 의지가 분리될 수 있는가? 이성과 삶을 이분법적으로 볼 수 있는가? 생각하는 능력과 선을 행하는 능력을 이분법으로 이해할 수 있는가? 등의 문제이다. 인간의 타락은 인간의 이성과 도덕적 능력인 의지를 이분법적으로 여길 수 있는 문제가 아님을 말한다.

그러면 원죄로 말미암는 인간의 타락은 무엇을 의미하는가? 이성, 감성, 의지 등이 제 기능을 하지 못하는 것을 의미하는가? 종교개혁자인 마틴 루터는 인간의 원죄로 말미암는 타락의 의미에 대하여 다음과 같이 말하고 있다.

> 경건치 않은 자는 그의 주인 사단과 마찬가지로 전적으로 자기 자신과 자신의 것으로만 향해 있다. 그는 하나님을 찾지도 않으며 하나님의 것들에 관심을 갖지도 않는다. 그는 모든 것 속에서 자기 자신의 부, 영광, 일, 지혜, 권능, 주권만을 구하며 그것을 평온하게 누리기를 원한다. … 그는 자신의 이익을 구하는 것을 멈출 수 없듯이 자신의 격노를 멈출 수 없고, 그가 타락한 자이기는 하지만 여전히 하나님의 피조물이기 때문에 존재하는 것을 멈출 수 없는 것처럼 자기 이익을 구하는 것을 멈출 수 없다.[46]

해석학적 관점에 의하면 원죄로 말미암는 인간의 타락은 인간의 상상력의 타락이다. 상상력의 속성인 지향성의 타락이다. 상상력이란 과거, 현재, 미래 등과 관련되고 희망과 관련되는 차원을 주목한다. 상상력은 과거와 현재를 통하여 앞날에 대한 가능성을 열어나가는 힘이다.[47] 내일에는 새로운

---

45) 이원일, 『해석학적 상상력과 기독교 교육과정』(서울: 한국장로교출판사, 2004), 177-215. 인간의 심리적 이해를 비롯하여 인간 이해의 핵심 개념은 지향성임. 영아기부터 노년기까지 전생애를 걸쳐 지향성으로 말미암는 관계성을 형성하고 재형성해 나가는 존재임.

46) J. J. Packer and A. R. Johnston, *The Bondage of the Will*, 248.

존재로 살아갈 수 있다는 희망을 갖게 하는 것이 상상력이다. 희망의 상상력은 개인에게만 해당하는 것이 아니라 공동체에도 해당한다. 개인의 미래뿐만 아니라 공동체의 미래이다.

리쾨르에 의하면 상상력의 타락이란 내일에 대한 절망이고, 미래에 대한 소망을 잃어버리는 것이다. 따라서 상상력의 타락이란 우선 인간의 이성, 감성, 의지 등이 올바른 방향으로 향하는 방향성의 타락이다. 그리고 올바른 방향을 찾을 수 있는 능력의 타락이다. 그 방향으로 살아가는 삶의 능력 없이 죄에 노출되어 미혹(迷惑)을 받을 수밖에 없는 존재가 된 것을 의미한다. 이에 대하여 칼뱅의 다음의 말에서도 잘 확인할 수 있다.

> 인간의 오성(悟性, 이해력)은 항상 맹목 무지하다고 단죄하며 아무 대상도 지각하지 못하다고 한다면, 그것은 하나님의 말씀에 역행할 뿐 아니라 상식적인 경험과도 반대 된다 … 실로 사람의 지성은 둔감하며, 바른 길을 지속하지 못하고 여러 가지 오류 사이를 헤매며 어둠 속을 더듬는 것같이 자꾸만 넘어지다가 결국 길을 잃고 사라져 버린다. 이와같이 인간의 지성은 진리를 추구하며 발견할 능력이 없다는 것을 폭로한다.[48]

따라서 상상력의 타락을 논함에 있어서 이성, 감성, 의지, 신체성, 도덕성 등이 없는 것처럼 부정하는 것이 아니라는 관점을 우선 가져야 한다. 이성, 감성, 의지 등은 나름대로 그 기능을 감당하고 있다. 칼뱅은 이성에 의한 학문은 성령에 의한 하나님의 선물이라고 말하면서 "우리는 인간성이 그 진정한 선을 빼앗긴 후에도 주께서는 많은 선물을 인간성에 남겨 두셨다는 것을 그들의 예를 보아서 깨달아야 한다"[49]라고 말한다.

그러나 원죄로 말미암아 이성, 감성, 의지, 신체성, 도덕성 등은 마땅히 추구해야 할 올바른 대상으로 향하는 방향성을 잃어버린 것이다. 방향성 상실

---

47) Paul Ricoeur, *Le Conflit des Interprétations*, 444-445.
48) John Calvin, *Institutes of the Christian Religion, Vol II*, 400.
49) *Ibid.*, 404. 칼뱅은 인간의 타락 이후에도 보편적인 이성은 존재함을 말하고 있음.

은 방향을 찾을 수 있는 능력도 함께 상실한 것을 의미한다. 원죄로 말미암는 인간은 하나님을 향하는 방향성을 상실하고, 하나님을 향한 방향을 찾을 수 있는 능력도 상실한 채 방황하고 있는 존재이다.

이성의 타락이란 이성의 방향성 타락이다. 이성은 있지만, 이성의 올바른 방향성을 잃어버린 것이다. 감성은 있지만, 감성의 올바른 방향성을 잃어버린 것이다. 의지가 있고, 신체성이 있고, 도덕성이 있지만, 의지와 신체성과 도덕성의 올바른 방향성을 잃어버린 것을 의미한다.

인간에게 이성적이며 감성적이며, 의지적이며, 도덕적인 힘이 있지만, 그 힘을 올바른 방향을 찾기 위해 사용할 수 없는 상태이다. 인간이 지닌 각종 힘을 어떻게 사용해야 할지 모르는 것이다. 원죄로 말미암는 타락이란 하나님을 기쁘시게 하고자 지향하는 전인적인 삶의 방향을 잃어버린 것을 말한다. 하나님을 지향하는 것으로부터 세상을 지향하는 방향의 왜곡이다.

방향성을 잃어버렸다는 것은 어디로 가야 할지, 무엇을 해야 할지, 어떤 비전 또는 목적을 갖고 살아가야 할 것인지, 어떻게 살아갈 것인지 등을 추구할 능력의 상실이다. 바른 방향으로 살아갈 능력의 상실이란 삶에서 목적이 없거나 분명하지 않은 가운데서의 무의미한 방황으로 나타난다. 가인이 머물게 된 에덴의 동쪽 놋 땅(창 5:16)이란 유리하고 방황하는 땅이다. 원죄 가운데 살아가는 인간은 에덴의 동쪽을 지향한다. 인간의 이성, 감성, 의지 등의 구성요소를 종합하는 능력인 상상력의 타락이란 인간이 마땅히 지향해야 할 하나님을 지향하지 못하고 하나님을 지향하고자 하는 방향을 찾을 수 있는 능력조차 상실한 가운데 방황하는 것이다.

달리 말하자면, 인간이 생각해야 할 하나님을 생각하지 않고 피조물에게로 생각의 방향이 기울어지는 것으로서 생각과 삶의 방향이 어긋난 것이다.50) 마땅히 상상해야 할 것 대신에 상상하지 말아야 할 것을 상상하는 것

---

50) Paul Ricoeur, *Le Conflit des Interprétations*, 294. 리쾨르는 '제4장 악의 상징 해석' 에서 인간의 죄와 악의 문제에 대한 어거스틴의 신학을 깊이 있게 해석하고 있음.

이다. 또는 무의식에 억눌려 있는 이기적인 자신의 그림자를 페르소나라고 하는 위장된 가면으로 자신을 나타내는 방향으로 살아가기도 한다.

상상의 방향이 어긋난 것이다. 과녁에서 벗어난 것이다. 이것이 죄다. 상상력은 자유를 최고의 가치로 여기는 특성이 있다.[51] 인간은 상상력의 자유를 어떤 방향으로 향하게 하느냐에 따라 삶의 방향도 달라진다. 그리고 삶도 다르게 된다.

상상력과 그리스도의 형상

상상력은 인간의 이성, 감성, 의지, 신체성, 그리고 도덕성 등을 비롯하여 과거, 현재, 미래 등이 각각 분리되어 있는 것을 관계적인 통합성을 갖도록 하는 능력(einbildungscraft)이다. 상상력의 회복으로 말미암아 이성, 감성, 신체성, 도덕성, 과거, 현재, 미래 등의 시간에 대해 분리적이고 파편적이며 왜곡된 삶에서 통합적인 삶으로의 회복이 일어날 수 있다.[52]

이성과 의지, 마음과 몸이 따로 움직이는 것이 아니라 통합적으로 살아가는 것이다. 상상력의 회복은 전인적인 회복이다. 전인적인 구원이다. 영적인 구원만이 아니라 신체적인 구원을 포함하는 전인적인 구원이다(고전 6:20). 자기 내적인 통합은 인간관계의 통합뿐만 아니라 생태계와의 관계에서도 통합이 일어나게 한다. 상상력의 회복은 관계의 회복이다(롬 8:21).

구원받은 존재는 "믿음의 주요 또 온전하게 하시는 이인 예수를 바라보자"(히 12:2)는 말에서처럼 지향의 대상을 바르게 가진 존재를 말한다. "너희

---

51) Richard Kearney, *Poetics of Imagining: From Husserl to Lyotard*(Harper Collins Academic, 1991), 24. 이원일, 『해석학적 상상력과 기독교교육과정』, 185.의 '순수가능성' 부분 재인용.

52) Johannes A. van der ven, "Towards A Comparative Empirical Theology of Mindful Action," *Hermeneutics and Empirical Research in Practical Theology*, ed., Chris A. M. Hermans and Mary E. Moore (Leiden·Boston: Brill, 2004), 344.

몸을 하나님이 기뻐하시는 거룩한 산 제물로 드리라 이는 너희가 드릴 영적 예배니라"(롬 12:1)에서 말하는 전인적인 구원이다.

해석학적 관점에서는 실천적 사역이란 인간의 상상력을 회복하여 전인적으로 올바른 대상으로 향하여 살아가도록 하는 것이다. 올바른 대상이란 올바른 그리스도의 이미지(image)를 갖는 것이다. 이미지는 상상력의 결과이다. 이미지는 비전(vision)을 갖게 한다. 마음(mind)의 눈으로 보이기 때문이다.[53] 상상력은 보이는 것을 통해 보이지 않는 대상을 볼 수 있는 이미지를 갖게 한다. 마음에 그리스도의 이미지가 그려질 때 마음의 눈으로 보게 된다. 그리고 이해에 이르게 된다. 삶이 변화하게 된다. 따라서 상상력은 해석학적 상상력이다.

올바른 방향을 지향하며 살아가는 능력의 회복은 성령의 도움으로 가능하다. 종교개혁가 칼뱅은 "우리가 그릇된 길에 들지 않기 위해서는 날마다 성령의 도움이 필요하다"[54]고 말한다. 성령의 이끄심으로 상상력은 하나님이 기뻐하는 그리스도의 이미지를 갖는다.

하나님이 기뻐하는 이미지의 원형은 그리스도의 이미지이다. 달리 말하자면 '그리스도의 형상'(고후 4:4)이다. 실천신학은 성령의 도우심에 의해 인간의 상상력으로 하나님 형상의 원형인 그리스도의 형상을 이루며 살아가게 하는 것이다(갈 4:19).

그리스도의 형상이란 무엇을 말하는가? 인간의 마음에 그려지는 그리스도에 대한 그림이다. 예를 들자면 다음과 같은 물음이 가능하다. 십자가를 지기 위하여 끌려가고, 십자가를 지고 가는 예수님의 얼굴(마 27:27-31; 막 15:16-20; 눅 23:26-31; 요 19:1-17)을 그려보자. 또는 십자가에 달린 예수님의 얼굴(마 27:32-50; 막 15:21-41; 눅 23:26-49; 요 19:18-30)을 그려보자 등이다.[55] 십자가의 고통 가운데 짜증내는 얼굴의 모습일까? 아니면 행복해하는

---

53) 이원일, 『해석학적 상상력과 기독교교육과정』, 182-187, 215-234, 303-325.
54) John Calvin, *Institutes of the Christian Religion, Vol II*, 416.

모습일까? 십자가를 지고 가는 가운데서도 웃는 모습을 지닌 그리스도의 형상을 그릴 수 있을까?

그리스도의 형상은 십자가의 예수 그리스도 이외에도 성경 전체에 나타나 있다. 성경 전체를 통하여 계시 되어 있는 그리스도의 형상을 형성하고 재형성해 나가는 신앙의 삶이 실천적 신앙이다. 실천적 신앙은 삼위일체 하나님을 영화롭게 하고, 영원토록 즐거워하는 삶을 사는 신앙이다(사 43:21; 시 73:24-26; 요 17:22; 롬 11:36; 고전 10:31; 엡 1:6).

삼위일체 하나님을 영화롭게 하고, 즐거워하는 방향이란? 삼위일체 하나님을 사랑하고, 이웃을 사랑하는 방향으로 살도록 하는 것이다(마 22:37-40; 눅 10:25-37). 하나님 사랑, 이웃 사랑, 그리고 자기 사랑 등의 실천적 신앙으로 공동체적 삶을 살도록 하는 이것이 해석학 실천신학의 목적이다.56) 그리고 실천적 신앙인과 실천적 신앙공동체의 정체성이다.

실천신학은 실천적 신앙공동체를 지향하는 실천적 신앙 형성과 재형성의 학문이다. 실천적 신앙이란 어떤 신앙을 말하는가? 사랑으로써 역사하는 믿음(갈 5:6)이다. 사랑으로 증명되는 믿음을 말한다. 사랑으로 표현되는 믿음이다. 따라서 어떤 믿음이 구원받는 믿음인가? 삼위일체 하나님을 사랑하

---

55) 언급하고 있는 예문은 본 저자의 졸저인 『해석학적 상상력과 기독교 교육과정』의 제3, 4, 5장의 결론에 해당함. 제3, 4, 5장의 결론은 '종합적 논의: 해석학적 상상력'(323)이며, 여기에 해당하는 예문임. 해석학적 상상력으로 윤동주 시인의 〈십자가〉에 나오는 핵심적인 구절 " … 행복한 예수그리스도 …"과 관련하여 볼 때 과연 예수는 십자가를 지고 가면서 원망과 불평과 저주로 가득했을까? 아니면 행복하였을까? 십자가에 달려서도 행복하였을까? 그 이유는 무엇일까? 등의 물음을 가져 볼 수 있음을 말함.

56) Jeanne Stevenson-Moessner, *Prelude to Practical Theology: Variations on Theory and Practice* (Nashville: Abingdon Press, 2008), 22. 여기서 스티븐슨-뫼스너는 교회, 사역, 그리고 신학교육의 목적은 하나님 사랑, 이웃 사랑, 그리고 자기 사랑 등 세 가지라고 말함. 자기 사랑은 누가복음 10장 27절의 "… 네 자신과 같이…"과 누가복음 10장 35절의 "내가 돌아올 때에" 등에 근거하고 있음. "내가 돌아올 때에"는 선한 사마리아인은 이웃을 사랑하면서 가기의 길을 계속 가는 자기와 자기의 삶을 사랑하는 것이라고 해석함. 자기 사랑은 하나님 사랑과 이웃 사랑과 관련되어 있다는 점에서 이기주의(selfishness) 또는 자기애(narcissism)와는 차이가 있음.

고, 이웃을 사랑하는 믿음이다.

해석학적 상상력의 관점에서 실천신학의 과업은 하나님의 사람이 섭리적 프락시스의 삼위일체 하나님을 향하는 올바른 방향의 삶을 살도록 하는 것이다. 생각의 방향뿐만 아니라 삶의 방향도 올바르게 가지며 살도록 하는 것이다. 속도의 문제 이전에 방향의 문제를 말하는 것이 실천신학이다.

무엇을 생각하고 있는가? 무엇을 위해 살고 있는가? 무엇을 위해 살 것인가? 인생의 목적이 무엇인가? 삶의 비전이 무엇인가? 꿈이 무엇인가? 어떤 가치를 추구할 것인가? 어떤 말을 해야 하는가? 어떤 자료를 읽을 것인가? 어떤 매체를 사용할 것인가? 어떤 방법을 사용할 것인가? 결과에 대한 평가를 어떻게 할 것인가? 평가에 대한 피드백은 어떻게 할 것인가? 어떤 조직을 구성할 것인가? 어떤 사람들이 포함될 것인가? 등등.

이러한 실천적 삶 그 자체와 실천적 삶에 대한 다양한 일들에 대한 방향 등에 대한 물음들과 씨름하며 텍스트와 컨텍스트의 상관관계 가운데 분별하며 하나님 사랑, 이웃 사랑, 그리고 자기 사랑이라는 방향을 향하여 살아가도록 하는 것이 해석학적 실천신학이다. 그리고 실천적 신앙인이며, 실천적 신앙공동체이다.

〈비판적 성찰을 위한 물음〉

1. 로마서 7장 24절을 중심으로 인간의 의지와 죄의 관계에 대한 의미를 나누어 보자.
2. 성경에서 영육이원론을 넘어서서 인간의 신체성을 긍정하는 성경 구절들과 그 의미는?
3. 로마서 1장 18절에서 32절까지의 내용에 나타난 원죄 가운데 있는 인간의 특징은?
4. 십자가를 지고 가는 그리스도의 얼굴을 그림으로 그려보고 그 이유를 나누어 보자.

5장

해석학적 실천신학의 인간학적 기초(2)

1. 인간의 내러티브

인간은 이야기가 통하는 사람을 좋아한다고 말한다. 인간은 이야기하는 존재(homo narrens)이기 때문이다. 이야기와 관련된 내러티브를 좀 더 구체적으로 살펴보자면, 내러티브(narrative)는 이야기(story)와 담론(discourse)을 통합한 개념이다. 한자어로는 이야기 담(談)과 말할 화(話)이다. 따라서 내러티브를 번역하면 담화(談話)이다. 풀이하면 내러티브는 '이야기를 말하다'(story+storytelling)는 의미이다.[1]

이야기는 내용이고 스토리텔링은 방법이다. 이야기는 인물, 배경, 사건(event) 등으로 구성되어 있으며, 이를 플롯(plot)이라고 한다. 플롯을 어떻게 말할 것인지의 방법(storytelling)에 따라 얼마든지 다양한 내러티브는 가능하다.

인간의 내러티브로서 이야기에는 비유, 풍자, 시, 소설, 자서전, 역사 등을 비롯하여 다양한 유형들이 있다.[2] 내러티브의 유형들에 나타난 공통점은 인간의 상상력을 자극하는 힘이 탁월하다는 것이다. 이는 내러티브의 플

---

1) 이원일, 『해석학적 상상력과 기독교교육과정』(서울: 한국장로교출판사, 2004), 246.
2) Ibid., 258. 현재 실제적인 갈등 상황과 삶을 말하는 '사건'(event)을 통한 배움에 대해서는 다음을 참고할 것. C. Ellis Nelson, Where Faith Begins, 박원호 옮김, 『신앙교육의 터전』(서울: 한국장로교출판사, 1996), 84-90.

롯과 방법들은 현실적이고 구체적이기 때문이다. 추상적인 것을 부인하는 것이 아니라 현실적이고 구체적인 것으로 통합이 일어난다. 내러티브는 인간의 지, 정, 의, 그리고 영성 등의 참여를 통하여 구성하기 때문이다.

인간의 창의성은 상상력으로 말미암으며, 그리고 상상력은 우리의 행동과 삶을 이끌기 때문에, 개인의 자서전이나 공동체의 역사문화와 관련된 이야기 등을 비롯한 다양한 내러티브를 중요하게 여기면 삶의 자리는 차이가 공존하는 다양성의 세계가 되는 것이 가능하다.

인간의 상상력을 올바른 방향으로 향하도록 하는 나침반이 바로 성경이다. 성경은 인간으로 하여금 마땅히 생각하고 살아야 할 방향을 말해 준다. 상상력과 관련하여 볼 때 성경은 어떤 텍스트인가? 성경은 내러티브로서의 성경이다. 상상력을 활발하게 움직이게 하는 내용과 방법이 바로 내러티브로서의 성경이다.

성경은 하나님의 이야기이며, 하나님의 사람들의 이야기이다. 하나님은 이야기를 말하는 존재이고, 인간도 이야기 말하는 것을 좋아하는 존재이다. 자신의 이야기를 들어 줄 대상을 찾고 있는 것이 사람이다. 그리고 사람은 이야기를 듣는 것에 관심을 갖고 있다. 이야기를 말하고 듣는 것을 소통이라고 한다. 사람은 소통의 관계를 원한다.

사람들이 이야기하는 소통의 방법은 내용에 따라 다양하다. 때로는 언어로 때로는 비언어 등의 다양한 방법으로 하나님의 섭리를 이야기한다. 음악, 춤, 드라마, 조형미술, 영화 등의 예술을 비롯하여 문화와 놀이 등을 통한 이야기하는 방법까지 포함된다.[3]

모더니즘의 과학적이고 기술적인 방법은 규범적이며 계획적이고 획일적이다. 반면에 포스트모더니즘에서 이야기를 말하는 방법은 자유로움 가운데 다양한 매체를 통해 나타낼 수 있는 점에서 예술적인 표현을 중요하게 여

---

3) John H. Westerhoff III, *Will Our Children Have Faith?*, 116-121.

긴다. 예술적 표현이란 자기의 이야기를 예술, 문화, 놀이 등의 다양한 표상 양식으로 진정성을 드러낼 수 있다.

웨스트호프에 의하면 인간의 정서적인 측면, 다양한 예술의 활용, 그리고 이야기(story)와 이야기하기(storytelling)는 실천신학에서 중요한 위치를 지니고 있다.[4] 성경의 이야기는 역사적 관점으로의 해석을 통해 바로 오늘날 나의 이야기가 된다. 출애굽에 대한 하나님의 이야기는 나를 구원하고 자유하게 하는 나의 이야기이다.

내러티브에는 많은 빈공간(blanks)이 있다. 내러티브가 상상력의 터전이 될 수 있는 이유 중에 하나는 내러티브에는 빈공간이 있기 때문이다. 빈공간은 부존재(absence)를 통하여 존재(presence)를 인정하는 개념이다.[5] 없는 것에는 있는 것이 있음을 말한다. 없지만 있는 것을 말하는 빈공간은 상상력으로 채워질 수 있다. 빈공간은 상상력으로 채워 나갈 때 이미지가 드러나게 되며, 이미지는 가시적인 삶으로 나가게 하는 힘이 있다. 이미지는 삶의 방향을 갖게 한다. 사람은 비가시적이지만 보이는 것을 따르기 때문이다.

헤밍웨이가 친구들과의 대화에서 한 말로 전해지고 있는 'For sale, baby shoes, never worn'(한 번도 싣지 않은 아기 신발을 팝니다) 문장이다. 헤밍웨이는 한 문장을 구성하고 있는 이 여섯 단어로 소설을 한 권 쓸 수 있다고 말했다는 것이다. 그 진위에 대한 여부를 떠나서 이 여섯 단어는 머리가 복잡하여질 정도로 사람의 상상력을 작동하게 할 수 있다. 상황(context)과 결부하여 생각해 보면 여섯 단어에는 무수한 빈공간이 있다.

---

4) *Ibid.*, 75.

5) William F. Pinar et al., *Understanding Curriculum*, 434-435, 441. 이원일, 『해석학적 상상력과 기독교교육과정』, 229. 재인용. 그리스도의 부재(absence)를 통한 그리스도의 현존(presence)을 말하는 것이 성만찬 신학. 즉, 떡과 포도주를 마시는 일은 그리스도의 죽음이라는 부재를 슬퍼하는 행위이지만, 이 부재 안에서의 떡과 포도주는 그리스도의 현존을 기뻐하는 행위임. 그리스도는 계시지 않지만(부재) 성령으로 우리와 함께하고 계심(현존). 이에 대해서는 다음을 참고할 것. Henri J. M. Nouwen, *The Living Reminder* (N.Y.: Seabury Press, 1977), 42-47.

내러티브는 문장에 빈공간이 있다는 사실을 알려 준다. 내러티브는 빈공간을 만들어 내기도 한다. 이 빈공간은 상상력으로 채워진다. 내러티브에서 중요한 것은 빈공간을 찾는 것이다. 존재의 집에 해당하는 것이 빈공간이며, 비어 있음에 대한 중요성을 내러티브는 잘 말해준다. 성경을 내러티브로 이해한다고 할 때 중요한 것은 성령의 인도함으로 빈공간을 찾고 그 공간을 다양한 물음과 대답으로 채워 나갈 수 있다(요 21:25).

내러티브의 관점에서 볼 때 인간은 궁금함이 많은 존재이다. 궁금함의 존재인 인간으로 하여금 그 궁금함을 위험한 것으로 여기기보다는 긍정적으로 여기는 것이 내러티브의 관점이다. 물음을 통해서 새 하늘과 새 땅이 열리는 역사가 일어나지 않는가?

인간이 가지고 있는 궁금증을 통하여 성경을 이해하고자 할 때 사용할 수 있는 내러티브 방법론은 궁금증(wondering)을 활용하는 것이다.[6] 제롬 베리맨에 의하면 성경은 무한한 궁금함을 유발하는 경전이다. 겨자씨 비유에서 겨자씨가 나무가 되어 새들이 와서 그 가지에 깃들이는 내용(마 13:31-33)도 알고 보면 많은 궁금증을 가질 수 있는 열린 텍스트이다.

겨자씨 비유에 대하여 어린이를 대상으로 성경 공부를 할 때 물어보고 함께 탐색할 수 있는 물음은 '새들 중에 아빠 새와 아기 새는 서로 무슨 말을 나누었을까?' 등과 같은 물음이다. '나는 ~에 대하여 궁금하다'(I am wondering if 또는 whether ~or)는 물음이다. '궁금증으로 풀어 보는 성경공부'(bible study by wondering method)는 개연성(probability)을 추구한다.[7] 성경을 통하여 하나의 정답을 추구하기보다는 여러 가능성을 추구하는 것이다. 교리에 기초하여 성경을 이해하는 방법이 아니라 성경 그 자체로 들어가서 마음(mind)과 오감각으로 성경을 이해하는 방법이다.

내러티브의 이미지와 은유 등은 상상력을 작동하게 하는 틀이며, 상상력

---

6) 이원일, 『미래세대와 기독교교육』(서울: 한국장로교출판사, 2023), 70-73.

7) 이원일, 『해석학과 기독교교육현장』(서울: 한국장로교출판사, 2008), 26-28.

과 이미지 및 은유의 상호작용으로 말미암아 사람은 마음(mind)에 그림을 그리게 된다. 볼 수 있고 들을 수 있고 냄새를 맡을 수 있는 그림을 그리게 된다. 상상력과 내러티브로 말미암아 인간의 마음은 마치 화판과 같다. 마음에 그림을 그리며 대상을 보고 이해할 수 있는 능력을 가리켜 시각적 사고(visual thinking)라고 한다. 상상력으로 말미암아 입체적으로 사고할 수 있는 능력이다.

사람으로 하여금 의지를 갖고 행동하고 삶을 살아가도록 하는 주요한 동기는 조건화 이론에 의한 보상이나 갈등이론에 의한 의식화를 넘어서는 차원이다. 의지, 행동, 그리고 삶의 변화는 무엇보다 사람의 마음에 그림이 그려질 때이다.

사람의 마음에 그려진 그림을 이미지라고 한다. 형상, 심상, 표상 등으로 번역하고 있다. 내러티브로서의 성경에 나타난 하나님의 이미지는 바위, 왕, 아버지 또는 어머니, 목자 등 다양하다. 인간의 이성으로 제한될 수 없는 다양한 이미지를 통하여 하나님을 오감각적으로 하나님을 체험하게 된다.[8]

그러나 다양한 이미지의 원형은 그리스도의 이미지이다. 그리스도의 형상이다. 그리스도 예수를 통해 마음의 눈으로 하나님을 보고 알게 한다. 그리스도의 이미지를 통하여 역사적이며 구속사적 의미를 가지며, 비전 또는 희망을 갖는다. 이미지의 또 다른 이름이 비전이며 희망이다. 이미지, 비전, 희망이 보일 때 사람은 의지를 갖고 행동하게 된다. 그리고 구속사적 이미지가 보이고, 갖게 될 때 사람의 삶은 변화되고 실천적 삶을 살게 된다.

내러티브는 현상학적 해석학의 관점에서 그 의미를 잘 알 수 있다. 현상학이란 "경험에 들어 있는 뜻을 기술하는 것"[9]이다. 현상학에서 말하는 경

---

8) Hans-Georg Ziebertz, "God Image: The Conceptual Triangle. A Quantitative Empirical Study of Young People in Germany," *Hermeneutics and Empirical Research in Practical Theology*, ed., Chris A. M. Hermans and Mary E. Moore (Leiden·Boston: Brill, 2004), 94.

9) Paul Ricoeur, *Le Conflit des Interprétations*, 양명수 옮김, 『해석의 갈등』 (서울: 아카

험은 사물, 인간, 자연을 통한 경험을 비롯하여 영적인 경험 등 모든 경험을 말한다. 성경을 내러티브로 본다고 할 때 성경은 하나님과 만남에 대한 경험을 서술한 내용이다. 그리고 해석학은 "글로 써놓은 삶의 표현을 해석하는 것"10)이다. 하나님과 만남을 통한 영적 경험을 상징, 은유, 이야기, 텍스트 등으로 표현해 놓은 것을 해석하는 것이다.

따라서 내러티브에 대한 현상학적 해석학의 관점이란 우선 성경은 하나님과의 영적인 경험에 대한 서술이라는 것이다. 그리고 인간의 언어로 써놓은 성경 내용의 뜻을 풀어서 지금 여기에 살아 있는 말씀이 되게 하는 것이다. 살아 있는 말씀으로 오늘의 삶을 분별하며 살아가도록 하는 것이다. 이처럼 내러티브는 행동을 기본구조로 한다. 삶과 관련된다. 이런 점에서 내러티브는 실천적이다. 신학과 관련할 때 내러티브 신학은 실천신학의 기초이다.

2. 내러티브와 컨텍스트

삶의 흐름이라고 하는 역사 가운데서 인간은 어떤 삶을 살아야 할 것인지에 대해 궁금함을 가지고 살아간다. 그리고 자신의 삶에는 어떤 의미가 있는지를 알고자 한다. 중요한 것은 삶이다. 인간의 삶이 중요하다. 내러티브는 지금 여기에서의 삶을 중요하게 여긴다.

지금 그리고 여기에서의 삶은 현재의 삶을 말한다. 현재의 삶을 중요하게 여기는 내러티브는 탈역사성(ahistoricity)과 탈상황화(decontextualization)에 대한 대안이다. 내러티브는 시간과 공간을 초월한다고 여기는 추상성을 강조

넷, 2003), 464. 현상은 관심을 갖는 표상이라고도 함. 생각의 대상이 되는 것을 말함. 대상을 바라볼 때 표상이 형성되고 생각의 대상이 되는 것을 현상이라고도 함. 대상은 표상을 거쳐 현상이 되는 것임.

10) *Ibid.*, 416.

하는 것에 대한 대안이다. 내러티브에 의하면 인간은 세계 내적 존재(Being in the world)임을 말한다. 그리고 인간의 이성에 의해 체계적으로 공통된 특성을 정리한 이론(theory) 중심에 대한 대안이기도 하다. 초월성, 추상성, 이성, 체계성, 그리고 이론 등을 강조하는 것에 대한 대안이 내러티브이다.

달리 말하자면 내러티브는 편향적인 경향에 대한 대안이다. 초월성과 내재성, 추상성과 경험, 이론과 삶, 텍스트와 컨텍스트 등의 통합성을 추구하는 것이 내러티브이다. 내러티브는 상황(context) 가운데서 전개되는 인간의 개별적이며 독특한 차이의 삶에 관심을 갖고 있다.

내러티브의 컨텍스트는 말이나 글의 해석에 영향을 끼친다. 말이나 글의 뜻이 하나인지 여럿인지는 낱말의 문제이기도 하지만 오히려 컨텍스트의 문제이다.11) 앞서 언급한 것과 유사한 맥락에서 보면 〈한 과부가 헌금을 했다〉는 문장과 〈한 가난한 과부가 헌금을 했다〉(눅 12:42)는 문장에는 의미 차이가 크다. 후자의 문장에서 '가난한'이라는 상황적 용어로 말미암아 해석과 의미는 분명해지며 다양해진다.

내러티브는 인간의 이성적인 면을 간과하는 것은 아니다.12) 전통 사상일수록 인간의 이성을 강조하는 반면, 인간의 감성 및 신체성 등에 대해서는 부정적인 것으로 여긴다. 그러나 내러티브는 인간의 전인성을 강조한다. 인간의 이성, 감성, 그리고 신체성 등으로 말미암는 인간의 삶에 관심을 가진다. 특정 역사의 한 시대를 살아가는 인간의 삶에 대한 관심이다.

인간에 대해서도 다양한 관점을 강조한다. 남성 중심적이며 가부장적 사회로부터 여성을 비롯한 어린이에 대한 관심을 갖고 있다. 백인 중심적 인간 사회로부터 다양한 인종들에 대한 관심을 가지며 그들이 말하는 이야기를

---

11) *Ibid.*, 103. 앞서 〈4. 인간의 내러티브〉에서 언급한 것처럼 톨스토이는 6단어로 소설을 쓸 수 있다고 함. For Sale; Baby shoes, Never worn. 한 번도 신어 본 적이 없는 아기 신발 팝니다. 이 문장은 상상력을 촉진함. 그리고 컨텍스트는 해석의 다양성을 낳음.

12) 이원일, 『해석학적 상상력과 기독교교육과정』(서울: 한국장로교출판사, 2004), 248-261.

들으려고 한다. 권력과 명예를 가지고 있는 사람들의 이야기뿐만 아니라 삶의 자리에서 소박하게 살아가는 사람들의 이야기도 중요하게 여긴다.

인간 중심적인 세계관에 대한 비판적 성찰로 말미암기도 한다. 인간이 살아가는 삶의 현장이란 다양하다는 인식에 의해서이다. 인간으로 말미암는 이야기만이 아니라 자연생태계 및 천체의 변화로 말미암는 이야기에도 관심을 가진다. 내러티브는 인간중심 세계관으로부터 자연을 비롯한 생명 공동체적인 세계관을 가져야 할 것을 말하고 있다.

인간이 경험하는 자연 세계 외에도 공동체가 지니는 삶의 이야기로서의 역사에 특별한 관심을 가지고 있다. 역사와 관련된 이야기는 특정한 장소와 시간에서 살아간 사람들과 관계한다.13) 따라서 인간 공동체의 역사적 전통은 정체성을 갖게 하고 공동체를 결속하게 한다. 역사적 전통에서 영웅 등에 대한 이야기에 관심을 갖는 것은 한 공동체의 정체성을 갖게 하고, 개인으로서도 자신의 정체성을 갖게 하는 역할을 하기 때문이다.

인간의 공동체적 역사와 관련된 이야기는 일정한 공동체의 문화를 형성한다. 문화는 습관화되는 삶의 양식이다. 그리고 의식주와 관련하여 일상적으로 생활화된다. 따라서 물고기가 물 가운데 사는 것을 의식하지 못하듯 그리고 사람이 공기 가운데 살고 있지만 공기를 별로 의식하지 않듯이, 인간은 문화 속에 있고 영향 가운데 살아가고 있지만, 문화를 의식하지 못하고 자연스럽게 여기며 살아간다.14)

그러나 지배문화는 그 시대의 사람들에게서 당연하게 여겨지며 일상 가운데 이야기되고 또한 이야기를 만들어 간다. 따라서 어떤 경우에는 성경에서의 이야기도 자기의 문화에 맞추어 왜곡하여 이해하기도 한다.

예를 들면, 사울이 왕이 되기 위해 기름 부음을 받을 때 그 자리에는 사무엘과 사울 두 사람만 있었다(삼상 9:27-10:1).15) 그러나 일부 공과(교재)의 그

---

13) C. Ellis Nelson, *Where Faith begins*, 65.

14) *Ibid.*, 38-40.

림은 많은 사람들이 지켜보고 있는 가운데 기름 부음이 이루어진 것으로 그려져 있다. 이는 오늘날의 대중적인 취임식 문화의 관점에 의해 성경을 왜곡되게 이해하기 때문이다. 비판적 성찰을 통하여 시대와 지역에 따른 독특한 문화를 이해하는 것이 올바른 해석과 분별로 이끄는 실천신학이다.

그러나 어떤 문화도 절대화할 수 없으며, 고착되어 있지 않으며, 심지어 왜곡되어 있기도 하다. 시대의 변화에 따라 지배문화도 변화가 있다. 오늘날 디지털 시대에는 디지털 문화가 지배적이다. 단일 인종에 의한 문화를 넘어선 다인종에 의한 다문화 형성이 활발하다. 저출생 초고령 사회로 말미암는 연령 변화에 따른 새로운 문화가 형성되어 나간다.

그러나 사람은 인간의 역사와 문화와 관련된 이야기만 아니라, 인간은 초자연 세계에 대한 관심을 신화 등의 이야기로 말한다. 국가적으로는 건국 신화가 있고, 공동체적으로나 개인적인 차원에서도 영웅적인 신화가 있다. 신화가 오늘까지도 전승되고 있는 것은 달리 말하면 인간은 초자연적인 세계를 이야기하는 것에도 많은 관심이 있다는 것이다. 내러티브는 개연성이 있다고 여겨지는 초월적인 세계의 이야기이기도 하다. 달리 말하자면 내러티브의 관점에 의하면 인간은 초월성에도 관심 있는 존재이다.

3. 내러티브와 갈등

인간은 내러티브로서 성경을 대할 때 지향성으로 말미암아 그리스도의 형상을 형성하게 된다. 그리스도는 하나님의 형상이다(고후 4:4). 예수 그리스도 안에서 하나님의 형상이 회복되어진다. 하나님의 모습이 계시된다. 예수를 보는 것이 곧 하나님을 보는 것이다(요 12:45). 예수를 통해서 인간과

---

15) *Ibid.*, 56.

하나님의 관계는 회복되었다(롬 5:11).

인간의 상상력으로 그리스도의 형상을 형성하고 재형성하기 위해 그리스도의 몸인 교회도 내러티브가 되어야 한다. 내러티브로서의 교회이다. 내러티브로서의 교회는 실천적 교회의 다른 이름이다. 그리스도의 손과 발이 되는 그리스도의 몸으로서 이야기가 있는 교회이다. 이야기가 있는 교회는 권위주의로 일방적인 전달과 지시에 의한 교회와는 대조적이다.

반면에 소통을 위해서는 정당성(legitimacy) 차원에서 비판적 성찰이 요구된다. 성경, 교리, 그리고 직위 등에 대한 권위주의로 말미암는 왜곡된 해석, 편견적인 해석 등에 대한 비판적 성찰이다.16) 정당성의 차원에서 왜곡된 해석과 편견적인 해석에 대한 비판적 성찰이 있게 될 때 이해의 지평은 넓어지며 소통의 문이 열리게 된다.

생각과 의견들의 교환이 있고, 서로를 이해하게 되며, 이해의 지평이 넓어지며, 마침내 합의에 이르게 되는 등의 소통이 있는 신앙공동체가 내러티브로서의 신앙공동체이다. 예를 들면, 교회에서의 예배, 교육, 친교, 봉사, 그리고 선교는 내러티브이어야 한다. 내러티브 교회는 대상, 환경, 경험 등에 따라 차별화된 목회를 하는 교회이다. 내러티브 교회는 다양한 표상양식으로 말미암아 소통하는 신앙공동체를 말한다.

교회와 함께 가정, 학교, 그리고 사회도 내러티브가 되어야 한다. 상호주관적인 대화가 살아 있는 내러티브 공동체가 되어야 한다. 내러티브 공동체는 소통의 공동체이다. 이야기가 있는 공동체이다. 대화가 살아 있는 공동체이다. 그리고 내러티브 공동체는 이야기가 세대를 걸쳐 이어가는 과정성이 있는 공동체이다.

---

16) Johannes van der Ven, *Practical Theology: An Empirical Approach* (Kampen, The Netherlands: KoK Pharos Publishing House, 1993), 50, 52. 밴 데르 벤은 의사소통을 위해 지향성(intentionality), 상호성(reciprocity), 그리고 효과성(effectiveness)를 말하고 있음.

그러나 가정, 학교, 그리고 사회 등에서 구성원들이 갖는 힘의 남용, 오용, 악용으로 말미암아 언어적, 정서적, 신체적, 성적 학대 및 폭력 등이 일어나고 있으며, 실상은 폭력공동체의 성향을 지니고 있다. 그리고 지역이나 국가 단위를 넘어서 세계화 시대에 국제적인 차원에서 인종차별을 비롯하여 다양한 차별과 심지어 민족, 인종, 종교 등의 이유로 집단학살(genocide)이라는 폭력이 행사되고 있다.[17]

그리고 시장 제일주의로 말미암아 자본의 양극화가 심화 되어 감으로 말미암아 자본을 소유한 선진국과 그렇지 못한 개발도상 국가와의 관계가 지배자와 피지배자 관계인 것처럼 왜곡된 의식으로 식민지적 억압(colonial oppression)의 형태로 자행되는 폭력도 여전한 가운데 있다.[18] 국가와 국가의 단위에서 일어나는 정치적, 군사적, 경제적, 문화적 폭력 등이다.

신앙공동체 중 하나인 교회조차 위계질서에 의한 왜곡과 편견으로 말미암는 폭력공동체인 "강도들의 소굴"(새번역, 눅 19: 46)이 되기 쉽다. 이처럼 오늘날 다양한 공동체에서 다양한 폭력이 지속되고 폭력공동체가 존속되고 있는 이유는 사람이 살아가는 삶은 다양한 종류의 갈등으로 얽혀 있음에도 불구하고 공동체성을 형성하고자 하는 소통의 부족에 있다.[19]

내러티브는 갈등의 연속이다. 갈등이 없는 내러티브는 무의미하다. 갈등이 있으니까 내러티브이다. 내러티브는 갈등을 당연히 포함하고 있다.[20] 내러티브는 갈등의 내용이 무엇인지에 대해 말해 준다. 그리고 갈등이 어떻게

---

17) James Newton Poling, *Rethinking Faith: A Constructive Practical Theology* (Minneapolis: Fortress Press, 2011), 4.

18) 이원일, 『성인기독교교육의 재개념화』, (서울: 한들출판사, 2014), 15-19.

19) Johannes van der Ven, *Practical Theology: An Empirical Approach*, 49. 밴 데르 벤은 다양성과 해석의 차이로 말미암아 다차원적으로 갈등이 일어남을 말함. 갈등이 일어나는 측면들은 (문장) 내적 그리고 (문장) 간의 해석 차이, 기관 내적 그리고 기관 간, 문화 내적 그리고 문화간, 사회 내적 그리고 사회 간, 인간 내적 그리고 인간 간 등의 차원들에서 갈등이 일어남. 갈등 발생이 다차원적이라는 점에서 볼 때 갈등은 필연적이며 문제는 이를 어떻게 대화적인 과정을 통해 창의적이고 발전적인 결과에 이르게 하느냐는 것임.

20) C. Ellis Nelson, *Where Faith Begins*, 90.

전개되고 있는 것인지에 대해서도 말해 준다. 갈등으로 말미암은 결과가 무엇인지에 대해서도 말해 준다. 갈등은 해석의 갈등이다.21) 똑같은 현상을 두고 어떻게 해석하느냐에 따라 갈등의 양상은 달라진다.

인간 개인의 내적인 갈등이 있다. 공동체 내에서의 갈등이 있다. 국제적 차원에서 국가와 국가 간에도 갈등이 있다. 영적인 차원에서는 하나님과 인간의 갈등이 있다. 하나님이 원하시는 것과 인간이 원하는 것 사이에 불일치함으로 말미암는 갈등이다. 내러티브 관점에서 보면 인간은 갈등의 존재이다. 다양한 갈등 가운데 살아가는 존재이다.

갈등에는 역기능과 순기능이 있다. 갈등의 역기능은 파괴적이며 폭력적인 결과에 이르게 한다. 갈등으로 공동체가 파괴되기도 한다. 갈등의 순기능은 대화적이며, 창조적 결과에 이르게 한다. 갈등이 순기능의 역할을 하기 위해서는 함께 나눌 수 있는 공통적인 이야기를 찾아야 한다. 근본적이고 보편적인 메타 내러티브(meta-narrative)가 갈등을 순기능의 역할을 하게 한다. 그러나 포스트모던 시대에는 다양성의 내러티브(narratives)를 추구하는 시대이다.22)

전통과 삶은 해석학적 순환 관계이듯이 메타 내러티브와 다양한 내러티브들도 마찬가지로 해석학적 순환 관계이다. 메타 내러티브와 다양한 내러티브 사이의 해석학적 순환 관계는 지속되어야 한다. 더 나아가 다양한 내러티브들 사이에도 해석학적 순환 관계가 되어야 한다. 갈등을 승화하여 순기능적으로 다루어 나가기 위해서이다.

해석학적 순환 관계로 미래에 대한 비전이 형성된다. 나가야 할 방향으로

---

21) Paul Ricoeur, *Le Conflit des Interprétations*, 24, 141.

22) 포스트모던이라는 용어를 철학 분야에서는 료타르(Jean-Francois Lyotard)에 의해 사용되기 시작함. metanarrative(universal truth)에 대한 해체를 주장하며 한 개인의 독특한 경험과 이야기들의 가치를 존중하는 의미에서 narratives를 강조함. Sally A. Brown, "Hermeneutical Theory," *The Wiley-Blackwell Companion to Practical Theology*, 117. 이원일, 『해석학적 상상력과 기독교교육과정』, 19, 20.

서의 비전이다. 하나님 나라의 비전 가운데서 교회, 가정, 학교, 사회, 그리고 지구 공동체는 세계화로 향하여 형성 및 재형성되어 나간다. 갈등이 없어야 비전을 갖는 것이 아니다. 갈등을 대화의 기회로 삼을 때 비전이 형성되어지고 재형성되어 진다. 갈등을 소통의 기회로 삼아 형성된 비전으로 새로운 도약의 기회가 주어진다.

4. 내러티브와 정체성

현상학적 해석학은 존재 그 자체에 대한 이해를 추구한다. 현상학적 해석학에서 이해는 대상을 있는 그대로 인정하고자 한다. 무의식 속에 억눌려 있는 이기적인 자신의 모습도 그대로 인정하는 것이다. 내가 강하게 부인하는 것은 무엇인가? 내가 숨기고 싶은 것은 무엇인가? 등의 물음에 대한 성찰을 통하여 자신의 모습을 그대로 인정하려고 한다.

기존의 이데올로기로 말미암는 선입견에 대한 비판적 성찰을 통하여 대상을 있는 그대로 인정하려고 한다. 자기 자신과의 관계에서 대상인 자기 자신은 당신(Thou)으로서의 존재로 이해한다. 당신으로서의 존재는 다른 대상과 비교 대상이 아니다. 나는 나다.23) 나는 나로서 존재 가치를 가지며, 그렇게 살아가는 것이 정당성 있다.

현상학적 해석학에서 이해는 당신으로서 있는 그대로의 존재로 살아가는 그 삶을 중요하게 여긴다. 당신으로서 있는 그대로의 존재를 체험하고자 하며, 느끼고자 하며, 수용하고자 한다. 당신으로서 있는 그대로의 존재가 무엇을 말하는지를 들으려고 한다. 당신으로서 있는 그대로의 존재의 다양한

---

23) '여호와' 이름을 풀이한 '나는 나다'라는 말은 국내뿐 아니라 세계적으로도 잘 알려진 발도르프 학교의 이론적 기초이기도 함. 이원일, 『미래세대와 기독교교육』 (서울: 한국장로교출판사, 2023), 7장.

표상형식으로 나는 나로서의 자신을 드러낼 것을 격려한다. 비교의 대상이 거나 비교함으로 자신의 존재를 말하려고 하지 않는다.

자기 자신과 당신(I and Thou)의 진정성 있는 대화 과정을 통해서 이해는 깊어지게 된다. 대상을 이해하는 것만큼 자기 자신을 이해하게 되기도 한다. 자기 자신을 이해하고 있는 것만큼 대상을 이해하기도 한다. 해석학적 순환 관계로서의 존재 이해이다. 자기 자신의 정체성과 대상의 정체성은 해석학 적 순환 관계이다.

인간은 어떤 존재인지를 이해하는 것에 있어서 기독교 신앙인으로서의 자기의 정체성은 십자가의 예수와 관계된다. 골고다 십자가에서 나의 죄로 말미암아 피 흘려 죽은 예수를 구주로 영접하고 그 말씀을 따라 살아가는 그 리스도인의 정체성은 예수의 제자, 하나님의 종, 하나님의 사람, 하나님의 백성, 하나님의 자녀 등이다. 명명백백한 정체성이다. 그러나 명명백백한 정 체성은 상황과 무관하게 고정적인가? 아니면 상황과 관계하여서는 어떤 특 성이 있는가?

세계화라고 하는 다양성의 시대에 요구되는 정체성은 단 하나의 이야기 에 의한 고정적인 정체성 이해에 대하여 재개념화를 필요로 한다.[24] 다양한 이야기로 넘쳐나는 세계화 시대에 내러티브 관점에서 그리스도인의 정체성 은 어떻게 재개념화될 수 있는가? 세계화 시대에 그리스도인으로서 추구하 는 내러티브 정체성은 무엇인가?

실천적 지혜

그리스도인의 정체성에 대한 재개념화를 위하여 우선 살펴볼 것은 실천적

---

24) 내러티브와 정체성은 '진정한 의미에서 우리는 우리의 이야기이다'는 명제에서 출발함. 개 인이든 공동체이든 정체성은 이야기를 통해서만 드러날 수 있음을 말함. Carl Savage and William Presnell, *Narrative Research in Ministry* (Louisville, Kentucky: Wayne E. Oates Institute, 2008), 25.

지혜(practical wisdom, phronesis)의 의미이다. 기독교에서 말하는 지혜는 실천적이다. 기독교적 지혜는 하나님을 경외하는 것에 기초한다(잠 9:10). 하나님을 경외한다는 것은 하나님 앞에서 정직하게 자신이 알고 있는 것과 모르는 것을 인정하는 것이다. 하나님의 섭리에 대한 신비로움과 불확실성과 애매성을 긍정하는 가운데 물음이 있고 소통과 협력의 과정으로 하나님의 뜻을 분별하는 것이 지혜이다. 이런 점에서 기독교적 지혜는 실천적 지혜이다.

실천적 지혜는 가변적인 상황에서 마땅히 나가야 할 방향을 판단하고 실천하는 능력을 말한다. 배가 바다에서 항해하면서 어느 방향으로 가야 할 것인지에 대하여 방향을 설정하고 그 방향으로 나아가는 것과 같다. 배의 속도 등을 어떻게 할 것인지에 대해서도 관심을 가지며 판단하며 결정하는 능력이다. 모든 상황에(to) 적용되는 하나의 도덕적 판단을 넘어서서, 다양하고 구체적인 상황 가운데서(in) 최적의 분별과 판단을 해나가는 능력이다.[25]

같은 항로라고 할지라도 항해하는 날의 시간과 날씨에 따라 항로의 결정이 달라지듯이 실천적 지혜는 변하는 상황을 고려하여 적합하게 판단하며 신중하게 살아가는 삶을 말한다.[26] 언제나 동일한 것을 대상으로 하기보다는 수시로 변하는 여러 가지 상황을 관찰하여 미래에 나가야 할 방향을 보고 판단해 나가는 능력이 있는 자를 실천적 지혜자[27]라고 한다.

실천적 지혜자는 그 정체성에 있어 고정적인 정체성이기보다는 과정적 정체성이다. 정체성은 감춰 있는 것을 밝혀야 할 어떤 본질적인 특성을 말하

---

25) Paul Vermeer, "The Emerging Subject Development of the Hermeneutic Basis of Johannes A. Van Der Ven's Religious and Moral Pedagogy," *Hermeneutics and Empirical Research in Practical Theology*, ed., Chris A. M. Hermans and Mary E. Moore (Leiden·Boston: Brill, 2004), 234. ··· do not apply values 'to' a situation, but always 'in' a situation.

26) 이원일, 『성인기독교교육의 내러티브』 (서울: 한들출판사, 2017), 306. 실천적 지혜를 의미하는 phronesis는 팔리(Farley)가 말하는 하비투스(habitus)와 유사한 개념임. 하비투스는 실천적(practical)이면서도 비판적(critical)으로 살아가는데 헌신하는 신앙의 성향을 말함. John Swinton and Harriet Mowat, *Practical Theology and Qualitative Research*, 27.

27) 실천적 지혜자에 대하여서는 위의 책을 참고할 것. *Ibid.*, 309-325.

는 것이 아니라, 이야기를 들어야 하는 상대에게 자신에 관해 말하는 이야기이다.28) 내러티브로서의 정체성이다.

내러티브로서의 정체성이란 상황의 변화에도 불구하고 변하지 않는 어떤 한가지의 고정적인 것을 말하지 않는다. 내러티브 정체성은 계속되는 시간의 흐름에도 불구하고 변하지 않는 자신의 속성과 시간의 흐름에 따라 변하는 자신의 속성 둘 사이에 존재한다. 따라서 내러티브의 관점에서 그리스도인의 정체성을 실천적 지혜자로서의 정체성으로 재개념화 할 수 있다.

실천적 지혜자로서의 정체성은 삶의 현장에서 자신의 모습과 텍스트에서 발견하는 자신의 모습 사이의 대화적 과정에 의해 형성되는 정체성이다. 그리스도의 인성과 신성의 통합으로 말미암는 성육신적 정체성, 또는 삼위일체적 정체성이기도 하다.29)

실천적 지혜자의 정체성은 '나는 누구인가?'(Who am I?)라는 물음보다 '나는 누구와의 관계적 존재인가?'(Whose am I?)라고 묻는 물음에서 시작된다.30) 인간은 관계적 존재이다. 인간은 태어나서 36개월까지 주 양육자와의 애착(attachment) 형성이 중요한 이유가 무엇인가? 인간은 정서적 안정에 기초하는 관계적 존재이기 때문이다.

애착은 한 인간이 삶의 과정에서 다른 사람과의 관계를 경험하며 형성된 관계성의 유형이다. 영유아기 때의 애착 형성이 중요하지만, 애착은 일평생(lifelong)의 과정이다. 안정적 애착은 과거에 매여 있기보다 현재에 일어나는 변화를 긍정적으로 수용한 결과이다.31) 그러나 애착은 집착(obsession)

---

28) R. Ruard Ganzevoort, "Narrative Approaches," in *The Wiley-Blackwell Companion to Practical Theology*, ed., Bonnie J. Miller-McLemore (West Sussex, UK: Blackwell Pub., 2012), 216.

29) 이원일, 『성인기독교교육의 내러티브』, 311.

30) James W. Fowler, *Becoming Adult, Becoming Christian*, 93.

31) 이원일, 『미래세대와 기독교교육』 (서울: 한국장로교출판사, 2023), 10-18. 안정적 애착 유형은 I'm O.K., You're O.K.의 유형임. 자기 자신과 타인 모두 긍정적인 관점을 가짐. 회피형 또는 무시형 애착 유형은 I'm O.K., You're not O.K.의 유형임. 저항형 또는 양가

이나 고착(carthexis)과는 그 의미가 다르다. 집착과 고착은 한 인간이 임종 직전까지 일생이라고 하는 발달 과정에서 일어나는 변화를 긍정적으로 수용하지 못하고 과거에 매여 있는 상태를 말한다.

그리고 미래지향적인 차원에서 관계성을 수정하거나 보완함으로써 관계성의 변화를 능동적으로 추구하는 것을 말한다. 관계성의 대상은 사람이지만 사람에만 국한하지 않는다. 자연이 될 수 있고, 동물이 될 수 있고, 책을 비롯한 비생물적인 대상이 될 수도 있다. 정신적으로 인간은 지향적 대상에 대한 애착 관계 형성을 추구한다.

실천신학의 인간학적 기초에서 인간에 대하여 정의하자면 인간은 관계적 존재이다. 흔히 하나님의 뜻은 무엇인가? 라는 물음을 던지곤 한다. 하나님의 뜻은 관계성에 있다. 내러티브의 관점에서 인간은 관계적 존재이기 때문이다. 인간은 일평생의 과정에서 다양한 관계성을 형성하고 그 관계성을 재형성해 나가는 관계적인 존재이다.

따라서 영아기 때부터 관계성 형성이 중요하다. 영아기 때에 주 양육자와의 눈 맞춤으로 친밀한 관계성을 의미하는 애착 형성이 제대로 되지 않는 경우 청소년기부터는 애착 장애(attachment disorder)가 일어난다. 관계 형성의 어려움으로 인간관계가 힘들게 된다. 가족, 친구, 이성, 직장, 그리고 이웃 등의 관계에 어려움을 겪는다.

'나는 누구와의 관계적 존재인가?'라는 물음을 내러티브에 기초하여 재개념화하면 '그토록 변덕스러운 나임에도 불구하고 나는 누구와의 관계적 존재인가?'라는 물음이 된다. 자아는 상황과 분리된 존재가 아니라 상황 안에서 흔들리면서 삶을 살아가는 존재이다. 내러티브 정체성은 상황의 변화에도 불구하고 변하지 않는 정체성이기보다는 삶의 상황에 따라 다양한 관계성으로 말미암은 애매성과 모호성을 지니고 있다.

형 애착 유형은 집착 유형이라고도 함. I'm not O.K., You're O.K.의 유형임. 혼동형 애착 유형은 I'm not O.K., You're not O.K.의 유형임.

정체성의 애매성은 정체성이 하나의 정체성만이 아니라 몇 가지의 정체성이 가능함을 말한다. 정체성의 모호함이란 하나인 자신의 정체성의 경계도 명확하지 않다는 것이다. 흔들리는 정체성이다. 정보화 사회에서 변화의 속도는 가팔라지고 있다. 사회 환경의 급속한 변화 가운데서 자신이 어떤 사람인지 애매하고 모호하다. 애매하고 모호한 자신의 정체성을 수용할 수 있어야 한다.

실천적 지혜자의 정체성이 애매하고 모호한 이유는 상황의 변화와 함께 정서의 변화가 포함되기 때문이다. 상황과 정서가 맞물려서 애매모호함을 생성해 낸다. 달리 말하자면 실천적 지혜자는 애매모호 하게 살아가는 타인에 대해 그 정서를 중요하게 여기고 중요하게 다룰 수 있어야 함을 말한다.32)

실천적 지혜자는 정서를 중요하게 다루고 적절하게 다룰 줄 아는 역량을 갖춘 사람이다. 실천적 지혜자는 정서와 이성의 절묘한 통합을 추구해 나간다. 실천적 지혜자의 삶이란 불확실성과 함께 살아가는 삶을 말한다. 그리고 불확실성을 환영하는 삶이다.

실천적 지혜자는 신체성을 지닌 존재이다. 신체성을 지닌 존재는 현실의 삶 속에서 움직이고 행하는 존재임을 말한다. 인간 이해에 있어 이성 중심적인 인간 이해를 넘어서서, 인간의 이성, 정서, 그리고 신체성이라고 하는 전인적인 차원에서 이해한다.33) 인간의 이성, 정서, 신체성은 상호주관적인 관계에서 영향을 주고받는 그런 관계이다.

실천적 지혜자로서의 내러티브 정체성은 전인적인 차원에서 불확실성 가운데서도 하나님 나라를 추구하는 순례자적 과정성의 특성을 지니고 있다. 그냥 과정성이 아니다. 순례자적 과정성이다. 순례자는 목적 지향적이다. 하나님 나라를 지향한다.

---

32) *Ibid.*, 312.
33) *Ibid.*, 312-313.

다중적 정체성

내러티브 정체성은 자기 자신이나 상대의 정체성이 애매함과 모호함 가운데서도 하나님 나라를 향하여 고난의 인생길을 걸어가며 "그림자처럼 흐느적거리는 나이 몰골이여"(공동번역개정판, 욥 17:7)라고 말한 욥의 정체성이다. 갈등 가운데서 하나님과 씨름하는 정체성이며(창 32:28), 만나는 것이 꺼려지고 두렵기도 한 상대의 얼굴과 하나님의 얼굴이 겹쳐지는 것을 보는 야곱의 정체성(창 33:10) 이다.[34]

내러티브 정체성은 "오호라 나는 곤고한 사람이로다. 이 사망의 몸에서 누가 나를 건져내랴"(롬 7:24)고 말한 바울의 정체성이기도 하다. 내러티브 정체성은 "믿음이 약한 사람들에게는, 약한 사람들을 얻으려고 약한 사람이 되었습니다. 나는 모든 종류의 사람에게 모든 것이 다 되었습니다. 그것은, 내가 어떻게 해서든지, 그들 가운데서 몇 사람이라도 구원하려는 것입니다."(새번역, 고·전 9:22)라고 말한 바울의 다중적 정체성(multiple identity)이다.

칼뱅에 의하면 바울의 다중적 정체성은 그리스도인의 자유와 관련되어 있다.[35] 무엇보다 믿음으로 말미암는 양심의 자유이다. 양심의 자유에서 더 나아가 삶에서 자유 함이 있는 그리스도인이다. 그리스도인의 자유는 삶에서 덕을 세우는 것을 목적으로 한다. 여기서 '덕'이란 함께 살아가는 공동체의 삶을 의미한다.

---

34) Johannes A. van der ven, "Towards A Comparative Empirical Theology of Mindful Action," *Hermeneutics and Empirical Research in Practical Theology*, ed., Chris A. M. Hermans and Mary E. Moore (Leiden·Boston: Brill, 2004), 345, 346. 밴 데르 벤은 이러한 행동을 '마음 챙김 행동'(mindful action)이라고 말하고 있음.

35) John Calvin, *Institutes of the Christian Religion, Vol Ⅲ*, 400, 401; Paul Ricoeur, *Le Conflit des Interprétations*, 258. 리쾨르는 말하기를 '나는 존재한다. 그러나 존재하는 나는 누구인가? 내가 모르는 점이 바로 그것이다'고 말함. 내러티브 정체성을 말하는 것임.

그러나 다중 정체성이 정체성 혼돈(chaos)이나 변절을 말하는 것은 아니다. 정체성 혼돈은 정체성이 무엇인지에 대한 방황의 상태이다. 정체성 변절은 자신의 정체성을 버리는 것이다. 그러나 다중 정체성은 자신의 정체성이 무엇인지를 알고 지속하는 것을 말한다. 바울은 하나님의 사람이라는 정체성을 가졌다. 그러나 상황에 따라 그 정체성에 대한 유연함을 가지고 있다. 다중적 정체성은 정체성의 유연함을 말한다.

성숙한 그리스도인은 인간의 발달 과정에서 나이와 관계없이 상상력의 발달로 유연성을 가지고 있다는 말이다. 성숙함이란 자기실현과는 다르다.[36] 성숙함은 자기중심적인 관점이 강한 아동기와 청소년기를 비롯하여 많은 경험으로 사고와 감성 등의 경직성이 높은 성인기에도 정체성의 유연함이 있는 것을 말한다. 성숙함은 나이와 반드시 비례하지 않는다.

성숙한 하나님의 사람은 교회, 가정, 학교, 직장, 그리고 사회 등에서 정체성에 유연함이 있다. 그리스도 안에서 이럴 수도 있고, 저럴 수도 있다. 우유부단한 것이 아니다. 유연성이다. 사고와 감성 등의 유연성이다. 신앙의 유연성을 말한다. 그러나 지향하는 목적은 동일하다. 바라보는 비전은 같다. 하나님 나라이다(마 6:33).

〈비판적 성찰을 위한 물음〉

1. 내러티브의 관점에서 볼 때 인간은 어떤 특성을 지니고 있는가?
2. 로마서의 컨텍스트(롬 1:7, 13, 15; 11:13, 17-19 등)가 로마서의 이신칭의 사상에 끼친 영향은?
3. 성경에 나타난 내러티브에서 갈등의 생성과 해결 과정을 보여주는 내용들은?
4. 내러티브 정체성의 관점에서 성경의 신앙 위인들을 재해석해 볼 때 그 특징들은?

---

36) James W. Fowler, *Becoming Adult, Becoming Christian: Adult Development and Christian Faith* (New York: Harper Collins Publishers, 1984), 102.

6장

해석학적 실천신학의
신학적 기초(1)

1. 성경: 구속의 대하 드라마

인간은 숨을 쉬듯이 이야기하며 살아가는 존재이다. 이야기하지 못하면 숨을 쉬지 못하는 것처럼 인간으로서 존재하기 힘들어한다. 이야기와 인간은 물과 물고기와 같기도 하다. 따라서 인간을 종교적 존재(homo religiosus)라고 한다면, 인간은 종교적 실재에 관하여 이야기하며 살아가는 존재라는 전제가 내러티브 신학을 가능하게 한다.

내러티브 신학은 하나님과의 영적 만남에 대한 경험을 상징, 은유, 이야기, 텍스트 등으로 표현한 것을 지금 여기에서 어떤 의미가 있는지를 해석하고자한다. 내러티브 신학은 초대교회에서 기독교의 내용을 전달하는 일차적인 방법으로 여기며 발전해 왔다. 중세기 스콜라주의의 영향으로 내러티브 신학이 경시된 시대는 있을지라도 사라진 시대는 없었다.[1] 그 이유는 인간은 이야기하는 속성(homo narrans, storytelling human)이 있기 때문이다.

실천신학의 신학적 기초로서 내러티브 신학의 특징은 무엇인가? 우선 내

---

1) R. Ruard Ganzevoort, "Narrative Approaches," in *The Wiley-Blackwell Companion to Practical Theology*, ed., Bonnie J. Miller-McLemore (West Sussex, UK: Blackwell Pub., 2012), 215. 이원일, 『해석학적 상상력과 기독교교육과정』 (서울: 한국장로교출판사, 2004), 제5장. homo narrans는 이성적인 인간을 말하는 homo sapiens를 포괄하는 의미임.

러티브 신학은 성경을 기초로 한다. 실천적 신앙은 무엇에 기초한 신앙인가? 누구를 지향하는 신앙인가? 신앙의 지향적 대상에 대하여 칼뱅은 "신앙을 지탱하며 유지하는 근거는 말씀이며, 말씀에서 떠난 신앙은 넘어진다. 그러므로 말씀을 제거하면 신앙은 조금도 남지 않는다"[2]고 말한다.

칼뱅에 의하면 신앙의 기초는 하나님의 말씀이다. 신앙과 하나님 말씀으로서의 성경과의 관계는 태양과 태양의 광선과 같아서 서로 분리할 수 없는 관계이다.[3] 성경은 거울과 같다고도 비유한다. 거울 속에서 하나님을 볼 수 있다고 말한다. 하나님은 하나님을 찾는 자에게 말씀을 통하여 자신을 계시하신다는 의미이다.

성경을 많이 읽는 것보다 더 중요한 것은 성경을 어떻게 읽을 것인가? 라고 하는 물음이다. 성경을 하루에 몇 시간 읽는 것도 귀한 것이지만 더 중요한 물음이 있다. 성경을 어떻게 읽고 있는가? 성경을 어떻게 해석하고 있는가? 성경 해석의 기준은 무엇인가?

내러티브 신학에 의하면 성경은 하나님과 영적 만남을 통한 하나님의 구속(救贖)의 대하(大河) 드라마(drama)이다. 성경의 내러티브(담화, 談話) 구조는 창조, 타락, 언약, 성육신과 구속, 교회, 종말 등으로 이어지는 하나님의 구속사(redemptive history)를 말하고 있는 구속의 대하 드라마이다.[4] 성경은 하나님이 주인공이 되어 구속의 역사를 이끌어 나가는 하나님의 거대한 이야기(grand story)이다.[5] 내러티브 신학에서 하나님은 구속의 역사라고

---

2) John Calvin, *Institutes of the Christian Religion, Vol III*, 김종흡 외3인, 『기독교 강요, 중』 (서울: 생명의말씀사, 2010), 23.

3) *Ibid.*, 24.

4) James W. Fowler, *Becoming Adult, Becoming Christian: Adult Development and Christian Faith* (New York: Harper Collins Publishers, 1984), 82-92. 파울러는 성경 담화 구조를 하나님, 창조, 타락, 해방과 언약, 성육신, 교회, 하나님의 나라 등으로 말함. 리차드 니버의 경우 담화 구조는 창조자 하나님, 통치자로서의 하나님, 해방자이며 구속자이신 하나님 등임.

5) R. Ruard Ganzevoort, "Narrative Approaches," in *The Wiley-Blackwell Companion to Practical Theology*, 217. 내러티브 신학은 구조주의 문학 이론에 대한 대안으로 제시된 문화적 문학 이론에 영향을 받음. 화자(speaker)는 누구인가? 에 대한 물음과 함께 화자

하는 구속의 드라마를 펼쳐나가는 존재의 근원이다. 일반 세계 역사의 본질도 구속의 역사이다. 성경을 구속의 역사라고 하는 대하 드라마로 이해할 때 그 특징은 무엇인가?

내러티브 신학의 관점에서 볼 때 성경은 구속의 드라마로서 하나님과 영적으로 만난 다양한 사람들을 구속의 역사를 위해 언급하고 있다. 감상적인 멜로드라마(melodrama)에 비해서 사극(史劇, historical drama) 중심의 대하 드라마는 시대적인 배경, 역사적인 사건 등에 따라 등장하는 인물들이 다양하듯이 하나님은 역사적 상황에서 다양한 사람들을 통하여 섭리한다.6) 하나님이 택한 이스라엘 백성들이나 제사장들을 통해서 역사한다. 그러나 중요한 것은 이방인을 통해서도 역사한다는 사실이다. 하나님을 모르는 이방인과 이방 나라들도 사용한다.

내러티브 신학에서 말하는 흥미로운 점은 하나님은 성(聖)과 속(俗)이라고 하는 이분법의 하나님이기보다는 오히려 성과 속의 상호관계 속에서 구속의 역사를 이끌어 가는 통합성의 하나님이라는 사실이다. 하나님은 빛과 어둠, 기쁨과 고난 등을 함께 사용하면서 역사라고 하는 드라마를 이끌어 나간다. 모든 것을 협력해서 선을 이루어 나가는 하나님(롬 8:28) 이다.

내러티브 신학에서 말하는 하나님의 대하 드라마의 주제는 구속(救贖,

가 아닌 자는 누구인가? 를 함께 묻고자 함. 다양한 화자(polyphonic author)를 추구함. 문화적 문학이론은 '무엇'(what)에 대한 탐구보다 '누구'(who)에 대한 관심을 가진 비판이론의 경향을 지님. James N. Poling, *Rethinking Faith: A Constructive Theology*, 166. 폴링은 하나님 뜻에 대한 해석은 기독론적이라고 말하고 있음. 죄와 악으로 말미암는 인간을 포함한 모든 피조물의 고난에 민감하며 이러한 고난으로부터 자유롭게 하는 것을 말함.

6) James N. Poling, *Rethinking Faith: A Constructive Theology*, 164. '하나님의 이야기'라는 말은 많이 언급되지만, '하나님은 이야기와 같다'(God is like a story)라고 언급하기도 함. 그 이유는 한 개인이나 공동체는 이야기를 통하여 정체성을 형성하듯이 하나님은 우리의 정체성을 형성함. 따라서 '하나님은 이야기의 이야기'(God is the story of stories)로 정의하고 있음. 폴링의 이러한 정의와 관련한 하나님에 대한 정의는 하나님은 관계적임, 하나님은 인간의 모든 경험에 능동적으로 참여함, 하나님은 인간에게 회복력(resilience)를 줌. 그러나 하나님의 섭리는 인간으로서 이해하기 어렵기 때문에 애매하게 경험하기도 함. 따라서 하나님은 애매성의 존재이기도 함.

atonement)이다. 내러티브 신학은 구속의 방향을 지향한다. 성경 해석의 원리는 구속에 있다. 성경 해석의 기준은 그리스도 예수 안에 있는 하나님의 구속에 있다(눅 24:47).[7]

성경에는 같은 내용에 대하여서도 기록에 차이가 나는 경우가 있다. 예를 들면, 사무엘하 24장 1절 "여호와께서"로 되어 있으나, 역대상 21장 1절에는 "사탄이"로 다르게 기록되어 있다. 이처럼 동일한 내용에 대해 차이가 있는 경우에도 성경의 문자적 오류에 대한 문제로 여기기보다는 하나님의 주권에 의한 구속의 방향으로 성경을 해석해 나가야 한다.

구속이란 무엇인가? 인간은 하나님에게 자유의지를 부여받았다. 그러나 인간은 하나님의 뜻을 이루기 위해 자유를 사용하지 않고, 하나님의 뜻과는 반대되는 방향으로 자유를 악용함으로 말미암아 '죄의 종' 또는 '죄의 노예'로 노예 의지가 되었다. 그러나 예수 그리스도는 십자가에서의 죽음과 부활로 죄의 값을 대신 지불하고 인간의 자유를 회복한 것을 말한다.

예수의 십자가에서 대속적인 죽음과 죽음으로부터 부활이라고 하는 하나님의 구속함을 믿음으로 '죄의 종'에서 해방되어 자유로운 '하나님의 자녀'가 된다. 거듭난 자가 된다. 이것이 구속의 은혜이다. 참된 자유를 얻게 된 것이다. 한 인간의 구속만이 아니라 만물의 구속이다. 구속은 하나님 창조의 원래 상태로의 회복이다. 그리고 구속은 온전한 상태로의 치유이다. 구속은 궁극적인 평화를 의미하는 샬롬(shalom)이다.

구속의 드라마는 구속의 역사를 이끌어가는 그리스도 예수 안에 존재하는 하나님의 이야기이다. 그리고 하나님의 자녀들과 하나님 백성들 안에 존재하는 하나님의 이야기이기도 하다. 하나님의 능력으로 하나님의 은혜를 받아들인 자들의 이야기이기도 하다. 참된 자유를 하나님의 뜻을 이루어 나에서 흔적들을 찾아볼 수 있다.[8] 속도의 경쟁으로 요약할 수 있는 정보화 사

---

7) James N. Poling, *Rethinking Faith: A Constructive Theology*, 166. 하나님의 뜻에 대한 해석은 기독론적이어야 함. 예수 그리스도 안에 존재하는 하나님이기 때문임.

회인 오늘날 내러티브의 역사적 흔적들은 느림의 영성을 강조하는 전통들임을 알 수 있다.

내러티브 신학에서 성경을 대하는 자세는 성경 안으로 들어가서 구속 역사에 전인적으로 참여하는 것이다. 성경 안으로 들어간다는 것은 성경의 내러티브를 구성하고 있는 인물, 배경, 사태 등의 플롯과 담론으로서 방법들을 고려하며 성경 본문에 참여하는 것을 말한다.

내러티브 신학에서는 해석학적 상상력과 텍스트의 만남으로 마음에 형성되는 이미지를 통하여 비전을 갖게 함으로 이해에 이르고 변화된 삶으로 나가게 하듯이, 해석학적 상상력으로 성경을 전인격적으로 대하면서 영적인 대화의 관계를 지속해 나간다.9)

내러티브 관점으로 성경에 참여함으로 인간은 궁극적인 존재인 그리스도의 형상인 이미지를 그리게 되고 보게 된다. 마음에 그리며, 마음의 눈으로 본다. 더 나아가 하나님의 뜻인 하나님과의 관계성을 형성하게 된다. 하나님의 궁극적인 뜻은 하나님과의 관계성 형성이다. 인간의 생명은 하나님과 애착 관계를 계속하여 형성할 때 가능하다(요 15:5).

인간이 변화무쌍한 인간관계 형성을 위해서는 궁극적인 존재와의 관계성이 있어야 한다. 다양한 피조물과의 친밀한 관계 형성(롬 8:19-22)을 위해서는 궁극적인 존재와의 관계 형성이 전제되어야 한다. 생태계의 회복은 하나님과의 애착 관계에 기초한다. 하나님의 뜻은 하나님과 인간을 비롯한 피조물과의 관계성으로서의 친밀성을 형성하며 살아가는 것이다. 그러면 인간이 애착 관계들을 형성하며 살아가도록 하는 하나님은 어떤 존재인가?

---

8) Johannes A. van der ven, "Towards A Comparative Empirical Theology of Mindful Action," *Hermeneutics and Empirical Research in Practical Theology*, ed., Chris A. M. Hermans and Mary E. Moore (Leiden·Boston: Brill, 2004), 336. 밴 데르 벤은 인간을 행동하게 하는 출발점은 시각, 청각, 촉각, 미각, 후각 등의 오감각 활용에 있음을 말함.

9) 해석학적 상상력은 다음을 참고할 것. 이원일, 『해석학적 상상력과 기독교교육과정』 (서울: 한국장로교출판사, 2004), 제4장.

2. 하나님의 프락시스

내러티브 신학의 중요한 특징은 하나님의 섭리(providence)에 있다. 하나님은 역사와 자연을 주관하여 나가는 주체이다. 자연을 비롯하여 세상의 일반 역사 및 개인의 일상적 삶에 이르기까지 모든 역사의 주인공은 하나님이다(마 10:29,30). 해석학적 실천신학의 신학적 기초는 개인과 자연을 포함한 모든 인간의 역사를 섭리하시는 하나님에게 있다. 인간을 포함한 만물을 구속하기 위하여 하나님이 무엇을 했고, 지금 무엇을 하고 있으며, 앞으로 무엇을 할 것인지 등에 대한 섭리의 하나님에 기초한다.[10]

해석학적 실천신학의 관점에서 하나님의 속성은 모든 사람의 삶의 자리에서 일어나는 것을 보고, 듣고, 맛보고, 냄새를 맡고, 촉각을 지니고 있고, 무엇을 알고, 느끼고, 개입하고, 인도하시는 하나님이다(출 3:9,10; 시 23; 요 10:11,14). 이러한 하나님의 속성은 인격을 지닌 하나님을 말한다. 성경에서 계시하는 하나님은 인격이 없는 무생물이 아니다.[11] 하나님은 인격적이다. 그리스도인들이 하나님을 믿는다고 하지만 얼마나 인격적인 하나님으로 믿고 있는가? 일상생활 가운데서 하나님과의 교제는 있는가? 등 실천신학적 물음이 제기된다.[12]

하나님의 섭리에서 우선 말하고자 하는 것은 하나님은 인격적인 존재라는 것이다. 하나님은 스스로 움직이지 않고 대리인을 통하여 인간 삶의 자리

---

10) Sally A. Brown, "Hermeneutical Theory," in *The Wiley-Blackwell Company to Practical Theology*, ed., Bonnie J. Miller-McLemore (West Sussex, UK, Blackwell Publishing, 2012), 117.

11) Johannes A. van der ven, "Towards A Comparative Empirical Theology of Mindful Action," *Hermeneutics and Empirical Research in Practical Theology*, ed., Chris A. M. Hermans and Mary E. Moore (Leiden·Boston: Brill, 2004), 368.

12) 실천신학에서 영성에 해당하는 물음이라고 할 수 있음. 영성은 신앙의 생활화를 의미함. 인격적인 하나님과의 코이노니아가 있는 신앙생활을 말함. 이원일, 『성인기독교교육의 내러티브』(서울: 한들출판사, 2017), 140; 『해석학과 기독교교육현장』(서울: 한국장로교출판사, 2008), 211-217.

를 다스리는 그리스 신화에 나오는 제우스신과 같은 존재가 아니다. 실천신학에서 강조하는 하나님은 부동의 동자(unmoved Mover)가 아니라, 동자의 동자(moved Mover)이다.

하나님은 십자가의 능력과 부활의 기쁨으로 섬기는 하나님이다. 하나님은 일하는 하나님이다(요 5:17). 하나님은 사역하는 하나님이다. 하나님의 사역(God's ministry)이다. 하나님의 활동(God's activity)이라고도 한다. 하나님의 사역이나 하나님의 활동이라는 말은 하나님의 섭리라는 말과 유사한 의미를 지니고 있다.

해석학적 실천신학은 하나님의 사역을 의미하는 하나님의 섭리를 이해하고자 하는 학문이다. 그리고 하나님의 섭리에 동참할 것을 촉구하는 학문이다. 하나님의 섭리는 다양한 역사를 통합하여 나간다(롬 8:28). 새옹지마(塞翁之馬)의 경우처럼 모든 것을 합력하여 선을 이루어 나가는 것이 하나님의 섭리이다.

여기서 '모든 것'이라는 말은 선과 악을 비롯하여 양극단이 포함되는 것으로서의 모든 것이다. 하나님의 섭리는 하나님의 백성을 비롯한 교회뿐만 아니라, 고레스와 고넬료 등에서 알 수 있듯이 일반 역사와 일반인들을 통해서도 섭리해 나간다(사 44:28, 45:1; 행 10:1-23).

하나님의 섭리는 만유를 통합하여 하나님의 뜻을 이루어 나가는 하나님의 다스리심이다. 하나님의 다스리심이 곧 하나님 나라이다. 하나님 나라는 정적이고 고정적인 상태가 아니다. 하나님의 관심, 배려, 질책 등의 다스리심이다. 하나님의 섭리는 하나님의 나라를 이루어 나가는 하나님의 사역이다. 하나님의 나라는 하나님의 통치이다. 따라서 하나님 섭리의 목적, 내용, 방법 등은 하나님의 통치를 의미하는 하나님 나라이다.

오늘날 실천신학과 관련한 하나님의 섭리, 하나님의 사역, 하나님의 활동 등의 개념은 하나님의 프락시스(God's praxis)라는 말로 재개념화되고 있다. 하나님의 섭리를 하나님의 프락시스라는 용어로 재개념화하는 이유는 섭리라는 말에서 느껴지는 일방적이며, 제왕적이며, 가부장적인 이미지가 강하기 때문이다.13) 다만 이해를 위해서는 하나님의 프락시스를 하나님의 섭리적 프락시스로 말하기도 한다.

재개념화에 의한 하나님의 프락시스는 하나님의 역동적이며 과정적이며 다차원적이라는 관점에서 하나님의 섭리를 다른 관점으로 이해하게 한다. 하나님은 부동의 동자가 아니라 동자의 동자이다. 움직이지 않으면서 다른 피조물을 움직이게 하는 존재가 아니다. 움직이는 역동적인 존재로서 역사와 개인의 삶을 이끌어 나가시는 존재이다.

본서에서 말하는 해석학적 실천신학의 신학적 기초는 하나님의 프락시스이다. 하나님의 프락시스는 경륜적 삼위일체(economic Trinity)와 내재적 삼위일체(immanent Trinity)를 통합하는 의미가 있다. 하나님의 프락시스에는 삼위일체 하나님에 대한 해석학적 이해와 관련한다. 삼위일체 하나님의 상호주관적 공동체성, 대화(소통)적 상호주관성, 그리고 섭리적 프락시스로서의 과정성 등이다.14) 삼위일체 하나님의 세 가지 특성은 해석학적 순환 관계이다. 그리고 과정적인 하나님의 섭리적 프락시스는 창조, 구속, 종말 등의 하나님 나라를 지향한다. 하나님 나라를 이루어 나가고 성취하는 주체는 삼위일체 하나님이다(요 6:44).

하나님의 사람으로서 하나님의 프락시스를 이해하고 분별하기 위해서는 네 가지 또는 다섯 가지의 과정에 대하여 언급되고 있다. 네 가지의 과정은 서술적-경험적 과정(현재 무엇이 일어나고 있는가?), 해석적 과정(왜 이러한 일들이 일어나고 있는가?), 규범적 과정(하나님은 무엇을 행하고 계시는가?), 실용적 과정(어떻게 하면 올바른 길을 분별할 수 있을 것인가? 또는 우리는 무엇을 해야 하는가?) 등이다.15)

---

13) 이원일, 『해석학적 상상력과 기독교교육과정』, 333.

14) 이원일, 『해석학적 상상력과 기독교교육과정』, 333-344. 이원일, 『미래세대와 기독교교육』(서울: 한국장로교출판사, 2023), 208, 209.

하나님의 사람으로서 하나님의 프락시스를 분별하기 위한 또 다른 방법으로서 다섯 가지의 과정들은 현재의 행동 및 삶을 확인, 현재의 삶에 대한 비판적 성찰, 성경 등의 텍스트에서 연관되는 내용에 대한 성찰, 나의 이야기와 텍스트의 이야기 등과의 만남 확인하기, 만남의 이야기로부터 새로운 비전을 깨닫고 살아가기 등이다.16) 이상의 과정들은 해석학적 순환 관계이다. 춤으로 상징된다. 춤을 추는 것과 같은 과정임을 말한다. 해석학적 순환 과정들은 서열에서 말하는 순서가 아니라, 상호관계적인 과정이라는 의미이다. 해석학적 순환 과정으로 하나님의 뜻을 분별해 나간다.

하나님의 뜻을 분별하는 것이 영성이다. 믿음의 눈이라고도 한다. 하나님의 뜻은 무엇인가? 어느 것이 하나님의 뜻인지 분별할 수 있나? 어느 방향으로 가야 하는가? 어떤 비전을 가져야 하는가? 무엇을 위해 살아야 하는가? 어떻게 살아야 하는가? 하나님의 사람은 네 가지 과업 또는 다섯 가지 과정의 해석학적 순환 관계로 이러한 물음에 답을 추구하고 있다.

3. 삼위일체 하나님의 춤

실천신학은 삼위일체 하나님의 섭리적 프락시스에 믿음으로 참여하는 실천적 신앙공동체 형성과 재형성을 위한 학문이다. 그리고 삼위일체 하나님의 섭리적 프락시스에 참여하는 한 개인으로서 실천적 신앙의 형성과 재형성을 위한 학문이 해석학적 실천신학이다.17)

삼위일체 하나님에 대한 신학 사상은 기독교가 유대교와의 차이점을 갖게 한다. 그리고 타 종교와도 차이가 있다. 유대교와 이슬람교에서는 일신

---

15) 이원일, 『성인기독교교육의 내러티브』 (서울: 한들출판사, 2017), 236-247.

16) 이원일, 『해석학적 상상력과 기독교교육과정』, 170, 171.

17) John Swinton and Harriet Mowat, *Practical Theology and Qualitative Research*, 24.

론을 주장하며, 힌두교와 불교에서는 다신론을 주장한다. 무교에서는 범신론에 해당하는 신관을 갖고 있다. 반면에 기독교의 하나님은 삼위일체 하나님이라는 점에서 차이가 있다. 그리고 기독교에서 말하는 세례와 십자가와 부활에서 삼위일체 하나님의 관계는 상호참여는 종교와의 차이점을 분명하게 한다.18)

해석학적 실천신학의 신학적 기초는 해석학적 관점에 의한 삼위일체 하나님 이해이다. 삼위일체 하나님 이해는 해석학적 실천신학의 기초이다. 삼위일체 하나님은 역사를 섭리하는 실천적 하나님이다. 창조, 구속, 종말 등을 함께 이루어 나가는 경륜적 삼위일체를 말한다. 경륜적 존재로서의 실천적 하나님은 성부, 성자, 성령 등의 세 위격(ὑπόστασις, hypostasis, persona)으로 존재하나, 유사 본질(ὁμοιούσιος, homoiousios)이 아니라 동일 본질(ὁμοούσιος, homoousios)이다. 삼위일체 하나님은 삼위의 하나님이다. 그러나 하나이신 하나님이다(요 10:30). 삼위일체 하나님의 위격은 서로 구분된다. 그러나 분리되지 않는다. 삼위일체 하나님은 기계적으로 삼등분하여 존재하지 않는다. 삼위일체 하나님은 어느 하나의 위격으로 환원되지도 않는다. 삼위일체 하나님의 존재 양식은 해석학적 순환관계이다.

경륜적이고 실천적인 삼위일체 하나님은 예술적으로 존재한다. 삼위일체 하나님의 내적인 본성 또는 본질(οὐσία, Ousia, Being)의 존재 양식을 말한다. 예술적으로 존재하는 내재적 삼위일체 하나님을 달리 표현하면 춤을 추듯이 존재하는 하나님이다. 삼위일체 하나님은 춤추시는 하나님(dance of Trinity) 이다. 셋이 하나이고 하나가 셋이다. 성부 하나님 안에 성자 예수와 성령 하나님이 인격체로 내주해 계시고, 마찬가지로 성자 하나님과 성령 하나님도 서로 인격체로 내주하며 섭리한다.19) 기독교에서 말하는 삼위일체

---

18) 무속(巫俗) 또는 무교(巫敎), 불교, 유교, 천도교, 힌두교, 이슬람교, 유대교 등의 종교에서는 죄와 십자가를 믿음으로 말미암는 구원을 말하고 있지는 않음. 고난의 원인을 죄와는 별개로 집착, 수치 등의 다른 것에서 찾고 있음.

하나님은 신비로운 존재이다.

춤추시는 하나님을 달리 말하자면 해석학적 순환 관계(περιχώρησις, perichoresis)로 존재하는 하나님이다. 화음을 잘 이루어가는 것과 같다. 성부 하나님은 성자 하나님과 성령 하나님을 통해 이해해야 하며, 성자 하나님은 성부 하나님과 성령 하나님과의 관계에서 이해해야 한다. 성령 하나님은 성부 하나님과 성자 하나님의 관계를 통해 이해해야 한다.

춤추시는 삼위일체 하나님의 존재 양식은 하나님 이해에 있어 새로운 변화를 말한다. 전통적으로 하나님은 아버지로서의 부성을 지닌 존재로 이해되었으나, 이제는 하나님의 부성과 함께 모성을 지니신 하나님으로도 이해되어야 함을 말한다. 그리고 하나님은 사랑하는 연인으로서 이해되어야 하고, 서로 고락을 함께 하는 친구로서의 하나님으로도 이해되어야 한다.[20]

삼위일체 하나님이 역사를 섭리해 나가시는 방법은 획일적이며 기계적이지 않다. 하나님의 프락시스는 일회적으로 카오스적 역사, 순환적 역사, 선형적 역사 등과 같이 어떤 공식이 있는 것은 아니다.[21] 오히려 삼위일체 하나님은 개인 및 공동체와 예술적으로 소통하며 섭리해 나간다. 페리코레시스로 섭리해 나간다. 때로는 검게, 때로는 희게, 때로는 푸르게, 때로는 여러 가지 다양한 색깔로 때로는 모든 색깔을 통합하며 섭리해 나가신다.

---

19) 삼위일체 하나님의 상호 내주하심에 대한 이해의 준거는 예수 그리스도 안에 거하는 하나님(God in Jesus Christ)이라고 할 수 있음. James N. Poling, *Rethinking Faith: A Constructive Practical Theology*, 169.

20) 이원일, 『해석학적 상상력과 기독교교육과정』 (서울: 한국장로교출판사, 2004), 333.

21) Neil Howe, *The Fourth Turning Is Here: What the Seasons of History Tell Us about How and When This Crisis Will End*, 박여진 역, 『제4의 대전환: 거대한 역사의 순환과 새로운 전환기의 도래』 (서울: 한국경제신문사, 2023), 56-67. 닐 하우에 의하면 시간을 이해하는 세 가지의 방식을 말하고 있음. 카오스의 시간, 순환적 시간, 선형적 시간 등임. 카오스의 시간은 역사에 특정 패턴이 없으며, 사건들이 무작위로 연달아 발생하는 것을 의미함. 순환적 시간은 역사는 사계절이나 밤과 낮처럼 일정한 주기를 가지고 반복한다고 이해함. 이러한 이해로 말미암아 생애발달주기, 패션주기, 선거주기, 범죄주기 등의 각종 주기론이 오늘날에도 나타나고 있음. 선형적 시간은 역사는 창조에 의해 시작되었고 종말을 향해 나가고 있다고 이해함.

하나님이 섭리해 나가시는 방향을 인간으로 예측하기란 불가능하다. "형통하는 날에는 기뻐하고 곤고한 날에는 되돌아보아라 이 두 가지를 하나님이 병행하게 하사 사람이 그의 장래 일을 능히 헤아려 알지 못하게 하셨느니라"(개역 개정, 전 7:14). 하나님의 프락시스를 미리 예단하는 자는 자신을 하나님으로 여기는 자이다.

중요한 것은 하나님 섭리의 방향을 미리 점치는 예단이 아니라 하나님의 섭리에 대한 믿음(신앙)이다. 하나님의 섭리가 이해되지 않을지라도 하나님이 섭리하고 있고, 역사를 섭리하는 존재가 있다는 믿음이다. 역사를 섭리하는 존재가 바로 하나님이라는 믿음이다.

하나님의 프락시스는 하나님은 신비로운 분임을 말한다. 네가(인간이) 이해되지 않으면 내가(하나님이) 틀린 것이냐? 인간이 이해되지 않는다고 해서 하나님이 틀렸느냐? 욥에게 묻고 있는 하나님의 물음에 대하여 신앙으로 응답해야 할 것을 말한다. "네가 내 공의를 부인하려느냐 스스로 의롭다 하려 하여 나를 불의하다 하느냐"(개역개정, 욥 40: 8). "네가 자신을 옳다고 하려고, 내게 잘못을 덮어씌우려느냐?"(개역개정, 욥 40: 8). 하나님의 옳으심을 지향하는 방향으로 하나님 이해를 추구하는 신앙이어야 함을 말한다.

그러나 성부, 성자, 그리고 성령 등의 순서로 삼위일체 하나님을 이해하는 것 못지않게 성령 하나님에 의한 하나님의 구속사로 이해하는 것은 어떨까? 성령에 의한 하나님의 프락시스에 대한 이해를 말한다. 성령의 프락시스이다.[22] 성령의 춤(dance of the Spirit)이다. 성령 하나님의 섭리이다. 프락시스의 성령이다. 구속사를 섭리해 나가는 성령이다.

창조의 역사는 성령의 움직이심으로 시작되었다. "땅이 혼돈하고 공허하며 흑암이 깊음 위에 있고 하나님의 영은 수면 위에 운행하시니라"(창 1:2). 구속의 역사도 성령에 의해 시작되었다. "예수 그리스도의 나심은 이러하니

---

22) 이원일, 『성인기독교교육의 내러티브』(서울: 한들출판사, 2017), 319.

라 그의 어머니 마리아가 요셉과 약혼하고 동거하기 전에 성령으로 잉태된 것이 나타났더니"(마 1:18)라고 성자의 구속 역사의 시작을 알리고 있다.

교회의 역사도 성령에 의해서이다. "그들이 다 성령의 충만함을 받고 성령이 말하게 하심을 따라 다른 언어들로 말하기를 시작하니라"(행 2:4). 성경은 성령의 춤에 의한 프락시스를 말하고 있다. 성령의 프락시스는 기계적이지 않다. 성령의 프락시스는 페리코레시스이다. 성령은 춤추듯이 섭리해 나간다.

성령 하나님에 의해 천지 창조, 섭리, 그리스도의 탄생과 삶, 그리고 교회의 시작과 교회의 사역, 종말 등이 이루어져 나간다. 예수 그리스도의 재림도 성령의 능력으로 말미암는다. 그러나 이단들에서 말하는 것처럼 성령으로 재림하는 것은 아니다. 어떤 특정한 사람에게 성령의 임재로 그 사람이 재림한 예수가 되는 것도 아니다. 성경이 말하고 있는 것처럼 성령의 능력에 의해 예수 그리스도의 육신으로의 재림이다(행 1:11, 계 1:7).

성령의 춤은 성부와 성자의 위격과 사역을 소멸하거나 약화하게 하는 것이 아니다. 성령의 춤이라고 해서 성부와 성자의 위격과 사역이 구분되지 않는 것은 아니다. 다만 분리되지는 않는다. 성경에서 계시하고 있는 삼위 하나님의 위격과 사역에 손상함이 없는 가운데서의 삼위일체 하나님의 프락시스이다.[23] 성부, 성자, 성령은 섭리적인 프락시스에 있어서나 본질적 존재 양상에 있어서나 춤추시는 삼위일체 하나님이다.

〈비판적 성찰을 위한 물음〉

1. 거룩한 독서(lectio divina) 및 영성 훈련(spiritual exercises)의 방법으로 성경을 읽고, 성경 묵상(QT)에 대한 의미를 서로 나누어 보자.
2. 인격체로서 오감각을 지닌 하나님 속성을 나타내는 성경 구절들과 그 의미를 나누어 보자.
3. 춤추시는 하나님으로의 이해가 실천적 사역에 주는 의미는 무엇인가?
4. 모성의 특성을 지닌 하나님을 나타내는 성경 구절(예, 사 42:14; 45:10; 49:14-15)을 찾아보고, 한부모 가정에 대한 사역과 관련하여 그 의미를 나누어 보자.

---

23) John Swinton and Harriet Mowat, *Practical Theology and Qualitative Research*, 24.

7장

1. 성육신과 그리스도의 삼중직

해석학적 실천신학의 신학적 기초는 하나님의 성육신(incarnation)이다. 완전한 신성과 인성을 지니고 있으나 죄는 없는 가운데 성육신이다. 하나님이 육체를 입고 이 땅에 왔고, 수치와 모욕과 고난의 삶을 살았다. 삭개오에게 '하나님은 사랑이다'라고 말로만 하지 않았다. 행동으로, 삶으로 하나님이 사랑하심을 나타내 보여주셨다. 삭개오를 보고, 부르고, 집에 심방하고, 소통하는 등의 당시의 시대적 배경으로 볼 때 파격적인 실천적 사역으로 하나님의 사랑을 나타내었다(눅 19:1-10).[1]

성육신 하나님의 구체적인 삶을 말하는 것이 예수 그리스도의 삼중직(munus triplex)이다. 그리스도의 삼중직은 단순한 기능이 아니다. 그리스도의 존재를 말하는 본질적인 것이다. 그리스도의 삶을 말하는 것이다. 그리스도에게 그리스도의 삶은 그리스도 자신이다. 그리스도는 제사장의 삶, 예언자의 삶, 그리고 섬김의 왕의 삶을 살았다.

---

1) Johannes van der Ven, *Practical Theology: An Empirical Approach* (Kampen, The Netherlands: Kok Pharos Publishing House, 1993), 49.

제사장

칼뱅에 의하면 제사장으로서의 그리스도는 중보자(mediator)이다. 중보자로서 화해의 사역이다. 그리스도 자신의 십자가 죽음으로 말미암아 하나님의 사람으로 하여금 하나님 앞에 담대하게 바로 나갈 수 있도록 하는 화해 사역이다.[2] 칼뱅은 중보와 화해의 사역에 대해 그리스도 자신의 죽음을 제물로 삼아, 우리의 죄과를 도말하고, 우리의 죄의 값을 치름으로 말미암는 제사장직이며, 제사장직은 그리스도에게만 속함을 말한다(히 9:22).[3] 또한 그리스도는 하나님과 우리를 화해하는 대제사장 직책으로 우리의 양심에 평화를 준다. 칼뱅은 양심을 하나님의 심판이라고 하며, 동시에 우리의 보호자라고 한다. 그리스도의 십자가에 의한 구속의 은혜로 말미암아 양심의 평화가 가능하다.

은준관은 제사장직에 대하여 공식적이며 제도적 사역에 속하는 직으로 이해한다. 제사장직은 레위지파에게 주어진 직책이며, 제사장직의 출현은 출애굽기 32장에 근거함을 말한다. 제사장직은 하나님과 인간 사이의 중개자 역할을 하는 자이다.[4] 중개자의 역할은 성전을 중심으로 하나님께 드려지는 제사를 통해 그리고 지성소에서 죄의 용서를 구하는 기도를 통해 구현되었다. 오늘날 제사장직은 주로 예배, 성례전, 상담, 치유 등으로 구현되고 있다.

리차드 아스머의 경우 제사장적 사역의 중심은 '들음'에 있다. 제사장적 경청이다. 제사장의 경청은 단순하게 수동적인 경청을 말하는 것이 아니다. 제사장적 경청은 참여적 들음으로서의 경청이다. 삶의 현장에서 일어나고 있는 다양한 활동에 대한 관심과 갈등으로 인한 문제들에 관심을 가지고 참

---

2) Johannes Calvin, *Catechismus Ecclesiae Genevensis*, 59.

3) John Calvin, *Institutes of the Christian Religion, Vol II*, 692.

4) 은준관, 『실천적 교회론』, 66.

여함으로 '무엇'이 일어나고 있는지에 대하여 보고 들어야 함을 말한다.[5]
현장에서의 '무엇'을 위한 정보 수집을 위해 질적인 방법과 양적인 방법들을
사용할 수 있다. 다음으로 그 정보에 대하여 가능한 충분하고도 정확하게 기
술한다. 기술된 내용을 통하여 현재 일어나고 있는 '무엇'에 대해 분별하고
판단을 한다.

예언자

칼뱅에게서 예언자로서의 그리스도는 성경의 모든 예언에 대한 성취자이
며, 하나님의 뜻의 대언자이고, 하나님의 뜻을 분명하게 드러낸 계시자이
다.[6] 그리고 가르치는 직책으로서 성령의 능력으로 복음을 전파하는 자이
다. 예수의 가르침은 완전하기 때문에 모든 예언을 완성이기도 한다.[7] 이는
예수가 가르친 모든 말씀에는 완전한 지혜의 모든 부분이 포함되어 있음을
말한다. 예언자 되신 그리스도로 말미암아 사람들은 참된 하나님을 알 수 있
으며, 말씀 안에서 양육 받으며, 그리스도의 제자가 되게 한다.

은준관에 의하면 예언자는 하나님의 말씀을 대언하며 하나님의 계시를
전달하는 자이다. 하나님의 계시는 현실도피가 아닌 역사적 삶의 자리에서
하나님이 왕이고 주가 된다는 것이다. 다윗 왕조가 하나님의 역사를 세상의
왕 중심으로 제도화했을 때 타락했으며, 예언자들을 통해 하나님의 심판이
선포되었다.[8] 예언자의 사역은 하나님의 영으로 말미암는 카리스마적 사역
에 속한다. 오늘날 목회에서 예언자직은 주로 설교, 교육 등으로 구현되고
있다.

---

5) R. Osmer, *Practical Theology: An Introduction* (Michigan: Wm. B. Eerdmans Pub.,
   2008), 35-37.

6) Johannes Calvin, *Catechismus Ecclesiae Genevensis*, 61, 63.

7) John Calvin, *Institutes of the Christian Religion, Vol II*, 685.

8) 은준관, 『실천적 교회론』, 61-65.

리차드 아스머에 의하면 예언자는 사회적 관계에서 하나님의 언약을 기억하게 하며, 그 언약에 충실한 하나님의 백성들이 되게 하는 자들이다. 언약에 충실하지 못한 자들에 대한 심판과 희망을 선포한다.[9] 예언자들은 현장 또는 삶과의 관계 속에서 하나님의 언약에 대한 해석이면서 동시에 텍스트에 기초하여 삶을 성찰해 보도록 하는 쌍방향적인 해석을 한다. 예언자들의 해석 원리는 삶에서 일어나고 있고 신앙에 영향을 끼치고 있는 '무엇'에 대하여 '이유'(why)의 관점에서 비판적 성찰을 해 보도록 하는 것이다. 언약을 따라 살지 못하는 원인을 성찰하며 그 원인에 대하여 언약을 회복할 것 대한 선포이다.

왕

칼뱅은 왕으로서의 그리스도에 대한 의미는 영적인 차원임을 강조한다. 그리스도의 왕직(regnum)은 "말씀과 영을 통하여 존재하며, 우리에게 정의와 생명을 선사하기 때문에, 영적인 차원의 것"[10]이다. 그리고 왕의 영적인 의미는 영원성과 관련된다. 그리스도는 영원한 왕이다(요 18:36,37). 또한 모든 피조물에 대한 주권이 그리스도에게 있다.[11] 더 나아가 왕으로서의 그리스도가 영원하듯이 교회도 영원하다(시 2:6). 왕 되신 그리스도로 말미암아 사람들은 영혼의 원수인 죄, 사탄 등을 극복할 수 있는 능력을 소유하게 된다.

은준관에 의하면 왕은 공식적이며 제도적 사역에 속하는 직으로서 이스라엘 왕의 사역은 하나님의 종으로서 사역이며 왕의 정체성이다. 왕이라는 직을 통해 하나님을 섬기는 사역자이다.[12] 하나님이 없는 세계에서의 왕은

---

9) R. Osmer, *Practical Theology: An Introduction*, 132.

10) Johannes Calvin, *Catechismus Ecclesiae Genevensis*, 59, 61.

11) John Calvin, *Institutes of the Christian Religion, Vol II*, 685-691.

왕이 곧 신이다. 제정일치로서의 왕이다. 그러나 성경에서 이스라엘 왕의 정체성은 하나님으로부터 기름 부음을 받은 종으로서의 왕이다. 섬김의 자리이다. 봉사의 자리이다. 오늘날 목회에서 왕적인 사역은 주로 교회의 행정에 속하는 조직과 관리, 그리고 봉사 등으로 구현되고 있다. 하나님의 사람들을 제대로 섬기고 봉사할 수 있는 교회의 실천적 사역으로 구현되는 것을 중요하게 여긴다.

리차드 아스머에 의하면 왕으로서의 사역은 섬김으로서의 사역이다. 예수의 사역에 섬김의 사역은 구현되고 있으며, 섬김의 사역의 목적은 근본적인 변화하고 할 수 있는 변혁(transformation)이다.[13] 변혁을 위한 기본적인 물음들은 회중의 비전은 무엇인가? 회중의 사명은 무엇인가? 이러한 사명을 현재의 상황에서 어떻게 하면 가장 잘 수행할 수 있는가? 사명의 성취를 위해 지도자의 역할은 무엇인가? 삶의 현장에서 구체적으로 어떻게 행동할 것인가? 등이다.

리차드 아스머에 의하면 섬김의 사역은 단순한 사역이기보다는 변화에 대한 저항과 갈등 가운데 고난받는 종으로서의 섬김이다. 고난 가운데서도 섬김의 왕이신 그리스도를 따르는 사역이다. 제사장적 경청과 예언자적 비판적 성찰에 대하여 비난, 멸시, 그리고 갈등으로 가득한 삶의 현장 속에서 하나님의 뜻을 실천해 나가고자 하는 구체적인 섬김의 사역이다.

이상에서 언급한 그리스도의 삼중직은 삼위일체적인 관계성을 지니고 있다. 예언자는 설교와 교육으로, 제사장은 목회적 돌봄(pastoral care)으로, 왕은 치리 등이다. 그러나 삼중직의 역할은 분리하고 단순화하기보다는 예배와 설교에 예언자적, 제사장적, 왕권적 차원들이 삼위일체적으로 통합되어 있다. 그리고 교육과 목회적 돌봄에도 삼중직 차원이 삼위일체적으로 통합되어 있다.[14] 달리 말하자면 삼중직은 각각 그 고유한 특성을 지니고 있

---

12) 은준관, 『실천적 교회론』, 70.

13) R. Osmer, Practical Theology: An Introduction, 184.

어서 서로 구분되지만, 분리되지 않는다는 점에서 삼위일체적 관계성을 지니고 있다고 할 수 있다.

2. 실천적 교회 이해

실천적 신앙과 관련한 교회론의 기초는 무엇인가? 무엇보다 실천적 신앙의 속성은 실천적 공동체성을 지니고 있다는 것에 있다. 성령이 실천적 신앙 공동체를 형성하고 재형성해 나가듯이 기독교의 신앙은 실천적이며 공동체적인 속성을 지니고 있다.15) 물론 기독교 신앙은 개인적인 속성도 지니고 있다. 그러나 고립적이며 폐쇄적이며 독단적인 개인이 아니다. 따라서 기독교 신앙은 개인적이면서 공동체적이다. 참된 신앙은 함께 살아가는 실천적 공동체를 추구한다. 신앙에는 의지의 요소가 포함되어 있듯이, 실천적이며 공동체적인 속성이 있다.

교회는 하나님의 백성, 그리스도의 몸, 그리고 성령의 전이다. 이러한 교회 이해와 함께 삼위일체 하나님에 기초한 실천신학에서의 교회는 실천적 교회이다.16) 해석학적 실천신학은 삶 가운데서 실천으로 시작하고 실천으로 마무리하는 등 실천의 순환 관계에 의한 신학이다.17) 실천신학에 의한 교회란 이론적 교회를 넘어서서 실천하는 교회이다.

실천적 교회는 예수 그리스도의 성육신과 삼중직에 기초한다. 성육신한 그리스도는 교회의 본질을 말한다. 성육신한 그리스도는 임마누엘을 의미

---

14) 은준관, 『실천적 교회론』, 61.

15) C. Ellis Nelson, *Where Faith Begins*, 179.

16) Johannes van der Ven, *Practical Theology: An Empirical Approach* (Kampen, The Netherlands: Kok Phros Publishing House, 1993), 54.

17) James N. Poling, *Rethinking Faith: A Constructive Practical Theology* (Minneapolis: Fortress Press, 2011), 113.

한다(마 1:23). 그리고 그리스도의 삼중직은 교회의 실천적 사역을 말한다. 해석학적 실천신학에서 말하는 실천적 교회에서 실천적 사역을 구성하고 있는 요소들은 무엇인가? 무엇으로 어떻게 실천적 사역을 하는가?

실천적 교회와 표상 양식

교회는 존재론적인 차원에서 그리스도처럼 우선 하나님 아버지를 영화롭게 하기 위해 존재한다. 그리고 사람들의 삶을 사랑하기 위해 존재한다.[18] 그리스도의 몸으로서 교회공동체는 하나님을 사랑하고, 사람과 사람의 삶을 사랑하기 위해 존재한다.

은준관은 실천적 교회는 예배, 교육, 친교, 봉사, 그리고 선교 등의 구체적인 표상 양식(representative mode or form)으로 나타남을 말하고 있다.[19] 여기서 표상 양식을 달리 말하자면 표현 양식(expressive mode)이라고도 한다. 표상 양식은 표면적이고 기능적인 것이 아니다. 이미지적이고 본질적인 것을 외적으로 표현하여 나타내는 것을 말한다.

본 저서에서는 은준관이 말하는 그리스도의 몸으로서의 실천적 교회의 다섯 가지 표상 양식을 기초하면서 그가 말하고 있는 것에 약간의 사족을 붙이는 수준의 언급을 하고 있다고 할 수 있다. 따라서 실천신학에서 다섯 가지의 표상 양식에 대해 좀 더 자세하게 알기 원하면 그의 저서를 읽어 볼 것을 권하고 싶다.

은준관이 말하는 교회의 존재론적 표상 양식이란 우선 교회의 정체성은 그리스도의 몸이라는 의미이다. 살아 역사하는 그리스도의 몸으로서의 교회는 다섯 가지의 구체적인 표상 양식으로 그리스도의 삶의 모습으로 나타

---

18) John Swinton and Harriet Mowat, *Practical Theology and Qualitative Research*, 27.
19) 은준관, 『실천적 교회론』, 13, 42, 43. 표상 양식이란 이미지가 외부로 드러나는 모습을 말함.

난다. 은준관은 수업 시간을 통해서 다섯 가지의 표상 양식은 단순한 교회의 기능이 아니라 교회의 정체성을 삶의 모습으로 나타내는 교회의 본질적인 존재 양식임을 열심히 강조한 것을 필자는 아직도 생생하게 기억하고 있다.

밴 더 벤은 소통의 편의를 위해 그냥 교회의 다섯 가지 '기능'(function)이라고 말하기도 한다.[20] 그러나 교회의 기능이라는 용어는 무생물적인 도구주의적 의미가 내재 되어 있다. 그리고 단순하게 기술적인 의미로 오해하기 쉽다. 매뉴얼을 따라 움직이며 공식화될 수 있어 기능이 된다. 기능주의적인 교회가 되면 교회는 생명력을 잃게 된다. 교회는 인격체이기 때문이다. 기능이 아니라 삶으로서의 표상 양식이다. 그리스도의 삶으로서의 표상 양식이다.

따라서 하나님 사람들의 표상 양식이라는 용어는 하나님 사람들의 정체성으로서 하나님의 사람들이 살아가는 구체적인 모습이다. 하나님의 사람들이 살아가는 그리스도인으로서의 삶의 문화이다. 그렇게 살아간다는 말이다. 하나님의 사람들은 교회와 관련하여서는 예배, 교육, 친교, 봉사 그리고 선교 등의 삶을 살아가는 자들이다. 하나님의 사람들이 누구인지 구체적인 삶을 통해 나타내는 것을 의미하는 것이 표상 양식이다. 따라서 정체성과 표상 양식은 구분되지만 분리될 수 없다. 그리고 분리되어서도 안 된다.

예배(Leitourgia)

예배는 실천적 신앙공동체의 일차적이고 근본적인 행동(act)이며, 일반적인 공동체와 구분을 짓는 특징적인 표상 양식이다. 초대교회 때부터 예배는 삼위일체 하나님에 대한 실천적 신앙을 행동으로 나타내는 중요한 표상양식이다.[21] 초대교회의 예배는 기능적으로 행해지는 종교의식(cult)이 아니라

---

20) Johannes van der Ven, *Practical Theology: An Empirical Approach*, 41.
21) C. Ellis Nelson, *How Faith Matures* (Louisville, Kentucky: Westminster/john Knox Press, 1989), 175.

레이투르기아이다. 레이투르기아는 하나님의 은혜로 구원받아 이 땅을 살아가는 하나님 사람들의 표상 양식이다. 레이투르기아로서의 예배는 하나님의 사람들의 살아 있는 실천적 신앙 자체의 표현이다. 예배는 삶 그 자체이다.

예배의 구성요소라고도 하는 예배의 표상 양식은 찬송, 기도, 설교, 그리고 성례전 등이다. 예배의 네 가지 표상 양식은 시대와 신앙의 특성에 따라 강조점이 달라지기도 한다. 성례 중심, 설교 중심, 찬송 및 찬양 중심, 기도 중심 등의 예배 등이다. 그러나 예배의 네 가지의 표상 양식은 구원의 수단인 것은 아니다. 성찬과 세례도 로마교회에서 말하는 것처럼 구원을 위한 수단이 아니다. 하나님의 은혜로 말미암아 구원받은 자의 실천적 신앙이 표현되는 것을 도와주는 외적인 보조 수단(externa subsidia)으로서의 표상 양식이다.[22]

예배에서 사용되는 표상 양식으로서의 언어 변화도 주목해야 한다. 삼위일체 하나님에 대한 남성 중심의 언어를 비롯하여 인종에 대한 차별적인 언어로부터 실천적 신앙의 포괄적인 언어로의 전환이다.[23] 예배의 표상 양식으로서 예배 순서를 담당하는 위원도 남성 중심으로부터 정의(justice) 차원에서 양성을 통한 예배이다.

예배를 주관하는 구성원에 따라 몇 가지의 유형으로 구분할 수 있다. 우선 예배에서 목회자 중심으로 드려지면서 회중 공동체의 주체적 참여가 배제되는 유형이다. 예배의 목회자 중심적 유형이다. 안수받은 목회자가 중심이 되어 일정한 구성요소에 따라 정해진 순서로 드려진다.[24] 목회자 중심적 유형으로 드려지는 예배는 전통적이며 체계적이라는 장점이 있다. 그러나

---

22) Max Weber, *Die Protestantische Ethik Und Der Geist Des Kapitalismus*, 박문재 옮김, 『프로테스탄트 윤리와 자본주의 정신』 (서울: 현대지성, 2024), 175, 176. 성례전과 예정론.

23) James N. Poling, *Rethinking Faith: A Constructive Practical Theology*, 113-115.

24) 은준관, 『실천적 교회론』, 165.

미래 세대에게는 관심을 끌지 못하며, 청년과 회중에게는 무의미한 예배가 될 수 있다.

예배의 회중 중심적 또는 개인 중심적 유형도 있다. 믿음으로 말미암는 구원이라는 신학 사상이 개인 중심의 신앙으로 해석되면서 개인의 신앙적 탄원이나 성취에 관심 있는 개인 중심 예배이다.[25) 성령의 임재에 따라 개인적인 경건 또는 영성을 중요하게 여기는 예배 유형이다. 개인이 경험하는 삶의 위기에 따라 그 위기에 대한 영적 의미를 깨닫게 하고, 위기를 극복하기 위해서 드려지기도 한다. 위기의 상황이 아니라도 결혼, 이혼, 졸업, 이사, 입원 및 질병, 은퇴 등의 개인적으로 의미 있는 일들에 대한 영적인 의미가 있다.

회중적 또는 개인적 삶의 위기 극복을 위한 예배(life crisis liturgies)는 세 가지 단계로 진행될 수 있다.[26) 첫째, 분리의 단계이다. 이전의 신분, 역할, 상황 등과의 분리를 위한 예배이다. 둘째, 전환의 단계이다. 새로운 신분, 역할, 또는 상황 등에 대한 예배와 교육 등을 통하여 준비하는 단계이다. 셋째, 재진입의 단계이다. 예배를 통하여 새로운 신분, 역할, 상황 등으로 시작하며 적응해 나가는 단계 등이다.

또 다른 예배 유형은 목회자와 회중의 공동체성이 강조되는 유형이다. 엘리스 넬슨에 의하면 예배의 공동체적 성격은 "그런즉 형제들아 어찌할까 너희가 모일 때에 각각 찬송시도 있으며 가르치는 말씀도 있으며 통역함도 있나니 모든 것을 덕을 세우기 위하여 하라"(고·전 14:26)는 성경 구절에서도 나타난다.[27) 예배의 모든 것은 덕을 세우기 위해서이다. 덕이란 함께 살아가며 남을 배려하는 성품을 말한다. 덕을 세운다는 말과 실천적 신앙공동체

---

25) *Ibid.*, 164. John H. Westerhoff Ⅲ, *Will Our Children Have Faith?*, 58.

26) John H. Westerhoff Ⅲ, *Will Our Children Have Faith?*, 58-59.

27) C. Ellis Nelson, *Where Faith Begins*, 박원호 옮김, 『신앙교육의 터전』 (서울: 한국장로교출판사, 1996), 103.

를 세운다는 말은 상통한다. 예배의 공동체적 성격이란 실천적 신앙공동체로 세우려는 예배를 말한다.

공동체적 유형은 초월성과 내재성, 현재와 과거 그리고 미래, 인간 내적 측면과 인간 간의 관계, 신학과 사회과학 등에 대해 이분법적이 아닌 통합적인 차원에서 드려지는 예배이다.[28] 하나님과 사람, 사람과 사람 간에 만남의 자리인 그리스도 예수를 중심으로 편견에 대한 비판적 성찰로 말미암아 공동체성이 강조되는 예배를 드리는 유형이다. 목회자뿐만 아니라 회중으로서의 평신도 경우도 예수 그리스도의 십자가와 부활을 기억하는 주체이면서 다시 오심의 약속을 대망하는 주체이다.[29] 따라서 평신도는 예배의 수혜자가 아니라 예수 그리스도에 대한 실천적 신앙의 표상 양식으로서 찬양, 기도, 예배 환경 구성 등의 계획에서 부터 목회자와 함께 참여적이며 운영의 주체가 되도록 하는 것이 공동체적 유형이다.

교육(Didache)

예배와 교육은 삼위일체적 관계성을 지니고 있다. 서로 구분은 되지만 분리할 수 없는 관계이다. 삼위일체 하나님의 존재 양상은 해석학적 관계성을 지니고 있다. 초대교회의 예배와 교육의 삼위일체적 관계성은 중세 시기의 교리 중심적 교회가 되어 가면서 예배와 교육은 분리되었으며, 오늘날에도 예배는 성인을 대상으로 하고, 교육은 성인 이전의 시기를 대상으로 분리하는 것으로 오해하기도 한다.

교권적 유형에서의 교육은 신학교육을 받은 목회자 또는 교사에 의해 주관되고 인도되는 성경 공부를 특징으로 한다. 목회자에 의한 성경 공부의 목

---

28) Hendrik Pieterse, "A Homiletical Reflection on the Human Rights Project in South Africa," *Hermeneutics and Empirical Research in Practical Theology*, Chris A. M. Hermans & Mary E. Moore (Leiden Boston: Brill, 2004), 106, 107.
29) 은준관, 『실천적 교회론』, 146, 198. 예배에서 설교, 기도, 아멘, 찬양 등에 대해서 참고할 것.

적은 대부분 경우 제자 양육이다. 제자 양육을 위한 방법은 소그룹에 의해서이다.

회중적 유형에서의 교육은 성경 해석의 권한이 성령의 임재가 있는 사람이라면 누구에게라도 열려 있다. 평신도 경우도 성경 공부를 인도할 수 있으며, 교회학교 교사와 속회 또는 구역에서의 리더에 의해서도 성경 공부는 인도될 수 있다. 더 나아가 회중적 패러다임에서는 평신도가 공식 예배에서 설교하는 것도 가능하다.

해석학적 유형에서 교육은 신학과의 비판적 상관관계를 기초로 한다. 인지, 정서, 행동, 그리고 사회적 관계 등을 아우르는 총체적 접근(holisitc approach)에 의한 기독교 교육은 하나님의 프락시스에 의한다. 그리고 하나님 나라를 주제로 한다.30) 교육의 주제인 하나님 나라는 인격적인 예수 자신(autobasileia)이다. 예수는 예수 자신을 가르친다(눅 24:27). 예수는 누구인가? 이 물음에 대하여 예수 자신만이 자신을 가르칠 수 있음을 말한다. 하나님만이 하나님을 계시할 수 있다.

삼위일체 하나님의 존재 양식으로서 교육이란 어떤 특징이 있는가? 하나님의 프락시스와 삼위일체적 관점에 의하면 성령의 가르침에 의해 예수 그리스도에 대해 교육할 수 있다. 교회는 성령의 인도하심으로 목회자와 평신도의 능동적인 참여에 의해 토론(행 15:7; 17:11; 18:4, 24-26)을 하는 교육공동체이다. 교육 공동체로서의 교회는 성령의 인도하심으로 갈등과 문제에 대하여 토론 등을 통해 하나님의 뜻을 분별한다. 분별의 목적은 교회 및 삶의 현장에서 자율적으로 하나님 나라를 이루어 나가는 것이다.

실천적 신앙공동체를 구성하고 있는 교단의 지도자, 신학자, 교사 및 평신

---

30) 은준관, 『실천적 교회론』, 379, 388-389; Paul Vermeer, "The Emerging Subject Development of the Hermeneutic Basis of Johannes A. Van Der Ven's Religious and Moral Pedagogy," *Hermeneutics and Empirical Research in Practical Theology*, ed., Chris A. M. Hermans and Mary E. Moore (Leiden·Boston: Brill, 2004), 224, 225, 232.

도들은 지식, 가치, 그리고 태도 등에 대하여 무엇을 가르치고 전수해야 할 것인지에 대하여 공동의 권리와 책임을 갖고 있다. 실제 학습이 일어나는 가르침 가운데서도 경시되기 쉬운 것으로서 학습자를 존중함으로 가르치고 배워져야 한다.31) 해석학적 관점에서 가르침의 목적은 주입(indoctrination)이 아니라 이해(understanding)를 증진하는 것이다. 가르침 그 자체가 그리스도의 표상 양식이 되어야 한다. 수업도 그리스도의 표상 양식이어야 한다.

해석학적 유형에서 교사의 이미지는 예술가와 같은 교사이다. 교사는 주제(subject matter), 학습자, 상황(context), 교육과정, 예술가적 영성 등의 해석학적 순환 관계에서 이해를 증진하는 가르침이 되도록 해야 한다.32) 해석학적 관점에서 교사는 예술가와 같다. 그리스도의 표상 양식을 드러내는 예술가로서의 교사(artists-teachers)이다.

예술가로서의 교사는 '왜 이 주제를 해당하는 상황에서 학습 대상으로서의 해당 학습자에게 가르쳐야 하는가?'에 대한 물음에 답하면서 이해를 증진하는 예술적인 학습이 되도록 해야 한다. 획일적이며 기계적인 방법에 의한 학습에 대한 대안이다. 예술가로서의 교사는 현장에서 수업 진행 과정에 참여하며 그리스도의 표상 양식이 나타나도록 방향을 조정해 나간다.

예술가로서의 교사는 해석의 과정에 참여하는 자를 말하며, 학습 방법으로 구체화 된다. 해석학적 차원에서 학습 방법은 '지금은 이 방법이 가장 좋은 것 같아서 이 방법으로 좀 더 많은 시간을 활용해야 하겠다. 저 사람은 학습에서 소외되고 있는 것 같은데 개인적인 관심을 좀 더 주어야 하겠다' 등으로 학습자에 대한 이해를 반영하는 학습이 되도록 하는 것이다. 같은 주제라도 대상의 반응에 따라 다른 학습 방법을 사용하는 것이다.

---

31) Richard R. Osmer, "Teaching as Practical Theology," ed., Jack L. Seymour and Donald E. Miller, *Theological Approaches to Christian Education*, 229.
32) *Ibid.*, 230-238.

친교(Koinonia)

친교의 신학적 기초는 삼위일체 하나님의 페리코레시스에 있다. 춤추는 하나님의 표상 양식이 친교이다. 삼위일체 하나님은 상호거주함으로 삼위는 서로 구분되지만, 분리되지 않는 관계성으로 교제하는 하나님이다. 예수님은 12제자들과 친교 공동체를 형성하였고, 더 나아가 예수의 친구들은 당시에 죄인들, 세리들, 병든 자들, 바리새인들, 산헤드린 지도자 등이다.[33] 스윈튼과 모왓은 이러한 예수의 친교 대상 선정 원리를 '은혜의 원리'라고 말한다. 은혜의 원리는 세상의 친구 선정 원리와는 차이가 있다.

성령의 체험에 의한 초대교회는 "날마다 한 마음으로 성전에 열심히 모이고, 집집이 돌아가면서 빵을 떼며, 순전한 마음으로 기쁘게 음식을 먹고"(행 2:46)라는 말씀에서처럼, 초대교회는 삼위일체 하나님의 표상 양식으로서 친교 공동체였으며, 성령으로 인하여 이방인들도 하나님의 가족으로 받아들이게 되었음을 깨닫게 되었다(행 10:19). 초대교회의 가정교회에서도 그 특징은 친교 공동체이다(롬 12:12, 16:5, 23; 고전 16:15, 19; 골 4:15; 몬 1:2).

은준관에 의하면 교회의 친교 공동체 속성에 대한 변질은 로마의 기독교 국교화 이후이다. 로마교회에서 교황을 정점으로, 주교, 사제 등으로 교회 직분이 서열화되면서 본격화되었다.[34] 교권 중심적 교회 질서 강조로 말미암아 교회의 계층구조에 의한 서열이 중요하게 여겨졌다. 그리고 서열로 말미암는 권위주의적 권력 오용과 이에 대해 순종을 강조한 것이다.

교회의 친교에 대한 회중적 유형은 현실 도피적이며 배타적인 경향으로 나타났다. 신앙공동체 자체 내의 친교는 강조되었지만, 그 신앙공동체를 벗어나서 세상과의 소통은 경시하게 된 것이다. 중세 초기 안토니우스, 파코미

---

33) John Swinton and Harriet Mowat, *Practical Theology and Qualitative Research* (London: SCM Press, 2006), 9.

34) 은준관, 『실천적 교회론』, 402.

우스, 그리고 베네딕트 등의 초기 수도원들, 종교개혁 당시 공동생활 형제단, 그리고 평신도 중심의 기초공동체 운동 등이다.

교회의 친교에 대한 해석학적 유형은 삼위일체 하나님의 표상 양식으로 나타난 초대교회의 코이노니아(행 2:42)에서 잘 보여 주고 있다. 그리고 독일 경건주의에 의한 교회 안의 작은 교회(ecclesiolae in ecclesia) 운동이다.35) 낯선 자에 대해서도 환대와 용서가 경험되어지는 실천적 코이노니아이다.

은준관은 교회 안의 작은 교회 운동은 교권주의와 종파주의를 극복할 수 있는 제3의 실천신학적 패러다임으로 보고 있다. 교회 안의 작은 교회 운동은 소공동체에 의한 소그룹 운동으로서 오늘날 교회 내에서는 속회, 구역, 셀 등의 다양한 이름으로 이어지고 있다. 교회 밖에서는 다양한 동아리 활동, 시민사회 운동 등의 성격으로 이어지고 있다.

제임스 폴링이 말하고 있는 목회적 돌봄(pastoral care)의 경우도 교회 안의 작은 교회로서 친교적이며 실천적인 소그룹 사역이다.36) 폴링이 제안하고 있는 목회적 돌봄 사역은 병자 심방, 임종 예배 및 장례예배, 다양한 죽음으로 말미암는 유가족 회복 상담, 부모 상담, 가족 상담, 결혼 상담, 그리고 가정폭력 예방 사역 등이다.

실천적 친교 사역을 위해서는 가정폭력 예방 사역이 중요하다. 예배의 설교와 기도 등에서 일 년에 2회 이상 언급하기, 가정폭력 예방과 관련한 성경공부, 교회학교를 통한 아동학대 예방 교육, 사회정의 차원에서 성, 인종, 장애인 등에 대한 폭력 예방 사역 등이다.37)

다양한 대상과 삶의 현장에서 일어나고 있는 폭력과 이에 대한 예방의 사역은 통합적 차원의 사역이어야 한다.38) 이는 폭력은 언어적, 정서적, 신체

---

35) 은준관, 『실천적 교회론』, 408; C. Ellis Nelson, *Where Faith Begins*, 105.
36) James N. Poling, *Rethinking Faith: A Constructive Practical Theology*, 118-121.
37) *Ibid.*, 118.

적으로 행해지며, 정신적인 폭력(mental grooming)도 포함된다. 전인적 차원과 함께 가족이나 구성원 모두를 대상으로 하는 통합적 차원의 예방 사역이다. 폭력 예방과 관련 교회 사역뿐만 아니라, 교회의 다른 사역의 경우도 요구되는 사역은 통합적 차원의 사역이다.

봉사(Diakonia)

이해는 나의 관점에서 판단하는 것이기보다는 상대방의 세계로 들어가서 상대방의 관점에서 그 세계를 보고자 하는 것이다. 이런 관점에서 보면 이해의 해석학은 봉사의 학문이다. 봉사(διακονία) 또는 섬김의 사역은 성육신한 그리스도의 본질에 대한 표상 양식이다.

봉사자 또는 섬기는 자(διάκονος)은 "제자를 제자로, 사도를 사도로, 그리스도인을 그리스도인으로 만드는 근본 규정"[39]이다. 봉사자는 식탁에서 시중드는 자 또는 하인이다(행 6:2). 그리스도인은 이런 자세로 세상을 섬겨야 한다. 디아코노스와 유사한 의미로 사용되는 용어는 종(δοῦλος)이다. 종은 일반적으로 봉급을 받는 '일꾼'이 아니라(마 20:1, ἐργάτης), 주인의 소유, 노예, 아무 권리가 없는 '종'(눅 17:7,8)을 말한다. 종으로서의 사역이 디어코니아이다. 섬김 또는 봉사이다. 이런 점에서 바울은 자신을 '예수 그리스도의 종'(롬 1:1)이라고 말한다.

봉사의 기초는 하나님의 다스리심이라고 하는 하나님의 통치에 있다. 하나님의 통치는 제왕적이며 지배자로서의 다스림이 아닌 섬기는 자로서 섬김의 사역이다. 하나님의 나라를 이루어가는 하나님의 섭리적 프락시스로 말미암는 부름에 참여하는 것이 기독교의 봉사이고 섬김이다. 하나님은 역사

---

38) *Ibid.*, 120.

39) Karl Barth, *Die Kirchliche Dogmatik: Die Lehre vom Wort Gottes*, 황정욱 옮김, 『교회교의학: 하나님의 말씀에 관한 교회 IV/3-2』(서울: 기독교서회, 2012), 139.

를 섭리한다(출 3:7-10). 하나님은 학대받고 있는 이스라엘 자손들을 인도하여 내기 위해 모세를 부르고 보내셨다.

모세가 하나님의 보내심에 의해 한 일은 광야에서 섬김의 차원에서 그들을 인도하는 일이었다. 이것이 기독교 봉사의 기초이다. 모세가 광야에서 사십년 동안 이스라엘 백성들을 위해서 성막을 세우고, 열두 지파로 조직하고, 각각의 역할을 부여하는 등의 삶 그 자체가 봉사이다. 봉사의 근원은 삼위일체 하나님의 존재 양식이며, 하나님의 섬기는 일에 하나님의 사람은 하나님의 부름에 따라 소명과 사명으로 참여한다.

예수의 정체성은 섬기는 자(막 10:45)이다. 예수는 봉사자로서 "온갖 질병과 온갖 아픔을 고쳐 주셨다"(마 9:35). 그리고 예수는 봉사자로서 고난받는 종(사 53:1-12)이다. 삼위일체 하나님의 매우 극적인 표상 양식이다. 초대 교회는 봉사의 공동체로서 성령의 감동에 따라 "재산과 소유물을 팔아서, 모든 사람에게 필요한 대로 나누어주었다"(행 2:45). 봉사는 인간의 섬김과 공로가 아니라 삼위일체 하나님의 섭리적 프락시스에 기초한다.

교권적 유형에서는 교회의 이름으로 그리고 교회 부서의 연장 차원에서 교회 내부 및 외부에서 봉사하는 것으로서의 사역이다. 교회의 확장 차원에서 교회가 도와주고 구제하는 것으로서의 봉사이다. 교단 차원에서 교단의 이름으로 봉사하는 경우에도 이에 해당한다.

회중적 유형에서의 봉사는 종파적인 차원에서 종파에 속한 회중의 상호 간의 섬김과 돌봄에 주력한다. 친숙한 개인 간의 돌봄이나 친숙한 공동체 간의 섬김이다. 이질적이고 낯선 자로서의 개인과 공동체에 대한 섬김과 돌봄은 제외되거나 경시되고 있다.

하나님의 프락시스 유형에서는 하나님의 프락시스에 따라 개인, 교회, 가정, 직장, 정치, 경제 등에서 섬기는 하나님의 봉사이다. 성차별, 인종에 대한 편견, 계층에 대한 억압, 생태계 파괴 및 기후위기 등에 대하여 정의(justice)를 추구하는 공적 신학 차원에서의 봉사이기도 하다.[40] 가정, 직장,

경제 등의 평신도의 삶의 자리는 생존을 위한 생업을 위한 자리를 넘어서서 오히려 하나님의 나라를 증거하며 봉사하는 실천적 섬김의 터전이다. 교회와 시민사회 단체 등의 연합으로 일상에서 섬김이라는 실천적 봉사의 삶을 통한 하나님 나라 증거이다.

선교(Missio)

전도 및 선교 사역에서 교권적 유형은 하나님의 나라를 대체한 제도적 교회가 주체가 된다. 교회가 속해 있는 교단의 교리를 중심으로 가르치고 전하는 것에 주된 목적이 있다. 전도 및 선교의 목적은 교회 목회자 또는 종파의 확장이다.

종교개혁 이후 개신교회의 주류에 해당하는 개혁교회들은 교리논쟁으로 선교를 경시하기도 한 시기도 있었다.[41] 그러나 18세기 웨슬리, 휫 필드, 조나단 에드워드 등에 의한 대각성 운동으로 개신교회는 세계 선교에 열심을 갖게 되었다.

회중적 유형에서는 개신교에서 비주류에 해당하는 메노나이트(Mennonites), 모라비안 공동체 등에 의해 학교 및 병원 등의 기관을 통한 평신도 중심의 선교이다. 평신도 중심의 신앙 공동체를 형성하고 일정한 공동체 범위 내에서 생활하기도 한다.

해석학적 유형에서는 전도 및 선교는 하나님의 프락시스에 의한다. 전도와 선교는 삼위일체 하나님의 표상 양식이다. 삼위일체 하나님의 선교 현장은 교회가 속해 있는 지역 또는 마을과 함께 한다. 성육신 예수의 표상 양식으로서 예수의 전도처럼 해당하는 지역의 필요를 깨닫고 해당하는 지역과

---

40) Pamela Cooper-White, "Suffering," in *The Wiley-Blackwell Companion to Practical Theology*, ed., Bonnie J. Miller-McLemore, 30; James N. Poling, *Rethinking Faith: A Constructive Practical Theology*, 122.

41) 은준관, 『실천적 교회론』, 448.

구성원들을 이롭게 하는 차원에서의 전도이며 선교이다.42)

해석학적 유형에서 교회는 하나님과 세계 사이의 경계선에 위치한다. 하나님과 세계의 경계선에 있는 교회는 하나님의 나라와 하나님의 통치에 근거하여 하나님의 사람들로 하여금 삶의 자리에서 고난받는 종으로서 예수 그리스도의 증인으로 살아가도록 하는 것이다.43) 실천신학의 목적은 세상을 단순히 이해하는 것이 아니라 삶의 자리인 세상을 변화시키는 것이다. 이는 삼위일체 하나님의 선교(missio Dei)에 충실하게 참여함으로 가능하다.44)

부활의 예수 그리스도는 "너희는 가서 모든 족속으로 제자를 삼아 …"(마 28:18)에서 선교의 명령을 하고 있다. 모든 족속은 이스라엘 이외의 모든 나라를 말한다. 초대교회는 성령의 공동체이면서 동시에 "온 유대와 사마리아와 땅끝까지 이르러 내 증인"(행 1:8)이 되라는 말씀에 기초한 선교 공동체이다. "내 증인"(행 1:8)이라는 말 가운데서 '증인'(witness)이라는 용어는 헬라어로는 '순교자'(martyr)를 의미한다. 순교자로서의 증인은 공동체적이다. 성경에서 증인은 혼자만의 증인이기보다는 둘 이상의 공동체에 의한 증인이다(막 6:7). 이는 전도방법이기도 하다. "각 동네와 각 지역으로 둘씩 앞서 보내시며"(눅 10:1)라고 해서 구체적인 전도방법이다. 그룹의 역동적인 기운에 의한 집단 역학(group dynamics)을 활용한 전도 방법이다.

칼 바르트는 '증인'이라는 단어의 의미에 대하여 "일정한 사건 때 열린 눈과 귀를 가지고 사건 진행을 관찰하며 또한 현장에서 사건의 의미와 중요성을 이해하는 자이며 … 다른 사람들에게 사건을 단지 사건으로서만 아니라 그것의 영향을 확증하고 지시하고 발언하며 인지케 하는 자"45)임을 말하고 있다. '증인'은 고난과 관련된다. "내 증인"(행 1:8)이라는 말은 "너희가 내

---

42) *Ibid.*, 28.

43) *Ibid.*, 134.

44) John Swinton and Harriet Mowat, *Practical Theology and Qualitative Research*, 27.

45) Karl Barth, *Die Kirchliche Dogmatik: Die Lehre vom Wort Gottes*, 황정욱 옮김, 『교회교의학: 하나님의 말씀에 관한 교회 Ⅳ/3-2』(서울: 기독교서회, 2012), 147.

이름으로 말미암아 모든 사람에게 미움을 받을 것"(마 10:22)이라는 말과 유사한 의미를 지니고 있다. 바르트에 의하면 종교개혁자인 루터는 이 구절을 "너희는 모든 사람으로부터 미움을 받아야 한다"로 번역하고 있음을 소개하며, 루터의 번역이 원뜻이 좀 더 가깝다고 말하고 있다.[46] 증인이 된다는 것은 미움을 받아야 하는 것이고, 고난을 받아야 하는 것이다.

그리스도의 증인으로서 받는 고난은 "내가 너희를 보냄이 양을 이리 가운데로 보냄과 같도다"(마 10:16)에서 잘 언급되고 있다. 양과 같은 그리스도의 증인은 "무능력하고 의지할 데 없는"[47] 증인이다. 그리스도 중심적 관점(solus Christus)을 갖는 바르트에 의하면 그리스도인의 고난은 그리스도의 고난에 근거한다.[48] 그리스도의 고난에 참여하지 않는 것은 소명 받은 그리스도인에게 근본적으로 불가능하다(요 15:5).

그리스도의 증인이 됨으로서 그리스도의 제자가 되는 것이다. 그리고 그리스도인이 되는 것이다. 그리스도인으로서, 그리스도의 제자로서, 소명 받은 자는 믿음의 선한 싸움을 싸우는 자이며, 영생을 취하는 자이며, 증인으로서 증언을 하는 자이다(딤·전 6:12; 히 10:39).[49] 그러나 증인으로서 증언은 자신의 능력에 의한 증언이 아니다. 그리스도의 능력에 의한 증언이다. 그리고 그리스도인 자신의 증언이 아니라, 성령의 능력 안에서 그리스도 자신의 증언이다.

실천적 교회의 관계성

실천적 교회는 예배, 교육, 교제, 봉사, 그리고 선교 등의 삼위일체 하나님

---

46) *Ibid.*, 162.
47) *Ibid.*, 168.
48) *Ibid.*, 172.
49) *Ibid.*, 185, 197.

의 표상 양식으로 교회의 정체성을 세상에 나타낸다. 그러나 실천적 교회의 정체성은 그리스도의 삼중직의 관계와 동일하다. 서로 독특한 특성을 가지고 구분된다. 그러나 서로 분리되지 않는다. 실천적 교회의 표상 양식들은 삼위일체 하나님과 그리스도의 삼중직의 특성을 지니고 있다.

예를 들면, 예배에는 찬양, 기도, 설교, 성례 등은 상호순환적인 관계성이 있을 뿐만 아니라 말씀 선포 등의 교육적인 요소, 성찬(Lord's supper)과 만찬(Agape meal)을 통합하는 성만찬(Holy communion, Eucharist) 등의 교제적인 요소, 그리고 파송 등의 선교적 요소 등이 함께 통합되어 있다. 이러한 실천적 교회의 상호순환적 관계성을 생태적 관계성 또는 생태적 통합성(ecological integration)이라고도 한다.[50]

생태적 통합성이란? 부연하자면, 교육에서도 예배, 교제, 봉사, 선교 등의 삼위일체 하나님의 표상 양식으로서의 구성요소들이 통합적으로 구성되어 있음을 말한다. 만약 통합적으로 구성되지 않다면 비판적 성찰을 통하여 통합적인 구성이 되도록 하는 것이 삼위일체 하나님의 표상 양식에 대한 이해로서 실천이다. 이외의 교제, 봉사, 선교 등의 경우도 마찬가지로 생태적이며 통합적인 실천적 관계성으로 교회를 형성하고 재형성해 나가야 한다.

3. 교회력과 실천적 사역

해석학적 실천신학의 신학적 기초로서의 교회력이다. 교회력은 목회의 매년 연간에 걸친 전반적인 교육과정이다. 교회력은 그리스도 중심적이다. 대림절, 성탄절, 사순절, 부활절, 성령강림절 등으로 이어지며, 이외에도 창조절, 추수감사절 등이 교회력의 절기로 지켜진다.[51] 교회력을 해석학적 실

---

50) 이원일, 『해석학과 기독교교육현장』 (서울: 한국장로교출판사, 2008), 3-6.

천신학의 관점으로 이해하자면 교회력과 관련하여 예배, 교육, 친교, 봉사, 그리고 선교 등이 삼위일체 하나님의 표상 양식으로 계획하고 실천하는 것이다.

교회력에 의한 생태적 통합성을 추구하는 해석학적 실천신학이다. 신앙의 대상인 영유아를 비롯하여 노년기에 이르기까지 모든 연령층을 분리하여 각 연령층에 대해 목회하기가 쉽다. 그러나 삼위일체 하나님의 표상 양식으로서의 교회력을 통하여 교회 내 세대 간의 세대 통합사역(intergenerational ministry)을 추구하는 방향으로 목회를 계획과 수행이다.[52]

교회력에 의한 목회는 영유아를 비롯한 청소년 등의 미래 세대에게 신앙을 형성하기 위한 체계적이며 효율적인 교육과정이다. 교회력에서 해당하는 절기, 성서 일과(lectionary), 색깔 등에 따라 세대 간에 음악, 춤, 드라마, 조형예술, 동영상 만들기 등을 공동 활동으로 수행할 수 있다.[53] 목회자와 교인들이 공동으로 간세대(intergeneration)가 함께 이야기를 나누며, 활동하고, 경험할 수 있는 내용들을 개발하기 쉽게 해 주는 것이 바로 교회력이다.

간세대로 드려지는 통합예배를 교회력에 기초하여 계획하고 드려질 수 있다. 더 나아가서 교회력을 통한 목회는 표상 양식으로서 구성요소들인 예배, 교육, 교제, 봉사, 선교 등의 통합에 기여한다. 예를 들면, 교회력에 따라 공과 공부와 예배 등의 통합이 가능하다. 공동 성경 본문으로 예배, 성경 공부, 친교, 봉사, 전도 및 선교 등은 통합적 목회 활동에 유익을 준다.

전 연령대의 예배 등에 성경 본문을 공동으로 사용하여 통합적으로 목회하는 원-포인트 목회(one-point ministry)가 가능하다. 교회력에 의한 원-포인트 목회로 통합적이며 실천적 목회가 활성화될 수 있다. 그리고 신앙생

---

51) *Ibid.*, 4장. 『해석학과 기독교교육현장』의 4장에서 교회력에 의한 목회에 대하여 구체적으로 언급하고 있음.

52) John H. Westerhoff III, *Will Our Children Have Faith?*, 58.

53) *Ibid.*, 117.

활의 현장에 있어서도 교회와 함께 가정, 학교, 그리고 사회(세계 포함) 등이 생태적 통합성으로 고려하는 것도 가능하게 하는 것이 바로 교회력에 의한 실천적 목회이다.

오늘날에는 한 교회 내의 간세대 통합만이 아니라 교회 간에도 통합사역이 이루어지는 경향이다. 저출생이라는 사회적 흐름에 따라 교회학교의 경우 출석하는 인원이 5~10명 전후인 교회가 많아지고 있다. 평소에는 교회별로 신앙 양육을 하면서도 여름방학이나 겨울방학 등에는 그룹 역동성을 경험할 수 있도록 교회 연합(interchurch) 형식의 다양한 조합으로 신앙캠프를 하는 경향이 나타나고 있다.54)

〈비판적 성찰을 위한 물음〉

1. 실천적 교회의 신학적 기초는 무엇인가?
2. 실천적 교회로서의 그리스도의 삼중직과 관련된 성경 구절들과 의미를 나누어 보자
3. 실천적 교회의 표상 양식들과 관련된 성경 구절들과 의미들을 나누어 보자.
4. 교회력을 기초로 한 실천적 사역을 계획해 보고 나누어 보자.

---

54) 그룹 역동성(group dynamics)은 레윈(Kurt Lewin, 1890~1947)에 의해 시작된 이후 오늘까지도 학문적으로도 활발하게 논의되고 있는 학문 분야임. 사회적 그룹(social group) 으로서 그룹 내의 역동성(intragroup dynamics)과 그룹 간의 역동성(intergroup dynamics)이 있으며, 2명 이상의 그룹 유형에 따라 심리적, 행동적 변화가 다르게 일어남을 말하고 있음. 필자가 신학대학교에서 26년간 강의하면서 동일 과목인 경우 수업자료가 해마다 차이가 있지만, 필요한 경우에 간혹 같은 자료를 사용하여 수업하는 경우에도 수업에 참여하는 대상과 인원에 따라 수업의 내용과 방법은 차이가 발생함을 매번 경험함. 동일 과목이라고 할지라도 같은 수업은 한 번도 없음. 그룹 역동성은 수업뿐만 아니라 예배의 경우나 설교를 비롯하여 친교, 봉사, 전도 및 선교 등도 마찬가지임. 그룹 역동성의 원리로 실천적 사역이 활성화될 수 있음.

8장

해석학적 실천신학의 신학적 기초(3)

1. 소명

　소명은 해석학적 실천신학의 특징을 잘 말해 준다. 예수 그리스도의 형상에 대한 표상 양식 또는 표현 양식은 교회가 핵심적이지만 교회로 제한되지는 않기 때문이다. 소명은 목회자와 평신도를 포함한 하나님의 사람이 살아가는 일상적 삶 가운데서의 삼위일체 하나님의 표상 양식이다. 성육신 한 예수 그리스도의 일상적 삶 가운데서의 표상 양식이다.

　하나님은 부르시는 하나님이다. 하나님의 백성들을 부르신다. 부르심을 한자어로는 소명($\kappa\lambda\tilde{\eta}\sigma\iota\varsigma$, 召命)이다. 라틴어는 vocatio이며, 영어로는 vocation이다. 직업 또는 일이라는 말로도 사용된다. 해석학적 실천신학적인 차원에서 직업 또는 일은 단순히 생계를 유지하기 위한 수단이 아니다. 하나님의 나라를 이 땅 위에 이루어 나가는 내용이며 방법이며 삼위일체 하나님의 표상 양식이다. 따라서 소명은 교회 내에서뿐만 아니라 다양한 삶의 자리에서 이루어 나가는 하나님 나라이다.

칼 바르트와 소명

　바르트(Karl Barth, 1886~1968)에 의하면, 인간의 소명이란? 하나님의 말씀을 위해 사역하도록 부르시는 것이며, 하나님과 인간을 섬기도록 하기 위해서 부르시는 것이다. 소명의 근거는 하나님의 선택함에 있다. 시기적으로 보면 "창세 전에"(엡 1:4) 예수 그리스도 안에서 소명 받은 자를 은혜로 선택함에 근거한다.[1] 그리스도인들은 선택받은 자이며 따라서 부름을 받은 자이다(롬 1:1, 8:28; 고·전 1:1; 갈 1:15-16). 하나님은 소명 받은 자들의 행위에 상응하여 부르는 것이 아니라, 하나님의 계획에 따라 은혜로 부른다.

바르트는 복음과 관련한 소명을 강조하며 "나는 자신의 이성이나 능력으로 내 주 예수 그리스도를 믿고 그에게 올 수 있는 것이 아니라 성령이 복음을 통해 나를 불렀다"[2]는 사실을 강조하고 있다(사 65:1-2; 롬 10:20-21).

바르트에 의하면 소명은 '인간의 시간 속에서 살아 있는 하나님의 특별한 행동'이며, '예수 그리스도의 행동'이다.[3] 예수 그리스도의 행동으로서 소명은 초역사적으로 시작되지만, 사건이 되는 것은 인간의 시간 가운데서, 그리고 공간에서 일어난다. 소명은 특정한 시간과 공간에 일어난다는 점에서 역사적이다. 바르트는 "인간의 소명은 그 구체적인 역사성을 탈피하지 못하며, 초월적인 것이 될 수 없음을 의미한다"[4]고 강조하기도 한다.

바르트는 소명의 시간적 및 공간적인 역사성은 '믿음으로만'이라는 이신칭의 사상을 이해하게 한다고 말한다.[5] 그러나 신앙이 어떻게 소명과 관련되는지에 대한 명쾌한 설명은 하지 않고 있다. 따라서 바르트가 아브라함으로부터 바울에 이르기까지 신앙의 인물들을 언급한 것을 기초로 추론하자면 신앙의 인물들은 오직 믿음으로 산 인물들이고, 신앙의 인물들이 부르심이라고 하는 소명 받은 것은 이스라엘이라는 공간과 시간의 역사 가운데서이다.

---

1) Karl Barth, *Die Kirchliche Dogmatik: Die Lehre vom Wort Gottes*, 황정욱 옮김, 『교회교의학: 하나님의 말씀에 관한 교회 Ⅳ/3-2』 (서울: 기독교서회, 2012), 12.

2) *Ibid.*, 20.

3) *Ibid.*, 27.

4) *Ibid.*, 28.

5) *Ibid.*, 29.

그러나 바르트는 '영적'(Pneumatisch, Geistig)이라는 말이 시간적이며 역사적 과정임을 의미하듯이, 소명도 영적이라고 말한다.6) 바르트에 의하면 소명은 시간적이며 공간적이지만 성령에 의한다는 의미에서 영적이다. 따라서 하나님의 소명은 영적 인간에 의해서만 인식될 수 있다(고전 1:13-14). 반면에 눈멀고 귀먹은 인간으로서의 육적 인간은 소명이 구체적인 시간과 공간에서 일어남에도 불구하고 소명을 이해하지 못한다.

그리고 성령은 그리스도인을 부르신 행동의 주체이며, 성령이 복음을 통하여 그리스도인을 불렀다는 의미에서 인간의 소명은 '영적 과정'이다. 바르트는 소명의 영적 과정에 대하여 사마리아인들이 "그 여자에게 말하되 이제 우리가 믿는 것은 네 말로 인함이 아니니 이는 우리가 친히 듣고 그가 참으로 세상의 구주인 줄 앎이라 하였더라"(요 4:42)는 내용을 예로 들고 있다. '우리가 친히 듣고'라는 사마리아인들의 언급을 영적 과정이라고 해석한다.

바르트는 영적 과정이라는 말의 의미에 대하여 "소명은 한 영적 과정, 즉 직접적으로 그가 인간에게 말하고 그의 말을 통해 그에게 행동하는 그런 과정"7)이라는 말로 소명이 영적 과정이라고 한다. 소명은 초역사적이며 신비적 과정이 아니라 시간적이며 공간적이며 여기서 한 걸음 더 나아가 '인격적'으로 이해하고 있다.

소명이 시간적이며 역사적 과정이면서 인격적이라는 의미를 좀 더 구체적으로 언급하고 있다. 심리학적인 차원에서 발생하는 것으로 일종의 사다리의 단계와 같다고 한다. 칭의와 성화를 동시적이라고 말하는 바르트는 '소명은 단계적으로 이해하고 있는가?'라고 묻는다. 이 물음에 대하여 "소명 과정을 그 속에서 인간에게 행동하는 예수 그리스도의 역사로서 이해하는 것이 중요하다"8)는 언급에서도 알 수 있듯이 과정적인 소명을 말하고 있다.

---

6) *Ibid.*, 31-33.

7) *Ibid.*, 34.

8) *Ibid.*, 38.

소명 과정은 조명(φωτισμός, illumination)에서 시작된다. 조명은 빛이 비
침을 의미한다. 인간의 내적인 빛이 아니다. 전혀 새로우며 인간 외부로부터
비추는 세상의 빛이고 생명의 빛이 되는 예수 그리스도의 계시이다. 계시의
빛으로 지금까지 닫혔던 눈이 치유되고 열려지고 볼 수 있는 눈이 된다. 마
침내 부름을 받고 그리스도인이 된다고 말한다.[9] 바르트는 이것을 소명 과
정이라고 말한다. 제시하고 있는 관련 성경 구절은 사도행전 26:18, 베드로
전서 2:9, 에베소서 5:14, 골로새서 1:13 등이다.[10]

바르트가 계시로, 눈이 치유되고, 열리고, 보게 되고, 소명에 이르게 된다
는 다섯 단계의 과정으로 소명을 눈과 관련하여 구체화하고 있다는 점에서
흥미롭다. 소명을 종류별로 구분하기도 한다. 하나님에 의한 직접적 소명과
다른 사람에 의한 간접적 소명, 설교와 성례전 등을 통한 외적 소명과 성령
을 통한 내적 소명, 일회적 소명과 연속적 소명 등이다.[11] 특히 일회적 소명
과 연속적 소명을 강조하면서 "하나의 소명 사건은 동시에 일회적이며 그
일회적 시작에서부터 일어나는 소명들의 연속으로 이해되어야 한다"[12]고
말한다. 일회적이며 연속적 소명이다. 세례에 의해서 그리스도인이 되기 시
작해서 계속해서 그리스도인이 되어 나간다.

바르트에 의하면 소명의 목표는 성숙한 그리스도인(homo Christianus)이
되는 것이다. 소명과 그리스도인 됨, 그리고 그리스도인 됨과 소명은 불가분
리이며 상호 관련되어 있다.[13] "너희가 다 믿음으로 말미암아 그리스도 예
수 안에서 하나님의 아들이 되었으니"(갈 3:26)에 대한 해석으로 바르트는

---

9) *Ibid.*, 39.
10) 바르트는 관련 성경 구절로 히브리서 6장 4절과 10장 32절도 제시하고 있으나, 관련 성경
    구절 선정에 오류가 있어 보임. 두 구절에서 말하는 '빛'은 초대교회 당시 '세례'를 의미함.
11) Karl Barth, *Die Kirchliche Dogmatik: Die Lehre vom Wort Gottes*, 황정욱 옮김,
    『교회교의학: 하나님의 말씀에 관한 교회 Ⅳ/3-2』, 45-47.
12) *Ibid.*, 47.
13) *Ibid.*, 52.

그리스도인의 근거와 기원은 하나님의 의지와 행위에 있다고 말한다.[14] 하나님의 의지와 행위는 창조자, 화해자, 구속자, 친교자 등으로서의 의지와 행위이다.

그리스도인 소명의 목표는 하나님과의 친교이다(고·전 1:9). 하나님과의 친교는 전도처럼 십자가의 길을 함께 가는 가운데서의 친교이다. 십자가의 길 가운데서의 친교는 일회적 소명이 아닌 연속적 소명이다. 성령의 교제(고후 13:13)는 그리스도와의 친교가 이루어지기 위해서는 필수적이다.[15] 성령의 교제에 근거한 그리스도와의 친교는 그리스도와의 신비적 합일이며 하나 됨이다. 성령의 능력 안에서 '그가 내 안에, 내가 그 안에'(요 15:5) 있는 일이 일어난다. 그리스도와의 신비적 합일로서 하나 됨은 그리스도와 그리스도인의 상호주관적 관계이다.[16] 그리스도인의 소명은 그리스도와의 신비적 친교를 위해서이다.

그리스도인의 소명은 내적으로는 하나님과의 친교로서 하나님과의 신비적 연합을 위해서이다. 그러나 외적으로는 세상에서 그리스도의 증인이 되기 위해서이다. 소명이 지향하는 동심원적 목표이다. 바르트는 구약성경과 신약성경에 등장하는 인물들에 대하여 동심원적 소명을 자세하게 언급하고 있다.[17]

동심원적 소명은 교회 중심의 예배, 가르침, 친교, 봉사, 선교 등으로 구체화 된다. 그러나 여기서 더 나간다. 그리스도인의 소명은 세상을 섬기는 자로서 살아가기 위한 부르심이요 소명이다. 따라서 바르트에게서의 소명은 세상에서 생계를 위한 직업으로 제한하여 말하지는 않는다. 그렇게 되면 어린이, 노인, 전업주부, 실업자, 무직자 등은 소명이 없다고 할 수 있기 때문

---

14) *Ibid.*, 62, 64.

15) *Ibid.*, 72, 89.

16) *Ibid.*, 75, 78, 80.

17) *Ibid.*, 110-128, 217. 아브라함의 소명을 비롯하여 신약성경 제자의 소명 등을 소명의 성경적 근거를 두고 있는 구체적인 사례로 언급함.

이라고 바르트는 말하고 있다.[18]

막스 베버와 소명

독일의 사회학자인 막스 베버(Max Weber, 1864~1920)는 소명을 직업과 관련한 것으로 이해하며, 구원의 확실성에 대한 표지가 됨을 말하고 있다. 막스 베버는 칼 맑스(Karl Marx, 1818~1883)가 비판한 당시 근대 자본주의와 그 정신에 대해 응답의 차원에서 소명을 말하고 있다. 베버에 의하면 근대 자본주의와 그 정신은 산업혁명으로 나타난 근대주의에 기초하기보다는 칼뱅의 예정론에 의한 청교도 사상에 기초하고 있다.

베버는 우선 종교개혁가인 마틴 루터의 소명에 대한 언급에 주목한다. 루터에서의 소명은 직업을 말한다. 소명을 직업을 의미하는 독일어 Beruf로 번역한 것은 루터가 성경을 독일어로 번역(집회서 11:20, 21; 고전 7:17, 20, 24)하면서 처음 사용한 것이다. 루터에게서 소명으로서 직업은 하나님이 수여한 과업이다.[19] 소명을 말하는 라틴어 Vocatio는 중세시대에는 수도사나 사제에게 적용되었던 단어이다. 그러나 루터는 세속적인 직업과 노동에도 신성한 의미를 부여한 것이다. 하나님의 섭리로 자기에게 부여된 직업은 성직이든 세속적 직업이든 모두 신성하다. 자기의 직업에 대해 책무를 다하는 것이 이웃 사랑을 실천하는 최고의 도덕적인 행위이다.

소명과 직업의 관계에 대하여 칼뱅주의에 기초한 17세기의 청교도는 '나는 구원받은 자인가?'의 물음과 관련하여 루터의 소명과 직업 개념을 받아들

---

18) Karl Barth, *Church Dogmatics, Vol. III: 4* (Edinburg, Scotland: T&T Clark, 1961), 599. James W. Fowler, *Becoming Adult, Becoming Christian*, 94, 95에서 재인용.

19) Max Weber, *Die Protestantische Ethik Und Der Geist Des Kapitalismus*, 116, 126, 128, 140-141(섭리와 관련한 내용), 222. 루터와 칼뱅은 직업으로서의 소명을 수도사의 성직뿐만 아니라 평신도의 일상적이며 세속적 직업도 하나님의 소명에 포함하고 있음.

이면서도 그 의미를 더 발전시켜 나갔다. 구원의 확실성(certitudo salutis)은 하나님의 소명에 기초한 경건과 절제의 삶이라는 것이다.[20] 청교도는 루터의 해석을 수용하면서 소명을 성직뿐만 아니라 세속적인 직업, 노동, 부, 덕, 청지기, 이웃 사랑 등으로 재개념화하여 구원의 확실성을 위한 표지들이라고 말한다.

청교도들이 제시한 구원의 확실성을 갖게 하는 다음의 네 가지 표지들은 하나님의 소명과 관련한다. 모든 직업과 노동을 신성하게 여기는 것, 하나님에 의한 청지기로서의 검소하고 절제 있는 삶을 통하여 부를 축적하고 하나님 나라를 세워나가는데 공헌하는 것, 성화의 삶과 덕이 있는 행실, 그리고 하나님에 의해 사로잡힌 느낌을 경험하는 것 등이다.[21] 덕 있는 행실이 하나님의 예정을 바꿀 수는 없지만, 덕 있는 행실을 하려면 하나님의 섭리와 은혜가 계속 요구되며, 따라서 그런 행실을 연속적으로 행하는 사람은 구원받은 자가 틀림없다는 것이다.

정리하자면, 베버에 의하면 칼뱅주의에서의 하나님의 은혜로 말미암는 예정론이 소명으로서의 직업에 기초한 근대 자본주의 정신이다.[22] 이런 관점에서 보면 삼위일체론과 마찬가지로 예정론은 추상적인 교리의 측면에서는 이해하기 어렵고 논쟁이 많을지라도 실천적인 측면에서는 이해하기 쉬울 뿐만 아니라 매우 유익하기도 하다. 하나님의 은혜로 말미암는 예정론, 구원의 확실성, 이웃 사랑, 소명 등은 순차적 관계이다.[23]

---

20) *Ibid.*, 9, 18, 126. 나는 택함 받았는가? 내가 택함 받았다는 것을 어떻게 확신할 수 있는가?

21) *Ibid.*, 22, 3, 24, 191. 예정론은 숙명론, 도덕률폐기론(反율법주의), 이슬람의 결정론과 다름.

22) *Ibid.*, 162-240. 베버는 칼뱅주의에 의한 청교도로서 대표적인 인물은 미국 독립운동가이면서 헌법의 기초를 마련한 벤저민 프랭클린(1706~1790)이라고 함. Benjamin Franklin, *The Autobiography of Benjamin Franklin*, 이계영 옮김, 『프랭클린 자서전』 (서울: 김영사, 2007), 151-158, 193-201. 프랭클린이 좌우명으로 삼은 성경 구절은 잠언 22장 29절임. 1739년 경에는 아일랜드 출신의 부흥사 조지 횟필드 목사(George Whitefield, 1717~1770)의 설교를 좋아했음.

23) *Ibid.*, 186, 187. 예정론은 구원의 확실성, 이웃사랑, 소명 등과 순차적으로 관계됨.

제임스 파울러와 소명

실천신학자인 제임스 파울러(James W. Fowler, 1940~2015)는 자신을 칼뱅주의자라고 소개하면서 칼뱅주의 관점에서 소명에 대한 실천신학적 이해를 말하고 있다. 파울러에 의하면, 웨스터민스트 교리문답에서 말하고 있는 사람의 제일 목적은? 이라는 물음에 대해 '하나님을 영화롭게 하고 하나님을 영원토록 즐거워하는 것'이라는 첫 번째 답은 다름 아닌 소명에 관한 것이라고 말한다.[24] 왜냐하면 소명은 세상에 존재하는 목적을 찾는 일이기 때문이다.

파울러에게서의 소명은 칼 바르트의 소명 이해와 연장선상에 있다. 파울러는 소명을 하나님의 부르심에 응답하는 것이다. 그러나 응답의 차원에는 차이가 있다. 파울러는 자신의 여가, 관계성, 일, 사생활, 공적 생활, 이외에 모든 자원 등을 마치 오케스트라와 같이 조율하여 하나님과 이웃을 사랑하고 섬기는 것이 소명이라고 말한다.[25] 삶의 전적인 차원을 조율하여 감당하는 소명이다. 소명은 역할, 직업, 일, 그리고 목적 등 전체를 아우르는 용어이다.

따라서 파울러는 소명을 하나님의 은혜와 성령의 역사로 말미암아 그리스도인으로 부름을 받는 것과 더 나아가 삶의 자리인 세상에서 이웃 사랑을 위한 차원을 포함하면서도 강조한다. 소명은 세상에서 하나님의 사역에 동참하는 것이다. 성령의 능력으로 창조자 하나님의 동반자, 통치하시는 하나님의 동반자, 해방과 구속하시는 하나님의 동반자 등으로 이웃 사랑을 실천하는 사역이며 청지기 의식으로 감당하는 것이 소명이다.[26]

---

24) James W. Fowler, *Becoming Adult, Becoming Christian: Adult Development and Christian Faith* (New York: Harper Collins Publishers, 1984), ix-1.

25) *Ibid.*, 95, 96.

26) *Ibid.*, 74, 75, 84, 85. 89-92. 직업으로서의 소명이란? 단순히 생계를 위한 수단으로서의 직업이나 전문직이거나 경력을 말하는 것은 아님. 하나님의 영광을 위한 청지기로서의

그리고 성직자와 평신도가 갖는 청지기로서의 모든 소명은 사회적 가치관에 의한 위계적이고 서열적인 것이 아니다. 하나님의 소명, 하나님의 사람, 그리고 세계화에 의한 다원주의적 관점에서 입체적인 관계성을 가지고 있다.27) 어떻게 하나님을 사랑하고 이웃을 사랑할 수 있는가? 관계적이고 입체적인 소명으로 하나님을 사랑하고 이웃을 사랑할 수 있다. 성숙한 사람이란 자기실현의 존재가 아니다. 소명에 의해 청지기로 살아가는 사람이다.

파울러와 유사한 맥락에서 메리 무어는 소명을 다차원적이라는 의미에서 다중성으로 이해하고 있다. 그리고 소명은 다양성의 특성을 지니고 있다. 내러티브 정체성은 다중적 정체성이듯이, 내러티브 소명도 다중적 소명(multiple vocation)이다.28) 텍스트와 컨텍스트의 통합적 과정을 중요시하는 내러티브 신학의 관점에서 볼 때 소명은 하나만을 고집하기보다는 다중성을 지니고 있다. 삶의 과정에서 하나님에 의해 부여되는 소명들의 긴장 관계이다.

달리 언급하자면, 소명의 연속성과 불연속성이다. 소명의 연속성은 '복음을 위하여'(롬 1:1)라고 하는 회심에 의한 변혁(transformation)으로 말미암는 궁극적 소명이다. 그리고 단계적으로 소명이 구체적으로 발전되고 변화되어 나가는 것이다. 회심 그리고 발달단계에 의한 소명의 동심원적인 연속성이다.29)

그러나 소명의 불연속성은 나이와 삶의 자리에 따른 소명의 차이를 말한다. 나이에 따라 소명의 내용은 달라질 수 있다. 사역의 장(場)에 따라서도

___

소명을 말함.

27) *Ibid.*, 7, 79. 데이비드 트레이시의 '질서에 대한 축복된 분노'에서 질서를 강조하는 모더니즘을 극복하고자 하는 것과 유사한 맥락임.

28) 이원일, 『성인기독교교육의 재개념화』 (서울: 한들출판사, 2014), 164-167, 187-191. Mary E. Moore, "Stories of Vocation: Education for Vocational Discernment," *Religious Education*, vol. 103, Number 2, March-April 2008, pp.218-239.

29) James W. Fowler, *Becoming Adult, Becoming Christian*, 138-141.

소명에는 차이가 있을 수 있다. 소명이라고 생각해 온 것에서 뜻밖에 다른 일을 소명으로 부여받을 수도 있다.[30] 다중적 소명은 갈등의 과정과 적응적 관점에서 소명의 변화와 차이를 수용하는 것이다.

하나님은 "그러므로 너희는 가서 모든 민족을 제자로 삼아 … 세례를 베풀고 … 가르쳐 지키게 하라"(마 28:19)는 소명과 사명(使命, mission)을 주시는 분이다. 하나님의 소명을 일반적으로 적성이라고도 한다. 적성으로 말미암는 진로라고도 한다. 그리고 직업과도 같은 의미를 지니고 있다. 소명으로서의 직업이며, 사명으로서의 직업이다.

자기 자신의 생각에 의해서거나, 일반 인문과학이나 사회과학의 도구에 의해서 자신의 적성이 무엇인지 판단하기도 한다. 자신의 진로를 정하기도 한다. 그러나 신학적 관점에서는 하나님의 소명으로서 직업을 이해한다. 해석학적 실천신학은 한 사람으로 하여금 자신에게 주어진 하나님의 소명이 무엇인지 알게 하는 학문이다. 해석학적 실천신학은 자신의 소명이 무엇인지를 깨닫고 그 소명으로 살아가도록 하는 학문이다. 자신의 소명은 하나님의 일이다. 삼위일체 하나님의 표상 양식으로의 자신의 일이며 소명이다.

해석학적 실천신학은 자신을 향한 하나님의 소명을 깨달아 알고 예배, 교육, 친교, 봉사, 그리고 선교 등으로 교회를 섬기는 실천적 사역자가 되도록 하는 학문이다. 그러나 해석학적 실천신학의 과업은 교회 내의 실천적 사역으로 제한되지는 않는다. 실천신학의 과업은 하나님의 사람으로 하여금 자신의 일상적인 삶의 자리에서 하나님으로부터 자신에게 부여된 소명과 재능(talant, 마 25:18-30)으로 세상을 섬기며 하나님 나라를 이루어 나가는 실천적 사역자로 살아가도록 하는 것이다.

그리고 소명 받은 다양한 실천적 사역자들과의 협력으로 하나님 나라를 이루어 나가고자 한다는 점에서 소명에 대한 통합적인 신앙이 요구된다. 삼

---

30) *Ibid.*, 13, 14, 104, 105.

위일체 하나님의 섭리적 프락시스에 의해 소명 받은 자들의 협력 관계를 달리 언급하자면 생태적 소명(ecology of vocation)이다.31) 소명의 생태계를 통한 협력의 관계이다. 실천적 신앙공동체는 생태적 소명 공동체이다.

세상의 직업이나 일은 정년이라고 하는 끝이 있다. 물론 미국이나 유럽의 경우 나이로 일률적으로 정한 정년이 있는 것은 아니다. 그럼에도 불구하고 일을 그만두어야 하는 시기는 나이가 중요한 기준이 되기도 한다. 그러나 하나님의 소명에는 정년이 없다. 임종 직전에도 하나님이 부여하는 새로운 소명이 있을 수 있다. 하나님의 소명은 평생 소명이다. 하나님의 소명은 일평생 개인주의를 넘어서서 교회와 삶의 자리인 사회와 세계를 섬기는 소명이다.

그리고 하나님의 소명이라고 해서 목회자가 되거나 선교사가 되어야만 하는 것은 아니다. 하나님의 소명은 삶의 자리라고 하는 삶의 현장에서 하나님의 일로서 각자 자신이 해야 할 일을 아는 것이다. 가정, 교회, 학교, 사회, 그리고 세계 등 삶의 전 영역인 삶의 현장들에서 하나님의 뜻을 이루어 나가기 위해 자신이 해야 할 일을 알고 실천하는 것이다. 오늘날 정보화 사회에서는 다양한 미디어를 통한 자신이 감당해야 할 일을 알고 실천하는 것을 포함한다.

하나님의 소명으로 삶의 현장을 하나님의 나라로 이루어 나가기 위해 하나님의 소명을 깨닫는 시기는 언제인가? 나이와 관계해서는 어느 연령대에 어떤 하나님의 소명을 깨닫게 되는가? 하나님의 소명은 발달단계에 따라 일어나기도 한다. 전체 생애(lifelong)를 통해 일어나는 것이 하나님의 소명이다.32) 그러나 인간의 발달단계에 따른 소명에는 변화와 차이가 있을 수 있다. 하나님의 소명에는 연속성과 불연속성, 공통성과 차이성이 공존하고 있다.

---

31) James W. Fowler, *Becoming Adult, Becoming Christian*, 115.
32) Moore, "Stories of Vocation: Education for Vocational Discernment," *Religious Education*, 231ff.

2. 리더십과 비전

해석학적 신앙은 실천적 신앙이며, 실천적 신앙공동체를 형성하고 재형성한다. 실천적 신앙공동체로 하여금 하나님 나라를 이 땅에 이루어 나가기 위해서는 혼자의 힘이 아닌 공동체의 협력이 필수적이다. 여러 사람이 함께 일하는 것에 갈등은 필연적이다. 그런 만큼 협력하는 것도 필수적이다. 갈등 가운데서 협력을 유도하기 위해서 요구되는 것이 리더십이다. 삼위일체 하나님의 소명을 감당하기 위해 리더십을 함양하는 것은 실천신학의 중요한 과업이다.

리더십

해석학적 실천신학에서 리더십은 사역을 추구하는 주체와 관련된다. 목회자 중심의 사역은 목회자에 의한 실천신학이다. 목회자 중심의 리더십이다. 대표적인 유형은 전통적인 로마 가톨릭 교회와 같이 계층 구조적인 질서를 강조하는 리더십이다. 다양성을 희생하면서 권위에 의해 통일성을 유지하며 질서를 강조하는 리더십 유형이다.

다음으로의 유형은 오케스트라의 지휘자(conductor) 리더십 이미지 유형이다.[33] 지휘자가 여러 악기의 소리를 잘 나게 하고 여러 소리의 화음을 이끄는 것과 같은 리더십 유형이다. 목회자의 고유한 지위를 인정하면서도 목회자와 평신도의 이분법적 구도를 넘어서는 리더십 유형이다. 그러나 지휘자의 권위는 구별되듯이 목회자의 권위도 마찬가지이다.

해석학적 실천신학에 가장 가까운 리더십은 거버넌스 리더십(governance leadership)의 유형이다. 실천적 신앙의 속성은 공동체성을 지니고 있다. 삼

---

33) Jeanne Stevenson-Moessner, *Prelude to Practical Theology*, 54.

위일체 하나님의 표상 양식으로서 목회자와 평신도의 소명으로 실천적 공동체를 형성하기 위해서는 리더십이 중요하다. 따라서 자기만족의 신앙이 아닌 타자를 섬기기 위한 실천적 신앙이며, 실천적 신앙공동체를 형성하고 재형성하기 위해 요구되는 것은 공동체적인 거버넌스 리더십이다. 거버넌스 리더십은 내러티브의 중요한 주제이다. 거버넌스 리더십은 다중적 리더십이다. 거버넌스 리더십은 협력에 의한 행정으로서의 리더십이다. 목회를 담당하는 목회자와 제직들의 사역을 비롯하여 교회의 다양한 직분과 입체적 협력 관계에 의한 리더십이다.34) 거버넌스 리더십의 유형은 하나님의 프락시스에 의해 역사적인 차원에서 신앙적 순례를 감당하는 공동체의 안내자(guide) 이미지이다. 실천적 신앙인으로서 순례의 안내자는 순례할 장소에 대한 지식과 경험으로 순례 여행자들과 함께 소통하며 순례하여 나가는 리더십이다.

거버넌스 리더십에서는 교회의 직분은 유용한 의미를 지니고 있다. 회중주의자들이 교회 직분의 무용론을 말하고 있는 반면에, 해석학적 유형에서는 교회 직분의 유용성을 말한다. 지체의 중요성과 관련되기 때문이다(고·전 12:12-31). 교회 조직의 무용론이 아니라 하나님 나라 추구를 위해 조직의 필요성을 인정한다(고·전 14:40). 더 중요한 의미는 소명을 위한 조직은 바로 삼위일체 하나님의 표상 양식이기 때문이다. 그리고 조직의 개혁이란 왜곡되고 편향되고 폐쇄적인 조직을 삼위일체 하나님의 표상 양식을 지향하도록 하는 것이다.

거버넌스 리더십에서는 교회의 예산과 재정 운영도 중요하다. 교회의 "예산은 신앙의 산술적 진술"35)이다. 신앙을 숫자로 표현한 것이다. 오해의 소

---

34) 거버넌스 리더십에 대하여서는 다음을 참고할 것. 이원일, 『해석학과 기독교교육현장』 (서울: 한국장로교출판사, 2008), 10장; 이원일, 『성인기독교교육의 내러티브』 (서울: 한들출판사, 2017), 8장, 9장.

35) C. Ellis Nelson, *Where Faith Begins*, 185.

지도 있는 표현이지만, 교회 예산의 신앙적 의미를 나타내고 있기도 하다. 교회의 재정이 어디에 어떻게 집행되는지는 교회 구성원들의 신앙 형성 및 재형성에 잠재적 교육과정으로 작용한다. 잠재적 교육과정은 인간의 무의식과 같은 힘과 영향력을 가지고 있다. 빙산에서 물속에 잠겨 있지만 물 위의 부분을 움직이는 것과 같다. 예산과 재정 운영은 교회로 제한되지 않는다.

교회를 비롯한 다양한 실천적 신앙공동체는 자신을 위해 존재하지 않고 지역사회와 세상을 사랑하기 위해 존재한다. 실천적 신앙공동체의 예산 및 재정 집행도 삼위일체 하나님의 표상 양식이다. 삼위일체 하나님의 표상 양식으로서 다양한 실천적 신앙공동체의 예산과 집행과 관련하여 다음의 물음을 제기할 수 있다.[36]

각각의 신앙공동체에서 내부적인 친목을 위한 예산의 비율이 지역사회 사역을 위한 예산과 조화되는가? 신앙공동체는 세금을 내고 있지 않다면 지역사회의 유익을 위해 재정을 통하여 어떤 표상 양식으로 나타내고 있는가? 신앙공동체의 예산은 지역에서 아동과 청소년들의 미래를 위해 어떻게 사용되고 있는가? 신앙공동체 예산은 자립 준비 청년, 한부모 가정, 다문화 가정 등을 비롯한 사회적 약자들을 어떻게 배려하고 있는가? 초고령 사회를 능동적으로 대처하기 위해 어떻게 재정이 사용되고 있는가? 등이다.

거버넌스 리더십과 유사한 유형은 적응적 리더십(adaptive leadership)이다. 로널드 하이페츠가 말하는 세 가지 유형의 리더십 중에서 기술적 리더십은 외과 의사 유형의 리더십이다. 지도자는 문제가 무엇이고 어떻게 치료해야 하는지 알고 구성원이 그대로 따르기를 바란다. 또 다른 유형은 전략적 리더십이다. 이는 내과 의사 유형의 리더십이다. 문제가 무엇인가를 잘 모르지만, 문제를 알고 나면 치료를 위한 방법은 의사 중심으로 처방하여 치료하고자 하듯이, 지도자는 문제해결 중심의 리더십을 중요하게 여긴다.[37]

---

36) *Ibid.*, 185, 197.
37) Ronald A. Heifetz, *Leadership Without Easy Answers* (Massachusetts: The

적응적 리더십 유형은 상담사 또는 정신과 의사 유형의 리더십이다. 정신 장애자의 경우와 같이 문제가 무엇인지? 원인과 그 치료 과정도 애매하고 모호한 가운데서의 소통을 통한 리더십이다. 이런 점에서 적응적 리더십은 해석학적 실천신학의 의미를 지니고 있다. 해석학적 실천신학의 관점에서 적응적 리더십이 중요한 것은 지도자와 구성원의 계속되는 진정성 있는 대화의 과정에 의해서 문제해결을 지향한다. 목회자와 평신도가 함께 소통하고 협력하는 관계성으로 해결점을 찾아 나가는 해석학적 실천신학적 의미를 지닌 리더십이다.

비전

해석학적 실천신학의 인간학적 차원에서는 정체성을 지향하듯이, 신학적 차원에서는 비전(vision)을 지향한다. 비전을 달리 말하자면 꿈(dream)이라고 할 수 있다. 그리고 목적(goal)이나 목표(objective) 등으로 말할 수도 있다.

해석학적 실천신학의 관점에서 비전은 이미지를 통해 나타난다. 이미지는 인간의 마음(mind)에 보이는 그림을 말한다. 예수가 즐겨 사용한 방법은 은유와 비유 등의 이야기이다. 하나님 나라에 대하여 이야기 등을 통하여 인간의 마음의 눈으로 볼 수 있게 했다.

해석학적 실천신학은 사람으로 하여금 마음의 눈으로 그림을 그리고 마음의 눈으로 그림이 보여질 때 비전을 가지게 된다고 말한다. 영적 안목이다 (눅 24:31). 하나님의 프락시스를 볼 수 없는 상태에서 하나님의 프락시스를 볼 수 있도록 하는 것이 해석학적 실천신학의 목적이다. 성경을 통해서만 그리스도의 형상을 볼 수 있도록 하는 것이 아니다. 일상생활에서 만나는 인간, 자연 등의 다양한 피조물들을 통해서도 하나님의 프락시스를 볼 수 있게

Belknap Press of Havard University Press, 1994), 66; 이원일, 『성인기독교교육의 내러티브』 (서울: 한들출판사, 2017), 223-227.

하는 것이다.

비전과 관련한 해석학적 실천신학의 차원에서 중요한 물음은 다음과 같다. 어떤 비전을 가지고 있는가? 어떤 꿈을 가지고 있는가? 어떤 목적을 가지고 있는가? 성경에서는 '비전이 없는 백성은 망할 수밖에 없다'(KJV, Proverbs 29:18)고 말한다. 달리 말하자면 하나님의 사람으로 살아가는 삶의 변화는 비전에 의해서이다. 하나님에 의한 꿈으로 말미암아 하나님의 뜻을 추구하는 삶이 가능하다. 삶의 목적은 하나님 나라에 대한 비전이다. 거버넌스 리더십은 하나님 나라의 비전을 함께 나누며 추구해 나가는 것이다.

3. 하나님 나라와 신정론

역사적인 구속사를 이끌어 나가는 하나님의 섭리적 프락시스는 춤의 과정과 같다. 춤의 과정이란 예술적 과정을 말한다. 획일적이며 기계적인 과정이 아니다. 예술의 작품을 만들어 가는 과정이나 그 작품을 해석해 나가는 것과 유사하다. 순환적이다. 다중적이다. 다중적이라는 말은 다차원적이라는 의미이다. 실천적 교회를 통하여 섭리함과 함께 세상의 역사를 통해서도 섭리한다. 하나님의 사람은 하나님의 섭리적 프락시스에 의해 부르심으로서 소명을 받으며, 양육을 받으며, 하나님 나라를 위해 보내심으로서 사명 받은 자이다.

하나님 나라

하나님 나라의 개념은 시대와 공간 등의 역사적 상황(context)에 따라 다중적 의미로 해석되어왔다. 다윗 시대와 신구약 중간기의 마카비 시대 등의 이스라엘이 지배적인 상황에서는 하나님 나라는 국가의 군주제에 의한 통치와 동등한 것으로 이해했다. 이스라엘이 곧 하나님의 나라이다. 이러한 해석에 의하면 오늘날 교회가 곧 하나님 나라이다.

로마의 박해 아래 있지만 사두개인과 열심당원들도 하나님 나라를 정치적으로 해석하였다. 로마의 지배로부터 정치적 그리고 종교적으로 독립하는 것이다. 마카비 시대, 사두개인들이 생각하는 하나님 나라 해석에 대한 공통점은 하나님은 자신의 편이라는 인간적인 신념과 무력의 힘에 의한 하나님 나라 실현이다.38)

그러나 앗수르 및 바벨론 시대 등 포로기의 유대인, 신약시대 로마의 지배 아래 바리새인 등의 하나님 나라에 대한 해석은 전자의 해석과 다르다. 하나님 나라는 이스라엘의 불충실함에 대한 하나님의 심판과 핍박에 대한 하나님의 개입이다. 그리고 하나님에 의한 하나님 백성의 회복이다. 우주적으로 임하는 종말론적 하나님 나라이다.

종말론적 하나님 나라에 의하면 하나님 나라는 정치적 저항이 아닌 창조와 구속의 왕인 하나님에 대한 내면적인 경건한 믿음과 토라로서의 율법을 행하며, 하나님의 주권적 개입을 소망하는 종말론적 믿음이다. 특히 에쎄네파의 경우는 분리된 공간에서 신비주의적 하나님 나라를 소망하기도 했다.

예수가 증거한 하나님 나라는 현재적이며 미래적이다. 역사적이며 종말론적인 하나님 나라이다. 역사적이란 하늘에서 이루어지는 나라이며 또한 이 땅 위에 이루는 것을 말한다.39) 예수 그리스도는 하나님 나라를 전하기 위해 말씀이 육신이 되어 이 땅에 왔다. 하나님 나라는 예수 그리스도가 성육신하신 이유이다. 종말론적이란 하나님의 약속과 관련한 미래적이며 죽음 이후를 말한다. 영원한 현재(eternal now)를 의미하는 영생과 관련되어 있으며,

---

38) Johannes van der Ven, *Practical Theology: An Empirical Approach*, 70-73.

39) *Ibid.*, 72, 74-76. 예수의 하나님 나라가 지향하는 윤리적 가치는 자유, 평등(정의), 보편성(모든 시대와 사람, 그리고 구체적인 시간(kairos)와 장소(topos)에서 일어남), 사회적 약자와의 동일시함(solidarity)(이는 종말론적 변혁을 의미함, 눅 6:20-21; 마 25:31-46) 등임.

기독교인의 죽음 이후의 하나님 나라에 대한 소망과 관련된다(히 11장).

예수는 하나님의 나라(basileia, kingdom of God)를 언어, 행동, 그리고 삶 등의 전인적인 차원 등으로 증거 했다. 그리고 하나님 나라는 예수 그리스도가 전한 복음 그 자체이다. 복음의 내용이다. "때가 찼다. 하나님의 나라가 가까이 왔다. 회개하여라. 복음을 믿어라"(새번역, 막 1:15). 무엇을 회개해야 하는가? 이는 하나님 나라는 무엇을 말하고 있는지에 대한 물음과 관련된다. 예수의 삶에서 보여주는 하나님 나라는 무엇을 말하고 있는가?

예수가 전한 하나님 나라의 내용은 무엇인가? 복음이다. 하나님의 통치이다. 하나님의 다스리심이다. 이와 관련하여 밴 더 벤에 의하면 하나님 나라의 핵심 내용은 지극히 작은 자 하나에게 한 것이 곧 내게 행한 것이다(마 25:40). 고난 가운데 있는 사람과 함께 함이다. 이를 '함께 고난받음' (compassion)이라고 말한다(사 53장).[40] 알고 보면 빈부귀천 할 것 없이 모든 사람은 고난 가운데 있다. 회개해야 할 내용은 다름 아닌 고난 가운데 있는 모든 사람 또는 피조물과 함께 하는 고난의 그리스도와 함께하지 않음에 대한 회개이다.

복음서에는 하나님 나라를 반복해서 자주 언급하고 있는 반면에 서신서에는 드물게 언급하고 있는 이유는 무엇인가? 초대교회 교부 오리겐에 의하면 예수가 '하나님 나라 그 자체'(autobasileia, the kingdom in person, 마 18:23)이기 때문이다. 예수 그리스도가 있는 곳에 하나님 나라가 있다.[41] 고난의 예수는 고난 가운데 있는 하나님의 사람들과 함께한다.

하나님 나라는 하나님이 인간을 비롯한 모든 피조물의 주인(Lord)임을 말한다. 하나님 나라는 하나님에 대한 제왕적이며 권위주의적 이미지를 갖게 한다. 따라서 친구와 연인으로서의 이미지를 지니는 하나님의 프락시스라

---

40) *Ibid.*, 174; 하나님 나라의 핵심 내용에 대해서는 다음을 참고할 것. Johannes van der Ven, *God Reinvented? A Theological Search in Texts and Tables*, 214.

41) 새 찬송가 438장 "주 예수와 동행하니 그 어디나 하늘나라" 등의 가사도 참고할 것.

는 용어를 사용한다.

지배자적인 또는 제왕적인 주인이 아니라 함께 고난을 나누는 긍휼의 주인이다. 해석학적 실천신학의 관점에서 하나님 나라의 특징은 삼위일체 하나님의 프락시스이다. 친구와 연인으로서의 이미지를 지니는 삼위일체 하나님 프락시스이다.

하나님의 나라가 임하는 현장은 어디인가? 우선 교회에서 이루어지는 하나님 나라를 중요하게 여긴다. 교회는 하나님 나라를 전하고 이루어 나가는 전위대이다. 하나님 나라는 교회의 프락시스이기도 하다. 그러나 하나님 나라는 교회로만 제한되지 않는다.

하나님 나라의 영역은 개인, 가정, 학교, 그리고 사회 및 세계 등의 삶의 전 영역을 포괄하는 우주적 하나님 나라이다(눅 17:21). 우주적 하나님 나라는 말에서 우주적이라고 해서 지구를 벗어나 은하 세계를 말하는 것이 아니라 인간이 살아가는 삶의 모든 영역을 말한다.

인간의 모든 삶의 영역들을 아우르는 차원들을 포함해서 모든 피조물의 차원에 대한 하나님의 다스리심이다. 하나님의 다스림이 있는 곳에 모든 생명체로 구성된 생태계의 공존이 있다(사 11:6-9). 정의와 평화가 있다. 예수님은 인간의 차원 및 생태계를 포함한 모든 차원에서 하나님이 다스리고 계심을 선포하고 있다. 모든 삶의 자리에 정의와 평화를 선포하고 있다.

만물에 대하여 하나님이 주인이심을 말하는 것이 하나님의 나라이다. 자기 자신의 생명의 주인도 하나님이다. 자기 자신의 재물에 대한 주인도 하나님이다. 자녀들의 주인도 하나님이다. 자연 생태계의 주인도 다름 아닌 하나님이다. 자연 생태계의 파괴로 말미암는 고난 가운데서 함께 하는 고난의 그리스도이다.

그러나 엄격히 말하자면 하나님 나라는 개인, 가정, 교회, 학교, 사회, 세계, 그리고 자연생태계 등의 현장에서 이루어지면서, 더 나아가 현장과 현장의 사이에 있다. 하나님 나라의 사이성(betweenness)이다. 각각의 실천적 신앙공동체로서의 형성과 재형성이라는 사이에 있다. 각각의 실천적 신앙 공동체는 현재의 현장과 변형되어야 할 현장의 사이에 있다.

하나님 나라는 누구를 대상으로 하는가? 하나님의 나라는 우선 그리스도 인에게 임한다. 그러나 그리스도인으로만 제한되지는 않는다. 비기독교인 도 하나님의 다스리심 가운데 있다. 하나님 나라를 위하여 비기독교인을 도 구로 사용한다. 하나님 나라는 전 연령을 대상으로 한다. 비록 태중에 있는 생명체라고 할지라도 하나님 나라가 임하는 대상이다.

자기방어와 자기표현이 서툰 영아를 비롯한 유아들과 미취학 아동들 가 운데도 하나님의 임재가 있는 하나님 나라 대상이다. 학령기 이전의 영유아 를 비롯하여 학령기의 아동, 청소년, 청년들도 하나님의 임재 가운데서 하나 님 나라의 대상이다.

더 나아가 중년, 장년, 노년, 그리고 임종 가운데 있는 사람들도 하나님 나 라의 대상이다. 사회학적 차원에서 한부모 가정, 다문화 가정, 학교 밖 청소 년, 초고령 사회 노인 등을 비롯한 다양하고 다층적인 사회적 약자에게도 하 나님 나라가 임하도록 추구하는 것이 실천신학이다.

사회적 약자를 사역의 주된 대상으로 강조하는 해방신학이나 민중신학은 사회적 약자에 관심을 가지도록 한 것에 기여가 있다. 그러나 사회적 약자가 '어떤 신앙을 갖도록 할 것인가?' '어떤 지식을 가르치고 배우도록 할 것인 가?'라는 점에서 비판의 여지가 많다.

해방신학과 민중신학은 칼 맑스의 이론에 기초하여 사회구조를 지배계층 과 피지배계층으로 이분화 한다. 변증법적 유물론의 역사관으로 지배계층 의 피지배계층에 대한 착취와 억압을 강조하며 이에 대한 해방을 위해 피지 배계층에 대한 의식화 교육을 한다.[42] 의식화 교육의 문제는 피해의식을 자

---

42) Max Weber, *Die Protestantische Ethik Und Der Geist Des Kapitalismus*, 77. 상 부구조는 인간의 정신과 관련되는 측면으로 마음, 정신, 종교, 문화, 관습, 이데올로기 등이 며, 이러한 상부 구조는 노동, 물질, 그리고 경제 체제 등에 해당하는 하부구조에 영향을 끼

극하며 심화해 나가는 것이다. 그리고 자기 이외의 대상이나 컨텍스트에 대하여 원망, 불평, 적개심을 갖게 하며, 계급투쟁, 폭력 등으로 문제해결을 하고자 한다.

이렇게 말하면 해방신학과 민중신학 계열의 학자들은 편견으로 의식화 교육을 왜곡하고 있다고 본 저자를 비판할 것이다. 의식화 교육은 피해의식이 아니라 비판의식으로 대화를 추구하는 교육이라고 주장한다. 그러나 해방신학과 민중신학은 궁극적으로는 인간에 의한 그리고 인간의 힘에 의한 문제해결과 인간이 주인 되는 세계를 추구하지 않는가?

해석학적 실천신학에서도 컨텍스트와 텍스트에 대한 비판의식을 강조한다. 비판의식을 의미하는 비판적 성찰이 없는 실천은 맹목적인 순종이나 적용에 불과하기 때문이다. 그러나 무엇을 위한 비판의식이며 비판적 성찰인가? 비판적 성찰의 결과로 삼위일체 하나님의 섭리적 프락시스를 인정함으로 하나님 나라를 추구하는 점에서 근본적 차이가 있다.

해석학적 실천신학에서의 실천적 신앙은 역사와 삶을 주관하는 삼위일체 하나님에 의한 하나님 나라에 대한 신앙이다. 하나님의 주권에 의한 섭리적 프락시스에 대한 실천적 신앙은 현재, 과거, 그리고 미래의 삶이라고 하는 텍스트와 컨텍스트에 대한 해석과 이해를 추구한다.

더 나아가 하나님 나라가 이 땅에 이루어지도록 이끌어 나가는 하나님의 섭리적 프락시스에 의해 고난 가운데 살아가는 모든 인간과 모든 피조물의 해방을 추구한다(롬 8:19-25). 하나님 나라가 이루어지는 곳에 실천적 해방이 있고 실천적 자유가 있다. 하나님에 의한 해방이다. 하나님에 의한 자유이다. 하나님에 의한 실천적 신앙공동체이다.

친다고 보는 것이 막스 베버의 사상임. 그러나 칼 맑스는 이와 반대로 하부구조가 상부구조를 좌우한다고 말함. 당시 칼 맑스의 변증법적 유물론에 대한 비판으로 쓰여진 것이 그의 『프로테스탄트와 자본주의 정신』임. 그리고 20년 동안 조현병과 조울증으로 힘들어하는 환자들과 가족들을 대상으로 특수 목회를 하는 본 저자의 한 제자의 경험에 의하면 조현병, 조울증 등의 정신적인 장애는 은혜와 감사함 대신 피해의식을 기반으로 하고 있음을 말함.

그리고 해방하고 자유롭게 하는 하나님의 역사에 동참한다. 자기에게 주어진 각자의 다양한 소명으로 삶의 현장에 참여하며, 하나님이 허락한 각자의 비전으로 함께하고자 하며, 거버넌스 리더십으로 삼위일체 하나님과 동행하는 실천적 신앙이며, 실천적 신앙공동체이다.

신정론(Theodicy)

신정론이라는 개념은 세상의 악과 고난에 직면하여 하나님의 존재를 정당화(justification of God)하려는 시도이다. 신정론은 18세기 철학자 라이프니츠(Gottfried Leibniz)에 의해 사용된 용어로 알려져 있다. 따라서 라이프니츠는 근대 신정론의 아버지라고 부르기도 한다.[43] 그러나 기독교에서 신정론에 대한 신학적 논의는 이레니우스, 어거스틴, 아퀴나스, 루터, 칼뱅, 칼 바르트 등으로 이어오면서 오늘에 이르기까지 지속하고 있다.

신정론은 하나님의 프락시스와 관련한 신학이다. 하나님의 섭리적 프락시스는 인간의 합리적 이성과 충돌할 때가 많기 때문이다. 제임스 파울러에 의하면 하나님 프락시스의 특징은 한 인간으로서 자신의 생각과 다르거나 심지어 적이라고 여기는 비기독교인을 통해서도 섭리하는 것이다.[44] 심지어 예수도 십자가에서 "엘리 엘리 라마 사박다니"(마 27:46)라는 하나님의 옳으심 또는 의로우심에 대한 신정론의 물음을 던지고 있다.[45]

---

43) Pamela Cooper-White, "Suffering," in *The Wiley-Blackwell Companion to Practical Theology*, ed., Bonnie J. Miller-McLemore (West Sussex, UK: Blackwell Publishing, 2012), 26-28; Johannes A. Van Der Ven, *God Reinvented? A Theological Search in Texts and Tables* (Leiden, The Netherlands: Koninklijke, 1998), 207.

44) James W. Fowler, "Faith Development Theory and the Challenges of Practical Theology," *Developing A Public Faith: New Directions in Practical Theology*, eds., Richard R. Osmer and Friedrich L. Schweitzer (Missouri: Chalice Press, 2003), 240-241; 이원일, "실천신학과 실천적 지혜," 『성인기독교교육의 내러티브』, 12장.

45) Johannes van der Ven, "V. Phases of the Empirical-theological Cycle: Theodicy," in *Practical Theology: An Empirical Approach*, 160.

삶에서 일어나는 이해 불가한 일에 대하여 궁극적 의미를 묻는다. 그리고 이에 대한 대답을 추구해 나가는 것이 해석학적 실천신학이다. 해석학적 실천신학에서 지속적으로 제기되는 주요한 물음 중 하나가 신정론에 대한 물음인 것이다.46)

하나님이 계시는 세상에서 고난 많은 삶에는 어떤 의미가 있는가? 왜 사람은 고난 가운데 살아가는가? 삶에서 겪는 고난에는 어떤 하나님의 뜻이 있는가? 억울하고 안타까운 일을 당하거나 죽음을 맞이하고 있을 때 하나님은 어디에서 무엇을 하고 있는가?

이외에도 제기되는 물음들은 많다. 너희의 하나님이 어디 있느냐? 안타깝고 억울한 죽음에 대하여 어떤 이해로 살아야 하는가? 고난의 한가운데서 하나님의 행하심을 어떻게 분별할 수 있는가? 하나님의 행하심에 대한 의미는 무엇인가? 왜, 하필 나인가? (why me?) 왜, 도대체 나일까? 왜, 나의 자녀인가? 왜, 나의 가족인가?

임신 중 계류 유산은 흔한 일이라고 할 수 있다. 주위에서 그런 일을 당하는 경우 흔한 일이니 너무 신경 쓰지 말라고 위로하기도 한다. 그러나 그러한 일이 막상 자신에게 닥치게 되면 그 일이 왜 하필 나에게 일어나는 건지 하늘에 묻고 싶은 심정이 되기도 한다.

열병으로 고통 가운데 신음하는 아이를 진찰한 의사가 아이의 엄마에게 모기에 물려 말라리아 열병에 걸렸다고 말해 준다. 그러나 그 아이의 엄마는 '모기가 왜 하필 내 아이를 물어서 말라리아 열병에 걸리게 했는가?'라는 신정론에 해당하는 물음을 던진다. 청년들이 연애하다가 실연을 경험하는 경우도 마찬가지이다.

삶 가운데서 갑작스럽게 경험하는 고난이 이해되지 않거나 자기가 정서적인 차원에서 감당할 수 있는 분수를 넘어서게 될 때 충격으로 말미암는 트

---

46) Ibid., 158.

라우마(trauma)를 경험하게 되기도 한다.[47] 트라우마는 단순한 상처를 말하는 것을 넘어서서 자신의 존재가 부정되는 경험이다. 관계적인 삶을 끊게되고 은둔한 가운데 살아가기도 한다. 왜 은둔한 가운데 살아갈까?

신원(伸冤)이라는 말은 국어사전의 뜻으로는 '원통한 일이나 억울하게 뒤집어쓴 죄를 풀어 버림'을 의미한다. 헬라어로는 판결을 의미하는 κρίνω와 히브리어 שׁפט는 재판(judge)과 관련된다. 삼위일체 하나님의 섭리적 프락시스 가운데서 인간은 깊은 갈등 가운데서 살아가는 존재이다. 억울하고 원통한 고난(suffering)에 대하여 궁극적인 존재자인 하나님의 개입을 호소하고, 이성을 넘어선 신비의 하나님에게 그 의미를 물어볼 수밖에 없는 존재이다.[48]

성경에 신원과 관련한 내용으로는 "요아스 왕이 이와같이 스가랴의 아버지 여호야다가 베푼 은혜를 기억하지 아니하고 그의 아들을 죽이니 그가 죽을 때에 이르되 여호와는 감찰하시고 신원(伸冤)하여 주옵소서 하니라"(대·하 24:20)이며, 이외에도 성경은 '신원'에 대하여 여러 차례 언급하고 있다(시 72:4; 사 1:17; 사 34:8; 애 3:58, 59; 단 7:22; 계 6:10,11 등).

성경은 삼위일체 하나님의 섭리적 프락시스를 말하고 있지만, 하나님의 섭리가 인간의 경험, 이성, 그리고 자신의 신앙으로 이해되지 않을 때가 많다(전 7:14). 이해되지 않는 것을 넘어서 어떤 의미에서 고난에 무관심한 하나님(apathetic God)으로 여길 수 있다.[49] 더 나아가 하나님은 없는 존재(absence of God)로 여겨지기도 한다. 또는 원죄와 관련한 악(evil)과 일상의

---

47) Pamela Cooper-White, "Suffering," in *The Wiley-Blackwell* Companion to Practical Theology, 25.

48) *Ibid.*, 24. 고난을 의미하는 suffering과 관련되어 사용되는 유사어로는 pain, anguish, distress, misery, agony, torment, affliction, deep wound or disease 등이 있음.

49) Johannes A. Van Der Ven, *God Reinvented? A Theological Search in Texts and Tables*, (Leiden, The Netherlands: Brill, 1998), 212. apathetic God, retributive God, planning and controlling God.

죄에 대한 형벌 등으로 나(우리)의 악과 죄에 대한 하나님의 심판으로 여기기도 한다.

하나님이 과연 존재하는가? 하나님이라는 존재가 과연 있기나 한 것일까? 하나님이 존재한다면 세상은 왜 이럴까? 나에게 왜 이런 일이 일어나는가? 나의 죄 때문인가? 나의 죄에 대한 심판인가? 나의 자녀에게 이런 일이 일어날 수 있는가? 세상은 왜 이렇게 무질서하고 혼탁할까? 악의 근원은 무엇인가? 악의 근원이 있기는 한 것인가? 인간의 고난에서 그 의미는 무엇인가? 고난의 한가운데서 하나님의 행하심을 어떻게 분별할 수 있는가? 하나님의 행하심에 대한 궁극적인 의미는 무엇인가? 등 선한 하나님이 고난으로 심판하시며, 인간의 고난에 무관심하며, 하나님이 존재하지 않은 것 같아서 삶에서 울려 나오는 허무주의적이며 두려움 가운데서의 물음들을 자신의 가슴 깊은 곳에서 던지는 것이 신정론이다. 골고다 십자가 아래에서 속 깊은 심정에서 울려 나오는 울음으로 '왜 … 입니까?'라는 물음을 던진다.

신정론의 관점에서 보자면 삼위일체 하나님의 섭리적 프락시스는 일종의 신비이다. 아무리 학문이 높고 나이가 많다고 할지라도 인간의 이성과 경험으로는 헤아리기 어렵다. 섭리하시는 하나님에 대한 이해는 인간의 이성이나 경험으로는 불가능하다. 하나님은 신비의 존재이다. 하나님의 신비를 하나님의 다면성이나 복합성 등으로 일컬어지기도 한다.[50] 하나님의 속성에 대하여 신비, 다면성, 복합성 등의 용어로 말하고자 하는 것은 하나의 관점으로 하나님을 단정하고자 하는 폐쇄성에 대한 위험성을 말하고자 하는 것이다.

따라서 신정론은 결국 신앙의 절대성을 말한다. 사랑으로써 역사하는 신앙을 말한다(갈 5:6; 합 2:4; 롬 1:17). 사랑으로 역사하는 신앙이 해석학적 신

---

50) James N. Poling, *Rethinking Faith: A Constructive Practical Theology* (Minneapolis: Fortress Press, 2011), 7. God is complex and multifaceted; the world is complicated and confusing; we ourselves are inevitably ambiguous and contradictory.

앙이며 실천적 신앙이다. 해석학적 신앙은 온전한 신앙을 말한다. 모든 복합적인 요소들에 대하여 합력하여 선을 이루어 나가시는 프락시스의 하나님에 대한 이해는 실천적 신앙으로 가능하다(롬 8:28).[51] 고난의 문제에 대한 실천적 신앙으로의 해석이다. 실천적이며 해석학적 신앙은 인간의 이성과 경험을 포함하지만, 동시에 넘어서는 하나님의 프락시스에 대한 신앙이다. 프락시스에 대한 온전한 실천적 신앙으로서 해석학적 신앙이란 '이렇게 이해되지 않는 섭리에도 불구하고 너는 나를 누구라고 하느냐?'는 하나님의 물음에 대답해 나가는 과정적인 신앙이다.

욥과 하나님의 대화는 하나님의 섭리적 프락시스에 대하여 결국 침묵할 수밖에 없음을 말하고 있다(욥 40:4). 침묵(silence)은 자연 섭리(cosmodicy)에 대한 인간의 반응이기도 하다.[52] 태어나고 죽어가야 하는 자연의 섭리 앞에서 결국 침묵할 수밖에 없는 인간이다.

그러나 중요한 차이점은 침묵의 결과이다. 하나님과의 인격적인 만남으로 말미암는 실천적이며 인격적 신앙이다(욥 42:1-6). 실천적이며 인격적인 신앙은 고난의 그리스도와의 만남에 의해서이다(사 53:1-12).[53] 고난의 그리스도와의 인격적 만남은 그리스도의 신비적 연합(mystical union with God)이기도 하다. 그리스도와의 만남은 신체적, 심리적, 사회적, 그리고 세계적 고난 등에 대한 고난의 그리스도와의 연합을 의미한다.[54] 그리스도와의 연합은 그리스도와의 깊은 교제로 나간다.

인간은 성령에 의해 선물로 주어진 실천적이며 해석학적 신앙으로 삼위일체 하나님의 섭리적 프락시스에 대한 이해를 추구하는 존재이다. 인간은 고

---

51) Johannes van der Ven, "V. Phases of the Empirical-theological Cycle: Theodicy," in *Practical Theology: An Empirical Approach* (Kampen, The Netherlands: Kok Phros Publishing House, 1993), 160.

52) *Ibid.*, 176.

53) *Ibid.*, 165.

54) *Ibid.*, 174. 229. 반 데르 벤은 신정론과 자연 섭리는 상호 배타적인 것은 아니라고 함.

난에 내재 되어 있는 궁극적 의미를 분별하고자 하는 존재(homo significans)
이다. 실천적이며 해석학적 신앙은 삶에서의 고난과 죽음 등에 대한 다중적
의미(multiple meaning)를 분별할 수 있게 한다.55) 하나의 의미만 있을 수
있지만, 오히려 여러 가지의 의미가 복합적으로 내재해 있는 의미의 다양성
이다.

실천적이며 해석학적 신앙은 고난의 한가운데서 하나님의 행하심(God's
activity) 또는 하나님의 프락시스를 분별하고자 하는 과정적 특징이 있다.
분별의 과정은 해석학적 과정이며 해석학적 신앙의 특징이다. 해석학적 과
정은 해석학적 프락시스, 목회적 프락시스(pastoral praxis), 그리고 실천적
지혜(phronesis or practical wisdom)라고도 한다. 실천적 지혜는 인간으로
서 신중함(prudence) 가운데서의 분별을 말한다.

신정론은 해석학적 과정을 말하는 실천적 지혜로 말미암아 하나님 나라
를 하늘에서 같이 이 땅에서도 이루어 나가는 실천적 신앙을 요구하고 있다.
부활하신 그리스도의 행하심이라는 그리스도 프락시스에 함께하는 실천적
신앙(암 3:3)을 형성하고 성숙 되어 나가는 신앙이다.56)

인간으로서 이해하기 어려운 고난 가운데서도 십자가의 고난과 부활의
그리스도가 흔들리는 개인과 공동체를 실천적 신앙인 그리고 실천적 신앙공
동체로 이끌고 있음에 대한 신앙이다. 그리고 자신의 고난 가운데서 비로소
보이고 들리는 자기(우리)와 유사한 고난 가운데 있는 자들의 고난에 대해 사
역하는 하나님의 프락시스에 기도 등으로 동참하는 신앙이다. 신정론은 나
의 기도가 하나님의 섭리적 프락시스에 능동적으로 동참하고 있는지를 묻고

---

55) *Ibid.*, 168. 인간은 고난에 내재 되어 있는 궁극적인 의미를 찾고자 하며(meaning-seeking),
　　의미를 기반으로 하여(meaning-ascribing) 살아가는 존재(homo significans) 임. 삶에서
　　다양하면서도 지속적으로 경험하는 신체적, 심리적, 사회적, 그리고 세계적 고난(suffering)
　　의 궁극적인 의미가 무엇인가? 이 물음에 대한 답을 추구하는 존재임을 말함.

56) Pamela Cooper-White, "Suffering," in *The Wiley-Blackwell Companion to
　　Practical Theology*, 29. 쿠퍼 화이트는 몰트만의 말을 인용하면서 부활은 고난과 고통
　　을 넘어설 수 있는 가능성을 열어주며 새로운 삶의 의미를 부여해 준다고 말함.

있다.

다른 개인이나 공동체의 고난에 대해 기도 등으로 연대하는 것은 신정론에 대한 깨달음으로 고난의 자기 십자가를 지고 그리스도를 따르는 실천적 신앙이다(마 16:24).[57] 해석학적 실천신학에서 신정론은 이해하기 어렵고 불합리한 하나님의 섭리적 프락시스 가운데서도 고난과 부활의 그리스도와 함께 십자가를 지고 고난 가운데 있는 개인과 공동체를 실천적 신앙인과 실천적 신앙공동체로 형성하고 재형성하고자 하는 실천적 신앙의 중요성을 말하고 있다.

〈비판적 성찰을 위한 물음〉

1. 자신의 소명에 대하여 성찰해 보면서 앞으로의 자신의 비전을 나누어 보자
2. 느헤미야에게 나타난 거버넌스 리더십의 특징들은 무엇인가?
3. 하나님 나라를 적시하고 있는 성경 구절을 찾아보고 그 의미를 나누어 보자.
4. 신정론 이해를 통해 자신의 고난에 대한 이해와 자신의 기도에 어떤 변화가 있는가?

---

57) Johannes A. Van Der Ven, *God Reinvented? A Theological Search in Texts and Tables*, 228. 연민, 보복, 계획 등의 신정론을 넘어서 연대(solidarity)의 신정론을 말하고 있음.

9장

해석학적 실천신학의
유형과 현장 및 세대

본서에서 말하는 해석학은 내러티브 해석학이다. 내러티브에 의한 해석이론이다. 그리고 해석학적 관점으로 내러티브를 이해하고 있다. 내러티브 해석학에 의한 해석학적 실천신학은 텍스트와 컨텍스트의 통합과정으로 실천적 신앙인을 양육하고 더 나아가 실천적 신앙공동체를 형성해 나가는 학문이다.

텍스트는 성경을 비롯하여 신학을 말한다. 텍스트로서의 신학은 하나님, 교회, 개인 및 세계에 대한 이해를 추구한다. 그리고 상황이라고 하는 컨텍스트에 해당하는 것은 인간 이해를 비롯하여 삶의 자리로서 가정, 학교, 사회, 생태계 등의 현장을 말한다. 학문적으로는 인간 이해를 비롯한 삶의 자리 이해에 대한 인문과학 및 사회과학 등이 여기에 속한다.

따라서 텍스트와 컨텍스트의 통합과정으로 실천적 신앙인을 양육하고, 실천적 신앙공동체를 형성하는 학문이 해석학적 실천신학이다. 그리고 텍스트와 컨텍스트의 통합과정은 기계적이며 획일적인 과정이 아니라 예술적인 과정에 의해서이다.

텍스트와 컨텍스트의 예술적 통합과정을 이끌어 나가는 주체는 삼위일체 하나님이다. 하나님의 예술적 통합과정이 바로 삼위일체 하나님의 섭리적 프락시스이다. 목회자를 비롯한 평신도 사역자들은 삼위일체 하나님의 프락시스에 참여하도록 소명 받은 자들이다. 삼위일체 하나님의 동역자이다 (고·전 3:9).

1. 해석학적 실천신학의 간학문성

내러티브에서는 거대 담화(meta-narrative)에 대한 대안으로 담화들 (narratives)를 말한다. 상대주의를 지향하는 차이성과 다양성을 말하는 것은 아니다. 구속의 드라마라고 하는 거대 담화 가운데서의 차이성과 다양성의 내러티브들이다. 내러티브로 말미암는 실천신학의 유형은 하나님의 프락시스에 의한 구속을 지향하는 드라마의 차이성과 다양성을 지향한다.

내러티브에 의한 해석학적 실천신학 접근의 특징으로서 간학문성은 하나님의 프락시스 패러다임(God's praxis paradigm)이다.[1] 하나님의 프락시스에서 삼위일체 하나님은 상호주관적 관계성의 특징을 지니고 있다. 그리스도의 인성과 신성은 상호주관적 관계성의 특징이다.

유사한 맥락에서 보자면 개인, 교회, 그리고 가정, 학교 포함한 사회 등의 목회 현장들의 관계도 상호주관적 관계성을 지니고 있다. 개인의 삶은 교회, 그리고 사회와의 관계 가운데서의 삶으로 이해해야 한다. 삶의 현장들 사이에도 상호주관적 관계성을 지니고 있다. 목회자와 평신도, 교사와 학습자 등도 상호주관적 관계성이다.

내러티브에 기초한 해석학적 실천신학의 특징인 간학문성은 상호주관적 관계성을 말한다. 더 나아가 대화적 상호주관성 및 순례자적 과정성의 특징을 지니고 있다.[2] 해석학적 실천신학에 의한 인간학적 기초에서 말하는 실천신학은 사람의 삶의 방향을 문제 삼는 학문이다. 반면에 해석학적 실천신학의 신학적 기초에서 말하는 실천신학은 하나님의 섭리적 프락시스의 방향에 대한 분별을 다루는 학문이다.

---

1) 본 저서에서 언급하고 있는 현상학적 해석학은 내러티브 해석학(narrative hermeneutics) 을 말하며, 해석학적 실천신학은 내러티브에 기초한 해석학적 실천신학임. 좀 더 간략히 정리하자면 내러티브 해석학적 실천신학(narrative hermeneutical practical theology)을 말함.
2) 이원일, 『해석학적 상상력과 기독교교육과정』 (서울: 한국장로교출판사, 2004), 333-344.

따라서 내러티브 해석학적 실천신학은 개인과 공동체로 하여금 삶의 방향과 하나님이 인도하는 방향에 대하여 대화적 과정으로 분별하고 하나님 나라를 이루기 위한 비전을 가지고 살아가도록 하는 학문이다. 삶의 방향 또는 비전을 형성하고 재형성하기 위한 해석학적 실천신학의 대화적 과정을 위해서는 간학문적인 방법론을 특징으로 한다.

내러티브에 의한 해석학적 실천신학의 유형들은 무엇인가? 해석학적 실천신학에서 유형들은 간학문성(interdisciplinarity)과 사역의 현장들에 대한 구분으로 말미암아 차이성과 다양성을 특징으로 한다. 실천신학의 간학문성에 의한 유형들은 크게 보아 세 가지 유형으로 구분된다. 비판적 과학적 방법, 비판적 고백적 방법, 비판적 상관관계적 방법 등이다.

비판적 성찰

세 가지 유형에서 공통적으로 사용하고 있는 '비판적'이라는 용어는 상호 간의 대화에서 비판적이거나 비난적이라는 의미가 아니다. 오히려 뜻을 분명하게 '분별함'을 의미하는 헬라어의 'krinein'에서 파생된 단어이다.[3] 비판이론(critical theory)에 기초하며 판단을 위한 생각으로서의 사고(思考)를 의미하는 성찰이라는 단어와 함께 사용되는 단어가 '비판적 성찰'(critical reflection)이다.

비판적 성찰은 주어진 텍스트의 뜻을 분명하게 파악하고 분별하기 위해 신학적 '텍스트'와 인문과학, 사회과학, 예술 등을 비롯하여 삶의 경험 등의 상황 또는 '컨텍스트'(context)와 인물(who?)에 대한 이해 등의 상호작용으로 말미암아 숨겨진 뜻을 분별하고 이해하고자 하는 것으로서 간학문적인 특성을 지니고 있다.[4]

---

3) Thomas H. Groome, *Will There Be Faith?*(New York: Harper Collins Pub., 2011), 95.
4) *Ibid.*. 비판이론에서는 무엇(what?)보다 누구(who?)를 더 중요하게 여기는 관점으로 해석

비판적 성찰은 실천적 지혜(practical wisdom, phronesis)을 지향한다.[5] 실천적 지혜는 비판적 성찰의 과정이며 결과이다. 어원을 볼 때 실천적 지혜는 비판적 성찰이라는 과정을 거치는 신중함과 관계된다. 성급하면 어리석은 판단을 하기 쉽다는 말이기도 하다. 사람은 자신의 삶과 관련될 때, 그리고 자신의 삶과 관련된 일에 자신의 감정과 의지 등 전인적인 차원으로 개입될 때에 사람들은 더 신중하게 판단하고 지혜롭게 결정하게 된다.

비판적 성찰은 기존의 과학적 지식, 신학적 전통, 그리고 인간의 권위주의 등에 대한 타당성(validity)에 의문을 제기하며 이론을 단순하게 수용하거나, 적용하는 응용신학적 방법론을 극복하고자 하는 방법론이다.[6] 비판적 성찰은 간학문적이며 전인적인(holistic) 관점으로 권력과 통제와 주입식 전수로 말미암아 기존의 지식, 전통, 성경 해석 등에 내재 되어 있을 수 있는 은폐, 왜곡, 편견 등에 대하여 재개념화를 추구한다.

비판적 성찰의 대상은 지식이나 전통뿐만 아니라 실천의 영역도 포함한다. 지식이나 전통만 왜곡되는 것이 아니라 실천도 왜곡될 수 있다. 그러나

하며 의미를 생성해 나감. 이원일, 『성인기독교교육의 내러티브』 (서울: 한들출판사, 2017), 122-124. James N. Poling, *Rethinking Faith: A Constructive Practical Theology* (Minneapolis: Fortress Press, 2011), 152.

5) *Ibid.*. Jeanne Stevenson-Moessner, *Prelude to Practical Theology: Variations on Theory and Practice* (Nashville: Abingdon Press, 2008), 27. 단 브라우닝(Don Browning)은 실천적 지혜와 관련된 성경 구절을 마태복음 7장 24절 "그러므로 누구든지 나의 이 말을 듣고 행하는 자는 그 집을 반석 위에 지은 지혜로운 사람 같으리니"로 제시함. 그리고 실천적 지혜는 마태복음 7장 12절 "그러므로 무엇이든지 남에게 대접을 받고자 하는 대로 너희도 남을 대접하라 이것이 율법이요 선지자니라"로 제시하고 있음. 실천적 지혜와 관련해서는 다음을 참고할 것. 이원일, "실천신학과 실천적 지혜," 『성인 기독교교육의 내러티브』 (서울: 한들출판사, 2017), 12장. 기독교적 지혜는 실천적임. 하나님을 경외하는 것이 지혜의 근본(잠 9:10). 하나님 앞에 정직하게 모르는 것과 아는 것을 인정하여 소통으로 방향을 정하여 나감이 지혜임.

6) 이원일, 『미래세대와 기독교교육』 (서울: 한국장로교출판사, 2023), 345-349. James N. Poling, *Rethinking Faith: A Constructive Practical Theology*, 151, 152. 타당성과 유사한 의미로 사용할 수 있는 개념은 목적이나 상황에 대한 적절성(relevance)임. 기존의 가치와 판단을 주입하는 것이 아니라 당사자의 사정을 이해하고자 함.

비판적 성찰에서 주로 지식과 전통에 대한 왜곡을 말한다. 문제는 행동, 삶, 문화 등을 포함한 실천의 왜곡이다.[7] 왜곡된 실천(distorted practice)이다. 왜곡된 실천에 대한 비판적 성찰로서의 실천신학이기도 하다.

해석학적 실천신학 또는 내러티브 실천신학의 세 가지 유형은 비판적 과학적 방법, 비판적 고백적 방법, 비판적 상관 관계적 방법 등이다. 세 가지의 유형에 대하여 각각 개인, 교회, 사회 등으로 사역현장을 구분한다. 교회로만 제한되는 것이 아니며 개인, 사회, 세계 등의 현장에 대한 신학적 성찰을 포함한다. 특히 개인 영역이 포함해야 하는 것은 오늘날 초개인화 시대에 부응하기 위해서이다.[8]

비판적 과학적 방법

비판적 과학적 방법은 일반 인문과학 및 사회과학 등의 상황(context)이 실천신학을 위한 규범을 제공하고 신학적 전통 등의 텍스트(text)는 부차적 역할을 하는 방법론을 말한다. 인문과학 및 사회과학, 경험과 문화 등에서 출발하지만, 이에 대한 비판적 성찰의 과정을 거치면서 신학적 전통의 도움으로 개인과 신앙공동체의 실천적 신앙을 위한 실천 방안을 제시한다.

비판적 고백적 방법

비판적 고백적 방법은 기독교 전통 및 신학 등의 텍스트가 실천신학의 규

---

7) John Swinton and Harriet Mowat, *Practical Theology and Qualitative Research*, 24.

8) 실천신학에 대한 유형과 사역에 대한 구분은 다음을 참고할 것. James Poling & Donald Miller, *Foundations for a Practical Theology of Ministry* (Nashville: Abingdon Press, 1985); 강희천, 『기독교교육의 비판적 성찰』 (서울: 대한기독교서회, 1999); 이원일, 『성인 기독교교육의 재개념화』 (서울: 한들출판사, 2014); 이원일, 『미래세대와 기독교교육』 (서울: 한국장로교출판사, 2023).

범이 되고, 인문과학 및 사회과학 등의 상황은 부차적인 역할을 하는 방법론이다. 하나님의 초월성에 기초한 성경, 신학 등의 해석에 대한 비판적 성찰을 통하여 인문과학 및 사회과학의 도움으로 개인과 신앙공동체가 무엇을 해야 할 것인지에 대한 분별을 통한 실천 방안을 제시한다.

비판적 상관관계적 방법

비판적 상관관계적 방법은 교회와 사회의 관계를 이분법적으로 보거나 어느 한쪽을 비교 우위적으로 이해하기보다는 비판적 상호관계(critical correlation)를 강조한다. 교회는 교회의 신앙과 가치를 사회의 언어로 재해석하고 재개념화하려고 한다. 그리고 사회에서 통용되는 언어와 주제를 교회의 언어로 재해석하고 재개념화하고자 한다. 교회와 사회가 서로 이해하고, 더 나아가 서로 소통의 관계가 되기 위해서이다.[9] 이해와 소통으로 말미암아 개인의 신앙은 실천적이 되고, 실천적 신앙공동체로 형성되고 재형성되어 나가기 때문이다.

그리고 기독교 전통 등의 텍스트와 일반학문 등의 컨텍스트와의 상호주관적 대화와 순례자적 과정을 통하여 실천신학을 추구해 나가는 방법론이다. 상관관계 신학에서 말하는 삶의 자리에서의 물음에 대한 신학적 답을 추구하거나, 역으로 신학적 물음에 대하여 삶의 자리에 대한 답을 추구하기 위하여 일반학문과 신학의 상호 비판적 성찰을 강조한다. 또한 하나님의 내재성과 하나님의 초월성에 대한 관점에서의 신학적 해석에 대한 비판적 성찰과 인문과학 및 사회과학에 대한 비판적 성찰 등의 상호작용을 추구한다. 인문과학 및 사회과학과 신학의 비판적 상관관계의 방법으로 실천 방안을 제시한다.

---

9) James N. Poling, *Rethinking Faith: A Constructive Practical Theology*, 151.

실천신학적 접근에 의한 유형 분류

이상에서 언급한 내러티브에 기초한 해석학적 실천신학에서 비판적 과학적 방법론, 비판적 고백적 방법론, 그리고 비판적 상관관계적 방법론 등의 세 가지 방법론에서 공통적인 것은 세 가지의 방법론 모두 비판적 성찰에 의한 간학문성을 기초로 하고 있다는 점이다. 간학문성을 기초로 하는 방법론을 달리 말하자면 비판적 통합성을 추구하는 방법론이다.

비판적 과학적 방법, 비판적 고백적 방법, 그리고 비판적 상관 관계적 방법 등으로 대표되는 세 가지의 유형에 의한 실천적 방안을 사역현장과 세대에 따라 분류해 보면 다음과 같다. 사역현장의 경우 개인, 교회, 사회 등의 현장 등이다.

사역현장을 교회와 사회 등으로 분류한 폴링과 강희천 등과 달리 본 저서에서는 개인도 사역현장으로 여긴다. 이는 오늘날 나노(nano) 사회를 맞이하여 초 개인주의 시대와 관련해서이다. 오늘날 실천신학에서 개인은 주요한 사역의 대상이면서 사역현장으로 여겨져야 한다. 따라서 사역현장은 개인, 교회, 사회 등으로 구분된다. 그리고 사역현장으로서 사회에는 가정, 학교, 사회, 생태계, 그리고 세계 등이 포함된다.

세대의 경우 침묵 세대, 베이비 붐 세대, X 세대, Y 세대 등을 비롯하여 오늘날 MZ 세대와 P(A) 세대를 포함하고자 한다. 발달심리학적인 차원을 고려하면서 무엇보다 시대적이며 역사적인 상황을 고려하는 차원에서 각 세대의 역량을 탐색하고자 한다. 그리고 해석학적 실천신학의 세 가지 유형은 사역현장과 세대로 각각 교차하여 그물 유형으로 구체화 된다.

내러티브 실천신학 또는 해석학적 실천신학은 비판적 통합성의 실천신학이다. 해석학적 실천신학의 관점에서 간학문성과 사역의 대표적인 현장들을 중심으로 실천신학의 유형들을 분류한 것이다. 여기서 간학문성의 정도에는 차이를 둘 수 있으며, 사역현장들은 상황에 따라 더 구체적으로 세분할 수 있다. 실천신학의 유형 분류를 도표로 정리하자면 다음과 같다.

<표1> 해석학적 실천신학의 유형

간학문성\사역현장	개인	교회	사회
비판적 과학적 방법	(1)	(2)	(3)
비판적 고백적 방법	(4)	(5)	(6)
비판적 상관관계적 방법	(7)	(8)	(9)

위에서 언급한 해석학적 실천신학의 9가지 유형에 대하여 (1)~(3)의 유형
은 10장에서 구체적으로 언급할 것이며, (4)~(6)의 유형에 대해서도 11장
에서 구체적으로 언급하고자 한다. 그리고 (7)~(9)의 유형들의 경우도 12장
에서 구체적으로 언급할 것이다.

2. 해석학적 실천신학과 프락시스 과정

해석학적 실천신학의 간학문성은 프락시스(praxis)의 과정으로 추구된다.
신학과 사회과학은 하나님의 존재에 대하여 이질적일 수 있다. 각 학문 분야
에서의 연구결과를 단순하게 적용하는 것에는 위험이 따른다.10) 따라서 절
차적이며 과정적인 비판적 성찰이 요구된다.

해석학적 실천신학의 프락시스 과정에 대한 신학적 기초는 예수 그리스
도의 인성과 신성, 예수 그리스도의 삼중직, 예수 그리스도의 몸 된 교회의
다섯 가지 사역 등으로 삶에서 구체적이면서 과정적으로 나타난다. 따라서
해석학적 실천신학은 성육신적 예수 그리스도의 프락시스(Christ praxis, 눅
24:13-35)에 기초한다.

---

10) James N. Poling, *Rethinking Faith: A Constructive Practical Theology*, 156, 157.

해석학적 실천신학의 프락시스 과정은 무엇보다 이분법적 구조를 극복하고자 하는 과정이다. 프락시스 과정이란 이론과 실제, 지식과 경험, 목회자와 평신도, 교회 안과 교회 밖, 텍스트와 컨텍스트, 신학과 사회과학 등의 이분법적 구조를 넘어서고자 하는 통합적인 실천적 과정이다. 통합적인 실천적 과정은 관계성이라고도 하는 사이성(betweenness, liminality, relevance)에 의해서이다.11) 실천신학자들이 말하는 프락시스 과정의 요소들과 실천적 과정의 특징은 무엇인가?

폴 리쾨르(Paul Riceour, 1913~2005)

해석학적 실천신학에서의 프락시스 과정은 프랑스의 철학적이기도 하고 신학적이기도 한 해석학자인 리쾨르에 의해서 소개되었다. 리쾨르는 내러티브의 플롯(plot)을 구성해 나가는 과정으로서 미메시스(mimesis)의 세 가지 과정으로 말하고 있다. 세 가지 과정에 대하여 리쾨르는 해석학적 순환(circle)이라는 말 대신에 해석학적 호(arc)라고 말한다.12)

해석학적 순환은 부분과 전체 사이의 상호작용을 강조하고 의미한다. 그러나 해석학적 호는 기승전결이라는 이야기 과정을 통한 해석 과정을 의미한다는 점에서 차이가 있다. 그러나 해석은 각 요소 간의 상호작용과 과정을 통하여 이해에 이르게 된다는 점에서 볼 때 '순환'과 '호'가 지닌 의미에 큰 차이는 없다. 부분과 전체의 순환 관계는 기승전결이라는 과정으로 진행되기 때문이다. 리쾨르가 말하는 미메시스 과정들의 특징들은 다음과 같다.13)

---

11) 이원일, 『성인기독교교육의 내러티브』 (서울: 한들출판사, 2017), 215-218.

12) Paul Ricoeur, *Time And Narrative Vol.1*, trans. Kathleen Blamey and David Pellauer (Chicago: The University of Chicago Press, 1984), 34, 45, 48. Sally A. Brown, "Hermeneutical Theory," in *The Wiley-Blackwell Company to Practical Theology*, 116.

13) 이원일, 『해석학과 기독교교육현장』 (서울: 한국장로교출판사, 2008), 36-41.

미메시스(1)의 과정은 현재의 삶을 살아가는 행동을 이해하고자 하는 과정이다. 행동에 대한 이해를 추구하는 것을 중요하게 여긴다. 개인적인 행동만 아니라 집단적인 행동도 이해의 범위에 포함된다. 행동을 달리 말하자면 삶의 자리라고 하는 공간 속에서 일어나는 삶의 모습이다. 리쾨르는 인간의 행동이나 삶을 일종의 텍스트로 여기며 이해의 대상으로 여긴다. 그리고 인간의 행동과 삶은 시간 속에 일어난다. 과거, 현재, 그리고 미래 등의 시간이다.

미메시스(2)의 과정은 삶에서의 행동에 대한 의미를 깨닫기 위해 텍스트를 알아가는 과정이다. 리쾨르는 텍스트를 플롯이라고 한다. 플롯의 구성요소들은 인물, 사태, 배경 등으로 이 세 가지의 요소들이 융합되어 있다. 플롯으로서의 텍스트를 알아가는 과정이다. 그리고 리쾨르에게 있어서 텍스트는 매번 다르게 연주될 수 있는 음악의 악보와 같다. 같은 악보라도 연주자에 따라 다르게 연주되듯이, 해석자에 따라 텍스트는 독특하게 해석될 수 있다.

미메시스(3)의 과정은 삶과 텍스트의 교차점에서 깨달은 구속사적이며 실천적 의미를 전유(appropriation)하는 과정이다. 전유는 나의 것으로 만든다는 뜻이다. 깨달음(understanding)과 같은 의미이다. 십자가의 구속사적 의미에 대한 깨달음으로 나의 삶으로 살아가며, 공유해 나가는 것이다. 이 깨달음의 단계를 리쾨르는 제2의 순진성이라고 한다. 그리고 제2의 순진성은 비판적 성찰의 과정을 거친 실천적 신앙을 말한다.

리쾨르가 말하는 미메시스의 세 가지 과정은 전이해, 이해, 그리고 전유 등이다. 세 가지 과정에서 전이해는 텍스트 뒤의 세계를 말한다. 경험과 오감각 등의 컨텍스트에 의한 관찰 및 탐구 등이다. 이해는 텍스트의 세계를 말한다. 텍스트와 컨텍스트의 상호작용으로 말미암는 분별의 과정이다. 그리고 전유는 텍스트 앞의 세계를 말한다. 분별로 말미암아 자신의 삶 가운데서 앞으로 신앙으로 실천하기 등에 각각 해당한다.[14]

---

14) R. Ruard Ganzevoort, "Narrative Approaches," in *The Wiley-Blackwell Companion to Practical Theology*, 216. 전이해는 world behind the text, 이해는 world of the text,

따라서 리쾨르의 미메시스 과정은 실천신학적이다. 리쾨르의 사상은 간단하게 요약하기 어려울 정도로 난해하지만 본서에서는 리쾨르의 핵심 사상은 실천적 신앙에 있음을 말하고자 한다. 이후 실천신학자들은 리쾨르의 미메시스 과정에 많은 영향을 받았다. 그들은 신학적 성찰을 통하여 자신의 실천신학적 프락시스로 언급하고 있다.

토마스 그룹(Thomas Groome, 1945~2014)

실천신학의 간학문적인 프락시스 과정에 대해서 토마스 그룹은 현재의 행동, 비판적 성찰, 대화, 성경 이야기, 성경 이야기로부터의 비전 등으로 언급하고 있다.15) 프락시스의 과정을 처음 언급한 이후 20여 년이 지난 뒤에도 유사한 맥락에서 다음과 같이 다섯 가지의 실천적 과정들을 언급하고 있다.

누가복음 24장 13절에서 35절까지의 내용을 다섯 가지의 해석학적인 실천적 과정으로 말하고 있다.16) 그룹은 다섯 가지의 해석학적인 실천적 과정을 움직임들(movements)라고 말한다. 다섯 과정은 순차적인 단계이기보다는 상호관계적인 순환 관계임을 말한다.

첫째 무브먼트, 현재 겪고 있는 삶으로서 현재 삶의 자리라고 하는 컨텍스트에 대한 이해를 추구하는 과정이다. 자신이나 공동체의 삶의 자리에 어떤 딜레마(dilemma)들이 있는지를 살펴보며 파악하고자 하는 과정이다(눅

전유는 world in front of the text 등에 각각 해당함.

15) Thomas H. Groome, *Christian Religious Education* (San Francisco: Harper & Row, 1980), 184. Thomas H. Groome, *Will There Be Faith?: A New Vision for Educating and Growing Disciples* (NY: HarperCollins Publishers, 2011), Chap., 8. 그룹은 8장에서 35년 동안 프락시스 접근으로 영유아, 아동, 청소년, 청년, 성인 등의 모든 세대에 대하여 신앙교육을 한 경우들에 대하여 구체적으로 제시하고 있음.

16) Thomas H. Groome, *Will There Be Faith?* 조영관·김영이·임숙희 옮김, 『신앙은 지속될 수 있을까?』(서울: 가톨릭대학교출판부, 2014), 59, 130, 161, 414; 이원일, 『미래세대와 기독교교육』(서울: 한국장로교출판사, 2023), 99.

24:13-17).

둘째 무브먼트, 현재의 삶에 대한 성찰로서 현재의 삶에서 일어나는 불협화음, 갈등 등의 원인이 무엇인지를 성찰하는 과정이다. 표면적인 원인을 넘어서서 심층적인 원인을 알고자 하는 과정이다(눅 24:18-24).

셋째 무브먼트, 성경 텍스트에 대한 이해로서 삶의 자리에서 일어나는 딜레마와 관련하여 성경에서는 무엇이라고 말하고 있는지를 성경을 통하여 이해하고자 하는 과정이다. 성경을 해석하는 과정이다(눅 24:25-27). 27절에서의 '설명'은 '해석'이라는 의미이다.

넷째 무브먼트, 시간이 소요되더라도 스스로 깨닫도록 하며 내면화하고 전유하는 과정이다. 프락시스의 과정에서 하나님의 뜻을 분별하며 살아가기 위해서는 전유라고 하는 스스로 깨달음의 넷째 과정이 중요하다. 달리 말하면 침묵의 영성이라고도 할 수 있다. 영적인 삶을 위한 분별을 위해서는 이성과 토론에 못지않게 침묵과 물러섬의 시간도 중요하다(눅 24:28-31).

다섯째 무브먼트, 변화된 삶으로 살아가는 과정이다. 성경의 이야기가 나의 이야기, 우리의 이야기가 되고, 성경의 비전이 나의 비전 또는 우리의 비전이 되는 과정이다. 이미지를 통하여 마음의 눈으로 보게 될 때 사람은 행동하게 된다. 삶으로 나타난다. 삶은 앞날에 대한 꿈 또는 비전을 보게 될 때 실천적 차원에서의 변화가 일어난다.

리차드 아스머(Richard R. Osmer, 1950~)

리차드 니버의 섭리론에 영향을 받은 라차드 아스머는 실천신학에서 간학문적 프락시스의 과정을 그리스도의 삼중직의 관점으로 언급하고 있다. 서술적 경험적 과정, 해석적 과정, 규범적 과정, 그리고 실용적 과정 등이다.17) 아스머는 삼중직에서 왕의 사역, 예언자의 사역, 제사장의 사역 등과 함께 지혜자의 사역을 더 포함하고 있다.

아스머의 분별과 행동을 위한 프락시스의 과정은 리처드 니버의 신학에 기초하고 있다. 니버는 하나님의 섭리에 기초하여 분별과 행동을 위한 일차적 관심은 '목적이 무엇인가?' 또는 '나의 궁극적인 원칙이 무엇인가?'에 있는 것이 아니다.18) 오히려 '무엇이 진행되고 있는가?' '나에게 일어나고 있는 것은 무엇인가?' '왜 나에게 이러한 일이 일어났는가?' '하나님은 무엇을 행하고 계시는가?' '일어나고 있는 일에 대한 그리스도인의 적합한(fitting) 응답은 무엇인가?' '우리가 무엇을 해야 하는가?' 등이다.

니버는 응답의 실천신학에 대한 대표적인 예로서 요셉(창 50:20)을 들고 있다. 요셉의 행동은 토마스 아퀴나스의 선이나 임마누엘 칸트의 옳음에 기초하지 않는다. 요셉의 행동은 하나님의 행하심에 대한 응답에 기초한다. 하나님의 섭리에 대한 응답으로 형제들에게 마땅히 행해야 할 것을 행하는 것으로서의 실천신학이다. 하나님의 섭리에 응답하는 실천신학이다.

첫째, 서술적 경험적 과정. 지혜자의 사역에 해당하는 서술적 경험적 과정은 서술적 경험적 과정은 성문서에서 강조되는 지혜자에 해당한다. 현재 일어나고 있는 일들에 대한 서술의 과정이다. 무엇이 일어나고 있는가? 개인 또는 공동체에서 현재 일어나고 있는 일이 무엇인지 현상에 대한 물음이며 이에 대한 서술이다.

둘째, 해석적 과정. 예언자의 사역에 해당하며, 현재 일어나고 있는 현상들의 원인이 무엇인지를 규명하는 것이다. 왜 이러한 일들이 일어나고 있는가? 근본적인 원인이 무엇인지 예언자적 상상력으로 성찰하며, 이 물음에

---

17) Richard R. Osmer, *Practical Theology: An Introduction* (Grand Rapids, Michigan: William B. Eerdmans Pub, Co., 2008); 이원일, 『성인기독교교육의 내러티브』 (서울: 한들출판사, 2017), 237-247. 리차드 니버의 섭리론과 관련한 응답의 윤리에 대하여는 다음 책의 각주 101)을 참고할 것. 이원일, 『성인기독교교육의 재개념화』 (서울: 한들출판사, 2014), 147.

18) H. Richard Niebuhr, *The Responsible Self: An Essay in Christian Moral Philosophy* (New York: Harper & Row Pub., 1963). 이원일, 『성인기독교교육의 재개념화』, 147-153 에서 재인용.

답하는 과정이다.

셋째, 규범적 과정. 제사장의 사역에 해당하며, 성경에서는 무엇이라고 대답하고 있는가? 신학에서는 무엇이라고 대답하고 있는가? 이러한 물음들에 대한 답을 추구한다. 앞선 서술적 경험적 차원, 해석적 차원들과의 통합으로 영적인 분별을 찾아 나가는 과정이다.

넷째, 실용적 과정. 왕의 사역에 해당하며, 삶의 자리에서 발생하는 문제 현상과 성경 및 신학에 대한 성찰로 말미암아 분별이 일어나며, 분별로 말미암아 실천적 삶을 살아나가는 과정이다. 분별로 말미암는 구속사적 의미를 오늘의 삶에서 실천하며 공유하는 과정이다.

제임스 폴링(James N. Poling, 1942~)

폴링은 콜게이트 신학대학원과 게렛 신학대학원에서 목회신학과 상담학 교수를 역임했으며, 현재 생존하고 있으며, 현재는 게렛 신학대학원 명예교수이며, 미국 목회상담협회와 미국 결혼 가족 치료협회 위원을 맡고 있다. 과정 신학과 정신분석적 대상 관계이론에 기초하여 성폭력과 개인적 차원 및 사회적 차원 등의 상관관계에 대하여 비판적으로 성찰하고 있다.

신학적인 차원에서 폴링은 하나님의 세 가지 특성을 말하고 있다. 관계성을 추구하는 것을 목적으로 하는 관계적인 하나님, 성폭력 피해에 대해서 침묵하고 있는 것 같아서 인간의 이성으로는 이해하기 어려운 애매성의 하나님, 그리고 희망의 실천신학을 말하면서 모든 상처를 치유하는 회복의 하나님 등이다.

개인 및 공동체에 대한 사역을 위한 실천신학적인 성찰을 네 단계(steps)로 제시하고 있다. 기독교 공동체들의 실천에 대한 성찰, 실천의 장으로서 사회적 및 문화적 컨텍스트에 대한 성찰, 실천의 성경적 및 신학적 뿌리에 대한 성찰, 특별한 신앙공동체를 위한 새롭고 변혁적인 실천을 계획하고 실

행하기 등이다.19)

첫째, 갈등에 대한 성찰. 실천에 대한 성찰이란 예배, 성경 공부, 봉사 등으로 함께 모이는 신앙공동체에 어떤 일이 일어나는지에 대한 성찰이다.20) 회중들이 소속하고 있는 신앙공동체는 기존의 친숙한 것에 대한 새로운 것의 도전으로 말미암는 갈등 공동체이다. 신앙공동체에 어떤 갈등이 있으며, 그리고 일어나고 있는가? 회중은 다양한 모임을 통하여 신앙의 갈등에 대하여 정기적으로 성찰하는 시간을 가져야 한다. 성찰의 시간에 중요한 것은 실천신학의 과업인 다양한 목소리를 듣는 것이며, 다양한 목소리 중에서도 침묵하고 있는 목소리도 듣고자 하는 것이다.21)

둘째, 컨텍스트에 대한 사회적, 문화적 성찰. 회중이 속해 있는 지역사회에 대하여 사회과학의 방법으로 조사 및 분석을 하는 과정이다.22) 지역사회는 사회적으로 그리고 문화적으로 어떤 특징들이 있는가? 이외의 방법으로 사역의 지도자는 회중들이 다양한 미디어를 통해서 읽거나, 보거나, 듣거나, 참여하는 등의 프로그램은 어떤 것이 있는지 알고자 한다. 가부장적 사회(patriarchal society) 가운데 살아가고 있는 회중들의 일상생활에 내재 되어 있는 문제들을 예상하고 도움이 필요한 사람들을 위해 도움을 제공할 수 있는 자원들은 무엇이 있는가?

셋째, 실천의 성경적 및 신학적 뿌리에 대한 성찰. 성경과 성경 해석에 대한 성찰 단계이다.23) 성경 해석은 그리스도인의 정체성을 형성과 관련된다.

---

19) James Newton Poling, *Rethinking Faith: A Constructive Practical Theology* (Minneapolis: Fortress Press, 2011), 142, 154, 폴링이 제시하고 있는 과정은 다음의 여섯 과정이기도 함. 다른 사람과의 만남을 통한 생경험(lived experience)에 대한 서술, 관심에 대한 비판적 성찰, 문화와 기독교 전통의 상관관계에 대한 성찰, 의미와 가치에 대한 해석, 해석에 대한 비판, 특별한 공동체에 대한 가이드라인과 구체적인 계획 등.

20) *Ibid.*, 142, 143

21) *Ibid.*, 168.

22) *Ibid.*, 144, 145,

23) *Ibid.*, 146.

그리고 신학에 대한 성찰의 단계이기도 하다. 삼위일체 하나님은 누구인가? 하나님은 우리가 무엇을 하기를 원하는가? 그리스도 예수가 자신의 사역에서 실행한 사랑의 의미는 무엇인가? 신학과 문화의 성찰로 말미암는 상관관계는 무엇인가? 오늘날 신학적인 차원과 문화적인 차원 등에서 제기하는 간문화적 주제(intercultural issues)는 무엇인가? 간문화적인 갈등의 주제들은 무엇인가?

넷째, 신앙공동체를 위한 새롭고 변혁적인 실천을 계획하고 실행하기. 실천신학의 실제적인 관건은 해당하는 신앙공동체를 위한 새로운 실천으로 이어지느냐의 여부이다. 그리스도인의 삶은 성찰 이상이 필요하다. 신앙에는 실천의 요소가 본질적으로 내재 되어 있다. 기독교의 신앙은 실천적이다. 실천적 신앙이다. 따라서 신앙은 실천을 요구한다. 폴링은 '그래서 어떻게 할 것인가?'(so what)에 대한 응답으로서 실천은 '구원의 차이'(salvific differences)를 만듦에 대해 말하고 있다.24) 회중적, 사회문화적, 신학적 성찰을 통하여 변혁적이며 새로운 실천을 계획하고 실행함으로 신앙인과 신앙공동체는 정체성을 형성하고 재형성해 나간다.

프락시스 과정들의 특징

(1) 이상에서 살펴본 신학자들이 말하고 있는 간학문적인 프락시스의 과정은 삶의 자리에서 경험을 중요하게 여기며, 삶의 자리에서 종교적 갈등, 이념 갈등 등 다양한 갈등 해결을 위해 해석학적 순환 관계로 진행하는 공통점이 있다. 해석학적 순환 관계에서 언급된 구성요소들은 반드시 정해진 순서에 따라 순차적으로 진행되는 것은 아니다. 오히려 리듬에 따라 춤추는 삼위일체적 페리코레시스의 과정으로 진행된다. 프락시스 과정은 예술적인

---

24) *Ibid.*, 147.

과정이다.

(2) 그리고 토마스 그룹이 말한 '성경 텍스트에 대한 이해'와 라차드 아스머가 말한 '규범적 과정'은 현재의 문제와 원인에 대하여 처방 차원에서의 텍스트에 해당한다. 성경 및 신학으로서의 텍스트이다. 일차적 텍스트이다. 그러나 텍스트를 반드시 성경과 신학으로만 제한하게 되면 다양한 문제에 대한 실천적 대안을 모색하는데 구체적이지 못하게 된다.

(3) 따라서 텍스트는 성경과 신학으로만 제한하기보다는 의미를 생성할 수 있다고 여기는 사회과학 등도 신학적 성찰을 위한 텍스트로 여겨야 한다. 일반학문도 성례전적인 속성(sacramentality)을 지니고 있다. 모든 것은 성례전적 이다. 성례전적이라는 말의 의미는 세속적으로 여겨지는 다양한 대상도 하나님 계시를 위한 가능성을 갖고 있으며 계시를 향해 열려 있음을 말한다.

(4) 하나님 계시 가능성을 향해 열려 있는 모든 것은 성례전적 텍스트(sacramental text)이다. 하나님의 계시는 성경뿐만 아니라 다양한 성례전적 텍스트를 통하여서도 일어난다. 성례전적 텍스트는 하나님의 계시를 담고 있는 생태계, 문화, 학문, 인물, 경험 등이다. 이뿐만 아니라 역사도 현재의 갈등과 미래의 방향을 위한 계시 가능성을 가진 중요한 성례전적 텍스트이다. 과거의 역사가 지닌 성례전적 텍스트성은 경시되고 있는 부분이기도 하다.

(5) 성례전적 텍스트에 해당하는 것으로서 행동도 중요한 성례전적 텍스트이다.25) 이외에 대상뿐만 아니라 방법의 차원도 성례성을 지니고 있다. '사례 연구'(case study)에서 말하는 사례도 문제해결을 위한 중요한 하나의 성례전적 텍스트이다. 정리하자면 성례전적 텍스트는 'why?'라고 하는 물음을 중요하게 여긴다. 'why?'라고 하는 물음을 가지고 대화를 나누는 자체가 그 대상을 성례전적 텍스트로 여기는 것이다. 더 나아가 성례전적 텍스트

---

25) R. Ruard Ganzevoort, "Narrative Approaches," in *The Wiley-Blackwell Companion to Practical Theology*, 216.

에 대한 뜻 또는 의미를 분별하기 위한 과정이며 방법이기도 하다.

(6) 실천신학을 말하고 있는 엘리스 넬슨의 물음은 '신앙은 어떻게 성장할 수 있는가?'이다. 이 물음에 대하여 신앙공동체에서의 상호작용에 의한 경험으로 말미암아 신앙은 성장한다고 말한다.26) 캐나다계 미국인 심리학자이며 사회학습이론가인 반두리(Albert Bandura, 1925~2021)가 말한 모방학습과 사회화에 기초한 깨달음과 성장이다. 더 나아가 실천적 신앙의 성장은 프락시스 과정으로 가능하다. 실천적 신앙은 순환 관계에 의한 삼위일체 하나님의 상호주관적 공동체성, 대화적 상호주관성, 그리고 섭리적 프락시스 등에 대한 신앙이다.

(7) 해석학적 실천신학에서 실천적 신앙의 성장은 신앙공동체에서의 경험을 포함하지만 여기서 더 나아가 프락시스의 과정으로 구속사적 의미(redemptive-historical meaning)를 형성한다. 사람의 행동과 삶의 변화는 모방이나 의식화를 넘어서서 궁극적으로는 성육화에 의한 구속사적 의미에 의해서이다. 달리 말하자면 해석학적 실천신학이란 그리스도의 사랑을 이웃의 눈에 보이도록 하는 것이다. 마찬가지로 이웃에게 보이는 사랑으로 그리스도를 깨닫도록 한다.27)

(8) 실천적 신앙은 어떻게 성장하는가? 어떻게 구원받는 신앙이 될 수 있는가? 구속사적 의미를 형성하고 재형성하는 프락시스 과정에 의해서이다. 실천적 신앙은 비판적 성찰에 의한 프락시스의 과정으로 성장한다. 프락시스 과정으로의 성장은 직선적인 성장을 말하지 않는다. 순환적 관계를 통하여 계속 변화하고 변형되어 가는 의미에서의 성장이다. 프락시스 과정에 참여함을 통한 배움과 성장이다. 실천적 신앙은 실천신학에 참여함을 통해 성

---

26) C. Ellis Nelson, *How Faith Matures* (Louisville, Kentucky, Westminster/john Knox Press, 1989), 11, 18, 61, 83-85, 109-110, 127-130, 153. The distinctive feature of practical theology is its involvement in contemporary life situations ··· the actual congregational situation ···

27) Jeanne Stevenson-Moessner, *Prelude to Practical Theology*, 52.

장한다.28)

(9) 실천적 신앙의 성장은 희망과 좌절을 거듭하면서도 하나님 나라를 지향하면서 나아가는 구속사적 의미로 말미암는 성장이다. 사람의 행동과 삶의 변화는 궁극적으로 구속사적 의미로 말미암는다. 삼위일체 하나님의 프락시스 과정으로 말미암는 실천적인 구속사적 신앙은 순례자적 과정성의 특성(a pilgrimage-historical nature)을 지니고 있다.

(10) 프락시스 과정에 의한 실천적 신앙은 예배, 교육, 친교, 봉사, 전도 및 선교 등의 교회 존재의 표상 양식으로 나타낼 수 있다.29) 그러나 중요한 것은 교회를 핵심적인 사역현장으로 여기지만 소명의 개념에 대해 그 의의를 밝혔듯이 교회 밖 삶의 현장도 중요하게 여긴다. 우울증, 주변인, 갈등, 리더십 등의 시대적 변화와 일상적 삶의 자리에서 일어나는 문제들(issues)과 도전들에 대한 소명이라는 표상 양식의 차원에서 실천적 사역이다 .

(11) 프락시스 과정에서 분별은 하나님의 뜻에 대한 분별이다. 하나님의 프락시스에 대한 실천적 신앙으로 하나님의 뜻에 대한 분별이다. 하나님의 뜻에 대한 분별은 전인적이며 영적인 분별이다. 전인적 분별과 영적 분별은

---

28) Carl Savage and William Presnell, *Narrative Research in Ministry: A Postmodern Research Approach for Faith Comminities* (Louisville: Wayne E. Oates Institute, 2008), 16, 17.

29) 은준관, 실천적 교회론(서울: 대한기독교서회, 1999). 은준관(殷俊寬, 1933~2023)은 소천하기 불과 2~3개월 전인 2022년 9~11월까지 행한 세미나에서 자신의 실천적 교회론에 기초하여 교회학교는 학교 패러다임으로부터 신앙공동체 패러다임으로 변화해야 할 것을 강조함. 따라서 어린이·청소년교회 운동을 했음. 어린이·청소년은 사역에서 방관자가 아니라 주체(subject)가 되어야 함을 언급함. 어린이·청소년 교회를 위해 부르심, 세우심, 보내심 등의 세가지의 구조와 이에 해당하는 부르심에는 예배, 세우심에는 교육, 보내심에는 봉사, 전도 및 선교 등을 각각 말하고 있음. 친교 사역에 대해서는 강조하지 않음. 그의 고별 세미나에서는 '삶의 자리'(context)에 대한 비판적 성찰을 강조하기도 함. 컨텍스트에 대한 분석을 위한 지표들로는 교회 현황, 교회 역사, 지역 상황, 물리적 잠재력, 인적 잠재력, 영적 잠재력, 교회학교 발전을 저해하는 요인 등으로 분석할 것을 말함. 삶의 상황에 대한 분석에 기초하여 어린이·청소년 교회의 '사명선언문'(mission statement), 예배, 교실 교육, 봉사 및 선교 등에 대한 '실천목표'를 각각 세우고 더 나아가 각각에 대한 '실천계획'을 세워 추진할 것을 강조함.

이분법적 관계가 아니다. 상호 순환적 관계이다.

(12) 하나님의 뜻은 궁극적으로 관계성에 있다. 하나님과의 관계와 이웃과의 관계이다(마 22:37-40; 눅 10:25-37). 갈등적인 문제에 대한 분별로 말미암는 문제해결, 어떤 일의 목표를 성취하고자 하는 과업 등도 하나님의 뜻이지만, 고난에 대한 하나님의 뜻을 포함하여 모든 하나님의 뜻은 궁극적으로 그리스도를 따르는 관계성 회복, 지속, 그리고 성숙이다.

(13) 전인적이며 영적인 분별에 의한 하나님의 뜻은 상호주관적이며 대화적이며 순례자적인 관계성에 있다.[30] 관계성은 친밀성을 의미한다. 친밀한 관계이다. 예수를 따름으로 하나님과의 친밀한 관계와 이웃과의 친밀한 관계를 형성과 재형성하는 것으로 하나님의 뜻은 수렴된다. 재형성은 변혁 또는 재구조화를 의미한다. 하나님과의 관계가 어떻게 되어 있는가? 이웃과의 관계가 어떻게 되어 있는가? 자신과의 관계는 어떻게 되어 있는가? 그리스도를 따르는 구원 받는 삶인가? 이러한 물음이 해석학적 실천신학의 관점에서 말하는 하나님의 뜻이다.

3. 해석학적 실천신학과 현장

하나님은 개인, 교회, 그리고 일상적인 삶의 자리에서 하나님 나라를 이루어 나간다. 일상적인 삶의 자리로서 삶의 현장도 신학적 성찰의 대상이다. 삶의 현장도 하나님의 프락시스 과정에서는 주요한 영역인 것이다. 이것이 해석학적 실천신학의 특징 중 하나이기도 하다. 해석학적 실천신학의 관점

---

30) 이원일, 『성인기독교교육의 재개념화』, 73, 75. 인간의 발달단계에 있어서도 최고의 단계를 자율성에 두고 있는 입장과 관계성에 두고 있는 입장이 있음. 해석학적 관점에서는 자율성도 결국 관계성을 위한 것임을 말함. 하나님 사랑과 이웃 사랑을 말함. 예수 그리스도를 따름에 의한 통합적 관계성을 말함

에서 현장에 대한 언급은 『해석학과 기독교교육현장』31) 등에서 언급하고 있으며, 본 저서에서는 시대의 흐름에 따른 보완적인 차원에서 언급하고자 한다.

일상적 삶의 현장과 관련한 오늘날의 특징은 세계화(globalization)이다. 지구촌(global village)이라고도 한다. 예전에는 지구 반대편에 일어난 일에 대하여 일 년 또는 한 달 지나야 알게 되었던 것을 지금은 세계 어디에서 일어나는 일이든지 실시간으로 알 수 있게 되었다. 세계 간의 정보 교류가 활발하기 때문이다.32)

세계화는 무엇보다 과학 기술의 발전으로 인한 정보화(informatization)로 말미암는다. 오늘날 21세기는 제4차 산업혁명이라는 급변하는 시대의 한가운데 놓여 있다. 4차 산업혁명 가운데서 인공지능(artificial Intelligence, A.I.)으로 대표되는 디지털 혁명은 인간의 의식과 문화 등 다방면으로 변화를 확장하고 심화하고 있다.

그러나 디지털 혁명으로 말미암는 세계화에 대한 반발로 배타적인 민족주의와 종교적 근본주의가 일어나고 있기도 한다. 세계화를 위한 세력과 민족주의 및 종교적 근본주의 세력은 지구촌 곳곳에서 가치에 대한 갈등으로 충돌하고 있다. 이러한 갈등에도 불구하고 컴퓨터, 인터넷, 스마트폰 등으로 말미암는 정보화로 말미암아 오늘날의 세계는 하나의 마을이 되고 있다.

세계화의 시대로 말미암는 실천신학 현장의 특징은 저출생 및 고령화와 개인의 독특성 강조, 가정의 위기 또는 변화, 비대면 사역과 가상교회의 출현, 다문화학교 교육 및 대안학교의 확대, 다문화 사회 및 글로벌 시민사회의 강화 등이다.

---

31) 이원일, 『해석학과 기독교교육현장』 (서울: 한국장로교출판사, 2008).
32) 이원일, 『성인기독교교육의 재개념화』, 14-22.

저출생 및 고령화와 개인주의

인구학적인 측면에서 저출생은 세계적인 경향이지만 한국 사회의 저출생은 심각하다고 할 수 있다. 우선 여성만의 문제로 지적될 수 있는 저출산이라는 개념에 대한 재개념화로 저출생이라는 개념을 사용하고 있다. 저출산이 아닌 저출생이다.

한국에서 2024년 평균 출생율은 0.7명이다. 한 사회가 유지되기 위한 출생율은 2.1명인데 비해 매우 낮은 수치이다. 저출생을 극복하기 위한 방안으로 재정적인 지원이 언급되고 있다. 그러나 일부에서는 저출생의 원인은 재정이 아니라 가정에 대한 가치관의 문제라고 말한다. 더 나아가 난임의 비중도 높아지고 있다. 난임 치료와 관련하여 제3자 보조 출생 등에 대한 윤리적인 문제가 실천신학적 차원에서 제기되고 있다.

인구의 기대수명이 높아짐으로 말미암는 인구 고령의 문제도 제기되고 있다. UN이 정한 기준에 의하여 65세 인구의 비율에 따라 고령화 사회(7% 이상), 고령사회(14% 이상), 초고령사회(20% 이상) 등으로 구분한다. 한국에서는 2024년 말을 기점으로 초고령 사회에 진입했다.

초고령 사회에서 요양(병)원이라는 단어는 오늘을 살아가는 사람들에게 점점 익숙해 지고 있다. 마지막 여생을 평생 살았던 가정 대신에 시설에서 보내는 시대이다. 실천신학의 관점에서 볼 때 요양(병)원에서 여생을 보내는 노령인구에 대한 영적 돌봄을 위해 원목(chaplain)의 중요성이 높아지고 있다.33) 원목은 위기 사역, 상담, 성례전, 예배, 교육, 윤리적 의사 결정 지원, 직원 지원, 지역 교회와의 협력 등에 해당하는 사역(chaplaincy)을 한다.

---

33) John Swinton and Harriet Mowat, *Practical Theology and Qualitative Research* (London: SCM Press, 2009), Chap. 6. "Researching Ministry: What do Chaplains Do?," 163. 원목(chaplain in hospital)은 병원에서 사역(chaplaincy)을 하는 목회자를 말하며, 병원이외에도 대학 및 미션스쿨의 교목, 군대의 군목 등의 이름으로 사역하고 있으며, 이외에도 교도소, 휴양지 등에서도 사역하고 있음.

좀 더 거시적 차원에서 바라보면 오늘날의 개인들은 디지털 매체로 말미암는 세계화 시대를 살고 있으며, 개인의 독특성이 강조되고 있는 시대를 살고 있다. 디지털 세대를 비롯하여 다양한 세대에서는 디지털 매체를 익숙하게 활용해서 자신의 생각을 다양하고도 적극적으로 표현하고 있다. 다양한 디지털 매체를 통한 현실 문제에 참여도 적극적이다. 공동체 중심의 사회에서 개인 중심의 사회를 거쳐 공동체적 개인 중심의 사회로 변화되어 가고 있다.

오늘날을 인공지능(A.I.)으로 말미암는 나노(nano) 사회라고도 한다. 나노는 10억분의 1을 말한다. 나노 사회란 초개인화 사회를 말한다. 1인 가구 등으로 인한 나노 사회는 인공지능 등 디지털 매체의 발달과 이에 익숙한 세대로 말미암아 극단적 개인주의를 의미하는 초(超)나노(super-nano) 사회로 가속화되고 있다. 초나노사회에서 극단적 개인주의는 하나의 섬과 같은 홀로 있는 개인을 말하기보다는 일종의 군도(群島, archipelago)이다. 군도는 섬이 여러 개로 일정한 거리를 유지하면서 함께 모여 있는 것을 말한다.

초나노 사회를 의미하는 초개인화 사회에 공동체적 개인에 대한 실천신학의 과제는 무엇인가? 무엇보다 계몽주의에서 말하는 이성에 기반한 자율적인 한 개인을 의미하기보다는 전인적이고 통합적인 차원에서 관계적 개인을 형성하고 재형성하는 일이다. 관계적 개인을 위한 실천신학에서는 다음의 물음들을 제기할 수 있다.

폐쇄적이며 배타적인 경향을 지닌 극단적 개인주의로 나가려는 개인에 대하여 어떻게 하면 실천적 신앙공동체 형성 및 재형성을 지향하는 관계적 개인을 추구할 것인가? 종교적 근본주의 맥락에서 배타적이며 종파적(sectarian) 성향의 이단(heresy)에서 벗어나기 위해 관계적 개인으로서의 역량을 어떻게 함양할 수 있을 것인가?

가상교회, 가상학교, 그리고 비대면 사역

교회는 신앙 양육을 위한 중요한 실천신학 현장이다. 실천적 신앙공동체로서 교회의 상호작용 과정이라고 하는 문화화(enculturation)에 의해 신앙은 미래세대에 계승되기도 한다. 미래교회의 모습은 어떤 형태일까? 미래교회와 관련된 교회학교의 모습은 어떤 모습일까?

존 웨스트호프는 미래교회와 교회학교의 모습을 예측하기를 전통적인 학교의 속성을 지닌 교회와 교회학교의 모습이기보다는 가정과 같은 교회(small church & samll church school, 막 3:31-35)와 학교가 될 것을 말하고 있다.[34] 가정과 같은 교회와 학교라고 해서 친족 관계와 같이 폐쇄적인 신앙공동체를 말하는 것은 아니다. 오히려 친밀성이 있으면서 개방적인 신앙공동체를 말한다. 가정, 교회, 그리고 학교의 현장에서 담고 있는 가치들이 서로 공유되는 공동체이다.

전통적인 기업이나 학교의 지시와 주입 중심 유형으로부터 가정과 같이 상호작용이 활발한 모습으로 바뀌어 갈 것을 말한다. 신학과 성경에 대한 학문적 연구 형태의 프로그램보다는 신앙과 삶에 대한 소통과 서로 간의 상호작용이 있어 친교를 더 강조하게 된다는 것이다.

미래교회와 미래 교회학교의 모습을 실천적 신앙공동체의 속성을 잘 지니는 가정과 같을 것으로 말하는 것은 다른 무엇보다 교제와 친교에 대한 중요성을 말하는 것이다.[35] 기독교에 대하여 가르칠 수 있지만, 그리스도와의 소통을 위해서는 그리스도와 교제를 나누는 삶이어야 하듯이, 사람 그 자체에 관심을 가지고 친교를 나누는 실천적 신앙공동체여야 함을 말한다.

시설, 조직, 행정 등에 대하여 관심을 가지고 공부하는 것도 필요하지만 더 중요한 것은 사람과 사람들의 삶에 대하여 서로가 서로를 위해 공부를 해

---

34) John H. Westerhoff III, *Will Our Children Have Faith?*, 82.
35) *Ibid.*, 83.

야 할 것을 말한다. 어린이는 성인에 대하여, 그리고 성인은 어린이에 대하여 각각 알려고 해야 한다는 것이다. 언어적인 차원 못지않게 정서적인 차원, 비언어적인 차원, 그리고 행동적 차원의 관심이 진정성 있는 소통을 가능하게 한다.36)

21세기에 들어 복음주의를 비롯한 개신교 교단 중에서 포스트모더니즘을 긍정적으로 반영하며 능동적으로 대응하는 이머징 교회(emerging Church)가 출현하고 있다.37) 이머징 교회는 전통적인 기독교 교회로서의 정체성을 유지하면서도 중앙 집권적인 위계질서를 강조하지 않으며, 포스트모던 문화에 적극적으로 참여하려는 의지를 지니고 있다.

하나님 나라를 위한 예수의 비전에서 알 수 있듯이 생각의 다름이 인정받는 안전함을 느끼는 포용의 교회와 학교 문화로 성공적인 전도가 이루어지고 있다.38) 이외에도 성숙한 영성으로서 자신의 실수와 타인의 문제에 대해 수용적이며, 일상생활에서의 영성 등에 관심을 가지는 것이 이머징 교회의 특징이다. 그리고 이머징 학교로서 대안학교의 특징이다.

21세기 세계화 시대는 인공지능의 시대로서 인공지능으로 말미암는 정보화의 시대이다. 여기에 세계적인 코로나19 팬데믹으로 비대면 예배와 비대면 수업이 활성화되었다. 2023년부터는 다시 대면 예배와 대면 수업을 하고 있지만, 비대면 예배와 비대면 수업의 영향이 없어지기보다는 대면 예배를 보완하는 차원으로 비대면 예배와 비대면 수업을 병행하고 있다. 인공지능의 발전으로 말미암아 가상교회와 학교(virtual church & school)로 발전해 나가는 경향이다.39) 인공지능 시대에 교회와 학교는 가상 사역을 활성화하고 있다.

---

36) *Ibid.*, 84, 85.
37) 이원일, 『성인기독교교육의 내러티브』 (서울: 한들출판사, 2017), 2장.
38) John Swinton and Harriet Mowat, *Practical Theology and Qualitative Research*, Chap. 5. "Researching a Local Church: Exploring an 'Emergent Church'." 133-155.
39) 이원일, 『미래세대와 기독교교육』 (서울: 한국장로교출판사, 2023), 12장.

다문화 및 글로벌 시민사회

인공지능으로 대표되는 세계화 시대는 가정의 위기 또는 가정 구조의 변화 시대이기도 하다. 가정의 구성원은 대가족에서 핵가족으로의 변화를 넘어서는 많은 변화가 일어나고 있다. 조부모와 같은 가정에서 살아가는 전통적인 가정의 모습보다는 부모와 자녀들이라고 하는 단일 세대로 구성된 가정의 유형이다. 더 나아가 1인 가구가 확대되고 있다.

통계청 발표에 의하면 한국 사회에서 2022년 기준 1인 가구 비율 전체 가구의 34.5%이다.[40] 2050년에는 39.6%에 이를 것으로 전망하고 있다. 1인 가구에서 주말에 가지는 주된 여가 활동은 동영상 콘텐츠 시청이 77.9%로 가장 많다. 그리고 1인 가구는 5가구 중에서 4가구가 고독사의 문제를 안고 살아가고 있다.

21세기에 들어서서 한국에서는 취업 등의 문제로 결혼 연령이 높아지고 있다. 그리고 포스트 휴머니즘의 영향으로 다양한 성에 대한 담론으로 양성 가정 이외의 가정도 법적인 정당성을 요구하고 있다. 이외에 남성 한부모 가정, 여성 한부모 가정, 조손가정, 다문화 가정 등으로 가정의 유형은 다양해지고 있다. 다양한 가정의 유형에 대하여 관점에서 따라서 가정의 위기로 보기도 하고, 가정의 변화로 보기도 한다. 가정의 위기로 보는 관점은 전통적인 관점에 의해서이고, 가정의 변화는 시대적인 흐름에 적응해 나가는 관점에 의해서이다.

세계화에 의한 영향으로 한국의 경우도 다문화 사회로 나아가고 있다. 인종 및 종교와 관련한 문화 형성에 있어서 낯선 것을 환대하기 어려워하는 특성이 있다. 따라서 실천신학은 다문화 현상으로 나타나고 있는 주변인(marginalized people)을 능동적으로 받아들이는 사회 문화 형성을 위한 과

---

40) https://kostat.go.kr/board.es?mid=a10301010000&bid=10820&act=view&list_no=428414 (2023년 1월 검색)

제를 무겁게 갖고 있다.[41) 주변인은 외국인뿐만 아니라 보육원생과 한부모 등을 비롯하여 학습 장애인(정신장애인, 정신지체인) 등도 포함된다. 다문화 사회에 주변인들은 영적 삶을 추구하기를 바라지만 의사소통 장벽, 문턱이 높은 교회와 학교 그리고 사회, 장애를 죄와 동일시하는 일부 신학적 문제 등의 장벽을 느낀다.[42)

한국은 다양한 종교로 구성된 다종교 사회이다. 개신교를 비롯하여 불교, 가톨릭, 원불교 등의 종교들이 있다. 그러나 오늘날 종교인에 비하여 비종교 인의 비율이 점차 증가하고 있는 경향이다. 각종 종단에 의해 설립된 초·중 등학교 및 대학교의 종교교육을 계속 시행할 수 있을 것인지에 대한 종단학 교 현장의 고민이 있다. 그리고 탈학교화 현상에 대한 대안으로 학교 밖 청 소년 등에 대한 대안학교 교육의 과제를 안고 있기도 하다.[43)

디지털과 인공지능의 영향으로 말미암는 세계화 시대는 글로벌 시민사회 시 대이다. 시민사회는 비정부조직인 NGO(Non-Governmental Organization)를 말한다. 시민사회는 우선 국가와 개인을 중재하는 역할을 한다. 세계화로 말미 암아 지구촌의 차원에서 경제적인 빈부 격차 심화로 말미암는 양극화 문제, 지 구 온난화 문제, 기후위기, 해외 이주 노동자 및 여성의 인권 문제 등을 비롯하

---

41) 이원일, 『성인기독교교육의 재개념화』 (서울: 한들출판사, 2014), 18.

42) John Swinton and Harriet Mowat, *Practical Theology and Qualitative Research*, Chap. 8, "Participatory Research: Researching with Marginalized People." 주변 인을 억눌린 자(oppressed people)로 말하기도 함. 학습 장애인(정신장애인, 정신지체 인)들에 대한 연구가 아닌 학습 장애인들의 경험이라는 관점으로부터 영성의 의미에 대한 참여 연구임. 학습 장애인은 인지적 결핍, 제한된 의사소통 능력, 제한적 자기 관리능력, 평 생 어떤 종류의 돌봄과 지원을 받아야 하는 사람 등으로 말함. 이 연구에서 영성은 의미, 목 적, 자기 초월적 지식(그러나 영성은 인지적인 기능인 것은 아님), 의미 있는 관계성, 사랑 과 헌신 등에 대한 탐구 등을 말함. 연구자와 학습 장애인이 함께 의미를 찾는 과정으로서 의 연구를 통해 환대와 우정을 추구하는 학습 장애인의 영성을 말하고 있음. 교회는 배타적 이고 배제적일 수 있으며, 친구 관계 형성이 있더라도 피상적이며 헌신적이지 않으며 영적 이지 않을 수 있음.

43) 이원일, 『해석학과 기독교교육현장』 (서울: 한국장로교출판사, 2008), 6장 "톨스토이의 대 안학교", 7장 "학교 교육에서의 종교 교육과정".

여 예측하기 어려운 문제들이 생성되고 있는 것만큼 글로벌 시민사회의 활동도 다양하게 전개되어 나가고 있다.[44)

생태적 현장

해석학적 실천신학의 현장들인 개인, 가정, 교회, 학교, 사회, 그리고 세계 등은 그 자체로 다중성(multiplicity)을 지니고 있다. 해석학적 실천신학 현장은 교회 현장만으로 제한되지 않는다. 삶의 전 영역이 실천신학의 현장이다. 하나님 나라는 교회를 비롯한 삶의 전 영역에서 이루어져야 하기 때문이다. 따라서 해석학적 실천신학의 현장은 다중성을 지니고 있다.[45)

오늘날 해석학적 실천신학에서 현장은 현장들 사이에 상호작용으로 서로 영향을 끼치는 생태적 현장(ecological context)으로서의 의미를 지니고 있다.[46) 실천신학은 다중성을 지니고 있는 생태적 현장(ecological context)이다. 오늘날 기후위기, 기후 정의에 대한 주제는 실천신학에 영향을 끼치고 있다. 지구 온난화로 인한 홍수와 가뭄, 한파와 이상기온 현상 등은 사람을 포함한 모든 생명체에 영향을 주고 있다. 지구 공동체라는 생태적인 환경의 문제에 대한 실천신학적 대안은 생태적 현장에 대해 간학문적으로 다루어져야 한다.

생태적이라는 단어의 의미는 삼위일체적 관계성을 의미하는 학문적 용어이다. 가정, 교회, 학교, 사회 등의 현장은 독립적이면서 동시에 삼위일체성을 지닌 관계적임을 말한다.[47) 예를 들면, 교회에 대한 현장 이해는 교회 자

---

44) 이원일, 『성인기독교교육의 내러티브』 (서울: 한들출판사, 2013), 90-98.
45) Johannes van der Ven, *Practical Theology: An Empirical Approach*, 48. 밴 데르 벤은 현장의 다중성에 대하여 경제적, 정치적, 문화적, 심리학적, 그리고 인구의 성별, 나이, 인종 등의 통계적 특징을 말하는 인구통계학적 차원들을 고려하는 것을 말하고 있음.
46) 이원일, 『해석학과 기독교교육현장』, 3-6.
47) *Ibid.*.

체에 대한 이해와 함께 교회와 개인, 가정, 학교, 그리고 사회 등의 현장과의 관계 가운데서 이해해야 한다. 이를 생태적 현장이라고 한다. 생태계에서 모든 생명체들이 서로 영향을 주고받듯이 실천신학의 현장들도 서로 영향을 주고받는 관계적이라는 의미에서 생태적 현장이다. 생태적 현장들은 역동적이며 창의적인 현장이 될 수 있도록 하는 실천신학이어야 한다.

생태적이라는 단어는 사이성(betweenness)을 의미하기도 한다. 삼위일체적 현장 간의 사이성이다. 그리고 하나의 현장에서도 사이성이어야 한다. 하나의 현장에는 심리적, 사회문화적, 경제적, 정치적, 인구학적 등의 다양한 학문들이 융합되는 사이성의 특성이 있다. 사이성이 있는 가정이란? 실천적 가정 신앙공동체로서 생태적 현장과 간학문적으로 추구되는 가정이다. 사이성이 있는 교회란? 실천적 신앙공동체로서 한 교회 내에서 상호작용이 활발해야 하며, 더 나아가 교회, 지역사회, 그리고 글로벌 차원 등의 상호작용과 프락시스 과정으로 추구된다.

4. 해석학적 실천신학과 세대

해석학적 실천신학의 대상을 달리 말하자면 실천적 사역의 대상이다. 실천적 사역의 대상은 동식물을 비롯한 자연 생태계 등의 다양한 대상이 있다. 다양한 실천적 사역의 대상 중에 사람에 대한 이해는 오래되고 지속적으로 오늘에 이르고 있다. 전통적으로는 사람을 발달심리학에 기초하여 심리학적 차원으로 세분화하여 이해하고 있다. 영아기, 유아기, 아동기, 청소년기, 청년기, 중년기, 장년기, 노년기 등으로 다양하게 분류하고 있다. 각 연령에 따른 발달단계를 전기, 중기, 후기 등으로 다양하게 세분하기도 한다.48)

48) 이원일, 『성인기독교교육의 재개념화』 (서울: 한들출판사, 2014); 『성인기독교교육의 내러티브』 (서울: 한들출판사, 2017); 『미래세대와 기독교교육』 (서울: 한국장로교출판사, 2023).

사역의 대상은 사회학적 차원으로 세분화할 수도 있다. 개인에 대하여 장애인, 새 신자, 학교 밖 청소년, 다문화 여성 등으로 구체화할 수 있다. 물론 교회, 학교, 사회, 세계 등에 대해서도 사회학적인 차원에서 세분한다. 사역의 대상은 사회학적 차원과 심리학적 차원의 간학문성으로 다양하게 분류할 수 있다. 농산어촌에 있는 아동, 다문화 가정 청소년, 사회부적응 청년, 청년기 미혼 가정 등으로 사역의 대상을 다양하게 분류하고 세분하기도 한다.

세대론(世代論, Generation Theory)

해석학적 실천신학의 대상을 구조주의 심리학적인 관점에서 연령별 특성을 말하고 있는 발달이론과 달리, 발달심리학, 사회 문화학, 역사학 등의 간학문적 차원으로 탐구하는 방법론이 세대론이다. 연령별 특성을 세대 중심으로 이해하기 위해서는 심리학적, 사회 문화적, 역사적 차원, 그리고 철학적 및 신학적 차원 등의 간학문적으로 인간을 이해하고자 하는 것이다.

해석학적 실천신학의 대상에 해당하는 모든 세대에 대한 간학문적 이해를 위해 세대를 구분하고자 하며, 각 세대의 특성을 언급하고자 한다. 우선 세대론이란 무엇인가? 세대론에 대한 사전적 정의를 살펴보면 "각 세대가 갖는 사회적 성격의 차이가 그 사회의 역사적 변화를 반영한다고 보거나 세대 간의 차이가 사회 발전의 원동력이 된다고 보는 이론"[49]이다. 세대론에 대한 사전적 정의를 보면 세대는 사회적 성격이 강조된다. 사회적 성격은 그 사회의 역사적 변화에 영향을 받아 형성되는 성격이다.

구조주의에 의한 발달심리학에서는 한 개인의 타고난 속성에 대하여 신체적 발달에 따른 심리적 성격을 강조한다면, 탈구조주의에 해당하는 세대론에서는 역사적 변화에 따른 한 개인의 사회적 성격을 강조한다는 점에서

---

49) https://ko.dict.naver.com/#/entry/koko/ac2675d0ba9641f7b1568a719124ae15
   (2024.1.)

차이가 있다. 역사적 변화에 따른 사회적 성격은 세대 간의 차이가 있고, 세대 간의 갈등이 있을 수밖에 없다.

세대론은 어느 시기에 태어났는가 하는 것은 타고난 개인적 속성에 큰 영향을 끼침을 말한다. 구조주의 발달심리학에서 말하는 타고난 발달 특성의 관점으로 개인을 이해하는 것과 함께 탈구조주의의 간학문적 관점에서 개인이 영향받는 역사 및 문화 등에 의해서도 영향을 받는 개인과 공동체를 이해하고자 하는 것이 세대론이다.

세대론은 지나간 세대와 현시대를 분석하는 것으로 끝나는 것이 아니다. 세대는 역사적인 관점에서 보면 일정한 주기를 말하는 '유사한 패턴' (saeculum)을 가지고 있다. 새큘럼은 같은 반복이 아니라 유사한 패턴을 말한다. 새큘럼은 세대 변화 리듬이다. 마치 계절이 패턴을 갖고 해마다 리듬이 있으면서 유사하게 변화되어 나가는 것과 같다.[50]

닐 하우가 말하는 반복이라는 말 대신에 본 저서에서는 유사하다는 말을 강조하는 것은 하나님의 섭리적 프락시스에는 어떤 공식이 있을 수 없기 때문이다. 규칙적인 주기이든 불규칙적인 주기이든 하나님의 섭리적 프락시스에는 어떤 규칙이 있을 수 없다.

하나님의 섭리적 프락시스는 인간이 예측하거나 조정할 수 있는 것이 아니라 전적으로 하나님의 신비적 영역이며 믿음으로 바라보아야 하는 신앙 영역이기 때문이다. 본 저서에서는 이런 관점에서 닐 하우의 새큘럼이론을 해석하고자 한다. 닐 하우의 세대론을 언급하는 것은 일정 기간 있다가 없어질 시한부적인 세대에 대한 언급이기보다는 다가올 미래세대를 이해하고, 미래세대를 준비하기 위해서이기 때문이다.

한 세대의 기간은 어느 정도인가? 전통적으로 세대라는 단어는 조부모,

---

50) Neil Howe, *The Fourth Turning Is Here: What the Seasons of History Tell Us about How and When This Crisis Will End*, 박여진 역, 『제4의 대전환: 거대한 역사의 순환과 새로운 전환기의 도래』 (서울:한국경제신문사, 2023), 76-91.

부모, 자녀 등 3대가 함께 생활하며 구성된 가족관계를 말한다. 그러나 오늘날은 비슷한 시기에 태어나서 성장하며 유사한 문화를 경험한 사회문화적 세대를 지칭하고 있다.[51] 일반적으로 생물학적 재생산의 개념으로 한 세대를 약 30년으로 여기고 있다. 그러나 오늘날은 과학의 발달로 말미암은 세대 차이의 속도로 말미암아 한 세대를 15년 또는 20년으로 여기고 있다.[52]

세대를 구분하는 기준은 국가나 연구기관에 따라 2~3년 정도의 차이가 있다. 이는 세대를 구분하는 기준이 시대의 흐름에 중요하다고 여겨지는 전쟁, 불황, 전염병, 기술적 변화 등의 역사적이며 문화적인 변화에 기초하기 때문이다. 이러한 변화로 말미암아 세대의 차이가 있으며, 세대의 차이는 세계관의 차이로 나타난다.

한 세대는 어느 정도로 지속되는가? 한 개인은 한 세대에만 속한다. 그리고 한 세대는 봄(태동기), 여름(성장기), 가을(해체기), 겨울(위기의 시기) 등의 과정으로 80~100년의 기간으로 지속하며 진행된다. 이는 한 세대를 구성하고 있는 한 인간의 생존 기간을 말한다. 이런 점에서 한 세대의 변화는 레빈슨의 언급과 같이 인간 발달이라는 관점에서 일정한 패턴으로 진행하고 있다 할 것이다.[53]

닐 하우는 주기론의 예로써 영적 각성 운동의 경우를 말하고 있다. 종교개혁 각성(1525~1551년), 청교도 각성(1630~1649년), 대각성 운동(1727~1746년), 복음주의 운동(1830~1840년), 의식혁명(1964~1984년) 등의 주기이다.[54] 의식혁명의 시기에 일어난 뉴에이지 음악 등에 대해 비판적이지만 유

---

51) Jean M. Twenge, *Generations*, 이정민 옮김, 『제너레이션: 세대란 무엇인가?』 (서울: 매일경제신문사, 2023), 11.

52) Neil Howe, *The Fourth Turning Is Here: What the Seasons of History Tell Us about How and When This Crisis Will End*, 33.

53) *Ibid.*, 33, 88, 89. Daniel J. Levinson, *The Seasons of a Man's Life* (Ballantine Books, 1978), 7.

54) Neil Howe, *The Fourth Turning Is Here: What the Seasons of History Tell Us about How and When This Crisis Will End*, 103-108,

사한 시대에 한국에서는 대부흥 운동이 일어났다.

그리고 세대 구분은 다소 애매모호한 면도 있다. 출생부터 사망까지의 연도가 이쪽과 다른 쪽에 겹치는 경우이다. 이러한 세대 구분의 애매모호한 측면도 있지만, 사람은 자신이 태어난 해에 따라 서로 다른 경험을 한다는 사실만큼은 분명하다. 특히 아동기, 청소년기, 그리고 청년기까지를 어느 시대에 보내느냐에 따라 세대 특징과 가치관에 차이가 있다.

그 이유는 아동기, 청소년기, 그리고 청년기까지의 학습과 경험이 해석의 기본적인 관점을 갖게 되기 때문이다. 형성된 해석의 관점은 세계관 형성에 중요한 영향을 끼친다.[55] 그러나 하나님의 섭리적 프락시스의 관점에서는 청년기 이후의 성인기에도 세계관은 재형성 될 수 있다. 따라서 청년기 이후 성인기에 갖는 시대적 경험으로 세계관의 변화가 일어난다. 세계관에 대한 재구조화의 연속이다. 세계관에 대한 형성 및 재형성의 연속이다.

세대 구분과 특징

세대의 변화는 15년에서 30년의 간격으로 일어나고 있고, 시작된 한 세대는 80년에서 100년의 간격으로 지속된다. 하나님의 섭리 가운데 진행되고 있는 역사의 흐름 가운데 세대는 이어지고 있다. 이제 세대를 좀 더 이해하기 위해 세대를 구분해서 살펴보고자 한다. 세대를 어떻게 구분할 수 있을까? 세대 구분은 역사 및 문화 등의 흐름과 현재 생존 가능성에 따라 다음으로 구분하고 있다.[56]

---

55) Jean M. Twenge, *Generations*, 13, 14. Neil Howe, *The Fourth Turning Is Here: What the Seasons of History Tell Us about How and When This Crisis Will End*, 113. 인간은 평생 스무 살 시절의 포로로 남아 있다는 샤를 오귀스탱 생트뵈브의 언급.

56) Jean M. Twenge, *Generations*, 12. 진 트웬지는 1924년 이전의 세대는 대공황과 2차 세계대전을 경험한 '가장 위대한 세대'(Greatest Generation, 또는 Government Issue or General Issue 등의 약자로 G·I 세대)라고 함. 이 연령은 오늘까지 생존해 있기 어렵기 때문에 본 저서에서는 다루지 않음. 이외에 세대 구분에 대해서는 다음을 참고할 것. 이원

침묵(Silent) 세대(1945년 이전 출생), 베이비붐(Baby Boom) 세대(1946~1964년 출생), X 세대(1965~1980년 출생), Y 또는 M 세대(1980~1995년 출생), Z 세대(1995~2008년 출생), 그리고 P 또는 A 세대(2009년 이후 출생) 등이다.

침묵 세대와 베이비붐 세대는 약 20년에서 30년의 간격으로 구분되는 반면에 이후의 세대들은 약 15년을 기준으로 구분되고 있다. 세대 구분에 있어 연도는 관점에 따라 다소 융통성이 있을 수 있다. 그리고 각 세대는 나름대로 특징을 지니고 있다.[57] 그러면 세대 구분에 따른 각 세대의 특징은 무엇인가?

침묵 세대

근대 이전의 시대이며 농업사회와 전통적 가부장 세대이다. 전통적 가부장 세대의 특징은 무엇인가? 전통적 가부장 세대는 사회에서는 남성 중심의 사회이면서, 가정에서는 전통적으로 가부장 중심의 세대를 말한다.

한국 사회에서 1946년 이전 세대가 여기에 속한다. 2025년 기준으로 만 79세 이상으로 일명 8090세대이다.[58] 오늘날에 이르기까지 강점기와 해방, 육이오 전쟁, 산업화, 민주화, 코로나19 등의 커다란 변화를 겪으면서도

일, 『미래세대와 기독교교육』 (서울: 한국장로교출판사, 2023), 344. Neil Howe, *The Fourth Turning Is Here: What the Seasons of History Tell Us about How and When This Crisis Will End*, 465-573.

57) Jean M. Twenge, *Generations*, 이정민 옮김, 제너레이션: 세대란 무엇인가? (서울: 매일경제신문사, 2023). Neil Howe, *The Fourth Turning Is Here: What the Seasons of History Tell Us about How and When This Crisis Will End*, 465-645. 이원일, 미래세대와 기독교교육 (서울: 한국장로교출판사, 2024), 13장. 한국의 세대별 특징들을 서술하기 위해 미국의 세대에 나타난 특징들은 한국의 세대 특징들과 세대별로 유사한 점들이 많아 미국의 세대 특징들을 참고하여 한국의 세대 특징을 서술함.

58) 베이비붐 이전의 세대를 구분하는 이유는 이전과는 달리 노년기를 수동적인 차원보다는 능동적인 차원(active senior)으로 생활하는 경향을 반영한 것임. 이원일, 『성인기독교교육의 내러티브』, 10장; 『성인기독교교육의 재개념화』, 70.

침묵 가운데 묵묵히 살아온 세대이다.

침묵 세대는 체제변화보다는 체제 유지에 대한 시대적 담론으로 공동체에서 모나지 않게 모두가 하는 대로 행동하는 것을 중요하게 여긴다. 집단에 순응해야 한다는 의식이 강한 세대이다. 결혼 평균 연령도 10대 후반 또는 20대 초반이었다.59) 침묵 세대의 아동기는 규칙을 따르는데 익숙한 세대이며 자신의 진정한 정체성이 무엇인지 혼란스러워하며 남에게 인정받는 것을 중요하게 여긴 결과 자신의 인생을 살지 못한 것에 대한 좌절감이 큰 세대이다.60)

한국 사회에서 근대 이전의 시대에 경험한 외세에 의한 탄압, 핍박, 그리고 전쟁 등으로 국가의 존속에 대한 불안 등으로 침묵 세대는 반공 이데올로기에 의한 안보를 강조한다. 그리고 청년기는 개인적인 가난에 대한 경험으로 자신과 가족의 생존을 위해 개미와 같은 근면성의 가치관을 가지며 성실하게 일하며 살은 세대이며, 국가적으로는 근대화 진입기에 경제성장에 대한 집념으로 살은 세대이지만, 자기표현에 서툴며 침묵은 금이라는 가치관을 가지고 있다. 침묵이라는 특징은 남성의 경우보다 여성의 경우에 더 두드러진다.

근대 이전의 시대의 특징인 혈연에 의한 가족 중심의 공동체와 농사를 주업으로 하며 품앗이의 필요에 따라 지역을 중심으로 한 마을 공동체를 중요하게 여기는 세대이다. 일상에서 교류하는 주된 대상이 혈연에 속한 가족 및 친척과 마을에 속한 제한된 사람들이다. 따라서 대대로 내려오는 가정의 가풍, 지역의 풍습, 그리고 역사적 전통을 비롯하여 충과 효의 가치를 소중하게 여기는 세대이기도 하다.

---

59) Jean M. Twenge, *Generations*, 71-74.

60) Neil Howe, *The Fourth Turning Is Here: What the Seasons of History Tell Us about How and When This Crisis Will End*, 467. 침묵 세대를 대체 가능한 부품세대 라고도 함.

가정 당 출생율에 있어서도 평균 3~6명 정도를 유지했으며, 가사와 육아에 대한 책임은 여성의 몫으로 여긴다. 남성의 경우 청소년기부터 생업을 위해 일할 것을 강요받으며 성장한 세대이다. 미래를 위해 교육받을 기회를 갖기 보다는 생존을 위해 생업으로서의 일에 내몰린 세대이다. 청년기 전반기까지는 농사일, 청년기 후반기부터는 상업이나 공장에서 성실하게 일을 하며 부모를 봉양하고 자녀들의 교육을 위해 헌신하며 살은 세대이다.

베이비붐 세대

베이비붐 세대는 산업사회로 말미암아 아동기, 청소년기, 청년기 등을 본격적인 근대화 시대를 힘겹게 살아온 모더니즘의 세대이다. 베이비붐 세대의 특징은 무엇인가? 출생 연도로는 1946~1964년에 해당한다. 2025년 기준으로 만61~78세로서 일명 6070 세대이다.

시대 문화적으로는 2차 세계 대전 이후 세대이며, 남북 간의 육이오 전쟁, 가난을 극복하기 위해 국토 재건과 산업화의 바람을 온몸으로 감당한 세대이다. 반공 이데올로기에 익숙하게 성장하였지만 민주화 운동의 열기로 청년기를 감당했으며, 또한 가난 극복을 위한 경제발전이라는 가치의 가운데에서 1971년부터 시행되기 시작한 새마을 운동을 적극적으로 실천하며 성장한 세대이다.

모더니즘의 특징이 이분법적인 사고이듯이, 모더니즘에 익숙한 베이비붐 세대는 선과 악에 대한 이분법적이며 논쟁적인 사고로 비타협적인 이미지의 특징이 있다.[61] 반면에 모더니즘의 영향으로 생산성, 경제성, 합리성, 질서와 근면, 절약과 저축 등의 가치를 갖고 있기도 하다.

비타협적인 이미지에도 불구하고 국가와 공동체의 존립을 위해 필요하다

---

61) *Ibid.*, 481.

고 여기는 거대 담론에 순응하는 것을 중요하게 여기는 집단주의에 익숙한 세대이다. 의사소통의 방법은 침묵 세대와 유사하게 권위주의에 의한 일방적인(one way)이며 상명하복의 특징이 있다. 집단적인 모더니즘에 의한 거대 담론으로 국가와 민족, 평화와 안보, 이념과 계급 등의 주제에 대한 관심이 높다.[62] 이런 점에서 앞선 침묵 세대와는 세대 갈등보다는 세대 공감과 세대 소통이 가능한 세대이다.

그러나 베이비붐 세대의 특징은 정치적인 지배력이나 경제적 발전보다는 문화적인 측면에 깊은 흔적을 남긴 세대이다. 1960년대와 70년대의 팝송과 통기타 문화를 통하여 침묵 세대와는 다른 문화적인 특징을 보여주었다. 복음송, 부흥회, 대중가요, 영화, TV 프로그램의 비속어 광고, 유머 등에 이르기까지 베이비붐 세대는 문화적 측면에서 많은 영향을 받은 세대이다[63]. 따라서 베이비붐 세대는 '문화란 무엇인가?'라는 물음에 기존의 문화와는 차이가 있는 문화 변혁자로서 대중문화로 자신의 정체성을 자리매김한 세대이다. 베이비붐 세대의 대중문화에로의 문화적 변혁을 주도해 나간 사고방식은 침묵 세대와는 많은 차이가 있다.

X 세대

모더니즘의 영향이 여전한 가운데 포스트모더니즘의 시대적 조류가 서서히 수면 위로 나타나기 시작한 시대에 등장한 세대이다. 기존의 대중문화에 대한 반문화 운동의 선구자 역할을 한 세대를 X 세대라고 한다. 1965~1980년 사이에 출생한 세대이며, 2025년 기점으로 만45~60세에 해당하

---

62) 거대담론에 대한 관심은 사회적으로 기여하고자 하는 심리적 특성으로 나타나기도 함. 이원일, 『성인기독교교육의 내러티브』 (서울: 한들출판사, 2017), 9장; 『성인기독교교육의 재개념화』, 64-65.

63) Neil Howe, *The Fourth Turning Is Here: What the Seasons of History Tell Us about How and When This Crisis Will End*, 483.

는 일명 4050 세대이다.

X 세대의 특징은 1968년에 일어난 프랑스의 68운동의 영향을 강하게 받은 세대이다. 세계적으로 기성세대의 전통에 기반한 권위주의에 대한 저항 운동으로 반문화(counter-culture) 운동에 영향을 받아 모든 분야에서 비판을 증폭시켜 나간 세대이다. 사회와 가정의 전통을 고수하기보다는 전통과는 다른 자유와 평등의 가치를 추구하고자 하는 세대이다.

비틀즈로 대표되는 세계적인 반문화 운동(1964~1974), 베트남의 공산화(1975) 등의 영향으로 X 세대는 기존의 가치관과는 차이가 있는 문화를 형성해 나가면서 이후 세대에도 그 영향력을 끼치고 있다. 이는 이후 세대의 부모나 교사의 위치에 있는 것도 중요한 원인이다.

아동기, 청소년기, 그리고 청년기 등에 컬러텔레비전의 본격적 시작과 개인용 컴퓨터의 발달 등으로 세계화를 경험하며 옷의 색감과 모양에서 다양한 특성을 가진 패션을 추구하며 이전 세대들과 달리 개성을 존중하기 시작한 세대이다. 개인주의에 대한 가치를 존중하는 노마드 세대이며, 신앙에서도 마찬가지로 개인주의적 신앙을 추구한 세대이다.[64]

청소년기와 청년기에 경기 대침체 등의 경제적 위기를 경험한 세대로서 국가에 대한 불신감이 높은 세대이다. 그러나 저축을 미덕으로 여긴 침묵 세대 및 베이붐 세대와는 달리, X 세대는 소비문화 발달로 소비를 미덕으로 여기기도 한다. 일상의 삶에서 근면이라는 가치관을 넘어서서, 놀이 또는 즐김이라는 가치관으로 펀(fun) 문화를 형성한 세대이다.[65]

한 세대의 가치는 다음 세대와 연속성과 불연속성을 지닌다. 다음 세대로 이어지지 않은 가치도 있고 계속 이어지는 가치도 있다. X 세대의 가치가 오늘날까지 이어지고 있는 것으로는 개인주의에 기초하며 평등에 기반한 민주

---

64) *Ibid.*, 504.

65) 중년기의 심리적 특징에서 나타나는 양극단을 넘어서서 양자 병합의 특성은 놀이 및 즐김 등의 소비문화 형성으로 나타날 수 있음. 이원일, 『성인기독교교육의 재개념화』, 62.

화의 가치이다.66) 평등에 기반한 민주화의 가치는 각종 차별 철폐로 나타난다. 인종차별, 연령차별, 성차별 등의 철폐를 비롯하여 인권, 페미니즘, 그리고 동성애 옹호와 성 평등 운동 등으로 그 영향력을 확대해 나가고 있다.

X 세대는 이후의 M 세대, Z 세대와 직접적으로 연관되는 연령으로서 M 세대, Z 세대 등에 대하여 교사, 부모 등의 역할을 하고 있다. X 세대는 부모 및 지도자인 침묵 세대, 베이비 붐 세대와 그 이후의 M 세대, Z 세대 사이에 낀 세대이다.67) 의사소통의 유형에 있어서는 상명하복의 한 방향과 함께 쌍방향의 의사소통에 대한 의식을 가지는 경향으로 의사소통에 대한 가치에 혼란스러워하는 세대이다.

X 세대의 한발은 물리적 아날로그 세계에, 그리고 다른 한 발은 디지털 세계를 밟고 서 있는 세대이다. 그러나 디지털 사회에 지배적인 위치에 있지는 않다. 따라서 세대 간의 가치관 갈등으로 인하여 가치관의 혼동을 경험하고 있는 세대이다. 이전 세대와 이후 세대의 서로 간에 소통의 어려움이 있지만, 중재자의 역할을 할 수 있는 세대이기도 하다.

Y 세대 또는 M 세대(이하 M 세대)

미래세대? 다음세대? 이 두 용어는 활용하는 면에서는 차이가 있지만 그 의미는 동일하다. 일반적으로 미래세대라고도 하고 다음세대라고도 한다. 한국사회에서 다음세대 또는 미래세대는 M 세대를 포함한 그 이후 세대를 말한다. 1980~1995년에 출생한 세대이다. 2025년을 기준으로 하면 30~45세의 연령에 해당하는 세대이며, 주로 30대가 주축을 이루고 있다. M 세대는 미래세대의 선두에 위치한다.

미래세대에 해당하는 M 세대의 특징은 무엇인가? M 세대는 베이붐 세대

---

66) Jean M. Twenge, *Generations*, 56.
67) *Ibid.*, 257.

의 자녀 세대로서 새로운 천년을 의미하는 밀레니얼(Millennial) 세대를 말한다. 컴퓨터로 말미암는 정보화 사회를 본격적으로 경험하면서 살아가고 있는 디지털 네이티브 세대이다. 디지털을 비롯하여 다양한 사회적 매체 (social media)를 통한 사회관계망 서비스(SNS)로 가상공간을 구성하는데 익숙한 세대이다. 수평적 인간관계를 지닌 그룹을 형성하고 활동하는 것을 즐기는 세대이다. 사회운동의 주제나 방법도 디지털 사회관계망 서비스 중심이다. 자기중심적 가치관의 심화로 자존감에 관심이 높은 세대이다.[68]

M 세대는 개인주의 경향으로 자립적이지만 팬데믹이라고 하는 역사상 초유의 경험으로 가족의 소중함에 대한 가치를 갖고 있으며, 부모 등과의 친밀감을 비롯하여 공동체와의 유대감을 중요하게 여기는 세대이며, 정부에 대한 베이붐 세대의 저항적 관점이나 X 세대의 소외당한 불만 등과 달리 순응적인 관점을 지니고 있다.[69]

M 세대는 교육을 받는 기간의 확장, 경제적 어려움, 건강 문제 등으로 이전 세대가 당연하게 여겼던 이사, 결혼, 출산 등과 관련한 통과의례를 미루거나 피하거나 계획과는 다르게 진행되기도 하는 경향이 있다.[70] M 세대는 청소년과 청년이 된 2000년대 이후 사회복지에 대한 의식을 갖고 복지사회 및 복지국가에 대한 꿈을 가지며 성장한 세대이기도 하다.

그리고 M 세대는 포스트모더니즘의 가치관으로 쌍방향적 의사소통에 익숙한 세대는 베이붐 세대가 가지고 있는 모더니즘의 가치관으로 말미암는

---

68) *Ibid.*, 270-279. M 세대의 자존감과 관련된 구호들은 "그냥 너답게" "너는 특별해" "자신을 믿으면 못할 게 없다" "너 자신을 표현하라" "다른 사람을 사랑하기 전 너 자신부터 사랑해야 한다" 등임. *Ibid.*, 288. 쇼셜 미디어는 밀레니얼 세대의 사회운동의 독특한 특징임을 말함.

69) Neil Howe, *The Fourth Turning Is Here: What the Seasons of History Tell Us about How and When This Crisis Will End*, 525.

70) Jean M. Twenge, *Generations*, 292. 2024년 한국의 출산율은 0.72명임. 정부의 각종 복지 혜택으로 2028년까지 0.74~0.77명 수준으로 기대하는 추세이기는 하지만 여전히 낮은 출생율 임. Neil Howe, *The Fourth Turning Is Here: What the Seasons of History Tell Us about How and When This Crisis Will End*, 529.

일 방향적인 의사소통에 익숙한 부모 또는 지도자와는 지속적인 대화에 어려움을 겪고 있다.

부모와의 친밀감을 소중하게 여기지만 부모 또는 지도자로부터 자문받아 문제를 해결하기보다는 친구와의 대화 또는 인터넷을 통하여 수평적이며 익명에 의한 대화를 통하여 고민을 해결하려는 세대이다. 그러나 익명의 대상자와의 대화에서 오는 익명성이라는 순기능과 왜곡된 정보를 통한 편견 등의 역기능을 경험하고 있는 세대이다.

M 세대로서 30~40대 전후의 시기에 심리적인 차원과 맞물리면서 사회 적응 등의 어려움을 겪는 경우 상호작용적이며 수평적 관계 그룹에 심리적 부담 없이 상담을 받으려고 한다.71) 그러나 M 세대는 경쟁 사회로 말미암아 남녀 모두 탈진(burnout)을 호소하며 불안장애, 우울증(depression) 등의 정신질환을 겪는 비율이 다른 세대에 비해 높다.72)

---

71) 30~40대 전후에 겪는 문제로는 삶의 구조를 유지 및 발전, 또는 재조정 및 재형성하는 것임. 이원일, 『성인기독교교육의 재개념화』(서울: 한들출판사, 2014), 58. 30~40대의 특징을 반영하는 측면에서 레너드 스윗의 제안은 흥미로움. 미래교회의 특징에 대하여 E.P.I.C. 즉, 경험하고 느끼는 교회(Experiential Church), 참여하고 상호작용하는 교회(Participatory Church), 이미지와 은유로 사고하는 교회(Image-driven Church), 관계가 살아 있는 공동체를 세우는 교회(Connected Church). Leonard Sweet, *First Century Passion for the 21st Century World*, 김영래 역, 『영성과 감성을 하나로 묶는 미래교회』(서울: 좋은 씨앗, 2002).

72) John Swinton and Harriet Mowat, *Practical Theology and Qualitative Research* (London: SCM Press, 2009), 102, 124, 125. 미국과 영국에서 정신건강의 문제 중 하나인 우울증이 제일 심한 세대는 25~44세이며, 6명 중 1명은 일생 중에 어느 시점에 우울증을 겪게 됨. 우울증은 정신건강의 문제로서 '슬픔'(sadness)과 유사 개념으로 사용되고 있음. 그러나 우울증은 슬픔 그 이상임. 우울증의 특징들은 극심한 고통과 불안, 느려진 사고력과 운동(정신운동의 지연), 죄책감, 자살에 대한 환상이나 계획(실행 가능성 있음), 현저한 신체적 이상 증상, 정신병적 증상, 왜 나야?(why me?), 왜 삶의 의미를 찾을 수 없을까? 하나님과 사람에게 버림받았다는 느낌, 하나님은 어디에 계시는가? 등임. 그러나 개인의 우울증을 이해하기 위해서 당사자의 독특한 컨텍스트를 이해해야 함. 삶에 의미를 되찾기, 자살을 막기 위한 분명한 해결책으로서의 신앙, 하나님에게 사랑받고 있다는 앎 등임.

Z 세대

지구상에 새로운 인류가 나타났다고 한다. 새로운 세대의 출현에 대해서 하는 말이다. 〈대학 내일 20대 연구소〉에 따르면 한국 사회에서 M 세대는 1981~1995년에 해당하며, Z 세대는 1996~2008년에 해당하는 세대를 말한다.[73] 2025년 기준으로 16세부터 29세까지의 세대이며, 일명 1020 세대이다. 반면에 MZ 세대는 1981~2008년생까지를 포함하며, 2025년 기준으로 16세부터 44세까지 MZ 세대에 해당한다.

MZ 세대라는 말이 한국에서 처음 등장한 것은 MZ 세대가 대학생이 되고 사회에 진출하여 특이한 문화를 형성하던 2018년경이다. MZ 세대는 40대 초반 이전의 세대로서 권위와 질서라고 하는 거대 담론을 해체하려는 세대이다. 주장하거나 설득하려고 하기 보다는 묻고자 하는 물음으로 다가가기를 원하는 세대이다. '내가, 왜?' '이게 나라냐?' '사람은 대체 무얼 위해 살아야 하는 건가요?' '행복이란 무엇인가요?' 등의 물음으로 자신의 생각을 표현하고자 한다.

Z 세대의 또 다른 특징은? Z 세대는 태중에서 부터 디지털 문화에 익숙한 디지털 네이티브 세대이다. 디지털 네이티브 세대의 문을 연 원조 디지털 네이티브 세대인 M 세대의 영향으로 태중에서도 그렇고 자라면서도 자연스럽게 디지털 환경에서 성장한 세대이다. 하이퍼 텍스트, 하이퍼 미디어, 유튜브, 릴스, 카카오톡, 페이스북, 인스타그램, 스마트폰 활용, 딥 페이스, 딥 보이스 등의 다양한 디지털 환경 가운데 살아가는 세대이다.

또한 Z 세대는 포스트모더니즘으로 인한 다양성의 가치 아래 개인적 차이를 강조한다. 다양성에 대한 가치로 말미암아 차이의 축제를 즐기고 있는 세대이다. 이기적인 것과는 구별되는 개인 중심적 사고와 생활양식이 두드러진다. 그러나 사회적, 문화적, 경제적, 심리적, 정신적 등의 복합적인 상황

---

73) https://www.20slab.org/Intro/Index (2024년 2월 검색).

에 의해 청소년과 청년의 자살하는 비중이 높기도 하다.74) 자살의 원인은 복합적이고 다면적이며, 어두운 영향은 남은 가족들에게 깊고도 길다.

P 또는 A 세대

진리는 고정적이고 폐쇄적이기보다는 다면적이며 과정적이고 공동체적이며 변혁적이듯이 오늘날 21세기에도 하나님의 프락시스는 진행 중이다. 오늘날 21세기 중반기로 향하는 시점은 하나님의 프락시스에 의하여 인공지능(Artificial Intelligence, A.I.)가 본격적으로 진행되고 있는 시기이다. 인간의 지능을 일부 앞서는 인공지능은 기성세대에게는 익숙한 삶에 대한 변화로 불안감을 갖게 하는 반면, 이 시기에 태어난 세대에게는 익숙한 문화로 자리잡고 있다.

---

74) John Swinton and Harriet Mowat, *Practical Theology and Qualitative Research* (London: SCM Press, 2009), 193, 208ff. 이 책의 7장에서는 인터뷰와 사례 연구 등을 통하여 영국의 15~24세 청소년 및 청년들의 자살 비율이 점증하고 있는 원인과 목회적 대처 방안 등을 말하고 있음. 원인으로는 사회적으로 남성 또는 여성이라는 전통적 가치관에 비추어서 실직, 정신적 및 신체적 건강 등으로 기대치에 부응하지 못하고 있는 점, 나는 누구이고, 어디에서 왔으며, 어디로 가고 있으며, 왜 살아가고 있는지에 대한 자신의 정체성 문제에 대한 혼동, 우정 및 소속감 결핍으로 인한 관계성 파괴 등임. 관계성 파괴는 고립, 정서 결핍, 신앙 약화 등을 초래하며, 알콜 중독이나 마약 등으로 악화되기도 함. 목회자의 역할은 예상치 못했고 설명하기 어려운 일에 대해 이해를 제공하는 것, 경청함으로 혼자가 아니라 함께 하고 있음을 보여주는 것(행 16:28). 역할을 해야할 대상으로는 유가족, 자살 충동을 느끼는 개인 등임. 장기적 예방 전략은 인식 그룹 설립, 정기적인 기도시간, 영적 문제와 삶의 목적에 대한 토론, 고등학생 등 청소년 대상으로 자살 예방교육, 지역 프로젝트 장려, 학교와 지역사회 그룹에 관련한 정보 제공, 공동체에 신앙을 구축함등임. 예방을 위한 응급 상황에 대한 지원 방안으로는 인식 그룹과의 맞춤형 심방, 취약 계층에 대한 그룹 치료, 영적 경청, 의사 등 다른 전문가와의 협력 등임. 교회 차원에서 의 대응으로는 분노, 슬픔(grief), 사별(bereavement) 등으로 인한 장례식과 유족 심방, 애곡하는 장으로서의 교회 등 돌봄(care)과 관심(concern), 정신질환, 자살, 극심한 우울증 등에 대하여 다른 사람의 대처 경험들을 통해서 배우는 등의 사례 연구를 통하여 상식 수준을 넘어선 교회 차원의 교육이 필요함. 끝으로 목회자는 건강 및 사회복지 전문가와 팀을 이루어 사역하는 것이 효율적임. 노년기와 죽음 교육목회에 대해서는 다음을 참고할 것. 이원일, 『성인기독교교육의 내러티브』(서울: 한들출판사, 2017), 11장.

과학적 변화에 의한 인공지능 시대는 사상적으로는 포스트 디지털 시대라고 한다. 포스트 디지털 시대의 특징은 무엇인가? 그리고 포스트 디지털 세대(Post Digital Generation)의 특징은 무엇인가? 포스트 디지털 세대를 알파(α, A) 세대라고도 한다. 헬라어로 *α*는 앞의 세대가 영어로 표기한 것과는 근본적으로 새로운 세대라는 의미에서 헬라어로 표기한 것이다. 영어로는 A에 해당한다. 알파 세대는 2009년에서 2024년 사이의 출생자를 말한다. 2025년 기준으로 만16세 미만의 영유아, 아동, 청소년 전기에 속하는 세대이다.

MZ 세대라는 용어가 사용되기 시작한 이후 약 5년 정도 지난 2023년경부터 ZA 세대라는 용어가 사용되기 시작했다. ZA 세대를 '잘파 세대'라고 부르기도 하지만 본서에서는 '짤 세대'라고 부르고자 한다. 인터넷이나 디지털카메라 등의 동영상을 짧게 편집한 릴스 등으로 자기의 의도를 잘 표현하기 위해 활용하는 '짤'에 익숙한 세대이기 때문이다.

본서에서는 디지털이라는 시대적 화두를 중심으로 세대를 구분하면서 디지털 이후의 세대를 의미하는 PDG 또는 P 세대로 호칭하고자 한다. PDG는 디지털 이후 세대를 의미하는 Post Digital Generation의 약자이다. 차가운 디지털 환경을 넘어서서 인간적인 따뜻한 디지털 문화를 추구하고 있는 세대이다.

디지털 이후의 세대인 P 세대의 특징은 다음과 같다.[75] 개인 중심을 특징으로 하지만 이기주의적인 개인이 아니라 관계적 개인을 추구한다. 관계적 개인이란 디지털 시대라고 하는 과학 기술에 의한 시대이지만, 인간의 따뜻한 정서적 관계를 지향하는 개인을 말한다.

P 세대의 부모와 교사는 일반적으로 X 세대와 M 세대에 해당한다. 부모와 교사로서의 X 세대와 M 세대가 P 세대에게 해 주기를 원하는 것은 '곁에

---

75) 이원일, 『미래세대와 기독교교육』, 341-344.

있어 주려는 것'이다.76) P 세대의 부모 세대는 자녀들이 외롭지 않게 자라
도록 노력을 기울이며, 이에 따라 P 세대는 세심한 배려 가운데 성장하고 있
는 세대이다. 따라서 P 세대와 대화하려면 부모 세대의 허락을 먼저 받는 것
이 중요하기도 하다.

P 세대는 출석하고 있는 학교에서 감정을 관리하는 능력과 충동적인 행
동을 자제하는 능력 등을 이전 세대보다 비중 있게 배우고 있는 세대이
다.77) 감정관리 역량 함양으로 관용, 자제력, 타인에 대한 배려 등의 인성이
함양되고 있다. 그러나 잘 계획되어 안정된 환경 가운데 과잉보호를 받으며
성장하였지만 10대가 되면서 약물 남용이나 정신건강의학과 또는 심리 상
담가 등을 찾아가 자살 충동을 호소하며 치료를 받는 아이들도 늘어나고 있
기도 하다.78)

P 세대는 하나의 섬으로 존재하는 것으로 만족하지 않고 섬 무리를 의미
하는 군도(archipelago)로 비유되는 세대이다. 혼자서 함께(together alone)
의 세대이다. 디지털 세대로서 디지털 매체를 가지고 자기의 섬에 갇혀서 시
간을 보내지만 함께하는 세대이다. P 세대는 디지털 매체를 자유롭게 활용
하면서 공적인 거대 담론보다는 개인적인 내면 감정에 더 관심을 가지는 인
간관계를 추구하는 경향이다.79)

P 세대는 이야기, 이미지, 그리고 은유 등으로 시각적 사고(visual thinking)
를 원하는 세대이다. 또한 디지털 문화에 익숙한 것을 넘어서서 사이보그
(cyborg)라는 디지털과 인간의 결합체 문화로 장생의 시대를 살아갈 세대
이다.

P 세대의 가치관 변화가 이전 세대와는 많은 차이가 있다. 한국 청소년 정

---

76) Neil Howe, *The Fourth Turning Is Here: What the Seasons of History Tell Us
about How and When This Crisis Will End*, 553.

77) *Ibid.*, 557.

78) *Ibid.*, 560.

79) *Ibid.*, 561.

책 연구소에서는 최근 청소년의 가치관에 대한 연구 결과를 발표했다.[80] '2023 청소년 가치관 조사 연구'이다. 대표적인 가치관의 변화로는 결혼은 반드시 해야 한다는 비율은 2012년에 73.2%였지만 2023년에는 29.5%이다. 청소년 3명 중 2명은 비혼주의이다. 동성결혼을 허용하는 것에 찬성하는 비율은 52%이다. 결혼하지 않고도 자녀를 가질 수 있다는 비율은 60.6%이며, 결혼하면 자녀를 가져야 한다는 비율은 19.8% 등이다.

인공지능 시대를 맞이하여 P 세대의 경우도 인터넷을 활용하여 정보를 활용하는 능력은 뛰어나지만, 신체적인 활동을 통한 실천력은 떨어지는 경향이다. 일반 학교에서 초등학생 혼자 화장실에 가는 것이나, 급식 시간 식판에 밥 뜨는 것이나, 사회성 등은 약화 되는 가운데 있다.[81] 지식적으로는 알지만, 실천능력은 떨어진다. 지식과 실천의 간격이 넓어지고 있다. 지식과 실천이 넓어지는 간격 문제나 불일치의 문제는 모든 세대의 문제이면서 미래세대에게도 여전히 해결해야 할 실천신학적 과제이다.

계속되는 세대 담론

지금까지 언급한 세대들에 이어 새로운 세대에 대한 담론은 계속되고 있다. 하나님의 프락시스에 의해 세계의 과학으로 말미암는 사회와 문화의 변화가 계속 이어지기 때문이다. 2025년부터 2039년 사이에 태어난 아이를 베타(β, B) 세대로 부르자는 말도 있다.[82] 제안자는 호주의 인구학자이며 미래학자인 마크 매크린들(Mark McCrindle)이다. 알파 세대라는 명칭도 그에

---

80) https://www.nypi.re.kr/contents/mainpage.do (2024.2.14. 검색).

81) https://www.fnnews.com/news/202503171005118207 (2025.1. 검색)

82) "Generation Beta Gets Underway As Beta Babies Arrive 2025-2039 Growing Up Amid AI, AGI, And Artificial Superintelligence," http://www.forbes.com/sites/lance/elio/2025/01/05/generation-beta-gets-underway-as-beta-babies-arrive-2025—2039-growing-up-amid-ai-agi-and-artificial-superintelligence/ (2025.1. 검색)

게서 비롯되었다.

마크 매크린들이 말하는 베타 세대는 인공지능(A.I.) 전성기 세대라는 점에서 P 세대 또는 알파 세대와 차이가 있다. P 세대 또는 알파 세대는 인공지능 시대의 태동기에 아동기와 청소년기를 지낸 세대이다. 그러나 앞으로의 베타 세대는 인공지능에 의한 다양한 로봇으로 생활화하는 인공지능 전성기의 시기를 살아갈 세대이다. Z 세대를 디지털 네이티브 세대라고 하듯이, 베타 세대는 인공지능 네이티브 세대이다.

베타 세대는 인공지능의 기술과 인간의 만남을 말하는 포스트 휴먼의 세대이면서, 인공지능 과학 기술의 발전으로 말미암은 신인류로서의 파이보그(fyborg), 사이보그(cyborg)의 시대를 살아가는 세대이다. 인간과 기술로 말미암는 신인류만이 아니라, 동물과 곤충의 사이보그를 비롯하여, 사이보그 예술 등으로 확장되어 나가는 인공지능 시대를 살아갈 세대이다.

세대 간의 갈등과 소통

시대의 변화에 따라 새로운 세대가 계속 출현하고 있으며, 세대 간의 차이도 증폭되고 있다. 세대 간의 차이가 나타나는 가장 큰 원인은 과학 기술의 발전에 있다. 과학 기술의 발전으로 시장 구조가 변화되고, 삶에서의 문화가 변화되면서, 이에 대한 이해에 따라 세대 간의 차이가 발생한다.

시장 구조는 농경사회에서 형성된 일정한 지역을 중심으로 한 전통시장을 비롯하여 오늘날 정보화 사회에서는 가상공간에서 거래가 이루어지는 전자 상거래 중심의 시장, 금융시장, 문화 콘텐츠 시장, 스포츠 시장, 게임 시장 등 입체적 시장 구조를 형성하면서 다양한 형태로 변화해 나가고 있다.

그리고 시장의 범위도 개인 간의 거래, 가정 중심 시장, 일정한 지역 중심 시장, 인터넷에 의한 가상공간 중심 시장, 그리고 지구촌의 시대인 오늘날에는 국경을 넘어 시장의 세계화가 가속되어 나가고 있다.

세계화의 시대에 노동 중심으로부터 지식 중심 사회로 변화되었고, 인터넷과 인공지능에 의한 사회관계망 서비스의 발전에 의해 시장 구조의 다양한 변화로 말미암아 형성되는 가치관은 개인주의 심화이다.83) 여기서 말하는 개인주의는 이기주의를 의미하기보다는 개인 존중을 의미한다. 인간은 하나님의 형상이라는 차원에서의 존엄성으로 이해해 볼 수 있다.

한 개인의 생명을 존중한다는 의미로 보자면 일종의 생명 존중 사상의 심화이다. 이는 인간의 차원을 넘어 생태계를 포함한다.84) 따라서 개인주의는 개인의 자유와 개인을 동등하게 대하는 평등의 가치를 내포하면서, 생태계의 생명 존중 사상으로 나아간다.

세계화를 이끌어 나가고 있는 과학 기술의 발전으로 말미암는 개인주의 가치관에 의한 자유와 평등의 가치를 이해하고 수용하고, 이에 따른 세대 간의 차이를 이해하고자 할 때 발전의 원동력이 된다. 그러나 그렇지 못한 경우 개인주의 가치관은 세대 간의 갈등으로 사회 발전을 저해하는 원인이 되기도 한다.

개인 간에 갈등이 있고, 집단과 집단 간에 갈등이 있는 것은 앞서 모든 대상을 텍스트로 보는 리쾨르의 관점에서 볼 때 텍스트에 대한 이해의 차이에서 비롯된다. 해석의 갈등이다. 갈등의 원인은 텍스트에 대한 해석의 차이에 있다. 해석의 갈등을 넘어서기 위해서는 무엇보다 세대 간의 조정(accomodation)을 위한 리더십이 있어야 한다.

조정이라는 용어는 종교개혁가 칼뱅이 "다양하면서도 변화할 수 있는 인간의 능력에 적합하게 하나님은 그 자신을 조정하신다"85)는 언급에 기초하

---

83) Jean M. Twenge, *Generations*, 12, 20, 22.

84) 이원일, "세계화와 노년기 교육목회," 『성인기독교교육의 내러티브』 (서울: 한들출판사, 2017), 10장. 여기서 논하고 있는 몰트만의 가이아 이론을 참고할 것.

85) John Calvin, *Institutes of the Christian Religion*, ed., John T. McNeill (Philadelphia: The Westminster Press, 1960), II-11-13, 462-463. 바울은 롬 5:10, 갈 3:10, 13, 골 1:21, 22절 등의 구절에서 조정이란? 인간이 그리스도를 떠나서는 얼마나 불쌍한 존재인지에

고 있다. 칼뱅은 구약과 신약의 차이는 본질에서의 차이이기보다는 형식상의 차이임을 말한다. 따라서 하나님은 변함이 없지만, 그 내용을 전하는 것에 있어 각 시대가 이해할 수 있기 위해 다양한 수준과 형식으로 '조정'하신다. 이러한 조정은 오늘에 이르기까지 연속적이다.

칼뱅에 의하면 마치 농부가 4계절에 따른 농법이 다르다고 해서 농사에 대한 기본 마음이 변한 것이 아니라, 각 계절에 적합하게 조정하듯이, 하나님은 하나님의 가르침에 대하여 영유아, 청소년, 청년기 등의 각 시기에 알맞게 그 내용과 방법을 조정해 나가신다.

세대 간의 갈등을 비롯한 다양한 갈등은 해석의 갈등이다. 세대 간의 내용과 경험의 차이이다. 해석의 갈등을 넘어서기 위한 방안은 조정을 위한 세대 간의 공감(sympathy)이다. 세대 간에는 가치관의 차이를 공감하기 위한 노력으로 극복해 나갈 수 있다. 개인 간에도 갈등을 극복하기 위해서는 서로의 관점을 교차해 봄으로 가질 수 있는 공감이 있어야 한다.

공감이 어려운 이유는 서로의 문화가 다르기 때문이다. 문화에 대한 해석도 다르다. 따라서 해석의 다양성을 인정해야 한다. 소통의 공동체가 되어야 한다. 소통의 해석이 되어야 한다. 세대 공감에 의한 소통은 공동체를 역동적이게 한다. 하나님의 사역을 위해서는 목회자와 평신도, 신학과 사회과학 등의 공감에 의한 소통을 추구하는 해석학 실천신학이어야 한다.

세대 간의 갈등을 비롯한 여러 유형의 갈등을 극복하기 위한 또 다른 방안은 하나님의 섭리적 프락시스에 대한 신앙이다. 한번은 필자가 주관한 세미나가 있었다. 초청한 강사는 미술치료를 전공한 자로서 필자의 제자였다. 강의 중에 참석자들에게 일정한 도형으로 다듬어진 도화지를 나누어 주었다. 그리고는 그 도화지에 각자가 그리고 싶은 대로 그림을 그리고 색칠도 하라

대하여 인간이 더 잘 이해할 수 있도록 인간의 능력에 조정하는 것을 말함. II-16-2. 모세의 경우도 창조와 관련한 언급에서 인간의 지식의 정도에 조정하여 인간의 눈에 보이지 않는 것은 언급하지 않았다고 말함. I-14-3.

는 것이다. 필자도 받은 도화지에 나름대로 열심히 그림을 그리고 그 그림에 색칠했다. 일정한 시간이 지나자 이제 앞으로 갖고 나와서 도화지의 모양을 맞춰보라는 것이다. 참석자들은 각자의 그림을 가지고 나가서 그림의 모양을 따라 맞추어 보았다. 그런데 이게 웬 일인가? 그 그림을 맞춰보니 큰 나무의 모양이었다. 내가 그린 그림도 그 나무의 한 부분이었다. 맞춰보니 한 그루의 멋진 나무 그림이 된 것이었다. 그림을 그릴 때는 나름대로 내가 한 번 잘 그려보아야 하겠다는 경쟁심도 있었다. 그러나 알고 보니 모두가 나름대로 열심히 그린 그림이 하나의 작품이 되어 있는 것이다.

한 개인의 내적 갈등을 비롯한 다양한 세대 간의 갈등, 그리고 가정을 비롯한 다양한 실천신학의 현장들에서 갈등들의 경우도 역사를 섭리해 나가는 하나님의 프락시스에 의해 하나의 작품(롬 8:28)이 되지 않을까? 하나님의 프락시스에 대한 신앙이 갈등을 치유하지 않을까? 어떤 세대만의 해석이 정당화될 수 없다. 모든 세대는 나름대로 해석의 관점을 가지고 있다. 해석의 갈등을 넘어 해석의 통합을 추구해야 한다. 세대 간의 갈등 만이 아니라 개인이나 어떤 공동체 간의 갈등도 마찬가지이다. 해석의 통합으로 말미암는 이해이다. 추구해야 할 실천적 신앙공동체는 세대간 해석의 갈등을 넘어 소통으로 말미암는 해석학적 신앙공동체이다.

5. 해석학적 실천신학과 역량

근대 이전 사회는 농업사회, 근대사회는 산업화사회이다. 반면에 탈근대 사회는 지식기반사회이다. 근육의 힘으로 살아가는 시대로부터, 아이디어의 힘으로 살아가는 시대이다. 21세기는 인공지능으로 말미암는 지식기반 사회로 발전이 가속화되는 가운데 있다. 지식기반사회에서 해석학적 실천 신학은 변화하는 사회에서 하나님의 사람에게 소명에 대한 능력을 함양해 주어야 한다.86) 하나님으로부터의 소명을 잘 감당할 수 있는 능력으로서의 역량이다.

지식기반사회는 평생학습사회이기도 하다. 하나님의 사람은 하나님의 소명에 기초하여 삶을 살아가는 신앙인이다. 하나님에 의한 소명으로 살아가는 신앙인은 세계의 빠르고도 지속적인 변화에 능동적으로 살아가야 한다. 이를 위해서는 사회와 세계의 변화에 적응할 수 있도록 소명에 따른 역량을 평생에 걸쳐 함양해 나가야 한다.

소명과 역량

삼위일체 하나님의 표상 양식으로서 소명을 수행하는 능력을 역량(competency)이라고 한다. 역량이란 '무엇을 할 수 있는 능력'을 말한다. 무엇을 아는 것을 넘어서서 삶의 자리에서 실행할 수 있는 능력을 의미한다. 역량은 지식과 기능 이상의 것으로서 특정하게 주어진 상황에서 인지적, 비인지적 자원 등을 통합적으로 이용하거나 동원하여 다양한 문제를 성공적으로 해결하는 능력이다.87) 또는 지식, 기능, 능력, 행동, 개인적 특성 등을 통합적으로 활용하여 성공적으로 주요 과업을 수행할 수 있는 능력이다.

역량은 교과에 의한 지식을 중요하게 여기지만, 이분법적인 교과 중심적 지식이 아닌 교과 내, 교과 간, 그리고 교과와 일상생활 간의 통합으로 형성될 수 있다.88) 본 저서에서 말하는 역량은 통합성에 의한 역량이다. 그리고

---

86) 김경자·온정덕·이경진 공저, 『역량 함양을 위한 교육과정 설계: 이해를 위한 수업』 (서울: 교육아카데미, 2021), 58.

87) 백남진·온정덕 공저, 『역량 기반 교육과정의 이해와 설계』 (서울: 교육아카데미, 2018), 53, 54. 역량이라는 개념은 핵심역량, 세부 역량 등의 개념으로 세분화되어 짐. 특히 역량과 관련한 핵심역량이라는 용어는 프라할라드(C. K. Prahalad)와 하멜(Gary Hamel) 교수가 하버드 비즈니스 리뷰(Harvard Business Review) 지에 1990년 5월, 6월에 게재한 글에서 처음 핵심역량(Core Competence)라는 용어를 사용하였음. https://brunch.co.kr/@linecard/263 (2023년 9월 23일 검색).

통합성으로 말미암아 실천성을 추구하는 역량이다. 통합성은 내러티브의 관점에 의한 통합성이다. 간학문적 통합성이다. 통합성은 융합성이라고도 한다. 이질적인 내용들이 하나의 새로운 내용이 되는 것을 통합 또는 융합이라고 한다.

역량에서 말하는 능력은 인지 혹은 정신적 능력이나 정서 및 의지적인 능력을 기계적이며 전달중심으로 주입에 의해서 역량이 함양되기보다는 인간의 구체적인 실천을 통하여 역량은 통합되고 함양된다.[88] 이는 인간의 인지적 차원, 정서적 차원, 의지적 차원은 각각 구분되지만 분리되지 않고 통합되어 있기 때문이다.

프로젝트와 같이 통합적 수행을 통한 역량 함양을 위해서 엘리옷 아이즈너(Elliot Eisner)는 우선 활동이라고 하는 실천을 하고 그다음으로 활동에 대한 비판적 성찰을 통한 이해를 추구함으로 역량을 함양할 것을 말하고 있다.[90] 이러한 활동이나 실천을 표현 활동이라고 하며, 그 결과를 표현결과라고 말한다. 그리고 표현 활동과 표현결과를 위한 내용에 해당하는 것을 표상형식들(forms of representation)이라고 말하고 있다.

아이즈너는 표현 활동, 표현결과, 표상형식(표상양식)에 대해 너무 언어적이고 숫자적인 것을 강조하는 경향이 있음을 비판하면서 예술적이고 신체적 활동을 통한 표현 활동, 표현결과, 그리고 표상형식들의 필요성을 강조하고 있다.[91] 비록 아이즈너는 미국 스탠포드 대학에서 교육과정을 가르치고 있

---

88) 역량과 통합의 관계에 대해서는 다음을 참고. 백남진·온정덕 공저, 『역량 기반 교육과정의 이해와 설계』, 53, 56, 93, 96, 97, 112, 123, 126, 174.

89) 백남진·온정덕 공저, 『역량 기반 교육과정의 이해와 설계』, 20.

90) Elliot W. Eisner, *The Educational Imagination* (New York: MacMillan Publishing Co., 1979), 122; 이원일, 해석학적 상상력과 기독교 교육과정 (서울: 한국장로교출판사, 2004), 369-376, 393; Elliot W. Eisner, *Cognition and Curriculum: A Basis for Deciding What to teach* (New York & London: Longman, 1982), 47.

91) 엘리옷 아이즈너 이론과 하워드 가드너의 다중지능 이론은 서로 유사성이 있음. Howard Gardner, *Intelligence Reframed* (New York: Basic Books, 1999), 47-66; Thomas Armstrong, *Mutiple Intelligences in the Classroom* (Alexandria, Virginia: ASCD,

지만, 그의 언급들은 실천신학과 밀접하게 연관되어 있다. 아이즈너가 말하는 표현결과에 대한 언급은 해석학적 실천신학과 관련하여 매우 유익한 통찰을 주고 있다.

미리 결정된 전제적인(prescriptive) 행동목표와 문제해결 목표와는 차이가 있는 표현결과에 대한 아이즈너의 언급은 실천신학적이며, 실천적 사역의 의미가 있다. 인간의 인지적, 정서적, 그리고 의지적 차원은 서로 통합성을 가지며 표현 활동, 표상형식, 표현결과 등은 실천적 사역으로 구체화할 수 있음을 보여주고 있다.

역량과 통합성

해석학적 실천신학에서 언급하고 있는 담화 신학, 세대론, 소명, 그리고 역량 등은 모두 삶의 자리(context)를 텍스트 못지않게 중요하게 여기는 점에서 공통점이 있다. 삶의 자리에서 하나님의 사람으로서 소명을 감당하기 위해 요구되는 것이 역량이다.

우선 역량은 인지, 정서, 의지 등이 통합됨으로서의 역량이다. 해석학적 실천신학과 관련해 볼 때 역량은 실천적 역량이다. 그리고 실천적 역량은 무엇보다 구성적이다.[92] 문제해결 능력이라는 말도 통합적 역량을 말한다는

1994), 112; John L. Elias, *A History of Christian Education: Protestant, Catholic, and Orthodox Perspectives* (Malabar, Florida: Krieger Publishing Co., 2002), 229. Icons are material representations or images of Jesus…. 성상은 표상형식임에도 불구하고 경배의 대상으로 여김으로 말미암아 신성화되고 우상화되었기 때문에 '성상 파괴 운동'(iconoclasm, 1차: 726-787, 2차: 814-842)이 일어났고, 성상은 종교개혁자들에 의해서도 강하게 부정됨.

92) Thomas Armstrong, *Mutiple Intelligences in the Classroom*, 11-12, 108. 토마스 암스트롱은 소홀이 여긴 지능에 음악을 포함하고 있으나, 기독교의 경우 음악을 통한 영적 지능을 함양하는 것을 강조해 왔으므로 인해 언어 및 논리적 지능과 같이 포함할 수 있음. 그러나 어떤 음악이냐에 따라 어느 지능에 포함되는지는 차이가 날 수 있음. 요리를 하기 위해 요리책을 읽기도 하고(언어적 지능), 비율을 생각해야 하고(수학적 지능), 가족들이 만족하는 메뉴를 개발하는(인간관계적 지능) 등의 지능들이 통합되어 좋은 요리를 할 수 있음을 말함.

점에서는 유사하다. 그러나 해석학적 실천신학에서 역량 함양을 위해서는 문제들(issues)이 없는 경우에도 일상의 실천적 삶을 위해 인지, 정서, 의지 등의 차원들이 구성되고 통합되어 살아가는 것을 말한다.

역량과 인간의 죄가 서로 관련되며 죄에 대한 구속은 역량으로 나타남을 리쾨르의 인간의 죄 이해에 대한 세 가지 언급에서 알 수 있다. 첫째, 인간의 죄는 단순한 의식이 아닌 하나님 앞에서 일어나는 진짜 상황이고 실재이며, 둘째, 개인의 허물이기보다는 서로 얽혀 있는 공동체 차원의 문제이며, 셋째, 하나님의 뜻을 이루려고 하는 선에 대하여 원함은 있지만 행함이 없는 무능력이라는 것 등이다(롬 7:19).93) 죄는 선을 향한 무능력이라는 말이다. 역량이라는 말과 관련되고 있다. 역량을 함양한다는 것은 선을 향한 무능력한 존재에서 구속의 은혜로 말미암아 선을 향한 능력의 존재로 인간을 양육하는 것을 의미하기 때문이다.

역량 함양을 추구하는 해석학적 실천신학은 통합성의 실천신학이다. 추구하고자 하는 역량을 중심으로 하는 통합성을 말한다. 이는 신앙, 텍스트, 그리고 컨텍스트의 통합에 의한 실천신학이다. 역량을 함양하기 위해서 간학문적 지식, 지식과 경험, 이론과 실천, 하나님이 말씀과 삶, 교회 안과 교회 밖, 평신도와 목회자 등의 통합으로 말미암는다.94)

역량 기반 접근은 교회 내에의 제직자 훈련과정, 교회학교의 교사 양성 교육과정, 교회 밖의 사역자를 양성 교육과정, 수련회 프로그램 등에서 과목 및 내용을 선정, 조직하는 것에 대해 역량 중심으로 재개념화되고 있다.95) 제직자, 교회학교 교사, 사역자 등을 양성하기 위한 교육과 수업, 그리고 평가는 참여자의 수행 능력을 양성하는 방향으로 재개념화되고 있다. 평가하는 내용에 있어서도 '무엇을 얼마나 많이 아는가?'를 평가하는 것으로부터

---

93) Paul Ricoeur, *Le Conflit des Interprétations*, 303, 304.
94) 이원일, 『해석학적 상상력과 기독교교육과정』 (서울: 한국장로교출판사, 2004), 96.
95) 백남진·온정덕 공저, 『역량 기반 교육과정의 이해와 설계』, 195, 197.

'무엇을 실제로 잘할 수 있는가?'를 평가하는 것으로 평가의 중심이 옮겨지고 있다.

역량의 개념과 일맥상통하는 개념은 이해이다. 여기서 말하는 이해란 "배운 내용을 새로운 상황에 지식을 활용하는 수행 능력96)"이다. 이해는 사실을 기억하고 아는 것에 그치는 것이 아니라 깨달아 아는 것이며, 더 나아가 학습한 것을 다른 상황에 적용할 수 있는 능력이다. 이해는 수행을 통해서 증명된다. 이해의 개념에는 역량이 포함되어 있다. 달리 말하면 역량이 없는 이해는 온전한 이해라고 할 수 없다. 역량과 소명의 관계도 마찬가지이다.

하나님 사람의 역량 강화는 핵심역량(key competency)과 세부 역량(특수직무능력, specific competency) 등으로 강화될 수 있다.97) 본 저서의 10장, 11장, 12장 등에서 언급하고 있는 핵심역량은 대단위에 속하는 일반능력(general capabilities)에 해당한다. 중단위와 소단위 등에 속하는 세부 역량은 조직 요소(organizing elements)에 해당하며, 하위역량, 또는 교과 특수역량이라고도 한다.

역량과 영성

영성(spirituality)에 대한 개념은 비움, 채움, 사색, 정서 등의 개념과 관련된다. 자기를 비우는 것으로서의 영성이며, 상상력을 통한 자기를 채움으로서의 영성이다. 그리고 인간의 사고력을 통해 사색함으로서의 영성이며, 정서적인 차원에서의 만족을 위한 영성이다.98)

비움, 채움, 사색, 정서 등과 관련된 영성의 개념을 좀 더 단순화하자면 영

---

96) *Ibid.*, 124.

97) *Ibid.*, 156, 157.

98) Urban T. Holmes III, *A History of Christian Spirituality: An Analytical Introduction* (The Seabury Press, 1980), 4-5. 이원일, 『해석학과 기독교 교육현장』 (서울: 한국장로교출판사, 2008), 218. 재인용.

성은 '하나님과의 관계'로 정의할 수 있다.99) 하나님과의 친밀성을 의미하는 차원에서 하나님과의 관계이다. 하나님과의 개인적인 관계, 교회에서의 관계, 사회적인 관계 등이다. 이는 각각 개인적 영성, 교회적 영성, 그리고 사회적 영성 등으로 일컫는다. 앞서 언급한 하나님의 뜻은 관계성에 있으므로 결국 하나님의 뜻은 영성을 추구하는 것이다.

신앙과 영성(spirituality)는 어떤 공통점과 차이점이 있는가? 우선 공통점은 하나님의 주권성(lordship)을 인정하는 것이다. 하나님의 주권은 우상을 버리는 것에서 시작된다. 최고의 우상은 자기 자신이다. 영성은 자기를 부인하는 것이다(마 16:24). 세상의 어떤 지식도 절대적인 앎이 될 수 없다. 부분적인 앎으로서 오히려 비판적 성찰의 대상이며 과정적인 앎이다. 모든 것을 넘어서서 하나님을 주인으로 섬기는 것이다.

차이점으로는 신앙과 관련하여 볼 때 영성은 신앙의 표상형식 또는 표상양식 이다. 의지적이고 행동적인 속성을 지닌 실천적 신앙이 삶으로 나타나는 특성이 영성이다. 달리 언급하자면 영성은 신앙의 생활 또는 신앙의 삶이다. 신앙으로 말미암아 하나님과의 관계를 추구하며 살아가는 삶이 영성이다. 따라서 영성이 신앙보다 우선일 수 없다. 신앙, 그리고 영성이다.

인지적이며 정서적 차원뿐만 아니라 의지적인 속성도 포함하고 있는 실천적 신앙의 차원에서 영성을 이해해야 한다. 신앙은 영성의 눈이며, 영성의 귀이며, 영성의 시각, 청각, 촉각, 미각, 후각 등에 해당한다. 신앙과 마찬가지로 영성은 개인적이며 공동체적이다. 어느 한쪽으로 치우치는 거나 제한하는 것은 영성 이해를 왜곡되게 하며 바람직하지 못하다. 전인적이며 공동체적인 차원을 말하는 통합적인 차원에서 예수를 따르는 영성이어야 한다.

---

99) 이원일, 『해석학과 기독교교육현장』(서울: 한국장로교출판사, 2008), 211-217; 『성인기독교교육의 내러티브』(서울: 한들출판사, 2017), 94, 154; C. Ellis Nelson, ed., *Congregations: Their Power to Form and Transform*, 김득렬 옮김, 『회중들: 형성하고 변형케 하는 회중의 능력』(서울: 한국장로교출판사, 1996), 184. 여기에서 메리 엘리자베스 무어(Mary E. Moore)의 경우도 영성을 '하나님과의 관계'로 정의하고 있음.

역량과 성령

역량과 관련한 해석학적 실천신학의 의미는 무엇인가? 어거스틴이 언급한 것과 유사한 맥락에서 살펴보면 해석학적 실천신학에서 말하는 역량은 하나님께로부터 온다(고·후 3:5).[100] 하나님의 은혜를 헛되이 받지 않고(고·후 6:1), 삶에 이르기까지 하나님의 말씀을 실천하고자 하는 믿음과 소명을 형성 및 재형성 하는 것이 역량에 대한 실천신학적 이해이다. 실천신학에서 말하는 역량과 관련되는 하나님 이해는 무엇보다 능력으로 행하시는 하나님이다(빌 4:13).

소명에 따른 하나님의 사역을 감당할 수 있는 능력을 의미하는 역량은 성령의 도우심으로 말미암는 역량이다. 어거스틴은 "하나님은 성령을 통해서 선행할 힘을 주시며, 성령은 우리 마음에 사랑을 부어 넣으신다"[101]고 강조한다. 성령은 우리에게 하나님의 뜻을 따라 살아갈 수 있는 역량을 주고 강화해 나가는 주체이다. 성령에 의한 믿음과 소명의 삶이다.

어거스틴은 그리스도와 그리스도인의 유비를 성령으로 말한다. 그리스도께서 성령으로 나신 것과 같이, 그리스도인도 성령으로 중생한다.[102] 믿음의 유일한 근원은 성령이다. 같은 논리로 언급하자면 그리스도의 사역을 위한 능력은 성령의 능력인 것과 같이 그리스도인의 사역을 위한 역량도 성령에 의한 역량이다.

종교개혁가 마틴 루터는 성령에 의한 역량을 강조하기를 "성령의 인도를

---

100) J. Patout Burns, *Theoloical Anthropology*, 송인설·손은실 공역, 『교부들의 신학적 인간학』 (서울: 도서출판 솔로몬, 1995), 108, 111, 114, 146. 어거스틴에 의하면 자유를 선용하는 의지의 회복으로 말미암는 선행도 하나님의 은혜, 하나님의 도우심, 그리고 성령의 능력으로만 가능함으로 쉬지 말고 하나님께 기도해야 함.

101) Saint Augustin, "On the Predestination of the Saints," in ed., Philip Schaff, *Nicene and Post-Nicene Fathers of The Christian Church, Vol. V. Saint Augustin: Anti-Pelagian Writings*, 226.

102) *Ibid.*, 254.

받는 경건한 자들 속에서조차도 원죄는 선에 대항하여 싸움으로써 많은 괴로움을 일으킬 정도로 원죄는 우리를 파멸시켜 왔다는 것을 우리가 믿는다면, 성령이 없는 사람 속에는 악만을 향할 뿐 선을 향할 수 있는 그 어떤 것도 남아 있지 않다는 것은 분명하다"103)고 말한다.

칼뱅의 경우도 신앙은 성령의 역사이며, 성령으로 말미암아 구원받는 신앙을 가질 수 있다고 말한다.104) 신앙의 유일한 근원은 성령이다. 더 나아가 성령은 사람을 그리스도에게로 이끌며, 구원에 참여하도록 하며, 완전한 구원에 이르게 한다.

웨스트민스터 신앙고백에 의하면 신앙은 스스로의 능력을 통하여 신앙을 소유한 것이 아니라 하나님의 선물이다. 신앙은 그리스도인의 마음속에 역사하는 그리스도의 영의 사역이다. 하나님 말씀을 통하여 신앙은 일어나게 된다. 그리고 신앙은 성례전과 기도를 통하여 성장한다. 그리고 "선행의 능력은 인간 자신이 아니라 그리스도의 영으로부터 기원"105)함을 말한다. 성령에 의한 신앙은 전인적이며 통합적 신앙으로서 행함이 있는 실천적 신앙이다. 그리고 행함이 있는 실천적 신앙의 역량 강화도 성령으로 말미암는 역량 강화이다.

소명을 위한 역량을 추구하는 해석학적 실천신학의 주체는 성령이다. 성령에 의한 실천신학이다. 성령에 의한 사역(ministry)이다. 해석학적 실천신학에서 말하는 역량은 자기의 공로에 의한 자기 의(self-righteousness)로 말미암는 역량이 아니다. 성령의 은혜에 감사하고, 성령의 도우심을 위해 기도로 간구하는 기도의 역량이 실천적 신앙 역량이다.106)

---

103) J. J. Packer and A. R. Johnston, *The Bondage of the Will*, 260.

104) John Calvin, *Institutes of the Christian Religion, Vol I, III*, 13, 14.

105) E. F. Karl, ed., *Die Bekenntnisschriften der reformierten Kirche*, 손달익·조용석 편역, 『웨스트민스터 신앙고백』(1674년), 103.

106) Saint Augustin, "On Grace and Free Will," in ed., Philip Schaff, *Nicene and Post-Nicene Fathers of The Christian Church, Vol. V. Saint Augustin:*

더 나아가 성령의 실천신학에 의하면 역량 강화(empowerment)에 있어서도 인간적인 노력이 아닌 성령에 의한 역량 강화이다.107) 믿음의 시작을 비롯하여 믿음의 성장까지도 모두 하나님의 선물이듯이, 역량 강화는 성령의 역량 강화이다(행 1:8). 성령의 역량 강화는 성령의 도우심을 간구함으로 말미암는 응답 차원에서 성령의 역량 강화이다.

이상에서 역량과 관련한 언급들에 의하면 해석학은 신앙의 해석학이며, 성령의 해석학이다. 성령의 해석학적 실천신학이다. 성령의 실천적 신앙이다. 다양한 텍스트에 대하여 올바른 해석을 하는 주체는 성령이다. 올바른 해석은 하나님으로 나온다(창 40:8). 해석의 결과로 말미암는 이해로서의 실천적 신앙과 소통, 그리고 실천적 신앙인과 신앙공동체의 형성과 변혁 등을 위한 주체는 바로 삼위일체 하나님이다.

역량과 기도

인지적, 정서적, 그리고 의지적 차원의 역량은 서로 구분되지만 분리되지 않는다는 점에서 삼위일체적이며 통합적인 속성을 지니고 있다. 이러한 통합적 속성은 실천적 사역으로 구체화된다. 실천적 사역은 개인 및 공동체의 통합적이며 실천적 신앙을 형성하고 재형성한다.

본 저서에서 앞으로 구체적으로 언급할 해석학적 실천신학의 세 가지 유형에서 실천신학의 뿌리는 기도하기이다. 세 유형에 공통적이다. 실천적 사역의 핵심은 기도하기이다. 기도하기는 행동하는 신앙이다(마 17:20, 막 9:29).108)

Anti-Pelagian Writings, 189. 어거스틴은 선행의 원인도 하나님의 은혜라고 말함.

107) 이원일, 『미래세대와 기독교교육』, 61. '믿음의 시작과 성장은 모두 하나님의 선물'이라는 내용은 다음을 참고할 것. Saint Augustin, "On the Predestination of the Saints," in ed., Philip Schaff, *Nicene and Post-Nicene Fathers of The Christian Church, Vol. V. Saint Augustin: Anti-Pelagian Writings*, 244.

108) C. Ellis Nelson, *Where Faith Begins*, 140.

하나님의 사람은 자본, 위인, 사상 등에 의해 역사가 이루어져 나가는 것이 아니라, 하나님에 의해서 역사가 이루어져 나감을 믿는 사람이다. 하나님의 섭리적 프락시스를 인정하는 구체적인 실천이 바로 기도이다. 그리고 하나님의 사람은 "의인은 믿음으로 살리라"(롬 1:17)는 말씀을 삶을 통하여 기도로 증명해 나가는 사람이다.

성령의 도우심으로 하나님의 사람이 실천하는 대표적인 실천적 사역이 기도이다. 기도는 그 자체가 실천신학이다. 기도는 신앙의 최고 실천이다. 신앙의 의지적이고 행동적인 측면이 제일 잘 드러나는 것이 바로 기도이다. 해석학적 신앙으로서 인지, 정서, 의지 등의 전인적 차원을 통합적으로 표현하는 것이 바로 기도 생활이다.

신앙이 있다고 하고 기도가 없으면 행함이 없는 믿음과 같다. 행함이 없는 신앙은 죽은 신앙이다.[109] 기도와 행함이 아니라 기도로 행함이다. 기도하는 것이 일이다. 그리고 기도를 통하여 하나님의 능력을 받는다. 하나님의 능력을 받는 것은 하나님의 말씀을 믿는 믿음과 이 믿음에 기초한 기도를 통해서이다.

어거스틴에 의하면 하나님의 은혜와 능력에 의한 삶이란 무엇을 의미하는가? 다름 아닌 하나님의 도우심을 위해 기도하는 삶이다.[110] 하나님은 현재와 미래에 하나님의 도우심을 위해 기도해야 할 것을 강조한다(마 6:13).

하나님의 은혜를 중심으로 자신의 신학을 펼쳐나가는 어거스틴은 하나님의 은혜가 헛되지 않기 위해서 쉬지 말고 기도해야 할 것을 말한다. 하나님의 은혜가 강조될수록 기도가 강조된다. 하나님의 주권에 대한 하나님의 도

---

109) John Calvin, *Institutes of the Christian Religion, Vol III*, 제20장.

110) Saint Augustin, "On Grace and Free Will," in ed., Philip Schaff, *Nicene and Post-Nicene Fathers of The Christian Church, Vol. V. Saint Augustin: Anti-Pelagian Writings*, 192. 어거스틴은 하나님의 은혜와 하나님의 도우심과 기도를 같은 선상에 놓을 것에 대하여 그의 은혜론에서 말하고 있음. 믿음은 기도로 확증됨(눅 18: 8). 과거의 죄에 대한 회개의 기도(마 6:12), 현재와 미래에 하나님의 뜻을 분별하며 살 수 있도록 하나님의 도우심을 기도해야 함(마 6:13).

우심이 없이는 아무것도 할 수 없고 죄의 길로 갈 수 밖에 없는 존재가 인간이기 때문이다.

기도는 하나님의 사람이 하나님의 뜻을 분별하며 살아가는 실천을 위한 역량이면서 더 나아가 역량 강화로 이끈다. 성령의 도우심만이 하나님의 뜻에 대한 실천을 가능하게 한다. 기도는 실천을 위한 핵심역량이며, 기도는 역량을 강화하기도 한다.

그리스도의 "인자가 올 때에 세상에서 믿음을 보겠느냐"(눅 18:8)는 물음에서 말하는 믿음은 어떤 믿음을 말하는가? 낙심하지 않고 항상 기도하는 믿음이지 않는가? 해석학적 실천신학은 하나님의 사람으로 하여금 낙심하지 않고 항상 기도하는 신앙을 형성하도록 하는 학문이다. 낙심, 좌절, 실패, 실의, 고난, 핍박, 조롱, 멸시 등의 부정적인 환경 가운데서도 오히려 기도를 통해 십자가를 지고 그리스도를 따라 살기 위한 역량 강화이다.

해석학적 실천신학의 관점에서 볼 때 실천적 사역으로서의 기도는 실천적 사역 중에서 대표적 사역이다. 종교개혁가 칼뱅은 "바울은 … 하나님이 주시는 은혜라고 할 때마다 동시에 이 일이 사람의 능력의 범위에 들지 않는다는 것을 확언한다"[111]고 말한다. 하나님이 주시는 은혜를 헛되지 않기 위해서는 계속적인 기도가 있어야 함을 강조하고 있다.

칼뱅에 의하면 기도는 하나님과의 친밀한 대화이며, 참된 믿음은 하나님께 기도하는 의지와 행위를 중요하게 여긴다. 모든 은혜가 하나님으로부터 온다는 것을 기억하게 하는 것이 바로 기도이기 때문이다.[112] 기도의 교사는 우리가 올바로 기도하도록 돕는 성령이다. 성령의 도움으로 기도해야 한다. 성령의 인도로 말미암는 올바른 기도는 믿음의 기도(약 5:15)이다. 칼뱅에 의하면 기도로 응답받는 것은 모두 믿음으로 인한 것이다.

스코틀랜드 장로교회의 존 낙스(john Knox, 1513~1572)는 개혁신학의

---

111) John Calvin, *Institutes of the Christian Religion, Vol I, II*, 417.
112) *Ibid.*, 409-426.

핵심으로서 기도를 통한 그리스도와의 연합임을 말한다. 낙스에 의하면 그리스도와의 실제적인 연합이 기도를 통해 가능하다. 낙스는 요한복음 17장의 그리스도의 기도에 대한 칼뱅의 주석을 인용하면서, 그리스도 자신이 기도를 통하여 성숙한 믿음을 의미하는 성화의 본을 보여주었다고 말한다.[113]

스코틀랜드 장로교회 신학자들은 "믿음으로 그리스도와 연합하며, 성례를 통하여 그리스도와 교통하게 된다는 점을 한결같이 강조"[114]한 것은 믿음과 기도를 상호 교환할 수 있는 용어로 이해하고 있음을 보여준다.

칼 바르트(Karl Barth, 1886~1968)는 그리스도인이 소명 받은 것은 무엇보다 기도를 위해서이다. 부르심을 받은 자로서 그리스도인은 "기도할 수 있고, 기도해도 되고, 기도해야 한다."[115] 하나님 사람의 소명은 기도를 위한 소명이다.

바르트에 의하면 기도는 마치 호흡과도 같으며 "기도함으로써 불안에 대립해서 자기 자신으로, 즉 확고한 지반으로 그의 소명의 지시된 길로 되돌아온다"[116]고 말한다. 기도는 모든 것을 다스리시는 하나님의 주권을 고백하는 것이다. 그리스도인은 기도로 말미암아 삶의 불안, 세계의 불안, 죽음의 불안 등에서 해방된 자가 된다. 이외에도 고독으로부터 친교로의 해방을 경험하는 등의 해방된 자가 된다.

몰트만은 기도를 성령의 체험과 관련됨을 말한다. 몰트만에게서의 성령 체험은 "아빠, 사랑하는 아버지"(롬 8:15, 갈 4:6)라고 부르는 기도 그 자체이다. 하나님에 대하여 '아빠'라고 부르며 기도하는 그 자체가 바로 성령 체험이다. 몰트만에 의하면 성령 체험은 신비적인 차원이기보다 하나님과의 친밀한 관계로서의 기도체험이다. 같은 맥락에서 예수님을 향하여 '주'라고 부

---

113) 김재성, 『개혁신학의 정수』 (서울: 도서출판 이레서원, 2003), 348.

114) Ibid., 350.

115) Karl Barth, Die Kirchliche Dogmatik: Die Lehre vom Wort Gottes, 황정욱 옮김, 『교회교의학: 하나님의 말씀에 관한 교회 IV/3-2』, 212.

116) Ibid., 212. 211-217. 바르트는 기도와 해방 등에 대해서도 관련하고 있음.

르며 기도하는 것도 성령의 체험이다(고·전 12:3).

몰트만이 말하고 있는 '아빠 아버지'를 부르는 기도에 대한 관점과 매우 유사한 관점으로 리쾨르는 기도를 말하고 있다. 리쾨르는 구약성경에서 여호와 하나님에 대한 아버지로서의 호칭과 기도(렘 3:19-20; 사 63:16; 시 89:26), 그리고 아빠를 부르는 예수님의 기도는 하나님 나라에 대한 체험이다.117) 리쾨르에 의하면 하나님을 아빠 아버지라고 부르는 믿음의 시간과 장소에 하나님 나라가 있다(마 11:27; 요 14:6; 롬 8:15).

리쾨르에 의하면 부성을 가진 하나님 이해의 유익에 대하여 기도와 관련하여 말한다. 리쾨르에 의하면 아빠 하나님을 부르는 기도는 인간의 내적인 콤플렉스를 치유한다. 친밀한 아빠와 아들의 관계로 형성해 나가기 때문이다. 리쾨르는 성경의 "내가 주께만 범죄하여 주의 목전에 악을 행하였사오니"(시 51:4)에서 악을 더욱 깊이 의식하게 된 것은 하나님 앞에 있을 때임을 말한다.118) 하나님 앞에서 죄를 고백하는 회개 기도는 하나님과의 관계 회복의 시작이다. 그리고 재창조의 시작이라고 말한다.

리쾨르는 침묵에 대하여서도 심도 있게 다루고 있다. 침묵은 아무 말도 없다는 뜻이 아니다. 침묵을 지키는 것은 듣고 있음을 말하는 것이다. 뭔가 말이 나오도록 하는 것이며, 들음의 길을 여는 것이다. 침묵은 무엇보다 '이해'가 드러나도록 하는데 기여한다.119) 말이 많다고 해서 이해가 잘된다는 것은 아니라는 말이다. 오히려 많은 말은 오해를 불러오기도 한다. 침묵을 통해 진짜 들을 수 있음과 상호공존이 가능하다. 언어적인 기도뿐만 아니라 침묵의 기도와 침묵의 삶도 중요함을 리쾨르의 침묵에 대한 언급을 통해서 알 수 있다.

침묵의 연장 선상에서 리쾨르는 '물러섬'에 대해서도 언급하고 있다. 욥

---

117) Paul Ricoeur, *Le Conflit des Interprétations*, 523-542.

118) *Ibid.*, 477.

119) Paul Ricoeur, *Le Conflit des Interprétations*, 490.

기 38장 1절 이하에 나오는 하나님의 대답은 욥의 고통과 죽음의 문제에 대한 대답 대신에 욥의 개인 문제와는 상관이 없어 보이는 거리감이 있는 내용으로 채워져 있다.

리쾨르에 의하면 거리를 두고 물러섬은 정죄를 넘어선 위로의 첫 단계이다. 욥은 자기 문제에 대하여 직접 관련되는 답을 들은 것은 아니다. 다만 자신의 문제와는 거리를 두고 하나님의 말씀으로 중심을 이동하면서 자신의 문제가 해결되는 경험을 한 것이다.

침묵 기도에 대한 언급은 엘리자베스 무어(Mary E. Moore)의 언급에서도 찾아볼 수 있다. 무어에 의하면 침묵 기도는 하나님의 음성을 듣는 예술이다. 하나님의 음성은 "주변의 사람들 안에서, 회중의 생활들 안에서, 세상 안에서, 기록된 기독교 전통인 성경, 찬송, 기도문, 신조들 등 안에서"120) 경청 즉, 귀담아들을 수 있다. 더 나아가 침묵은 "하나님과 교통하게 하는 넓은 영역의 활동들을 의미"121)한다.

엘리자베스 무어에 의하면 하나님의 음성을 듣고자 하는 침묵과 관련하여 기도를 세분화하면 묵상(meditation), 기도(prayer), 관상(contemplation) 등이 있다.122) 묵상은 하나님의 음성을 듣고자 하는 '활동'이다. 기도는 하나님과의 교제이다. 그리고 관상을 하나님께 초점을 집중하는 것이다. 이성적인 집중이 아니라 하나님께 자신을 열어 놓는 것이다.

하나님의 음성을 듣고자 하는 침묵의 필요성은 실천적 신앙공동체의 폐쇄성과 배타성을 넘어서기 위해서이다. 실천적 신앙공동체가 목회자, 남자, 부자, 전문직, 지성인 또는 그 밖의 어떤 선택된 엘리트 계층 또는 지배계층의 공동체로 변질 되지 않게 하려는 것이다.123) 또는 나와 비슷한 사람들의

---

120) C. Ellis Nelson, ed., *Congregations: Their Power to Form and Transform*, 김득렬 옮김, 『회중들: 형성하고 변형케 하는 회중의 능력』 (서울: 한국장로교출판사, 1996), 161.
121) *Ibid.*, 161.
122) *Ibid.*, 162; C. Ellis Nelson, How Faith Matures, 177.
123) C. Ellis Nelson, ed., *Congregations: Their Power to Form and Transform*, 169.

이야기만을 귀담아듣지 않도록 하기 위해서이다.

나의 이야기와 차이가 있는 이야기를 경청하는 가운데서도 하나님의 음성을 들어야 한다. 그리고 빈곤한 자, 어린이, 부녀자, 장애자, 그리고 생태계 등 피지배계층의 침묵의 목소리를 통해서도 하나님의 세미한 음성을 듣고자 하는 것이 해석학적 실천신학이다. 다양한 삶의 자리에서 침묵하고 있는 자들의 세미한 음성을 귀담아 들음으로써 하나님 나라를 체험하는 실천적 신앙공동체가 될 수 있다.

〈비판적 성찰을 위한 물음〉

1. 세 가지 유형에서 간학문성에 따른 분류와 특징은 무엇인가?
2. 세 가지 유형에서 사역현장에 따른 분류의 특징은 무엇인가?
3. 성경(눅 24:13-35)을 프락시스 과정으로 해석해 보고 그 결과를 서로 나누어 보자.
4. 실천적 사역을 위한 현장에 대한 언급에 대하여 자신이 경험하고 있는 현장과 그 특징은?
5. 성경에 나타난 세대 간의 갈등과 그 해결 과정은 무엇인가?
6. 실천적 신앙공동체를 형성하기 위해 자신의 어떤 역량이 함양되어야 하는가?

10장

해석학적 실천신학의
실천적 사역(1)

해석학적 실천신학에서 실천적 사역은 하나님의 부르심에 의한 소명에 기초한다. 부르신 하나님은 같지만 부름의 내용은 시간, 장소, 그리고 대상에 따라 다양하다. 다양한 소명이다. 그리고 한 개인의 소명이나 특정한 신앙공동체의 소명도 하나의 소명이기도 하지만 시간의 흐름에 따라 다차원의 다중성을 지닌 소명이다. 소명을 함양하는 양육, 소명을 이루기 위한 비전과 사명을 위한 실천적 사역이다. 개인과 교회, 그리고 사회에서의 실천적 사역이다.

해석학적 실천신학에서 말하는 해석학적 신앙 또는 실천적 신앙은 궁극적으로는 삼위일체 하나님의 관계성이라고 하는 코이노니아적인 친밀성을 추구한다. 하나님과의 관계, 사람과의 관계, 그리고 피조물과의 관계 등이다. 이러한 관계성으로서의 친밀성은 내적인 차원을 포함한 외적인 차원으로 나아가는 그리스도 예수를 따름으로 말미암는 실천적 관계성이다.

앞으로 언급할 세 가지의 유형은 삼위일체적 관계성을 지니고 있다는 점이 중요하다. 세 가지 각각의 유형은 독특하여 서로 구분되지만, 서로 분리되지는 않으며, 다층적인 구조를 지니고 있다.[1] 세 가지의 유형 중에서 비판

---

1) Mary E. Moore, "Purpose of Pratical Theology: A Comparative Analysis between United states Practical Theologians and Johannes Van Der Ven," *Hermeneutics and Empirical Research in Practical Theology*, ed., Chris A. M. Hermans and Mary E. Moore (Leiden·Boston: Brill, 2004), 189.

적 과학적 유형의 주된 이미지는 예수의 비유(마 13:34, 35)와 문화 사역자 이미지이다. 비판적 고백적 유형의 주된 이미지는 예수의 회심 및 양육(마 9:35, 36)과 복음 선포 사역자 이미지이다. 그리고 비판적 상관 관계적 유형의 주된 이미지는 삶에 대한 소통(눅 24:13-35)과 여행 사역자 이미지이다. 여행 사역자 이미지는 삶과 사회의 갈등적인 주제에 대해 함께 소그룹 중심의 대화 과정으로 하나님 나라의 비전을 이루어 나가는 순례자적 사역의 이미지이다.

본질(ousia)의 속성에 대한 외적인 표상 양식 또는 표현 양식(representative or expressive mode)으로서 실천적 사역의 핵심역량은 인지적, 정서적, 의지적 차원으로 세분화하여 함양할 수 있다. 그러나 인지적, 정서적, 의지적 차원 등은 삼위일체 하나님의 존재 양식과 유사하다. 각각은 구분되지만 분리되지 않는다. 인지적, 정서적, 의지적 차원의 핵심역량은 삼위일체적이며 통합적이고 실천적이다.

해석적 실천신학의 관점에서 이해를 추구하는 실천적 사역의 유형들은 개인, 교회, 그리고 사회 등의 삶의 자리와 관련하면 아홉 가지의 유형으로 분류할 수 있다. 그러나 아홉 가지로 제한되지는 않는다. 삶의 자리가 다양해지는 만큼 실천적 사역의 유형들은 다양하다.

세대와 현장 등을 고려하면 사역의 유형은 더 다양할 수 있으며, 사역 그 자체도 다양하다. 따라서 실천신학의 핵심역량도 다양하다. 그러나 핵심역량에 대한 요점은 하나님, 사람, 그리고 피조물에 대한 이해 역량을 함양하여 실천적 신앙공동체를 형성하는 것이다.

해석학적 실천신학에서 첫째 유형은 비판적 과학적 유형이다. 비판적 과학적 유형에서는 일반 사회 문화 등의 상황(context)으로 말미암는 경험을 일종의 텍스트로 여긴다. 컨텍스트에 대한 해석과 이해를 추구하는 실천적 사역과 역량을 함양하고자 하는 유형이다.

상황과 경험 등에 대한 비판적 성찰로 말미암는 하나님의 계시를 인정하며, 하나님의 내재성에 높은 비중을 두고 있는 실천신학 유형이다. 상황과 관련한 일반 인문과학 및 사회과학 등에 상대적으로 높은 비중을 갖고 신학과의 간학문성을 추구하는 유형이다.

따라서 비판적 과학적 유형에서의 하나님은 일반적인 역사를 비롯하여 사회 문화까지도 간섭하고 섭리하는 존재이다. 일반적인 역사 흐름을 비롯하여 사회 문화적인 경향에 대한 비판적 성찰을 비중 있게 다루면서 하나님의 섭리적 프락시스에 의한 실천적 사역을 추구한다.

상황에 비중을 두면서 하나님의 나라를 이루어 나가는 실천적 하나님의 백성 공동체를 형성하도록 하는 비판적 과학적 방법은 예수 그리스도가 삶의 자리에서 통용되는 자연, 인물, 직업, 삶 등에 대한 비유(마 13:34)와 이야기 등으로 하나님 나라를 증거 한 실천적 사역과 섬김의 왕으로서의 그리스도의 실천적 사역과 유사한 유형이다. 그리고 구약성경에서는 지혜문학이나 역사서의 기록 등 성문서(Ketuvim, The Writings)에서 이와 유사한 유형을 찾아볼 수 있다.

비판적 과학적 유형의 예를 들자면 사역현장 중에 교회의 경우 비판적 과학적 유형은 예배와 교육에서는 이야기 방법을 통한 예배와 교육이 강조된다. 그리고 비판적 과학적 유형은 친교, 봉사, 전도 등은 교회 중심이기보다는 지역 중심이다. 그리고 교회의 이름을 내세우기보다는 그리스도의 사랑을 동기로 하여 선한 사마리아인으로 사역하고자 하는 유형이다.

비판적 과학적 유형의 실천적 사역에 주어진 과제 중 하나는 대한민국 행정안전부의 발표에 의하면 한국은 2024년 12월 23일에 65세 이상의 인구가 20%를 넘어섬으로 말미암아 초고령사회로의 진입과 이에 대한 실천신학적 대응이다.[2] 초고령사회에 능동적으로 대처하기 위하여 사회과학적 차

---

2) 이원일, 『성인기독교교육의 재개념화』 (서울: 한들출판사, 2014), 19-21.

원에서 각 세대를 위한 실천적 사역과 이를 위해 함양해야 할 역량에 대한 실천신학적 과제이다.

그리고 다음의 물음에 대한 실천적 사역 방안이 요구된다. 오늘날 인공지능으로 말미암는 가상공간(cyber space)에서 하나님에 대한 이해는 어떤 특징을 지니고 있는가? 과학 발달을 주관하는 하나님의 속성은 어떤 특징이 있는가? 가상교회의 순기능과 역기능적인 측면들은 무엇인가? 가상공간은 개인으로서의 자기 자신에 대한 이해를 비롯하여 가정, 학교, 사회, 그리고 세계에 대한 이해와 실천적 사역의 특징은 무엇인가?

1. 비판적 과학적 방법과 개인 유형에서 실천적 사역

일반학문을 규범으로 인성, 소명, 양육, 그리고 사명 등 개인 차원의 실천적 신앙인을 형성하고자 하는 유형이다. 일반학문의 관점을 통하여 하나님 사람(people of God)이라고 하는 실천적 신앙인의 정체성을 형성하는 것을 목적으로 하는 실천신학 유형이다.

일반 심리학에 기초하여 개인으로 하여금 실천적 신앙인으로 살아가도록 하는 프리드리히 니버갈(Friedrich Nibergall, 1866~1932), 미국과 캐나다 등지에서 신체적 질병 및 정신적인 질병 등으로 고통을 당하고 있는 환자의 삶으로부터 통찰로서 깨달음의 결과로서 실천신학적 사역을 감당함으로 임상목회교육(Clinical Pastoral Education)의 기초를 놓은 안톤 보이슨(Anton Boisen, 1876~1965) 등에 의한 실천적 사역이 이 유형에 속한다.[3]

---

3) Jeanne Stevenson-Moessner, *Prelude to Practical Theology: Variations on Theory and Practice* (Nashville: Abingdon Press, 2008), 18. 장신근, "20세기 실천신학의 3가지 유형에 대한 비교 연구," 『장신논단』, Vol.54, No.5., 158-162; "20세기 후반 실천신학의 세 가지 유형에 대한 비판적 연구," 『기독교교육논총』, 제72집(2022. 12. 30), 25-48.

안톤 보이슨의 '살아있는 인간문서'(living human document)에 영향을 받은 찰스 거킨(Charles Gerkin)에 의하면 내러티브 심리학에서 말하는 개인의 치유(therapy) 사역도 이 유형에 속한다. 거킨에 의하면 치유는 기존의 병리적인 이야기를 해체하고, 새로운 이야기로 재구성하는 것이다. 새로운 이야기로 말미암는 새로운 이미지를 갖는 것이다. 그리고 새로운 이미지로 삶의 이야기를 재형성해 나가는 과정이 치유의 과정이다.

내러티브와 관련하여 최근에 부각 되는 학문 분야 중 하나는 관계성으로서의 친밀성을 의미하는 영성에 대한 강조로 말미암는 내러티브 노년학(narrative gerontology)이다.4) 최근 초고령 사회 진입과 맞물려 노년 이해의 필요성과 관련되며, 하나님과의 관계성으로 인한 영성으로 내면의 깊은 평안을 갖고 능동적 노년기를 살도록 하기 위한 실천적 사역이다.

비판적 과학적 방법과 개인 유형은 인공지능으로 말미암는 가상공간에서 다양한 아바타 선정과 활용을 통하여 하나님의 사람으로서 개인의 정체성 형성을 도와 나가는 실천적 사역도 이 유형에 속한다. 이외에도 자서전 쓰기, 삶을 통한 개인전도, 삶의 본을 통한 새 신자 돌봄, 지역에서 개인 구제 등의 실천적 사역 등이 있다. 비판적 과학적 및 개인 유형에 의한 실천적 사역을 위해서는 다음의 핵심역량이 요구된다.

인지적 차원(cognitive level)에서 핵심역량

모든 세대에게 공통적인 핵심역량은 사회과학 및 인문과학의 관점에서 자기 자신에 대한 이해이다. 사회문화적 차원이나 인문학의 관점에서 나는 누구인가? 정체성에 대한 이해 역량이다. 다른 사람과의 비교 관점에서 정

---

4) R. Ruard Ganzevoort, "Narrative Approaches," in *The Wiley-Blackwell Companion to Practical Theology*, ed., Bonnie J. Miller-McLemore (West Sussex, UK: Blackwell Pub., 2012), 217, 218. 내러티브 심리학에서는 이야기의 진위에 대한 여부보다 더 중요한 것은 말하는 그 이야기가 삶을 가능하게 하는 것이냐? 여부라고 말하고 있음.

의하는 자기 자신이 아니라 진정성의 차원에서 말하는 자기 자신에 대한 정의이다. 예를 들면, 일반적인 문학이나 시(詩, poetry)를 통하여 나는 누구인가를 성찰할 수 있는 역량이다.

각각의 세대에 해당하는 대표적인 공통 핵심역량은 다중지능을 통한 자기 이해 역량이다. 하나님이 자기에게 부여한 성령의 은사로서 다중지능 중에서 자신은 어떤 지능이 발달 되어 있는지를 알아가며, 자기의 특징적인 지능이 계속 성장하도록 추구하는 역량이다.

침묵 세대와 베이비붐 세대의 경우 하나님 프락시스의 영역은 일반 사회 문화에도 있음을 알도록 하며, 개인의 디지털 매체를 통한 일상생활에 어려움이 없도록 디지털 매체 활용을 통하여 자신의 정체성 이해 역량 등을 함양하는 것과 더 나아가 개인의 신앙생활 함양을 디지털 매체를 활용할 수 있는 역량 등이다. 무엇보다 다른 사람의 시선을 의식하며 침묵, 순응, 그리고 다른 사람과의 비교 가운데서 정체성의 혼돈을 경험하며 살아온 삶에 대한 비판적 성찰로 말미암아 자신의 독특한 삶의 가치를 향유 할 수 있는 역량 등이다.

X 세대와 M 세대의 경우 대중문화를 이해하며 대중문화를 통하여 다른 세대에 대한 이해와 자기 자신의 신앙적 정체성을 알아가고자 하는 역량이다. 그리고 과학 기술의 발전을 긍정적으로 수용하고, 아날로그 및 디지털 등의 다양한 미디어에 대한 문해력(literacy)을 함양하고, 다양한 미디어를 통하여 신앙인으로서 자기 자신의 진정성을 알아가는 역량이다.5)

MZ 세대와 P(A) 세대의 경우 포스트 디지털 문화의 잠재적 교육과정을 비롯하여 개인의 메타 데이터로서의 정보 유출로 말미암아 개인에 대한 인공지능의 심층 학습으로 조종과 통제의 가능성에 대하여 비판적 성찰을 할 수 있는 디지털 리터러시 역량이다.6) 디지털 리터러시 역량은 디지털 매체

---

5) 이원일, "코로나 19와 교회교육 커리큘럼: 미디어 리터러시 핵심역량." 『코로나 19를 넘어서는 기독교교육』, 김정준 외 (서울: 도서출판 동연), 127-139.

6) Peter McLaren & Petar Jandrić, *Postdigital Dialogues: On Critical Pedagogy.*

에 내재 되어 있는 자기 정체성의 왜곡, 편견, 무지 등에 대한 비판적 성찰을 말한다. 그리고 디지털 리터러시 역량은 디지털 매체 제작 및 활용 능력을 포함한다. 최근 디지털 매체에 대한 비판적 성찰은 딥페이크, 딥보이스 등도 포함된다. 인공지능 기술을 이용하여 사진, 영상, 목소리 등을 조작하는 것을 의미하는 딥페이크의 경우 가해자 중에 10대의 비율이 31.4%이며, 피해 자인 경우도 10대의 비율은 36.6%, 20대인 경우는 32.6%이다.[7]

정서적 차원(affective level)에서 핵심역량

모든 세대에게 공통적인 핵심역량은 사회과학 및 인문과학의 관점으로 자신은 어떤 일에 슬픔, 분노, 외로움, 사랑, 기쁨 등을 느끼는가? 등의 정서적 차원에서 자신의 정체성을 이해하며, 자신의 정서적 차원에 대한 돌봄(caring)의 역량이다.

오늘날 현대인들은 포스트 디지털 시대에 끊임없는 경쟁과 업적을 강조함으로 말미암아 피로 사회를 살고 있다. 탈진, 증오, 그리고 다양한 폭력에 노출되어있는 가운데 건강한 일상적 삶을 위한 영적 회복 탄력성(resilience) 역량이다.[8] 이외에 개인에 대한 정서적인 차원의 물음은 왜? 언제? 어디에서? 등의 꼬리에 꼬리를 물면서 물음이 이어지는 생성적 주제(generative

---

Liberation Theology and Information Technology (New York: Bloomsbury Academic, 2020), 55-57.

7) https://www.yna.co.kr/view/AKR20240909154000004?input=1195m (2024.9.12. 검색).

8) 이원일, 『미래세대와 기독교교육』 (서울: 한국장로교출판사, 2023), 4장. James N. Poling, *Rethinking Faith*, 7, 128. 폴링에 의하면 회복 탄력성은 역설적인 삶에서 창의적으로 문제를 해결하고자 하는 인간 불굴의 의지(indomitable will of human beings)라고 정의함. 폴링은 하나님의 속성을 다음과 같이 정의함. 관계성(relationality)을 특징으로 하는 관계적 하나님이며, 다중적이기 때문에 인간에게는 애매성(ambiguity)의 하나님이며, 낙심과 절망 가운데서 다시 일어나게 하는 회복(resilience)의 하나님임. 하나님 안에서 전인적인 회복이 일어남.

theme)가 될 수 있다.

침묵 세대와 베이비붐 세대의 경우 많은 사회적 업적이 있음에도 불구하고 고독사의 위험 가운데 놓여 있는 세대이다. 급격한 사회 변화 가운데 살아온 자기 자신을 성찰하면서 고고(孤苦, lonesome)라고도 말하는 개인의 외로움을 극복할 수 있는 개인의 정체성 형성 및 재형성 역량이다. 개인의 정서적인 정체성을 형성해 나갈 수 있는 역량을 비롯하여 사회 문화적 관계를 통한 정서적 정체성을 형성하는 역량 함양이다.

X 세대와 M 세대의 경우 아동기 및 청소년기를 경쟁 사회에 노출되어 살아온 삶으로 말미암아 자기 자신에 잠재되어있는 실패, 두려움, 불안 등 자신의 정서적으로 불안정한 정체성에 대한 자기 이해와 자신의 정서에 공감할 수 있는 역량이다. 우열문화로 불안장애 등의 정신질환에 노출됨으로 인하여 자신의 정서적 정체성이 치유되고 회복될 수 있도록 하나님의 선물로서 주어진 예술과 문화 등을 통하여서도 치유를 경험할 수 있는 역량 등이다.

MZ 세대와 P(A) 세대의 경우 상상력으로 말미암는 감성 및 창의성 함양으로 말미암아 하이터치(high touch) 영성을 추구하고자 하는 역량이다. 하이터치(high touch)는 차이가 있는 개별적인 감성적 특성을 고려하는 것을 말한다. 또한 인공지능으로 대표되는 하이테크(high tech) 시대일수록 인간적인 따뜻한 감성을 중요하게 여기는 빈티지와 레트로(복고) 감성을 추구할 수 있는 역량이다. 정서적 정체성 형성을 위한 사역을 위해서는 하이테크 시대에 하이터치 사역(high touch ministry) 역량이다. 찬양, 조명 등으로 감성을 중요하게 여기며 개인의 차이를 고려하는 이머징 사역이다.

의지적 차원(psychomotor level)에서 핵심역량

의지적 차원은 정신운동(psychomotor)이라고도 하며, 정신과 신체 움직임의 연결 고리에 해당하는 용어이다. 여기서는 행동적 차원이라는 용어로도 사용하고자 한다.

모든 세대에게 공통적인 핵심역량은 신앙 형성과 재형성을 위하여 의지적 차원에서 정체성 형성을 위한 핵심역량이다. 나는 지나온 삶에서 가장 보람있게 여겨지는 행동은 무엇인가? 지나온 삶에서 수치스럽게 여겨지는 삶은 무엇인가? 나는 무엇을 할 때 가장 즐거운가? 내가 가장 피하고 싶은 삶은 무엇인가? 나는 어떤 일을 통하여 하나님 나라를 이루어 나갈 것인가? 등의 의지적 차원에서 정체성 형성을 위한 핵심역량이다.

침묵 세대와 베이비붐 세대의 경우 가정 구조의 변화로 말미암아 1인 가구에서도 능동적인 삶을 살아갈 수 있도록 하는 행동적 차원에서의 정체성 형성 및 재형성 역량이다. 현재 전국 1인 가구의 비율이 가장 높은 세대는 베이붐 세대로서 전국 1인 가구 중에서 38.7%로 가장 높은 비율이다.[9] 신앙의 관점에서 1인 가구를 긍정적으로 해석하고, 1인 가구를 감당할 수 있는 역량, 다양한 문화 차이에 대한 이해와 문화생활 참여 역량 등이다.

X 세대와 M 세대의 경우 아날로그 문화의 끝을 경험하면서 동시에 과학기술로 말미암는 디지털 문화의 시작을 경험한 세대로서 두 가지의 문화를 모두 섭렵할 수 있는 장점이 있는 반면에, 어느 한쪽에도 익숙하지 못하고 불편하게 여기는 등의 어중간한 행동적 정체성을 갖는 세대이다.[10] 소통에 있어서 아날로그 방법으로 소통할 수 있는 역량과 함께 이모티콘이나 틱톡 등으로도 미래세대와 소통할 수 있는 등의 간 세대와의 소통 역량과 이를 통해 개인의 신앙을 형성할 수 있는 역량 등이다.

MZ 세대와 P(A) 세대의 경우 다양한 디지털 매체를 활용하여 비대면으로 영적 회복 탄력성에 의해 신앙 정체성을 형성할 수 있는 역량이다.[11] 대면

---

9) https://www.joongang.co.kr/article/25277422?utm_source=navernewsstand&utm_medium=referral&utm_campaign=top6_newsstand&utm_content=240912 (2024.9.12.검색).

10) Jean M. Twenge, Generations, 178.

11) 이원일, 『미래세대와 기독교교육』 (서울: 한국장로교출판사, 2023), 80.

의 상황 가운데서는 대면으로의 만남을 촉진하기 위해 디지털 매체를 활용하여 소통의 가능성을 높이며, 비대면의 상황 가운데서는 디지털 매체를 통하여 소통이 어려운 경우에도 소통을 가능하게 함으로 영적 회복 탄력성을 높일 수 있는 역량이다. 부모와 교사 등의 과잉보호로 말미암는 스트레스가 많은 세대로서 일반 정신과 또는 심리 상담가의 도움으로 회복 탄력성을 추구하며, 과잉보호에서 벗어나 일상생활 및 학교생활에서도 스스로 할 수 있는 실천역량 함양 등이다.

2. 비판적 과학적 방법과 교회 유형에서 실천적 사역

하나님 사람들의 일차적 관심은 인문과학 및 사회과학 등에 기초하여 교회 정체성과 사명을 이해하며 실천적 교회 신앙공동체를 형성하고 재형성해 나가는 것을 목적으로 하는 실천신학 유형이다. 사회 변화에 대한 부적응으로 어려움을 경험하거나 또는 과잉 적응으로 인한 중독 등으로 고통을 당하고 있는 사람들을 사회과학이나 인문과학 등에 기초한 비판적 성찰로 말미암아 실천적 신앙공동체로서의 교회를 형성해 나가고자 하는 유형이다.

비판적 과학적 방법과 교회 유형은 사회학에 기초하여 사회 변화 및 사회 계층의 요구에 능동적으로 반응해 나가는 것을 교회의 중요한 실천적 사역으로 여긴다. 그리고 사회과학에서 역동 심리학이나 정신분석학 등의 심리학에 기초하여 교회 신앙공동체를 대상으로 하는 치유 중심의 집단 상담목회를 교회의 실천적 사역으로 여기기도 한다.[12]

실천적 교회 신앙공동체를 형성하고 재형성하기 위하여 사회과학으로서의 심리학 등에 기초하여 교회에 출석하고 있는 하나님 사람들의 갈등과 고

---

12) 강희천, 『기독교교육의 비판적 성찰』 (서울: 대한기독교서회, 1999), 33.

민 등에 대한 목회상담을 중요하게 여기는 단 브라우닝(Don Browning, 1934~2010)이 이 유형에 속한다.

비판적 과학적 방법과 교회 유형에서 이상적인 실천적 사역자 이미지는 교회에서 상담가로서의 치유자, 교회의 디지털 세대 사역을 위한 음악가, 소그룹 지도자, 문화 사역자, 그리고 놀이 지도자 등이다. 이 유형에서의 실천적 사역자는 미래세대들과 함께, 미래세대를 위한, 그리고 미래세대 교회를 형성하려고 한다.

비판적 과학적 방법과 교회의 유형은 사회과학 및 인문학의 관점으로 회심과 양육 중에서 양육을 강조하며 실천적 교회 신앙공동체를 형성하고자 하는 실천적 사역을 한다. 교회에서의 가정 사역, 문화 사역, 까페, 유치원, 복지시설 등을 통한 교회 사역 등이 여기에 속한다. 비판적 과학적 및 교회 유형에 의한 실천신학의 사역을 위해서는 다음의 핵심역량이 요구된다.

인지적 차원에서 핵심역량

모든 세대는 교회의 정체성에 대한 이해를 통한 실천적 교회 신앙공동체 형성 및 재형성을 위해 심리학을 비롯한 일반 사회과학을 긍정적인 차원에서 활용할 수 있는 역량이다. 목회자에 의해서이든 또는 인문과학 및 사회과학의 전문가에 의해서든 비판적 과학적 방법에 의하여 교회의 정체성 이해를 위한 역량 함양이다.

침묵 세대와 베이비붐 세대의 경우 영적 차원을 강조하는 전통적 교회에 대한 이해뿐만 아니라 일반 인문학과 사회 및 문화의 관점으로도 교회 정체성을 이해하고 교회의 정체성을 형성하고 재형성할 수 있는 역량이다. 이는 하나님의 계시 영역은 일상의 삶을 통해서도 가능함을 예수님의 비유에 대한 성경공부를 통하여 알아가며 실천적 교회 정체성을 형성하는 역량이다.

X 세대와 M 세대의 경우 사회학, 심리학 등의 사회과학에 기초하여 교회

의 정체성과 사명을 재개념화할 수 있는 역량이다. 사회의 변화를 긍정적으로 여기고, 변화에 능동적으로 참여하고자 하는 실천적 교회형성 역량이다. 사회의 변화를 이해하고 실천적 교회형성 및 재형성을 위한 문화강좌 운동(lyceum movement)13)의 맥락에서 인지적 역량이 요구된다.

MZ 세대와 P(A) 세대의 경우 디지털 문화 사역 중심의 실천적 교회형성 역량이다. 디지털 문화에 대한 이해를 추구하며 이에 의한 문화 사역의 중요성을 이해할 수 있는 역량이다. 디지털 매체를 활용하여 교회와 교회학교를 지역사회에 알릴 수 있는 플랫폼 만들기 등의 역량이다. 이외에도 교회와 교회학교에서 게임이나 놀이 등으로 실천적 신앙공동체를 위해 활용할 수 있는 역량 등이다.

정서적 차원에서 핵심역량

모든 세대에게 공통적으로 요구되는 역량은 교회공동체가 정서적 애착 형성에 기여하고 있음을 알고, 집단 역동성(group dynamics)이 있는 다양한 교회 안의 작은 교회(ecclesiolae in ecclesia)와 같이 사회과학 및 인문과학 차원의 다양한 동호회와 같은 소그룹을 교회 안에서 형성하고 재형성할 수 있는 역량이다.

침묵 세대와 베이비붐 세대의 경우 경제적 생업을 위해 일(직업)과 성과에 집착해 온 삶에 대한 비판적 성찰로 말미암아 교회에서 정서적 차원을 강조하는 사회과학 및 인문과학의 관점에 의한 다양한 소그룹 형성하고 활용하는 친교 역량이다. 특히 1인 가구로 살아가는 남성의 경우 고독사의 위험 가운데 있다. 이를 극복하기 위해 교회에서 사회 문화적인 소그룹 공동체를 형성하고, 사회 문화를 통한 정서적 차원에서 친교를 위한 역량이다.

---

13) 이원일, 『성인기독교교육의 재개념화』, 41, 42. 교회에서 할 수 있는 문화강좌 프로그램 등.

X 세대와 M 세대의 경우 삶에서 경험하는 다양한 갈등을 해결하여 나가도록 소그룹의 중요성을 알고 이를 통하여 정서적 안정을 함양하는 역량이다. 교회에서는 갈등 해결을 위해서 사회과학적 차원에서 의사소통 이론에 의한 대화 또는 소통 방법들을 제시해 주고, 소그룹에서 이를 경험하도록 함으로 정서적 안정의 중요성을 이해할 수 있도록 해야 한다.

MZ 세대와 P(A) 세대의 경우 교회의 과거 전통을 벗어나서 포스트 디지털 세대의 사회와 문화를 이해하고자 하며, 교회에서 포스트 디지털 세대의 문화 사역을 공유할 수 있는 역량이다. 심리 상담가의 도움으로 정서적 평안을 추구하며, 정서적(emotional) 특성을 강조하는 이머징 교회(emerging Church)[14]를 형성할 수 있는 역량 등이다.

의지적 차원에서 핵심역량

모든 세대에게 공통적으로 요구되는 핵심역량은 교회의 정체성을 이해하고 교회를 형성하고 재형성하기 위한 기초로서 삼위일체 하나님의 존재 양식(mode)에 대한 이해 역량이다. 삼위일체 하나님은 기계적으로 구분되어 존재하는 것이 아니라 춤추시는 양식으로 존재하시는 하나님의 정체성 이해 역량이다. 춤추시는 하나님을 달리 말하자면 놀이의 하나님이다. 행동적 차원에서 교회의 정체성은 신앙과 놀이의 이분법적 관계로부터 놀이를 통한 교회 신앙공동체 형성이라는 비판적 과학적 방법에 대한 이해 역량이다.

침묵 세대와 베이비붐 세대의 경우 행동적 차원에서 실천적 교회 정체성 형성을 위해 야외 활동 및 문화 프로그램을 만들고, 참여함으로 신체적인 건강을 추구하도록 하는 역량이다. 교회공동체는 노년기의 네 가지 고통 가운데 하나인 질고(疾故, physical disease)를 극복하기 위한 활동 프로그램을 만

---

14) 이원일, 『성인기독교교육의 내러티브』 (서울: 한들출판사, 2017), 49.

들고 참여하는 행동적 역량을 함양해야 한다.

X 세대와 M 세대의 경우 과학 기술 변화를 반영하는 실천적 교회형성을 위해 아날로그 중심의 사역에서 포스트 디지털 중심 사역으로의 패러다임 변화를 추구하는 역량이다. 아날로그 중심의 사역은 전통적인 사역에 가치를 부여하는 사역으로서 문자 및 구두 언어 중심이다. 그러나 포스트 디지털 중심의 사역은 디지털 매체에 의한 사역을 강조한다. 설교에서 영상 매체를 활용하거나 교육, 친교, 봉사, 그리고 전도 및 선교 등을 위해 다양한 사회관계망 서비스(SNS)를 통한 교회형성 및 재형성 사역을 위한 역량이다.

MZ 세대와 P(A) 세대의 경우 군도(archipelago)로 살아가는 초 개인주의 세대들에게 포스트 디지털에서 강조하는 따뜻한 디지털을 통한 관계 형성 역량이다. 디지털 매체를 다루는데 익숙한 세대로서 실천적 교회와 교회학교에서 감성 디지털 문화를 형성하는 것과 인공지능 시대와 병행할 수 있는 실천적 교회와 교회학교로의 변화를 추구하고자 하는 역량이다.

3. 비판적 과학적 방법과 사회 유형에서 실천적 사역

사회과학을 비롯한 일반학문을 규범으로 하여 하나님의 사람으로 하여금 하나님의 정의 실현을 위한 실천적 사회 공동체의 정체성 형성역량이다. 하나님의 뜻을 사회에 이루어 나감으로 형성하고자 하는 사회 차원에서 하나님 나라로서의 정체성 형성역량이다. 파울로 프레이리(Paulo Freire, 1921~1997)의 피지배자의 의식화를 위한 실천신학 사역이 이 유형에 속한다.

비판적 과학적 방법과 사회 유형은 사회적 약자를 위해 정의가 실현되는 사회를 만들어나가고자 하는 해방신학의 관점이나, 오늘날 지배자의 관점이 아닌 피지배자인 사회적 약자 자신의 관점에서 사회의 불평등 현상을 바라보아야 한다는 탈식민주의 실천신학(postcolonial practical theology) 관

점과 유사하다.15)

사상적인 흐름에서 볼 때 탈근대주의(postmodernism) 다음의 위치에 자리매김하는 것이 탈식민주의이다. 탈식민주의에 기초한 탈식민주의 실천신학은 지배자는 특권을 가지고 피지배자에 대하여 상명하복(top-down)의 지배를 추구할 것이 아니라 지배자와 피지배자 등 구성원들의 순환적인(circular) 소통 구조를 추구하고자 하는 신학이다.

탈식민주의 실천신학은 하나님의 자녀들이 특권의식을 버리며, 지역사회 또는 세계 선교 현장에 있는 사회적 약자들과 동등한 관점을 가지며, 사회적 약자와 친구가 되어 사회적 약자를 환대(hospitality)하는 유형으로 봉사 사역하는 것을 강조한다.

더 나아가 탈식민주의 실천신학에서는 사회에서 권력을 가지고 있는 지배자는 피지배자로 여겨지는 장애인, 다문화 여성, 다문화 가정 어린이와 청소년, 경제적 소외 계층 등에 대한 이분법적 이해를 벗어나고자 하는 해체주의 관점에서 사회적 약자에 대한 이해와 실천적 사역과 역량 강화(empowerment)를 중요하게 여긴다.

국내외의 다양한 아웃리치(outreach) 사역도 비판적 과학적 방법과 사회 유형의 실천적 사역에 해당한다. 아웃리치는 특정 대상에게 다가가 도움을 주거나 정보를 제공하는 행위를 의미하는 것으로서 의료 아웃리치의 경우 국내외 농산어촌 지역에 대한 의료봉사 활동, 교육 아웃리치의 경우 교육 소외 대상에 대한 방과 후 독서 프로그램, 사회복지 아웃리치의 경우 노숙자에게 음식을 나눠주거나 저소득층 가정에 생필품과 의류를 지원하는 등이다.

---

15) Pui-Lan Kowk & Stephen Burns eds. *Postcolonial Practice of Ministry: Leadership, Liturgy, and Interfaith Engagement* (New York: Lexington Books, 2016); R. S. Sugirtharajah, *Exploring Postcolonial Biblical Criticism*, 양권석, 이해청 역, 『탈식민주의 성서비평』 (왜관: 분도출판사, 2019). Jeanne Stevenson-Moessner, *Prelude to Practical Theology: Variations on Theory and Practice* (Nashville: Abingdon Press, 2008), 31-35, 49.

인지적 차원에서 핵심역량

모든 세대에게 공통적으로 요구되는 핵심역량은 경제적 불평등이 심화되고 있는 세계화 시대에 사회적 약자를 돌보시는 정의로우신 하나님에 기초한 실천적 사회 신앙공동체 형성역량이다. 하나님은 사회적 약자를 돌보기 위하여 이해하기 어려운 일반학문이나 일반 역사를 통해서도 일한다는 하나님에 대한 정체성 이해 역량이다. 심지어 기독교 신앙인이 아니라고 할지라도 하나님은 하나님의 정의를 위해 그들을 사용하고 있음을 이해할 수 있는 역량이다.

침묵 세대와 베이비붐 세대의 경우 오늘날 다문화 사회와 다문화 가정으로 말미암는 다양한 사회 구성원들을 긍정적으로 수용하는 실천적 사회문화 공동체로서의 정체성을 재개념화할 수 있는 역량이다. 바람직하다고 여겨지는 사회와 문화를 의미하는 사회적 및 문화적 정체성이다. 사회적 및 문화적 정체성을 재개념화하기 위해 자신의 가족 구성원도 다문화 가정을 형성할 수 있다는 관점에서 가정 및 가족의 정체성 및 결혼관의 변화에 대한 이해 역량이다.

X 세대와 M 세대의 경우 오늘날 사회와 세계를 구성하고 있는 약자들은 경제적인 차원뿐만 아니라 신체적 차원, 그리고 정신적 차원 등으로 다양한 사회적 약자들이 있으며, 이들과 신앙적 관계를 이해하는 행농적 차원의 성체성에 대한 앎이다. 행동적 차원의 정체성에 기반하여 사회적 약자들을 어떻게 지원해 나갈지에 대한 앎을 추구하는 역량이다.

MZ 세대와 P(A) 세대의 경우 사회적 약자들의 삶과 현장에 대한 관찰 및 서술하기, 그리고 현장에 대한 분석 등의 역량이다. 삶의 현장으로서의 세계와 사회에서 무슨 일이 일어나고 있는지 육하원칙(5W1H)으로 서술하고, 현재 일어나는 일들에 대한 의미를 알아가는 역량이다. 사회의 구성요소로서 학교 등의 다양한 배움의 장에서도 하나님의 나라를 이루어 나가고자 하는 역량이다. 학교 등의 다양한 교육기관에서 소외된 자들은 누구인지? 그리고 그 소외된 자들과 함께할 수 있을 것인지에 대한 방법 등을 알아가는 역량이다.

정서적 차원에서 핵심역량

모든 세대에게 공통적인 핵심역량은 하나님의 사람에게도 정서적인 차원이 중요함을 알고 사회과학과 인문과학의 관점에서 사회 구성원들과의 관계 형성을 위해 공감(sympathy) 역량 함양이다. 인공지능 시대에 공감 역량을 위한 실천적 사역의 중요성이 부각 되고 있으며, 그 실천적 사역의 영역은 가정, 학교, 직장, 사회, 그리고 세계 등이다.

침묵 세대와 베이비붐 세대의 경우 자신들의 정체성은 사회적 약자임을 알고 교회에서뿐만 아니라 이웃과의 사회적 관계 및 문화로 말미암아 다른 사회적 약자와의 공감을 통한 서로 사회적 및 문화적 지지그룹을 형성할 수 있는 역량이다. 고령 여성들의 경우는 고령 남성들보다 정서적 지지그룹을 형성하는 역량이 높다. 그러나 남성들은 고령이 될수록 사회적 지지그룹의 붕괴로 말미암아 오늘날 60대 이상 남성의 고독사 비율의 증가와 80대 이상의 황혼 자살이 남성이 여성보다 5배 많다.[16]

X 세대와 M 세대의 경우 경쟁 사회 가운데 다양한 사람들이 정서적 치유의 대상임을 알고 이들의 정서적 이해 및 소통 역량을 함양함으로 치유자로서 자신의 정체성을 이해하는 역량이다.[17] 포스트모더니즘의 시대에 대표적인 사회적 현상 중 하나인 가정의 다양화로 인한 다문화 가정, 한부모 가정, 조부모 가정, 독거노인 및 노부부 가정 등의 위기가정에서 살아가는 사

---

16) https://v.daum.net/v/20240910235528304 (2024.9.12.검색).

17) Vasilica Negrut & Mirela Arsith, *Designing and Implementing Competency-Based Curriculum* (Las Vegas, NY: Lambert Academic Publishing, 2013), 45.

람들의 정서적 문제에 대한 치유와 갈등 해결을 위한 소통 역량 등이다. 부부와 자녀 등으로 구성된 정상 가정의 경우도 정서적 차원을 중요하게 여기는 실천적 가정 신앙공동체를 형성하고 재형성할 수 있는 역량이다.

MZ 세대와 P(A) 세대의 경우 주요한 삶의 현장인 학교 공동체에서 정서적 이해와 소통의 역량을 함양하는 것이 요구된다. 사회적 약자로 여겨지는 소외 계층의 학생도 자존심이 상하는 것을 원하지 않음을 알고, 수치심을 갖지 않도록 하는 공감 역량이다. 과잉보호로 말미암는 스트레스를 많이 갖는 세대로서, 스트레스의 해소를 위해 이모티콘 등의 디지털 매체를 활용할 수 있는 역량 등이다.

의지적 차원에서의 핵심역량

비판적 과학적 방법에 의하여 실천적 사회 신앙공동체의 의지적이며 행동적인 차원을 형성하고 재형성하기 위한 역량이다. 침묵 세대를 비롯하여 모든 세대는 세계화로 말미암는 양극화 현상으로 빈부 격차, 인종차별, 이데올로기 갈등 심화 극복, 성에 대한 왜곡과 편견 등을 극복하기 위한 실천역량이다. 비정부기구를 의미하는 NGO(Nongovernmental Organization)와 협력에 의한 아웃리치로 하나님의 나라를 추구의 경우도 행동적 차원 역량이다.

침묵 세대와 베이비붐 세대의 경우 다문화 사회에서 사회적 및 문화적 신앙 정체성 형성역량이며, 이를 통한 실천적 사회 신앙공동체 형성역량이다. 자신의 사회적 및 문화적 정체성으로 자신들이 겪어 온 격농적인 삶의 경험을 모든 세대와 소통할 수 있으며, 미래세대의 가치 혼란에 대하여 신앙적인 차원으로 극복하도록 도와 나가는 멘토(mentor)로서의 역량이다.

X 세대와 M 세대의 경우 어릴 때부터 듣고 익숙하게 학습한 생태계의 변화, 기후변화 등과 관련한 지역사회 환경문제 해결을 위한 참여 역량,[18) 그

리고 사회적 약자들에 대하여 복지 등에 대한 사회과학적 관심과 해결을 위한 역량을 통한 사회 신앙공동체로서의 정체성 형성이다. 교회와 사회, 목회자와 평신도, 평신도와 비기독교인 전문가 등과의 협력으로 가정 밖 및 학교 밖 청소년을 비롯하여 기후위기 등의 사회문제와 사회계층 간의 갈등 해결을 추구하고자 하는 거버넌스 리더십 역량[19] 등이다.

MZ 세대와 P(A) 세대의 경우 신앙적인 차원에서 감성을 존중하는 포스트 디지털 사회 문화를 형성하고 재형성하는 역량이다. 특히 봉사와 전도의 차원으로 포스트 디지털 사회로의 변화를 어색하게 여기는 사회적 약자들과 함께 포스트 디지털 문화를 나누고 함께 만들어나가고자 하는 협력의 역량이다. 스트레스를 극복하기 위해 신체적으로 해로운 약물을 남용하는 것을 방지하기 위한 운동을 친구들과 협력하여 대처할 수 있는 역량 등이다.

〈비판적 성찰을 위한 물음〉

1. 비판적 과학적 방법에 의한 하나님의 실천적 사역을 나타내는 성경 내용은 무엇인가?
2. 비판적 과학적 방법과 개인 유형에서 실천적 사역의 구체적인 사례(case)는?
3. 비판적 과학적 방법과 교회 유형에서 실천적 사역의 구체적인 사례는?
4. 비판적 과학적 방법과 사회 유형에서 실천적 사역의 구체적인 사례는?

---

18) Jean M. Twenge, *Generations*, 239-240.
19) 이원일, 『해석학과 기독교교육현장』 (서울: 한국장로교출판사, 2008), 475; 『성인기독교교육의 내러티브』 (서울: 한들출판사, 2017), 233.

11장

해석학적 실천신학의
실천적 사역(2)

해석학적 실천신학의 둘째 유형은 비판적 고백적 유형으로서 개인의 회심을 강조하며, 실천적 교회 신앙공동체의 형성과 재형성 중심적이다. 비판적 고백적 유형에서의 사역은 성경 및 신학 등 텍스트(text)를 통한 신학적지식에서의 하나님 계시를 강조하며, 하나님의 초월성, 주권성, 회심, 그리고 그리스도의 제자 됨 등을 강조하는 유형이다.

비판적 고백적 유형에서 실천적 사역은 컨텍스트로서의 상황보다는 텍스트를 강조하며, 텍스트에 대한 해석을 비판적 과학적 유형에 비해 상대적으로 중요하게 여긴다. 그리고 비판적 과학적 유형에서 말하는 정체성은 비판적 고백적 유형에서는 소명에 해당한다. 파울러는 에릭슨의 정체성은 소명을 의미한다고 말하며, 부르거만은 언약의 관점에서 모든 정체성의 문제는 소명의 문제로 바뀐다고 말한다.[1]

비판적 고백적 유형에 의하면 하나님은 일반 세상보다는 교회를 중심으로 역사한다는 신학적 이해를 가지고 있으며, 영적인 차원에서 교회의 권위를 강조하며, 목회자 주도의 설교 중심 예배와 회심 중심 성경 공부를 강조하는 실천적 사역 유형이다. 세상에 대하여서는 심판하시는 하나님에 대한 이해와 인간과 세상의 죄악을 강조하며 이에 대한 심판과 구원을 강조하는 미국의 대각성 운동과 이에 영향받은 한국에서의 부흥 운동에 의한 전도 및

---

1) James W. Fowler, *Becoming Adult, Becoming Christian*, 144.

선교를 강조하는 실천적 사역 유형이다.

비판적 고백적 유형은 하나님의 섭리적 프락시스로 말미암는 기독교 중심적인 세계관에 대하여 비판적 성찰을 통한 실천적 사역을 추구한다. 일반 세상 역사의 흐름을 비중 있게 여기는 세계관보다는 성경에 대한 해석과 이해 역량을 함양하려고 한다.

비판적 고백적 유형과 관련되는 실천적 사역은 구약성경에서는 율법서 (Torah, The Law)에서 그 유형을 찾아볼 수 있으며, 예수 그리스도의 실천적 사역 중에서는 "때가 찼고 하나님의 나라가 가까이 왔으니 회개하고 복음을 믿으라"(막 1:15)고 선포하는, 그리고 "하나님의 복음을 위하여"(롬 1:1)처럼 선포하는 등의 케리그마 중심 사역이면서 그리스도의 제사장으로서의 실천적 사역이다.2)

1. 비판적 고백적 방법과 개인 유형에서 실천적 사역

성경과 교회 전통을 규범으로 하여 한 개인의 회심, 소명, 그리고 사명 등의 실천적 신앙을 형성하고 재형성하는 것을 목적으로 하는 실천신학의 사역 유형이다. 달리 언급하자면 그리스도의 제자로서의 신앙적 소명 형성을 추구한다. 이 유형에는 초월적인 성령의 능력으로 말미암는 개인의 회심을 강조하는 투르나이젠(Eduard Turneysen, 1888~1974), 루이스 쉐릴(Lewis Sherril, 1892~1957) 등이 여기에 속한다. 교회사적으로는 개인의 회심을 강조하는 대각성이나 부흥 운동이 이 유형에 속한다.

오늘날에는 개인의 내면적 영성 훈련을 중요하게 여기는 실천적 사역이 이 유형에 해당한다. 다양한 연령대를 대상으로 하는 영성 함양을 위한 실천

---

2) 이원일, 『성인기독교교육의 재개념화』 (서울: 한들출판사, 2014), 124-132; 『미래세대와 기독교교육』 (서울: 한국장로교출판사, 2023), 146, 147.

적 사역이다. 특히 그 대상에는 한 개인으로서 어린이도 중요하게 고려한다. 포스트 디지털 시대를 살아가고 있는 어린이의 영성 함양을 위한 실천적 사역을 비롯하여 어린이 신학에 기초하여 각 교단에서는 유아세례에 대한 비판적 성찰로서 유아 성찬과 아동 세례 및 아동 세례 이후 교육 등에 대해서도 긍정적으로 수용하고 시행해 나가는 실천적 사역을 하고 있다.3)

인지적 차원에서 핵심역량

모든 세대에게 공통적인 핵심역량은 신학적 인간학의 차원에서 그리스도의 제자로서의 자기 자신에 대한 소명 이해 역량이다. 성령의 역사로 말미암는 회심의 중요성을 아는 것을 비롯하여 이로 말미암는 하나님의 자녀, 하나님의 백성, 예수 그리스도의 제자, 그리고 성령의 전 등으로 성경에 기초하여 신앙인으로서 자신의 소명 이해 역량이다.

침묵 세대와 베이비붐 세대의 경우 집단과의 동화를 강조하며 집단과의 획일적인 자기 이해에 익숙한 인지 체계에 대하여 오히려 자기 자신을 비판적 성찰하여 복음적인 차원에서 자신의 소명을 재개념화할 수 있는 개인 역량이다. 지나온 삶에 대하여 다른 사람과의 비교에 의한 자기 자신이 아닌 초월적인 하나님의 소명으로 말미암는 그리스도의 제자로서 독특한 자기로서의 이해와 사명이 무엇인지를 이해할 수 있는 역량이다.

X 세대와 M 세대의 경우 경쟁적인 삶의 자리에서 자신의 내면을 영적으로 성찰할 수 역량, 중보자로서의 예수 그리스도에 대한 이해를 통하여 간세대의 중재자로서 자기 자신의 소명을 알아가는 역량 등이다. 밀레니얼 세대의 경우 집단으로부터 배척당하는 것, 고립, 외로움, 왕따 등 이른바 '포

---

3) Jerome W. Berryman, *Children and The Theologians: Clearing the Way for Grace* (New York: Morehouse Publishing, 2009); Stuart Brown, *Play* (New York: The Penguin Group, 2009).

모' (FOMO, Fear of Missing Out) 세대로서 예수 그리스도와 영원한 친구 관계 형성을 위한 소명의 역량 등이다.[4]

MZ 세대와 P(A) 세대의 경우 그리스도의 제자로서 성경에서 하나님의 초월성에 대한 이해 역량, 하나님의 초월성과 관련하여 개인적으로 영적인 삶을 살아가고자 하는 영성 이해 역량, 첨단 과학의 시대로 여겨지는 포스트 디지털 시대에도 여전히 영적인 삶의 필요성을 인정하며 자신의 소명으로서 꿈에 대한 비판적 성찰의 역량 등이다. 꿈은 미래에 대한 자기의 비전이며, 자신을 미래로 인도하게 하며, 용기를 주며, 삶을 유지하게 한다.[5]

정서적 차원에서 핵심역량

모든 세대에게 정서적 차원에서 공통적인 핵심역량은 찬송과 찬양 등에 나타난 초월적 하나님 이해를 통하여 실천적 신앙인으로 함양하고자 하는 역량이다. 음악 차원 이외에도 하나님의 초월성을 반영하고 있는 다양한 기독교적인 예술과 문학 분야 등에 대한 이해 및 참여를 통하여 신앙인을 형성하고 재형성하고자 하는 역량이다.

침묵 세대와 베이비붐 세대의 경우 기독교적 소명으로 살아가는 삶을 위해 개인 기도의 가치를 높게 여기는 실천적 신앙인 형성역량이다. 개인 기도는 모든 유형에서 모든 세대가 가져야 할 역량이다. 침묵 세대와 베이비붐 세대는 신앙의 내면화와 정서적 안정을 가진 실천적 신앙인 양육을 위한 기도역량이다. 개인의 내면적 평화를 위한 기도역량 강화이다.

X 세대와 M 세대의 경우 초월적 신앙으로 말미암는 정서적인 차원에서 자신의 회심을 확인하고 자신의 정서적인 갈등을 극복해 나가는 실천적 신

---

4) Neil Howe, *The Fourth Turning Is Here: What the Seasons of History Tell Us about How and When This Crisis Will End*, 525.

5) James W. Fowler, *Becoming Adult, Becoming Christian*, 142.

앙인 형성역량이다. 성령의 이끌림을 받는 자기 비움의 영성으로 내면의 평안을 추구하고자 하는 역량이기도 하다. 불안장애 등으로 말미암는 정신질환에 대한 치유를 위하여 영원한 나의 친구로서 예수 그리스도와의 친밀성을 형성함으로 마음의 평안(peace)을 갖는 정서적 정체성 역량이다.

MZ 세대와 P(A) 세대의 경우 하이테크와 하이터치의 맥락에서 개별화된 영성(high spirituality)이다. 개별화된 영성은 디지털 매체와 개별 감성을 존중하는 맥락에서 친밀한 하나님과의 관계성을 갖도록 하는 것을 말한다. 복고풍의 빈티지(vintage)를 통해 정서적인 차원으로 친밀한 하나님과의 관계성을 추구하는 역량이기도 하다.

의지적 차원에서 핵심역량

모든 세대에게 공통적인 핵심역량은 그리스도의 제자로서 자신의 삶을 성찰할 수 있는 역량이다. 개인적으로 자신의 삶에 대하여 시간과 장소를 고려하여 성찰하며 실천함으로 성숙한 신앙인이 되고자 하는 성화에 대한 역량이다. 성경에 대한 개인적인 묵상의 시간(Quite Time)을 통한 자신의 신앙적 소명 형성역량이다.

침묵 세대와 베이비붐 세대의 경우 모더니즘의 집단화된 생활에 익숙해져 있는 자신의 삶을 성찰하며 한 개인으로서도 자신의 삶을 살아갈 수 있도록 신앙적 소명으로서 자신의 사명을 수행하고자 하는 역량이다. 자신에게 주어진 사명으로 노령인구의 외로움에 대한 문제와 더 나아가 고독사의 문제를 개인적이며 초월적 신앙으로 극복하고자 하는 역량이다.

X 세대와 M 세대의 경우 그리스도의 제자로서 삶 가운데서 하나님 나라를 추구하기 위한 역량이다. 일상적 삶의 자리에서 하나님의 소명을 따라 하나님의 증인이라는 정체성으로 살아가고자 하는 실천적 역량이다. 밀레니얼 세대의 경우 나의 영원한 친구로서의 예수 그리스도와의 친밀성으로 말

미암는 평안을 다른 친구들과 함께 공유하고자 하는 역량 등이다.

MZ 세대와 P(A) 세대의 경우 디지털 문화와 더 나아가 포스트 디지털 문화를 자기의 초월적 신앙 성장을 위하여 활용할 수 있는 역량이다. 삶의 진로와 미래의 꿈에 대한 고민을 초월적 신앙으로 자기에게 주어진 하나님의 달란트를 확인하며 소명을 확인할 수 있는 역량과 개인으로서 자기에게 주어진 사명을 추구할 수 있는 역량이다.6)

2. 비판적 고백적 방법과 교회 유형에서 실천적 사역

비판적 고백적 방법으로 하나님의 백성으로서의 실천적 교회형성을 목적으로 하는 실천적 사역이다. 성경과 교회 전통을 규범으로 하여 하나님의 백성으로서의 실천적 교회 정체성을 형성하고자 하며, 만인 제사장직에 기초한 실천적 교회 신앙공동체 형성을 목적으로 하는 실천신학 사역 유형이다. 사회 변화를 추구하는 교회이기보다 성경 그 자체와 교회의 전통적 교리에 충실한 실천적 사역이다. 성경과 교리에 기초하여 성도의 교제가 있는 하나님의 백성으로서의 실천적 교회 신앙공동체 형성과 재형성을 교회의 본질적 사명으로 여긴다.

구속사적 관점에서 교회에서의 성경 해석을 강조한 종교개혁자 마틴 루터의 실천적 사역과 제임스 스마트(James Smart, 1906~1982), 존 웨스트호프(John Westhoff Ⅲ), 그리고 은준관 박사의 실천신학 등이 이 유형에 해당한다.7) 신정통주의 신학에 기초하여 회심과 양육의 균형을 강조하지만, 동

---

6) *Ibid.*, 142. 파울러는 자신이 보스톤 칼리지에서 강의한 260여명의 학생들 중에서 극소수의 학생들만이 자신의 꿈에 대해 얘기 할 수 있음을 보고는 눈물을 흘렸음을 말하고 있음. 꿈을 갖는 것이 현실적으로 쉽지 않음을 말함.

7) 은준관, 『실천적 교회론』 (서울: 대한기독교서회, 1999).

심원적인 관점에서 회심을 우선시하는 실천적 사역이다.

안수받은 목회자에 의해서 주도되는 실천적 사역을 중요하게 여기지만, 하나님의 말씀을 맡은 자로서 만인 제사장의 관점에서 하나님의 사람들인 평신도들과 함께 사역하는 것을 중요하게 여기기도 한다. 모든 악기를 자기의 소리를 내게 하되 화합을 이루어 나가도록 하는 관현악의 지휘자로서의 자기 정체성에 충실한 목회자의 리더십 유형이다.

실천적 사역을 위하여 무엇보다 실천적 교회론을 강조한다. 신학적 교회론 못지않게 실천적 교회론을 중요하게 여긴다. 실천적 교회의 존재 양상인 예배와 가르침의 사역을 비롯하여 친교, 봉사, 선교 등의 실천적 교회론을 통한 실천적 사역을 강조하는 유형이다.

인지적 차원에서 핵심역량

모든 세대에게 공통적인 핵심역량은 하나님의 백성을 부르시고, 세우시고, 보내시는 실천적 신앙공동체로서의 교회에 대한 이해 역량이다. 교회는 건물이 아니라 하나님 백성이며 교인들의 모임 그 자체임을 알고 교회를 세워나가는 것을 소명과 사명으로 아는 역량이다.

침묵 세대와 베이비붐 세대의 경우 개인적인 차원을 넘어서서 하나님의 백성으로 교회의 정체성을 재개념화할 수 있는 역량, 하나님의 백성은 교회의 예배뿐만 아니라 가르침, 친교, 봉사, 그리고 전도 및 선교 등의 실천적 교회의 다양한 존재 양상이 있음에 대한 앎으로 교회의 정체성을 재개념화할 수 있는 역량이다.

X 세대와 M 세대의 경우 하나님의 백성에게 요구되는 성경과 전통적 교리에 대한 배움을 통한 신앙 정체성으로 미래 세대에게 가르칠 수 있는 역량, 기독교와 관련하여 다양하게 활동하고 있는 이단 사이비 등에 대한 분별 역량, 실천적 교회로서의 하나님의 백성은 봉사와 선교도 중요하게 이해할

수 있는 역량 등이다.8)

MZ 세대와 P(A) 세대의 경우 포스트 디지털 세대가 가지고 있는 개인 중심주의를 넘어 하나님 백성으로서의 실천적 교회 신앙공동체 형성의 중요성을 알고자 하는 인지적 차원의 역량, 디지털 매체에 의한 사이버 교회로서의 교회 정체성, 그리고 사이버 교회에서 친교의 중요성 등으로 교회 정체성을 형성하고 재형성할 수 있는 인지적 역량이다.

정서적 차원에서 핵심역량

모든 세대에게 공통적인 핵심역량은 실천적 교회를 구성하고 있는 개인으로서 자신의 정서뿐만 아니라 교회공동체와의 공감 역량이다. 공감을 통하여 교회를 친교 공동체로 형성하고자 하는 역량이다. 하나님은 차이를 수용하며 환대하시는 하나님임을 알아가며, 세계화 시대에 노동 인구 이동 및 다문화 가정으로 말미암는 다민족 및 다인종에 대한 환대 역량이다.

침묵 세대와 베이비붐 세대의 경우 실천적 교회공동체의 동일 세대 내 구성원들 사이에 정서적인 친밀감 형성역량, 그리고 교회공동체가 고령 세대의 정서적인 차원을 위해 교회공동체 안에서의 나눔 등으로 환대와 친교 공동체로서 정체성을 형성해 나가는 역량 등이다.

X 세대와 M 세대의 경우 정서적인 차원에서 사춘기 못지않은 갈등을 경험하는 시기로서 실천적 교회 내에서 동일 세대의 정서적인 안정을 위한 정서적 지지그룹 형성역량, 그리고 정서적인 친밀감의 신앙공동체를 형성하기 위해 고전적 영가(spiritual song) 등의 영적 자원들을 활용할 수 있는 역

---

8) Jin Kyung Park, "An Educational Ministry for Children through the Community of Faith-Enculturation Paradigm: The Case of G Church," *Journal of Christian Education in Korea*, 49 (2017), 211-244; Sung-Won Kim, "Educational Ministries in Korean Churches amid the COVID-19 Pandemic," *Journal of Christian Education in Korea*, 65 (2021), 103-131.

량 등이다.

MZ 세대와 P(A) 세대의 경우 실천적 교회 신앙공동체의 정서적 정체성을 형성하기 위해서는 코이노니아를 중요하게 여기며 코이노니아 공동체로서의 실천적 교회형성 역량, 교회 내에서의 코이노니아 공동체뿐만 아니라 교회학교에서도 코이노니아에 의한 교회학교의 소그룹을 운영할 수 있는 역량, 기독교 학교 등에서 동아리와 유사한 맥락에서 소그룹의 실천적 신앙공동체를 형성하고 재형성할 수 있는 역량 등이다.

의지적 차원에서 핵심역량

모든 세대에게 공통적인 핵심역량은 실천적 교회는 교회형성과 재형성이라는 소명을 기초로 하여 교회의 예배, 가르침, 친교, 봉사, 선교 등에 대한 각 세대의 역량 함양을 위해 무엇을 하고 있는가? 또 무엇을 할 것인가? 실천적 교회를 중심으로 하는 삶에서 예배를 비롯한 가르침, 친교, 봉사, 그리고 전도 및 선교 등의 다섯 가지 존재 양상으로 교회에 헌신함으로 실천적 교회 신앙공동체를 형성하고 재형성할 수 있는 역량이다.

침묵 세대와 베이비붐 세대의 경우 교회에서 세대 간의 갈등을 풀어나감으로 실천적 교회 신앙공동체를 형성할 수 있는 리더십 역량이다. 세대 간의 고립과 분열은 실천적 교회의 공동체성을 약화하거나 파괴할 수 있기 때문이다. 따라서 세대 간의 가치관의 차이로 말미암는 세대 간의 갈등을 풀어나가기 위한 세대 간 통합예배에 공동의 참여를 통하여 세대 통합 그룹을 형성해 나가고자 하는 역량이다.

X 세대와 M 세대의 경우 세상에서 복음의 증인이 되는 그리스도의 제자로서 하나님 백성 공동체를 형성할 수 있는 역량, 복음에 기초한 실천적 교회 신앙공동체를 세워나가기 위하여 전도 및 선교에 대한 사명을 감당하는 역량, 그리스도의 복음에 기초하여 하나님의 사랑을 나누는 의미에서 봉사

를 계획하고 수행할 수 있는 역량 등이다.

MZ 세대와 P(A) 세대의 경우 포스트 디지털 세대에 익숙한 디지털 매체를 활용하여 새롭게 출현하는(emerging) 실천적 교회를 형성하는 역량, 그리고 감성을 강조하는 포스트 디지털 매체를 통하여 교회 내의 구성원들과 함께 복음을 나눌 수 있는 역량, 그리고 다른 세대에게 포스트 디지털 매체 활용법을 가르침으로 말미암는 봉사 역량 등이다.

3. 비판적 고백적 방법과 사회 유형에서 실천적 사역

교회는 성경적 그리고 신학적 맥락 속에서의 실천적 신앙공동체로 정의되며, 성경을 비롯한 교회와 교리적 전통을 재해석하는 것을 규범으로 하여 교회 사역의 범위를 사회적 및 문화적 공동체의 정체성을 형성하고 재형성하기까지 이르고자 하는 유형이다. 실천적 교회 신앙공동체를 중심으로 하여 가정 및 사회를 실천적 신앙공동체로 형성 및 재형성하고자 한다.

신학적 차원에서 교회의 권위 안에서 사회과학을 비롯한 일반학문을 적용함으로 제네바시를 하나님의 말씀으로 변혁하여 그리스도의 나라가 되도록 한 종교개혁자 칼뱅(John Calvin, 1509~1564)의 사역이 여기에 속하는 유형이다.

인공지능으로 말미암는 개인주의 시대에 기독교적 인성교육을 강조하며, 기독교적 인성교육의 목적은 성령의 열매를 추구하는 것에 있다. 인성은 함께 살아가는 성품이다. 상황 가운데서 다른 사람들과의 상호작용을 통해, 그리고 그 상황의 일부인 과제 및 도전 등의 씨름을 통해 계발되고 성숙된다.9)

---

9) Don Browning, "Moral Education and Practical Theology in the thought of Johannes Van Der Ven," *Hermeneutics and Empirical Research in Practical Theology*, ed., Chris A. M. Hermans and Mary E. Moore (Leiden·Boston: Brill, 2004), 139.

비판적 고백적 방법과 사회 유형은 세상의 삶 가운데서 그리스도의 나라를 위한 하나님의 백성으로 양육하는 것을 목적으로 하며, 교회와 국가 또는 교회와 사회와의 관계를 이분법적으로 여기지는 않다. 그러나 교회와 사회의 관계에 있어서 사회에 대해서는 복음과 관련된다고 여기는 최소한의 부분으로 제한하거나, 교회를 우선시하는 실천적 사역 유형이다.

인지적 차원에서 핵심역량

모든 세대에게 공통적인 핵심역량은 그리스도인의 사회적 소명에 대한 중요성을 이해할 수 있는 역량이다. 세상의 빛과 소금으로 살아가기 위해서 실천적 교회를 기반으로 지역사회에 대한 소명을 알아가기 위한 역량이다. 예를 들면, 전 세계적인 COVID 19의 상황에서 교회가 사회에 대하여 어떤 본을 보여야 할지에 대한 강의 등을 통한 인지적 차원의 역량이다.

침묵 세대와 베이비붐 세대의 경우 복음적인 관점에서 지역사회에 대한 소명 형성을 위하여 사회와 관련한 실천적 교회 신앙공동체로 재개념화할 수 있는 역량이며, 이와 관련하여 한국의 특수한 역사적 상황으로서 전쟁에 대한 직접적이며 간접적인 경험과 분단의 현실에서 통일을 위하여 기도 등의 실천적 신앙 차원으로 기여할 수 있는 영적 역량, 그리고 남북 교회의 소명을 세미나 등으로 알고자 하는 인지적 차원의 역량 등이다.

X 세대와 M 세대의 경우 복음주의적인 관점에서 교회가 가지는 가정 및 사회와 관련한 소명을 알아가는 역량이다. 복음주의 관점에서 바람직한 실천적 가정 및 사회 형성과 재형성을 위해 제정해야 할 법은 어떤 것이 있는가? 그리고 어떤 입법이 추진되고 있는가? 동성애 문제 등에 대하여 비기독교적 문제들은 무엇인가? 등을 알아가는 인지적 차원의 역량이다.

MZ 세대와 P(A) 세대의 경우 실천적 교회 신앙공동체가 지역사회에서 해당하는 세대의 소명 형성을 위해 멘토의 역할을 감당할 수 있는 역량, 교회가 일반 학교와 지역사회를 위하여 봉사하고 전도하며 선교하기 위해서 다양한 매체를 활용하는 방법을 알아가는 역량, 그리고 지역사회에 디지털 매체 활용을 불편해하는 어떤 대상자들이 있는지를 인지적 차원에서 알아가는 역량이다.

정서적 차원에서 핵심역량

모든 세대의 공통적인 핵심역량은 교회가 지역사회 구성원들의 회복 탄력성을 갖도록 함으로 지역사회의 실천적 신앙공동체로 형성하고자 하는 역량이다. 초개인화 되어 가는 경쟁 사회에서 은둔형으로 살아가는 청소년과 청년에게 소명에 대한 깨달음을 위해 정서적 차원에서 회복 탄력성을 갖도록 함으로 말미암는 지역사회 신앙공동체 형성역량이다. 그리고 삶의 구조를 재형성이라는 중년과 장년의 위기를 창조적으로 극복하기 위한 회복 탄력성 등이다.

침묵 세대와 베이비붐 세대의 경우 교회가 지역사회에 속한 비 기독교인 침묵 세대와 베이비붐 세대의 지지그룹을 위해 친교 그룹을 형성할 수 있는 역량, 지역사회에 속한 중장년 등의 다른 세대에게도 정서적인 안정감을 지원할 수 있는 역량으로 가정, 학교, 그리고 사회 등을 실천적 신앙공동체로 형성하고 재형성할 수 있는 역량이다.

X 세대와 M 세대의 경우 복음주의적 관점에서 사회와 관련한 정서적 정체성을 알아가는 역량이다. 교회가 지역사회의 한부모 가정, 다문화 가정 등의 다양한 가정에 대하여 정서적 회복 탄력성을 지원하며, 그리고 다양한 장애인, 보육 시설 등을 비롯하여 사회적 약자들의 정서적 회복 탄력성을 지원함으로 실천적 가정 신앙공동체를 형성할 수 있는 역량이다.

MZ 세대와 P(A) 세대의 경우 교회가 일반 학교 등에 폭력성을 지닌 수직적 지시와 전달의 의사소통 체계를 극복하고 진정성 있는 소통 역량에 대한 기여로 실천적 학교 신앙공동체 형성 및 재형성할 수 있는 역량, 교회 밖의 디지털 세대와 소통할 수 있기 위하여 정서적인 차원이 고려된 이모티콘 등의 디지털 매체를 적극적으로 활용함으로 교회 밖의 디지털 세대를 실천적 사회 신앙공동체로 형성 및 재형성할 수 있는 역량 등이다.10)

의지적 차원에서 핵심역량

모든 세대에게 공통적인 핵심역량은 하나님 앞에서 우리는 누구인가? 지역사회의 복음화를 위해서 우리는 무엇을 할 수 있는가? 교회는 하나님 앞에서 지역사회를 위해 무엇을 했고, 무엇을 하고 있으며, 앞으로 무엇을 할 계획인가? 등의 물음에 대하여 답해 나가는 역량, 기독교 이단들의 비윤리적이며 반사회적인 현상에 대한 이해 및 대안 제시 역량 등이다.

침묵 세대와 베이붐 세대의 경우 오늘날 다문화 사회로 말미암아 자녀를 비롯한 손자, 손녀의 가정 및 교회의 다문화 현상을 이해하며, 인종차별 등을 극복하고 다문화 가정 및 다문화 교회를 능동적으로 수용함으로 실천적 사회 신앙공동체를 형성할 수 있는 역량, 복음적 문화로 사회적 차원의 소명 공동체를 형성하기 위한 역량 등이다.

X 세대와 M 세대의 경우 동성애를 허용하는 포괄적 차별금지법 등과 같은 성경의 가르침에 어긋난다고 여기는 비기독교적인 가치를 교회 협력으로 대응함으로 말미암는 가정 및 사회 신앙공동체 형성역량, 사회적 이슈에 대하여 복음에 기초한 교회들이 공동으로 대응하기 위하여 네트워크를 형성하고 대처함으로 말미암는 실천적 사회 신앙공동체 형성역량 등이다.

MZ 세대와 P(A) 세대의 경우 학교와 학원 등 배움의 장이 언어, 신체, 사이버 등을 통한 다양한 폭력의 장이 되어 가는 경향에 대하여 기독교 동아리

---

10) Vasilica Negrut & Mirela Arsith, *Designing and Implementing Competency-Based Curriculum*, 47, 48.

등으로 실천적 학교 신앙공동체를 형성할 수 있는 역량, 사회적으로 약자에 해당하는 학교 밖 청소년 등의 비기독교 동일 세대와도 소통의 관계를 형성함으로 실천적 사회 신앙공동체를 형성하는 역량 등이다.

〈비판적 성찰을 위한 물음〉

1. 비판적 고백적 방법에 의한 하나님의 실천적 사역을 나타내는 성경 내용은 무엇인가?
2. 비판적 고백적 방법과 개인 유형에서 실천적 사역의 구체적인 사례(case)는?
3. 비판적 고백적 방법과 교회 유형에서 실천적 사역의 구체적인 사례는?
4. 비판적 고백적 방법과 사회 유형에서 실천적 사역의 구체적인 사례는?

12장

해석학적 실천신학의
실천적 사역(3)

해석학적 실천신학에서 셋째 유형은 비판적 상관 관계적 유형이다. 비판적 상관 관계적 유형의 경우도 하나님의 프락시스를 의미하는 삼위일체 하나님의 존재와 섭리에 기초하며, 삼위일체 하나님의 존재와 섭리로서 상호주관적 공동체성, 대화(소통)적 상호주관성, 섭리적 과정성 등의 특성을 가진 실천적 신앙공동체를 형성하고자 하는 사역 유형이다.[1]

비판적 상관 관계적 유형에서 실천적 사역은 일반학문 등의 상황(context)과 성경 및 신학 등의 텍스트(text), 경험과 지식, 실제와 이론 등의 통합적 차원에서 이루어지는 성육신적(incarnational) 그리고 성례전적(sacramental)인 하나님의 실천적 사역에 기초한다. 하나님의 내재성과 초월성이라는 양극단을 함께 수용하는 통합성의 실천적 사역 유형이다. 비판적 상관 관계적 유형에서의 통합성은 하나님의 프락시스에 의한 방법론으로 실천적 방안을 추구하며, 실천적으로 삶 가운데 나타난다.

앞서 언급한 것처럼 비판적 과학적 유형과 비판적 고백적 유형도 간학문성에 기초한 삼위일체적 통합성의 유형이다. 그러나 비판적 상관 관계적 유형에서 말하는 통합성은 프락시스의 과정을 강조한다. 그리고 간학문성을 다른 유형에 비해서 더 비중 높게 고려한다.

따라서 비판적 상관관계적 유형은 결과에 대한 적용 중심의 방법론이기

---

1) 이원일, 『해석학적 상상력과 기독교교육과정』 (서울: 장로교출판사, 2004), 333-344.

보다는 지식과 경험, 이론과 실제 등의 변증적이고 대화적인 과정에 의해 실천적 사역을 추구해 나간다. 달리 말하자면 비판적 상관관계적 유형에서 함양하고자 하는 역량은 텍스트와 컨텍스트의 해석을 위하여 소통 역량과 소통을 지속할 수 있는 과정성으로서의 실천적 사역이다. 상호주관적인 소통의 과정을 통하여 해석하며, 깨달음으로서 이해에 이르고자 하는 실천적 사역이다.

비판적 상관관계적 유형의 실천적 사역은 구약성경에서는 주로 예언서(Neviim, The Prophets)에서 찾아볼 수 있으며, 예수 그리스도의 예언자적 사역에서도 찾아볼 수 있다. 그리고 엠마오 도상(눅 24:13-35)에서 대화의 과정으로 이 유형의 특징을 잘 보여주고 있다. 삶의 현장, 비판적 성찰, 복음, 묵상, 그리고 삶에서의 실천 등의 프락시스 과정이다.

프락시스 과정을 통한 일련의 해석 과정으로 깨달음으로서의 이해에 이르며, 영적 눈(눅 24: 31)을 통해 하나님 나라를 꿈꾸는 비전의 삶을 살게 한다. 영적 눈은 마음의 눈(mind's eye)이다. 상상력과 담화의 상호작용으로 말미암아 마음이라고 하는 화판에 그림이 그려지는 것을 말한다. 마음의 그림인 이미지가 그려질 때(figuring out) 사람들은 깨달음이라고 하는 이해에 이르게 된다. 그리고 비전을 갖게 된다.

궁극적으로는 비판적 상관 관계적 사역 유형은 상호주관성, 대화적 상호주관성, 그리고 순례자적 과정성 등을 통하여 그리스도의 형상(갈 4:19)을 이루어 나가는 개인의 실천적 신앙을 양육하고 더 나아가 다양한 실천적 신앙공동체를 형성하고 재형성하고자 하는 유형이다. 그러나 개인 및 다양한 실천적 신앙공동체의 형성과 재형성 가운데 재형성에 대한 비중이 높다. 재형성이라는 용어는 변혁적이라는 용어로도 대체할 수 있다. 개혁교회는 항상 개혁해야 한다는 말과 같이 하나님 나라를 향하여 지속적인 비판적 성찰을 통한 변화를 추구한다.

비판적 상관관계적 유형에 해당하는 실천적 사역은 가정, 교회, 학교, 그리고 사회 등의 다양한 사역현장에서 소그룹(ecclesiolae in ecclesia) 중심의 실천적 사역이다. 신앙의 차원에서 다양한 소그룹 형성과 재형성을 중요하게 여긴다. 소그룹은 지도자(leader)와 평신도 사이에 소통 중심의 상호주관적이며, 과정적인 소그룹이다.

비판적 상관관계적 유형에서는 신앙인과 비신앙인, 교회 안의 구성원과 교회 밖의 구성원, 교회와 사회의 구성원, 다문화를 구성하고 있는 구성원 등의 공동 관심사를 주제로 선정하는 것이 핵심이다. 주제 중심에 의한 실천적 사역 유형이다. 공동 관심사에 의한 주제를 발굴하고 제시하고 토론하는 등의 거버넌스 리더십에 의한 실천적 사역이 요구된다. 예를 들면, 부모교육, 자녀교육, 웰빙과 웰다잉, 고난, 소통, 갈등, 리더십, 정체성 등의 주제에 대한 간학문적 접근과 상호주관적인 공동체의 형성과 재형성이다.

그리고 사회 현장 차원에서 실천적 사역에 대해 예를 들면 지역 단위 및 국가 단위의 시민사회를 비롯하여 글로벌 시민사회 형성과 재형성이다. 시민사회 형성을 위해 요구되는 역량 가운데 하나는 같은 법 조항에 대해서도 다양한 해석의 갈등이 일어날 수 있는 헌법 및 각종 법률과 규정 등에 대해서 상호주관적인 소통과 이해의 능력을 의미하는 시민 문해력을 함양하는 것이다.[2] 이외에도 기후위기에 대한 대처 역량, 다문화 사회 형성역량 등이 있다.

1. 비판적 상관 관계적 방법과 개인 유형에서 실천적 사역

시대의 변화 속에서 개인의 신앙 성숙을 위하여 기독교의 전통적 해석과 발달심리학적 이론 사이의 대화를 말하고 있는 목회상담학자인 찰스 거킨

---

2) Neil Howe, *The Fourth Turning Is Here: What the Seasons of History Tell Us about How and When This Crisis Will End*, 29.

(Charles Gerkin, 1922~2004)의 실천신학과 실천적 사역 유형이 여기에 속한다.3)

거킨에 의하면 인간의 삶은 근본적으로 해석의 연속적인 과정이다. 목회상담은 자기 자신의 주요한 경험을 해석하고 재해석하는 과정이다.4) 경험과 이미지에 대한 재해석으로 말미암는 개인의 치유 경험을 통하여 개인의 실천적 신앙을 형성하는 실천적 사역이다.

철학적 해석학을 말하는 가다머의 관점에 의하면 전통과 현재의 계속되는 갈등에 대한 물음과 응답의 과정으로 문제에 대하여 관점을 다듬어 나가고 부분적인 것을 지평 융합(fusion of horizon)의 차원으로 통합하여 나간다. 가다머와 유사한 맥락에 서 있는 거킨의 목회상담은 상담자와 내담자의 만남(encounter)의 과정을 통한 지평 융합이라고 하는 이해의 지평을 확장해 나가는 실천신학으로서의 실천적 사역이다.5)

거킨이 인간을 '살아있는 문서'(the living human document)라고 말한 은유적 표현을 밀러-맥르모어는 '살아있는 인간 망'(the living human web)이라는 말로 재개념화하고 있다. 밀러-맥르모어에 의하면 목회상담은 인간을 텍스트와 같이 고립적인 존재가 아니라 행동, 역사, 문화, 전통, 사회 등의 다양한 요소들이 거미줄처럼 연결되어 역동적으로 영향을 주고받으면서 자

---

3) Charles Gerkin, *The Living Human Document: Re-visioning pastoral counseling in a hermeneutical mode*, 안석모 역, 『살아있는 인간문서』(서울: 한국심리치료연구소, 1998).

4) 반 데르 벤은 상담의 유형을 다섯 가지로 분류함. 교회와 관련한 목회상담, 이단과 종교 등에 대한 분별을 위한 종교상담, 모든 이데올로기로부터 내담자의 해방과 자유를 위한 실존적 상담, 내적이며 대인 간의 갈등 해결을 위한 위기 상담, 내담자가 처한 상황 파악을 중요하게 여기는 상황적 상담 등임. Hans Scilderman and Michael Scherer-Rath, "Redefining Pastoral Care and Counselling," *Hermeneutics and Empirical Research in Practical Theology*, ed., Chris A. M. Hermans and Mary E. Moore (Leiden·Boston: Brill, 2004), 270-272.

5) Sally A. Brown, "Hermeneutical Theory," *The Wiley-Blackwell Companion to Practical Theory*, 117-119.

신의 이해를 추구하는 존재이다.6) 목회상담에서 이해를 추구하는 과정은 관계망에 의해 잠재적 상처(hidden wounds)가 표면 위로 드러나게 하는 과정이다.

오늘날 비판적 상관관계적 방법과 개인 유형은 자기 자신에 대한 비판적 성찰을 위해서 일반학문과 개인에 대한 비판적 상관관계로 경계성(liminality)을 추구하는 실천신학으로서의 실천적 사역 유형이다. 포스트 디지털 시대에는 국가, 시장, 그리고 개인 등의 가시적 경계가 약화 되면서 전통과 혁신, 교회와 사회, 디지털과 인간, 말씀과 삶, 감성과 영성 등의 융합으로 말미암는 경계성을 추구한다.7) 경계성이란 두 가지 이상의 색깔이 융합된 간색의 속성을 말하며, 따라서 경계성의 실천적 사역이라고 할 수 있다.

포스트 디지털 시대에 자신에게 주어진 삶의 자리에서 지성, 감성, 신체성, 인성, 영성 등이 포함된 전인적이며 통합적인 참여로 말미암아 고난의 문제에 해당하는 신정론에서 묻는 '왜 하필 나인가?'(why me?)에 대한 실천적 응답을 추구하며, 삶의 자리에서 의미를 찾아 나가도록 하는 역량을 함양하고자 하는 실천적 사역 유형이다.

인지적 차원에서 핵심역량

모든 세대에게 공통적인 핵심역량은 지배적인 이데올로기에 대하여 소통으로서의 대화적 과정을 통한 비판적 성찰로 말미암아 자기 정체성과 소명 형성역량이다. 베뢰아 사람들이 "이것이 그러한가"(행 17:11)라고 한 그 성찰의 역량을 말한다. 지배적인 이데올로기에 의한 왜곡, 편견, 은폐 등에 대한 비판적 성찰로 말미암는 해석과 이해의 결과로 자신의 정체성과 소명을 형성할 수 있는 역량이다.

---

6) *Ibid.*, 119.
7) Peter McLaren & Petar Jandrić, *Postdigital Dialogues*, 47.

침묵 세대와 베이비붐 세대의 경우 성경에서 다양한 상징, 이야기, 이미지 등의 내러티브와 일상적인 내러티브와의 만남을 위해서 자신의 관점으로 이야기함으로 자신의 정체성과 소명을 형성하는 역량이다. 그리고 일상적으로 만나는 사람, 자연, 생태계 등의 대상에서도 자신의 다양한 표상양식을 통하여 자신의 이야기로 나타냄으로 자신의 소명, 양육, 그리고 사명 등을 형성 및 재형성할 수 있는 역량(욥 42: 5) 이다.

X 세대와 M 세대의 경우 하나님의 사람으로서 갈등적인 삶 가운데서 다른 사람과의 비교 대상에 의해서가 아닌 자기 자신을 있는 그대로 수용하는 자기 정체성과 소명 재형성 역량, 삶의 자리에서 타인과의 공감 역량을 통하여 자신의 관계적 소명을 형성하는 역량, 그리고 경시되어 있거나 다루지 않고 있는 영역을 의미하는 영 교육과정(null curriculum)의 차원에서 알리어지지 않은 미지의 새로운 영역에 대한 앎을 추구해 나가는 창의성의 역량 등이다.

MZ 세대와 P(A) 세대의 경우 성경 이야기와 나의 이야기의 만남을 추구할 수 있는 역량 형성이다. 자기 정체성과 소명을 형성할 수 있는 역량, 자기 정체성 형성에 영향을 끼치고 있는 디지털 미디어에 잠재되어있는 왜곡, 편견, 은폐 등으로 말미암는 미디어 중독 현상에 대하여 비판적으로 성찰할 수 있는 미디어 리터러시 역량을 통한 자기 정체성과 꿈을 형성하는 역량, 부모와 교사 등에 의해 과잉보호가 아닌 자율적인 삶을 추구하는 존재로서 실천적 신앙인으로서의 자기 정체성과 소명을 형성하고자 하는 역량 등이다.

정서적 차원에서 핵심역량

모든 세대에게 공통적인 핵심역량은 실천적 신앙의 관점에서 텍스트와 컨텍스트의 상관관계를 통하여 자기 자신의 정서를 해석하고 이해함으로 말미암아 소명, 양육, 그리고 사명 형성하는 역량이다. 초 개인화 사회에서 정서에 대한 해석으로 신앙적인 이미지를 통하여 인간관계를 형성하고 자신의 내면적인 평안을 추구할 수 있는 역량이다. 그리고 개인의 정서적 정체성 형성을 위하여 관계적 소통으로 인한 감정 조절 역량 함양이다.

침묵 세대와 베이비붐 세대의 경우 성경 텍스트와 일상적인 대상에서 상상력에 의하여 마음의 눈으로 마음이라고 하는 화판에 나타난 그림인 다양한 그리스도의 이미지를 표현할 수 있는 역량, 다양한 정신적 이미지를 통합하여 그리스도의 이미지 중에서 무엇보다 그리스도의 고난과 부활에 공감할 수 있는 역량, 그리스도의 이미지를 통한 복음적 문화로 말미암아 내면의 정서적 평안(peace)을 형성할 수 있는 역량 등이다.

X 세대와 M 세대의 경우 자신의 독특한 감성과 영성의 만남으로 말미암는 정서적 정체성 이해 역량, 성경과 문학 등의 인문학에 대한 공감의 능력으로 위기와 갈등 가운데서 삶의 구조를 재형성할 수 있는 정서적 정체성 형성을 위한 역량, 삶에서 긴장, 불안, 탈진, 장애 등으로 말미암는 자신의 감정 장애와 정신질환을 돌봄(caring) 등으로 하나님과 개인적으로 친밀한 애착 관계를 형성할 수 있는 역량 등이다.

MZ 세대와 P(A) 세대의 경우 성경에 나타난 상징, 이야기, 비유 등에 대하여 상상력을 활용하여 자신의 마음 판에 이미지로 그려봄으로 말미암는 개인의 정서적 정체성 형성역량, 디지털 매체를 활용하여 미술, 음악, 조각, 영화 등으로 다양하게 표현한 성경적 이미지를 감상하며 정서적이며 실천적 신앙인으로서의 정체성을 형성할 수 있는 역량 등이다.

의지적 차원에서 핵심역량

모든 세대에게 공통적인 핵심역량은 개인적으로 성경에 대한 묵상과 삶에 대한 성찰 등으로 그리스도의 이미지를 형성하고 이를 다양하게 표현할 수 있는 행동적인 차원에서 정체성 형성역량, 복음(text)과 삶의 자리(context)

와의 상관 관계성을 성찰함으로 하나님 나라를 이루어 나가는 개인의 행동적 차원에서 소명, 양육, 그리고 사명 등의 실천적 신앙을 형성하는 역량 등이다.

침묵 세대와 베이비붐 세대의 경우 성경 텍스트와 일상적인 대상에서 상상력에 의하여 마음의 눈으로 마음 판에 나타난 시청각적인 다양한 이미지를 해석하고, 그리스도의 형상이라고 하는 그리스도의 모습을 찬양 등의 문화적 양식으로 표현하고 다른 사람과 나눔으로 말미암는 행동적 차원에서의 정체성 형성역량 등이다.

X 세대와 M 세대의 경우 격동적인 변화 가운데 신앙과 삶의 균형을 추구하는 자로서의 정체성 형성역량을 비롯하여 자신의 삶에서 발생하는 다양한 갈등을 다루기 위한 관계적 기술로서의 소통에 대한 역량,8) 일상 삶의 자리에서 개인적으로 섬김의 봉사를 실천함으로 개인의 실천적 신앙으로서의 소명을 형성할 수 있는 역량 등이다.

MZ 세대와 P(A) 세대의 경우 놀이의 삼위일체 하나님에 상응하여 놀이의 신앙적 가치를 인정하고 게임 및 놀이를 통하여 개인의 신앙적 정체성을 형성할 수 있는 역량, 성경의 내용을 개인적인 차원에서 그림, 음악, 점토 만들기 등 다양한 예술적인 방법으로 표현해 봄으로 자신의 독특성을 확인하고 개인의 실천적 정체성을 형성할 수 있는 역량, 결과적으로 주어진 것을 적용하는 삶보다는 결과를 만들어 가는 수고의 과정적인 삶을 통하여 개인의 소명, 양육, 그리고 사명 등의 신앙을 형성하고 재형성해 나가는 역량 등이다.

---

8) Friedrich Schweitzer. *the Postmodern Life Cycle: Challenges for Church and Theology* (Missouri: Chalice Press, 2004), 39.

2. 비판적 상관 관계적 방법과 교회 유형에서 실천적 사역

실천신학적 교회를 위하여 일반학문과 교회 전통의 비판적 상관관계로 말미암아 실천적 교회공동체의 소명을 형성하고 재형성하고자 하는 유형이다. 디지털 매체 및 포스트 디지털 매체를 적극적으로 활용하여 다양한 사역을 수행할 수 있는 교회형성을 위한 사역이다.9) 폴링과 밀러에 의하면 여기에 해당하는 대표적인 실천신학자는 파울러(James Fowler) 이다.

교회의 비판적 상관관계적 방법에서 실천적 사역은 양극단과 역설에 대한 양자병립을 특징으로 한다. 실천적 교회 신앙공동체에서 하나님의 사람으로 하여금 포스트 디지털 세상의 삶을 통하여 예수의 증인으로 살아가도록 하기 위해서이다. 알렉센벅에 의하면 포스트 디지털 매체는 창세기 1장 1절의 "하늘과 땅"에서 '과'에 해당하며, 하늘로서의 영성과 땅으로서의 자연 등의 융합을 언급하고 있다.10)

각 세대는 '과'에 해당하는 실천적 사역을 추구한다. 포스트 디지털 세대를 위한 실천적 교회학교의 경우 예배는 디지털 매체가 포함된 놀이 기반으로 드려지지만, 분반 학습의 경우는 몰입을 위해 내부를 어둡게 하여 촛불을 켜놓는 등의 빈티지의 환경 가운데 소그룹으로 영성을 추구하는 등의 통합적이며 실천적인 교회를 형성하고 재형성하기 위한 실천적 사역이다.

인지적 차원에서 핵심역량

모든 세대에게 요구되는 핵심역량은 인지적 차원에서 실천적 교회 정체

---

9) James Poling & Donald Miller, *Foundations for a Practical Theology of Ministry* (Nashville: Abingdon Press, 1985), 47.

10) Mel Alexenberg, *The Future of Art in a Postdigital Age* (UK/Chicago, USA: intellect Bristol, 2011), 145.

성을 재개념화할 수 있는 역량이다. 전통적 교회 이해와 사회 문화의 변화와의 대화적 변증 과정으로 실천적 교회 정체성을 재형성하기 위한 역량이다. 다양한 매체를 활용하여 아날로그 교회의 구조를 변혁하고자 하는 역량이며, 매체 변화에 따른 인지적인 차원에서 재개념화이다. 교회에서 하나님의 사람으로 형성하기 위해 함양해야 할 인지적 차원의 역량 가운데 하나는 하나님의 소명과 청기기로서 재정에 대한 이해를 돕기 위한 금융과 재정이해 역량이다.

침묵 세대와 베이비붐 세대의 경우 매체 변화와 전통적 교회 이해에 대한 비판적 성찰을 통하여 교회 정체성을 재개념화하기 위한 역량, 비판적 상관관계적 방법과 교회 유형으로서 모이는 교회에 못지않게 흩어지는 교회의 중요성을 인식하고 지역사회에 대한 디지털 매체를 통한 봉사와 전도 및 선교의 구조로 선교적 교회 정체성을 재형성할 수 있는 역량이다.

X 세대와 M 세대의 경우 개인과 사회와의 중재자로서의 관계적이며 실천적 신앙공동체로 교회 정체성을 재형성할 수 있는 인지적 차원의 역량, 매체 변화에 대한 비판적 성찰로 말미암아 교회가 어떻게 변화되어야 할 것인지에 대한 교회 정체성 재형성 역량, 가정과 교회의 갈등을 대화적이며 창조적으로 해결하기 위해 무엇이 문제인지 알아감으로 가정과 교회 패러다임을 재형성할 수 있는 인지적 역량 등이다.

MZ 세대와 P(A) 세대의 경우 온라인 플랫폼과 예배, 성경 공부, 그리고 찬양 등의 신앙 활동의 만남을 통한 실천적 교회 정체성 재형성 역량, 디지털 매체를 통한 교회 밖 청소년 및 일상인에 대한 소통 역량, 교회와 지역사회 관계에서 무엇이 문제인지를 파악함으로 말미암는 교회 정체성 형성 및 재형성 역량 등이다. 청년과 청소년 개인의 꿈과 소명을 형성하고 재형성하기 위한 멘토링 공동체로서 교회의 역할을 감당하기 위한 역량 등이다.

정서적 차원에서 핵심역량

모든 세대에게 요구되는 공통적인 핵심역량은 피로(疲勞) 사회에서 감정 고갈(burn out)의 시대를 살아가고 있는 교인들과 현대인들에게 정서적 차원의 치유(healing)와 위기극복을 경험할 수 있기 위해 치유와 위기극복을 위한 실천적 교회 정체성 형성이다. 디지털 매체 등으로도 정서적 치유와 위기극복 사역을 할 수 있는 교회의 정서적 차원의 소명 형성역량이다.

침묵 세대와 베이비붐 세대의 경우 교회에서의 예배, 교육, 친교, 봉사, 전도 및 선교의 사역과 매체 변화의 상관관계에 대한 비판적 성찰을 통하여 실천적 교회 정체성을 정서적 차원에서 재형성할 수 있는 역량, 동일 세대 간에도 다양한 매체를 활용하여 정서적인 친교와 안정을 추구하는 정서적 정체성 역량 강화 등이다.

X 세대와 M 세대의 경우 교회에서 중심적으로 활동하는 세대로서 교회는 관계적인 실천적 신앙공동체이며, 이를 위해서는 소통으로 말미암는 정서적 관계를 중요하게 여기는 교회 정체성 형성역량, 그리고 앞선 세대와 변화된 매체를 통한 정서적 소통과 미래세대와는 변화된 매체를 통하여서도 정서적으로 소통함으로 공감의 교회공동체 형성역량 등이다.

MZ 세대와 P(A) 세대의 경우 포스트 디지털 세대가 익숙하게 다루는 이모티콘 등의 정서적 차원을 강조하는 포스드 디지딜 매제를 통한 실전적 교회로서의 정체성을 형성하기 위해 매체 활용 및 제작 역량, 실패와 좌절에 대하여 위로와 소망을 가질 수 있는 놀이 활동 등으로 말미암는 회복 탄력성이 있는 실천적 교회 정체성 형성 및 재형성 역량 등이다.

의지적 차원에서 핵심역량

모든 세대에게 공통적인 핵심역량은 개인 및 지역사회와 소통 할 수 있는 역량을 가지고 실천적 교회를 형성하기 위한 역량이다. 여기서 말하는 지역사회는 세계를 포함한다. 내 이웃은 누구인가? 오늘날 지역사회와 세계에서 강도 만난 자는 누구인가? 등의 물음에 대한 성찰과 실천을 추구하는 선교적 교회로서의 정체성으로 마을 목회를 할 수 있는 역량이다.

침묵 세대와 베이비붐 세대의 경우 예배, 교육, 친교, 봉사, 전도 및 선교와 정보화 사회에서 소명과 리더십에 대한 비판적 성찰을 통하여 고령층이 경험하고 있는 외로움 및 고독사를 극복하기 위한 역량, 침묵과 수용에 익숙한 가치관에서 벗어나 문화 변혁적인 실천적 교회로서의 소명을 형성하고 재형성하기 위한 역량 강화 등이다.

X 세대와 M 세대의 경우 교회에서 중심적으로 활동하고 하는 세대로서 갈등 가운데 있는 교회와 개인 및 사회의 재구조화를 위한 소명을 감당하는 실천적 교회 형성역량이다. 그리고 앞선 세대가 매체 변화에 익숙하도록 교육과 봉사의 교회형성 역량, 미래세대가 매체의 역기능으로 말미암아 인터넷 중독 등의 다양한 중독과 오용 등을 예방하고 치유할 수 있는 교육을 감당하는 실천적 교회형성 및 재형성 역량 등이다.

MZ 세대와 P(A) 세대의 경우 교회형성을 위하여 교회 전통과 사회과학의 상관관계에 대한 비판적 성찰을 통하여 지역에 속한 교회(local church)로서의 실천적 교회를 형성하고 재형성 할 수 있는 역량, 시대적인 문제를 인지할 수 있으며, 시대와 소통하는 교회를 형성하는 역량, 포스트 디지털 세대 문제해결을 지역 구성원들과 함께 추구하는 프로젝트로 협업할 수 있는 능력(collaboration ability)의 교회를 형성하고 재형성할 수 있는 역량 등이다.[11] 청년부 및 교회학교형성을 위하여 방관자 관점에서 예배, 교육, 친교, 봉사, 그리고 전도 및 선교 등에서 사역자의 관점으로 함께 참여함으로 실천적 신앙공동체를 세워나갈 수 있는 역량 등이다.

---

11) *Ibid.*, 33.

3. 비판적 상관 관계적 방법과 사회 유형에서 실천적 사역

포스트 디지털 시대에 하나님의 사람에게 신학과 일반학문의 간학문적 접근에 의해 교회 내에서뿐만 아니라 일상생활을 하는 삶의 자리인 사회 공동체를 실천적 신앙을 지닌 사회적 및 문화적 정체성으로 형성하고 재형상하고자 하는 사역 유형이다.

기독교 전통과 일반학문의 비판적 상관관계로 말미암아 개인과 사회 변화를 추구하고자 하는 실천신학적 유형으로서, 눌린 자, 소외된 자, 주변인 등에 대한 주된 관심을 가진 다니엘 쉬파니(Daniel Schipani), 밀러-맥리모어(Bonnie Miller-McLemore) 등이 이 유형에 속한다.12)

사회 변화를 추구하는 실천신학의 기초를 제공하고 있는 몰트만은 종교개혁 신학에서 말하는 영적 죄로 말미암는 이신칭의와 해방신학에서 말하는 경제적 불의, 정치적 억압, 문화적 소외, 개인적 용기의 박탈 등의 사회적, 그리고 구조적 차원의 죄로부터의 해방은 이분법적이 아니라 서로 상호보완적 관계라고 말한다.13)

몰트만이 말하는 구조적 차원의 죄란 제도화에 의한 불의를 의미한다. 개인적 차원에서의 죄와 사회적이며 구조적 차원의 죄는 상호 관계성을 가지고 있다는 것이다. 그리고 이를 잘 나타내주고 있는 내용은 고난받는 종으로서의 그리스도의 모습(사 53장)에서 찾아볼 수 있다고 말한다. 요컨대 고난받는 종으로서의 그리스도의 실천적 사역이 비판적 상관 관계적 방법과 사회 유형에서 해당하는 실천적 사역이다.

주된 삶의 자리인 가정 및 학교 등에서 갈등을 일으키는 요인과 이에 대한

---

12) 장신근, "20세기 실천신학의 3가지 유형에 대한 비교 연구," 『장신논단』, Vol.54, No.5., 167-171.

13) Jürgen Moltmann, *Der Geist des Lebens*, 김균진 역, 『생명의 영』 (서울: 대한기독교서회, 1992), 176, 178, 191, 192.

해결책 모두가 애매하고 모호한 경우에도 언어적, 정서적, 신체적 등의 다양한 폭력이나 중독 등에 의한 해결을 지양한다.14) 갈등의 원인이 무엇인가? 이에 대한 해결책은 무엇인가? 등을 진정성과 인격적인 의사소통으로 말미암는 협력적인 관계성에 의해 거버넌스 리더십에 해당하는 적응적 리더십(adaptive leadership)으로 문제해결을 모색하고자 하는 실천적 사역이다.

공적 신학에 의한 선교적 교회로서의 마을 목회는 교회의 사역과 마을의 필요와의 만남을 추구하는 목회로서 교회와 지역사회의 통합을 추구한다. 지역사회의 건강에 대한 문제를 통한 지역사회개발선교(CHE, Community Health Evangelism), 디지털 문화, 교육, 환경문제 등의 융합에 의해 지구 온난화와 기후변화에 대한 해결책을 모색하고자 하는 환경 정의 운동(Ecological Justice Movement) 등도 이 유형에 속하는 실천적 사역이다.15)

교회와 개인 및 사회와의 관계에서 교회와 개인, 교회와 사회 등의 경계성을 추구하는 봉사 및 선교 활동으로서의 아웃리치(outreach)를 감당하는 실천적 사역의 유형이다. 그리고 교인들과 함께 개인적, 사회적, 그리고 문화적 갈등 해결을 위하여 삼위일체의 원리에 의한 대화적이며 입체적 관계성을 가진 사회로서의 변화를 추구하는 실천적 사역이기도 하다.16)

인지적 차원에서 핵심역량

모든 세대에게 공통적인 핵심역량은 사회, 문화, 역사 등의 실천적 신앙 공동체 형성을 위해 무엇이 문제인지를 알아가고자 하는 학습 역량이다. 개인과 교회는 그리스도인으로서 삶의 자리로서의 상황(context)에 어떤 영향을 받고 있는지를 알아가며, 한국 사회의 분단 상황 및 통일 등 국가와 교회

---

14) *Ibid.*, 181.

15) Peter McLaren & Petar Jandrić, *Postdigital Dialogues*, 40-43.

16) Spencer Jordan, *Postdigital Storytelling: Poetics, Praxis, Research* (London & New York: Routledge, 2020), 237.

의 관계에 대한 앎으로 실천적 신앙 정체성 형성역량이다.17) 이외에도 각각의 세대에게 공통적인 인지적 차원의 핵심역량은 신앙과 재정의 상관관계에 대한 이해를 통하여 사회를 실천적 신앙공동체로 형성하는 역량이다.18) 하나님 나라를 위해 재정을 선용함으로 말미암는 사회의 실천적 신앙공동체 형성역량이다.

침묵 세대와 베이비붐 세대의 경우 외로움이 돈보다 더 무섭게 여겨지는 노년기의 문제를 주제로 다룰 수 있는 역량, 외로움은 노년기만의 문제가 아닌 모든 세대에 걸친 문제임을 알고 친구가 될 수 있는 역량, 디지털 시대에 사회 및 문화적 변화와 기독교적 가치에 대한 비판적 성찰을 통하여 실천적 신앙 정체성 형성 및 재형성을 할 수 있는 역량, 디지털 매체를 통하여 기독교적인 사회봉사를 감당할 수 있는 역량, 낯선 자에 대한 환대의 다문화 사회를 형성하고 재형성할 수 있는 역량 등이다.

X 세대와 M 세대의 경우 인지적 차원에서 가정, 교회, 사회의 갈등에 대한 이해 역량, 사회의 다양한 구성원들 가운데 사회적 약자들에 대한 이해 역량, 가정과 사회구조가 전통적인 구조와 달리 다양해지고 있음에 대한 이해와 재구조화할 수 있는 역량, 교회와 국가의 관계에 대한 이해와 하나님 나라 형성역량 등이다.

MZ 세대와 P(A) 세대의 경우 포스트 디지털 문화에서 데이터와 정보라고 하는 객관적인 지식에 대한 왜곡된 데이터 해석과 폭력적 언어들의 재생산에 대한 비판적 성찰 역량, 그리고 학교에서 다루어지는 과목이나 주제 등과 신앙과의 상호 관계성에 대한 비판적 성찰의 역량, 실천적 사회 공동체의 꿈, 비전, 그리고 소명 등을 이해할 수 있는 역량 등이다.

---

17) 1930년대 일제 강점기의 소위 황국신민화 정책이라고 하는 잘못된 정책에 대하여 당시의 여러 기독교 기관 및 목회자들의 어리석은 대응 및 주기철 목사의 신사참배 거부 운동은 다음을 참고 할 것. https://namu.wiki/w/주기철 (2024.2.9. 검색)

18) Thomas H. Groome, *Will There Be Faith?*, 223-224.

정서적 차원에서 핵심역량

모든 세대에게 공통적인 핵심역량은 오늘날 경쟁으로 말미암는 피로 사회에서 개인의 독특한 정서를 존중하기 위해 비움의 영성 형성역량, 그리고 다양한 정서를 있는 그대로 인정함으로 말미암는 정서적 차원의 실천적 사회 신앙공동체 형성역량 등이다. 그리고 실적 중심으로 인한 피로 사회와 서열화 사회 등으로 말미암아 폭력적 문제해결 경향에 대하여 사회적 긴장을 완화하는 실천적 사회 신앙공동체 형성역량, 저출산 고령화 사회에서 단독 가구의 증가로 말미암아 외로움과 고독사 등에 대하여 실천적 사회 신앙공동체 형성역량 등이다.

침묵 세대와 베이비붐 세대의 경우 하나님으로부터 세상으로 보냄을 받은 사명자로서 정체성을 이해하며, 지역사회에 동일 세대들에게 삶의 의미를 공유하며, 초고령 사회에서 지역사회의 1인 고령 가구에 대하여 정서적인 친교를 나누며, 지역의 교회에 다니지 않는 동일 세대와도 실천적이며 신앙적 친교 나눌 수 있는 역량 등이다.

X 세대와 M 세대의 경우 교회와 지역사회가 갈등의 주제에 대하여 정서적인 만남의 장을 형성할 수 있는 역량, 세대 간의 갈등을 창조적으로 극복하기 위한 공감과 소통의 역량, 저출생과 고령화 시대에 대하여 부양과 양육의 이중 부담에 대한 회복 탄력성으로 실천적 가정 신앙공동체와 실천적 사회 신앙공동체 재형성 역량 등이다.

MZ 세대와 P(A) 세대의 경우 포스트모더니즘의 시대에 정서적인 다양성을 존중하는 코이노니아 공동체로서 실천적 학교 및 직장 신앙공동체를 형성해 나갈 수 있는 역량, 지역사회에 난임과 불임 등의 문제로 말미암는 갈등 극복 역량, 학교는 신앙과 지성의 만남의 장임을 이해하며 일반 학교에서 정서적인 소외가 발생하지 않도록 대처할 수 있는 역량 등이다.

의지적 차원에서 핵심역량

모든 세대에게 공통적인 핵심역량은 자신의 신앙에 기반하여 지역에서의 다양한 사람들과 종교를 주제로 하는 대화에 참여할 수 역량이다. 종교로 말미암는 부정적인 이해 결과로 무신론적인 관점을 지닌 자들과의 대화 역량, 한반도의 분단을 극복하고 종교 지도자와의 만남과 대화 등으로 통일을 추구할 수 있는 실천적 사회 신앙공동체 형성역량 등이다.[19]

성령의 이끌림 받은 삶을 의미하는 영성은 하나님과 인간의 관계에 있어 개인적인 차원을 넘어서서 삶의 모든 부분에서 하나님을 의식하고 하나님과 동반자의 관계로 살아가며, 일상의 모든 부분을 신앙의 관점으로 해석하며, 하나님과 친교 관계 가운데서 봉사와 선교 등의 아웃리치를 통한 실천적 사회 신앙공동체 형성역량이다.

침묵 세대와 베이비붐 세대의 경우 오늘날 초고령 사회에서 교회 안과 교회 밖의 고령자들과 지혜로운 노년을 감당하는 방법, 건전한 재정관리 문제, 건강, 외로움, 죽음 등의 주제에 대한 간학문적인 소통 역량, 지역사회 문화와 하나님 나라의 만남을 위해 능동적인 노년(active senior)으로서 실천적 봉사 역량 등이다.

X 세대와 M 세대의 경우 가정 및 직장에서 세대 간의 갈등에 대한 세대 공감, 기후위기와 기후 정의를 비롯한 사회적 문제와 갈등 등에 대하여 교회와 NGO 간의 협력으로의 문제해결, 가정파괴와 위기가정을 비롯하여 다문화 가정의 아동과 청소년에 대한 상담과 봉사, 신앙적인 가정형성 등을 통한 실천적 사회 신앙공동체 형성 및 재형성 역량 등이다.

MZ 세대와 P(A) 세대의 경우 익숙한 문화와 낯선 문화의 경계선에서 신앙적 학교 문화 형성을 위한 역량,[20] 장애아, 조손가정 등의 사회적 약자들

---

19) 이원일, 『미래세대와 기독교교육』, 133-135, 291-297; 민경배, 『교회와 민족』 (서울: 대한기독교서회, 1992), 17-21.

의 자존감을 존중하며 함께 공존하는 실천적 학교 신앙공동체 형성역량 등
이다. 다문화 가정의 어린이와 청소년 등 이방인이라고 여겨지는 대상을 환
대(hospitality)함으로 말미암는 실천적 학교 신앙공동체와 실천적 사회 신
앙공동체를 형성하고 재형성할 수 있는 역량 등이다.

<비판적 성찰을 위한 물음>

1. 비판적 상관 관계적 방법에 의한 하나님의 실천적 사역을 나타내는 성경 내용들은?
2. 비판적 상관 관계적 방법과 개인 유형에서 실천적 사역의 구체적인 사례(case)는?
3. 비판적 상관 관계적 방법과 교회 유형에서 실천적 사역의 구체적인 사례는?
4. 비판적 상관 관계적 방법과 사회 유형에서 실천적 사역의 구체적인 사례는?

---

20) Vasilica Negrut & Mirela Arsith, *Designing and Implementing Competency-
Based Curriculum*, 50; Hyeok-Su Chae, Nature-Based Educational Ministry
with Youth based on Maria Harris, *Journal of Christian Education in Korea, 57*
(2019).

13장

해석학적 실천신학의
실천적 사역과 종합적 성찰

 해석학적 실천신학의 세 가지 유형에서 언급한 실천적 사역과 핵심역량들은 전인적이며 통합적인 실천적 사역을 위한 핵심역량이다. 더 나아가 가정, 교회, 학교, 사회 등 다양한 실천적 신앙공동체를 형성하고 재형성하기 위한 실천적 사역이며 역량이다. 10, 11, 12장 등에서 언급한 실천적 신앙인과 실천적 신앙공동체 형성을 위한 소명, 양육, 그리고 사명 등의 실천적 사역과 핵심역량에 나타난 내용을 종합적으로 정리해 보자면 다음과 같다.

 1. 삼위일체 하나님의 섭리적 프락시스에 기초한 신앙이 실천적 신앙이다. 삼위일체 하나님의 섭리적 프락시스에 기초한 실천적 신앙인으로 양육하고 실천적 신앙공동체를 형성하고자 하는 것이 바로 해석학적 실천신학이다. 해석학적 실천신학에서 세 가지의 유형은 실천적 사역과 이를 위한 핵심역량으로 구분하고 있다. 핵심역량은 중심적인 역량을 말하고, 핵심역량은 세부 역량으로 구체화 되어 나가야 하는 역량이다. 세 가지의 유형에 따른 실천적 사역은 어느 유형이 더 좋고 좋지 않다는 것이 아니다. 오히려 세 가지 유형은 삼위일체적 관계성을 지니고 있다. 그리고 컨텍스트에 따라 융통성 있는 실천적 사역이어야 함을 말한다(고·전 9:19-23).
 2. 실천적 사역과 핵심역량은 하나님 프락시스에 대한 신앙의 관점에서의 실천적 사역이며 역량이다. 구속사를 지향하는 하나님의 프락시스에 대

한 실천적 신앙에 기초한다. 실천적 신앙은 삼위일체 하나님의 존재와 섭리에 대한 신앙이다. 하나님의 프락시스에 의해 하나님 나라를 지향하는 예수의 제자로서의 실천적 신앙인과 실천적 신앙공동체를 어떻게 형성하고 재형성할 것인가? 통합적인 차원에서 실천적 신앙을 통해서이다. 인지적, 정서적, 의지적 차원 등의 경우도 삼위일체 하나님의 존재 양상에 기초하며, 따라서 세 가지의 차원들은 서로 구분되지만 분리되지는 않는다.

3. 실천적 사역과 핵심역량을 위한 실천적 신앙은 성령으로 말미암아 텍스트와 컨텍스트의 상호작용을 통해 형성되고 재형성된다. 신앙의 해석학은 텍스트와 컨텍스트의 비판적 성찰의 관계로 말미암는 해석학이다. 구속사적 하나님의 프락시스에 대한 실천적 신앙으로 말미암는 해석, 이해, 분별, 그리고 실천을 위한 역량이다. 실천적 신앙으로서의 해석학적 신앙은 개인의 신앙 양육을 비롯하여 가정, 교회, 학교, 사회, 그리고 세계 등을 실천적 신앙공동체로 형성하고 재형성하는 특성이 있다.

4. 비판적 과학적 유형, 비판적 고백적 유형, 비판적 상관관계적 유형 등에서 각각 개인과 관련한 실천적 사역과 핵심역량은 하나님과의 관계에 의한 정체성 형성 및 재형성이다. 그리스도의 제자, 하나님의 백성, 하나님의 사람으로서 개인, 교회, 사회, 그리고 세계 등을 어떻게 해석하고 이해하면서 살아갈 것인가? 이 물음에 대한 개인, 교회, 사회, 그리고 세계 등에 대한 정체성과 소명에 대한 재개념화를 위한 실천적 사역과 핵심역량이다.

5. 실천적 사역과 핵심역량들은 오늘날의 시점에서 필요한 실천적 사역과 핵심역량이다. 예를 들면, 침묵 세대가 오늘날까지 80년 또는 90년의 세월을 지나왔으며 많은 역사적 그리고 사회 문화적 측면의 많은 변화를 겪어왔다. 이러한 침묵 세대가 오늘날 자신들과 다음 세대를 위한 실천적 신앙을 감당하기 위해 요구되는 역량은 무엇인지에 대해 언급하였다.

6. 실천적 사역과 핵심역량 함양을 위한 대상은 개인, 교회, 사회, 세계 등이다. 각각의 유형에서 개인이 하나님과의 친밀한 관계를 형성하기 위한 실

천적 사역과 역량은 무엇인가? 실천적 교회공동체 형성을 위한 실천적 사역과 역량들은 무엇인가? 실천적 사회적 공동체 형성을 위한 실천적 사역과 역량들은 무엇인가? 특히 사회에 포함되는 실천적 사역의 현장들은 가정, 학교, 사회, 세계 등으로 세분화할 수 있다. 가정, 학교 등을 실천적 신앙공동체로 형성하고 재형성하기 위한 실천적 사역과 핵심역량은 무엇인가?

7. 세 가지 유형들에서 공통점은 비판적이라는 점이다. 비판적이라는 말의 의미는 주어진 이론을 그대로 적용하는 것에 대한 비판을 말한다. 기존의 이론과 실천의 관계는 비판적 성찰로 말미암는다. 그리고 각각의 유형들은 일반학문과 신학, 경험과 이론 등의 대화적 관계를 특징으로 한다. 다만 어느 쪽에 비중을 둘 것인지에 차이가 있다. 따라서 모든 유형의 공통점은 통합적 실천신학을 추구한다. 해석학적 실천신학은 통합적이며 실천적 사역을 추구한다.

8. 해석학적 실천신학에서 말하는 세 가지 유형의 실천적 사역은 예수 그리스도의 실천적 사역에서처럼 서로 구분되지만 분리되지 않는다. 비판적 과학적 유형은 구약성경의 지혜 문서와 역사서에 나타난 의미와 유사하며, 예수 그리스도의 삼중직 중에서 왕으로서의 사역과 관련되며, 하나님 나라에 대한 비유 사역(마 13:34, 35)에 해당한다.

9. 비판적 고백적 유형은 구약성경의 모세오경으로 대표되는 율법서에 나타난 의미와 유사하며, 그리스도의 삼중직 중에서 제사장으로서의 사역에 관련되며, 성령의 권능으로 하나님 말씀을 전하는 회심 중심의 선포 사역(막 1:15)에 해당한다.

10. 비판적 상관 관계적 유형은 구약성경의 예언서에 나타난 의미와 유사하며, 그리스도의 삼중직 중에서 예언자로서의 사역에 해당하며, 부활의 예수 그리스도와 엠마오로 가는 갈등 가운데 있는 두 제자와의 대화를 통하여 십자가와 구속의 의미를 깨닫게 하는 깨달음의 사역(눅 24:13-36) 등이다. 세 가지 유형에서 각각에 해당하는 주된 이미지는 문화 사역자 이미지, 회심

과 양육 중심의 사역자 이미지, 그리고 삶에서 그리고 지역사회에서 겪는 갈등적인 문제 또는 주제 중심의 소통과 소그룹 사역자 이미지 등이다.

11. 세 가지의 유형들의 실천적 사역과 핵심역량은 하나 이상의 공적 표상 양식으로 표현할 수 있다. 표상 양식은 사회적으로 소통하기 위한 것이기 때문에 공적이다. 사적 개념이나 이미지를 공적으로 표현하는 것이다. 하나 이상의 공적 표상 양식에 대해 예를 들면 성경 본문의 내용을 분석하여 언어로 서술하거나 그림으로 표현할 수 있고, 더 나아가 음악이나 역할극 등으로도 나타낼 수 있다. 그리고 성경 본문을 자신의 경험을 기초로 하여 또 다른 서술이나 숫자로 나타낼 수고 다양한 표상양식을 하나로 통합하여 나타낼 수도 있다. 표상 양식의 다양화를 통한 역량 함양이며 신앙적 실천이다.

12. 실천적 사역 유형들은 텍스트와 컨텍스트의 비판적 관계에서 각각 경중을 고려할 경우 실천적 사역자를 양육하고 다양한 실천적 신앙공동체를 형성하고 재형성하기 위한 실천적 사역 유형은 더 다양할 수 있다. 해석학적 실천신학은 개인의 실천적 신앙 양육을 비롯하여 가정, 학교, 교회, 사회, 그리고 세계 등을 실천적 신앙공동체로 형성하기 위한 실천적 사역의 다양성을 추구한다. 지금까지 언급한 실천적 사역과 핵심역량 이외에 어떤 실천적 사역과 핵심역량 그리고 세부 역량이 가능할 것인지에 대한 계속적 논의가 요구된다.

1장. 해석학적 실천신학의 개념

강희천, 『기독교교육사상』. 서울: 연세대학교출판부, 1991.

박근원. 『오늘의 교역론』. 서울: 대한기독교출판사, 1982.

은준관, 『실천적 교회론』. 서울: 대한기독교서회, 1999.

이원일. 『해석학적 상상력과 기독교교육과정』. 서울: 한국장로교출판사, 2004.

_____. 『성인기독교교육의 재개념화』. 서울: 한들출판사, 2014.

_____. 『미래세대와 기독교교육』. 서울: 한국장로교출판사, 2023.

Anselm von Canterbury. *Proslogion.* 공성철 역. 『프로슬로기온: 신 존재 증명』. 서울: 한들출판사, 2005.

Barth, Karl. *Die Kirchliche Dogmatik: Die Lehre vom Wort Gottes.* 최종호 옮김. 『교회교의학: 하나님의 말씀에 관한 교회 IV/2』. 서울: 기독교서회, 2012.

_____. *Die Kirchliche Dogmatik: Die Lehre vom Wort Gottes.* 황정욱 옮김. 『교회교의학: 하나님의 말씀에 관한 교회 IV/3-2』. 서울: 기독교서회, 2012.

_____. *Die Kirchliche Dogmatik: Die Lehre vom Wort Gottes.* 박순경 옮김. 『교회교의학: 하나님의 말씀에 관한 교회』 (전반부). 서울: 기독교서회, 2013.

Brown, Sally A.. "Hermencutical Theory," in *The Wiley-Blackwell Companion to Practical Theology.* ed.. Bonnie J. Miller-McLemore. West Sussex, UK, Blackwell Publishing, 2012.

Burns, J. Patout. *Theoloical Anthropology.* 송인설. 손은실 공역. 『교부들의 신학적 인간학』. 서울: 도서출판 솔로몬, 1995.

Calvin, Johannes. *Catechismus Ecclesiae Genevensis.* 박위근. 조용석 편역. 『요한네스 칼빈의 제네바 교회의 교리문답』. 서울: 한들출판사, 2010.

Calvin, John. *Institutes of the Christian Religion. Vol. III*, 김종흡 외 3인, 『기독교강요, 상』. 서울: 생명의 말씀사, 2010.

Fowler, James W.. *Stages of faith: The Psychology of Human Development and the Quest for Meaning.* San Francisco: Harper & Row, 1981.

Groome, Thomas H.. *Christian Religious Education.* San Francisco: Harper & Row Publishers, 1980.

Huebner, Dwayne. "Educational Foundations for Dialogue." *Religious Education*, Fall 1996.

Karl, E. F.. ed.. *Die Bekenntnisschriften der reformierten Kirche.* 손달익·조용석 편역. 『웨스트민스터 신앙고백』(1674년). 서울: 한들출판사, 2010.

Miller-McLemore, Bonnie J.. "The Contributions of Practical Theology." in *Practical Theology.* West Sussex: Blackwell Publishing, 2012.

Moltmann, Jürgen. *Der Geist des Lebens.* 김균진 역. 『생명의 영』. 서울: 대한기독교 서회, 1992.

Nelson, C. Ellis. *How Faith Matures.* Louisville, Kentucky: Westminster/John Knox Press, 1989.

Osmer, Richard R.. *Practical Theology: An Introduction.* Grand Ripids. Michigan: William B. Eerdmans Publishing Company, 2008.

Poling, James Newton. *Rethinking Faith: A Constructive Practical Theology.* Minneapolis: Fortress Press, 2011.

Ricoeur, Paul. *From Text To Action: Essays in Hermeneutics.* Illinois: Northwestern University Press, 1991.

Saint Augustin. "On the Predestination of the Saints." in ed.. Philip Schaff. *Nicene and Post-Nicene Fathers of The Christian Church. Vol. V. Saint Augustin: Anti-Pelagian Writings*, 김종흡 역. 『아우구스티누스의 은혜론』. 서울: 생명의 말씀사, 1990.

_____. "On Grace and Free Will." in ed.. Philip Schaff. *Nicene and Post-Nicene Fathers of The Christian Church. Vol. V. Saint Augustin: Anti-Pelagian Writings.* 김종흡 역. 『아우구스티누스의 은혜론』. 서울: 생명의 말씀사, 1990.

_____. "On Christian Doctrine." in Trans.. by Rev. Professor J. F. Shaw. A Select Library of the *Nicene and Post-Nicene Fathers of The Christian Church. Vol. V. Saint Augustin: Anti-Pelagian Writings.* New York: Dover Pub., Inc., 2009.

Stevenson-Moessner, Jeanne. *Prelude to Practical Theology: Variations on Theory and Practice.* Nashville: Abingdon Press, 2008.

Swinton, John and Mowat, Harriet. *Practical Theology and Qualitative Research*. London: SCM Press, 2006.

Van der Ven, Johannes. *Practical Theology: An Empirical Approach*. AC Kampen, The Netherlands: Kok Pharos Publishing House, 1993.

Westerhoff Ⅲ, John H.. *Will Our Children Have Faith?* New York: The Seabury Press, 1976.

2장. 해석학적 실천신학의 역사

김재성, 『개혁신학의 정수』. 서울: 이레서원, 2003.

은준관. 『실천적 교회론』. 서울: 대한기독교서회, 1999.

이원일, 『해석학적 상상력과 기독교교육과정』. 서울: 한국장로교출판사, 2004.

_____. "신학교육에서의 교육과정." 『해석학과 기독교 교육현장』. 서울: 한국장로교출판사, 2008. 제8장.

_____. 『성인기독교교육의 재개념화』. 서울: 한들출판사, 2014.

_____. 『미래세대와 기독교교육』. 서울: 한국장로교출판사, 2023.

장신근, 『공적실천신학과 세계화 시대의 기독교교육』. 서울: 장로회신학대학교출판부, 2007.

Groome, Thomas H.. *Christian Religious Education*. San Francisco: Harper & Row Pub., 1980.

Miller-McLemore, Bonnie J.. "The Contributions of Practical Theology." in *Practical Theology*. West Sussex: Blackwell Publishing, 2012.

Moore, Mary E.. "Purpose of Pratical Theology: A Comparative Analysis between United states Practical Theologians and Johannes Van Der Ven." *Hermeneutics and Empirical Research in Practical Theology*. ed.. Chris A. M. Hermans and Mary E. Moore. Leiden· Boston: Brill, 2004.

Nelson, C. Ellis. *How Faith Matures*. Louisville, Kentucky: Westminster/ John knox Press, 1989.

Osmer, Richard R.. "Teaching as Practical Theology." ed.. Jack L. Seymour and Donald E. Miller. *Theological Approaches to Christian*

Education. Nashville: Abingdon Press, 1990,

Poling, James N.. *Rethinking Faith: A Constructive Practical Theology.* Minneapolis: Fortress Press, 2011.

Reed, James E.. & Prevost, Ronnie. *A History of Christian Education.* Nashville: Broasman & Holman Publishers, 1993.

Schleiermacher, Friedrich. *Hermeneutik und Kritik mit besonderer.* 최신한 옮김. 『해석학과 비평』. 서울: 철학과 현실사, 2000.

_____. *Brief Outline of Theology as a Field of Study.* Revised Trans of the 1811 and 1831 editions. Terrence N. Tice. Louisville, Kentucky: Westminster John Knox Press, 2011.

Swinton, John and Mowat, Harriet. *Practical Theology and Qualitative Research.* London: SCM Press, 2006.

Van der Ven, Johannes. *Practical Theology: An Empirical Approach.* AC Kampen, The Netherlands: Kok Pharos Publishing House, 1993,

3장. 해석학적 실천신학의 패러다임

강희천. "기독교교육학의 학문적 성격." 『기독교교육사상』, 서울: 연세대학교출판부, 1991.

_____. "기독교교육과 비판적 성찰." 『기독교교육의 비판적 성찰』, 서울: 대한기독교 서회, 1999.

은준관. 『실천적 교회론』. 서울: 대한기독교서회, 1999.

이원일, 『해석학적 상상력과 기독교 교육과정』. 서울: 한국장로교출판사, 2004.

_____. 『성인기독교교육의 재개념화』. 서울: 한들출판사, 2014.

_____. 『성인기독교교육의 내러티브』. 서울: 한들출판사, 2017.

Bonhoeffer, Dietrich. *The Communion of Saints.* New York and Evanston: Harper & Row, 1960.

Browning, Don S.. "Introduction." *Practical Theology: The Emerging Field in Theology, Church, and World.* New York: Harper & Row, 1983.

Heidegger, Martin. *Sein Und Zeit.* Trans.. Macquarrie, John and Robinson, Edward. *Being And Time.* New York: Harper & Row, 1960.

Niebuhr, Richard. *The Purpose of the Church and Its Ministry*. N.Y.: Harper & Brothers, 1956.

Osmer, Richard R.. "Teaching as Practical Theology." ed.. Jack L. Seymour and Donald E. Miller. *Theological Approaches to Christian Education*. Nashville: Abingdon Press, 1990,

Ricoeur, Paul. *Le Conflit des Interprétations*. 양명수 옮김. 『해석의 갈등』, 서울: 아카넷, 2001.

Stevenson-Moessner, Jeanne. *Prelude to Practical Theology: Variations on Theory and Practice*. Nashville: Abingdon Press, 2008.

Swinton, John and Mowat, Harriet. *Practical Theology and Qualitative Research*. London: SCM Press, 2006.

Van der Ven, Johannes. *Practical Theology: An Empirical Approach*. AC Kampen, The Netherlands: Kok Pharos Publishing House, 1993.

4장. 해석학적 실천신학의 인간학적 기초(1)

이원일, 『해석학적 상상력과 기독교교육과정』. 서울: 한국장로교출판사, 2004.

_____. 『성인기독교교육의 재개념화』, 서울: 한들출판사, 2014.

_____. 『미래세대와 기독교교육』. 서울: 한국장로교출판사, 2023.

Burns, J. Patout. *Theoloical Anthropology*. 송인설. 손은실 공역. 『교부들의 신학적 인간학』, 서울: 도서출판 솔로몬, 1995.

Calvin, John. *Institutes of the Christian Religion*. Trans. Ford Lewis Battles. vol. 1. Philadelphia: The Westminster Press, 1960.

_____. *Institutes of the Christian Religion. Vol II*. 김종흡 외3인. 『기독교 강요, 상』. 서울: 생명의말씀사, 2010.

Kearney, Richard. *Poetics of Imagining: From Husserl to Lyotard*. Harper Collins Academic, 1991.

Lee, Woolf Bertram. *The Reformation Writings of Martin Luther. Volume I*. 이형기 옮김. "95개 조항." 『루터저작선』. 서울: 크리스챤 다이제스트, 1994.

Moltmann, Jürgen. *Gott in der Schöpfung*. 김균진 옮김. 『창조 안에 계신 하나

님』, 서울: 한국신학연구소, 1987.

Nouwen, Henri J. M.. *The Living Reminder.* N.Y.: Seabury Press, 1977.

Packer, J. J.. and Johnston, A. R.. *The Bondage of the Will.* 이형기 옮김. "노예 의지론." 『루터저작선』, 서울: 크리스챤 다이제스트, 1994.

Ricoeur, Paul. *Le Conflit des Interprétations.* 양명수 옮김. 『해석의 갈등』, 서울: 아카넷, 2001.

Saint Augustin. "On Grace and Free Will." in ed.. Philip Schaff. *Nicene and Post-Nicene Fathers of The Christian Church. Vol. V. Saint Augustin: Anti-Pelagian Writings*, New York: Dover Pub., Inc., 2009.

Stevenson-Moessner, Jeanne. *Prelude to Practical Theology: Variations on Theory and Practice.* Nashville: Abingdon Press, 2008.

Westerhoff Ⅲ. John H.. *Will Our Children Have Faith?* New York: The Seabury Press, 1976.

Moore, Mary E.. "Purpose of Pratical Theology: A Comparative Analysis between United states Practical Theologians and Johannes Van Der Ven." *Hermeneutics and Empirical Research in Practical Theology.* ed.. Chris A. M. Hermans and Mary E. Moore. Leiden·Boston: Brill, 2004.

Van der Ven, Johannes. "Towards A Comparative Empirical Theology of Mindful Action." *Hermeneutics and Empirical Research in Practical Theology.* ed.. Chris A. M. Hermans and Mary E. Moore. Leiden·Boston: Brill, 2004.

5장. 해석학적 실천신학의 인간학적 기초(2)

이원일. 『해석학적 상상력과 기독교교육과정』. 서울: 한국장로교출판사, 2004.

_____. 『해석학과 기독교교육현장』. 서울: 한국장로교출판사, 2008.

_____. 『성인기독교교육의 내러티브』. 서울: 한들출판사, 2017.

_____. 『미래세대와 기독교교육』. 서울: 한국장로교출판사, 2023.

Barth, Karl. *Die Kirchliche Dogmatik: Die Lehre vom Wort Gottes.* 황정욱 옮김. 『교회교의학: 하나님의 말씀에 관한 교회 Ⅳ/3-2』. 서울: 기독교서

회, 2012.

Brown, Sally A.. "Hermeneutical Theory," in *The Wiley-Blackwell Companion to Practical Theology*. ed.. Bonnie J. Miller-McLemore. West Sussex, UK, Blackwell Publishing, 2012.

Calvin, John. *Institutes of the Christian Religion. Vol III*. 김종흡 외3인. 『기독교 강요, 중』. 서울: 생명의말씀사, 2010.

Fowler, James W.. *Becoming Adult, Becoming Christian: Adult Development and Christian Faith*. New York: Harper Collins Publishers, 1984.

Ganzevoort, R. Ruard. "Narrative Approaches." in *The Wiley-Blackwell Companion to Practical Theology*. ed.. Bonnie J. Miller-McLemore. West Sussex, UK: Blackwell Pub., 2012.

Nelson, C. Ellis. *How Faith Matures*. Louisville, Kentucky: Westminster/john Knox Press, 1989.

Pinar, William F. et al.. *Understanding Curriculum*, New York: Peter Lang, 1996.

Poling, James N.. *Rethinking Faith: A Constructive Practical Theology*. Minneapolis: Fortress Press, 2011.

Ricoeur, Paul. *Le Conflit des Interprétations*. 양명수 옮김. 『해석의 갈등』, 서울: 아카넷, 2001.

Savage, Carl Savage and Presnell, William. *Narrative Research in Ministry*. Louisville, Kentucky: Wayne E. Oates Institute, 2008.

Swinton, John and Mowat, Harriet. *Practical Theology and Qualitative Research*. London: SCM Press, 2006.

Van der Ven, Johannes. *Practical Theology: An Empirical Approach*. AC Kampen, The Netherlands: Kok Pharos Publishing House, 1993.

_____. "Towards A Comparative Empirical Theology of Mindful Action." *Hermeneutics and Empirical Research in Practical Theology*. ed.. Chris A. M. Hermans and Mary E. Moore. Leiden· Boston: Brill, 2004.

Vermeer, Paul. "The Emerging Subject Development of the Hermeneutic Basis of Johannes A. Van Der Ven's Religious and Moral Pedagogy." *Hermeneutics and Empirical Research in Practical Theology*. ed.. Chris A. M. Hermans and Mary E. Moore. Leiden·Boston: Brill,

2004.

Westerhoff Ⅲ, John H.. *Will Our Children Have Faith?* New York: The Seabury Press, 1976.

Ziebertz, Hans-Georg Ziebertz. "God Image: The Conceptual Triangle. A Quantitative Empirical Study of Young People in Germany." *Hermeneutics and Empirical Research in Practical Theology.* ed.. Chris A. M. Hermans and Mary E. Moore (Leiden·Boston: Brill, 2004).

6장. 해석학적 실천신학의 신학적 기초(1)

이원일. 『해석학적 상상력과 기독교교육과정』. 서울: 한국장로교출판사, 2004.

_____. 『해석학과 기독교교육현장』. 서울: 한국장로교출판사, 2008.

_____. 『성인기독교교육의 내러티브』. 서울: 한들출판사, 2017.

_____. 『미래세대와 기독교교육』. 서울: 한국장로교출판사, 2023.

Brown, Sally A.. "Hermeneutical Theory," in *The Wiley-Blackwell Companion to Practical Theology.* ed.. Bonnie J. Miller-McLemore. West Sussex, UK, Blackwell Publishing, 2012.

Calvin, John. *Institutes of the Christian Religion. Vol Ⅲ.* 김종흡 외3인. 『기독교 강요, 중』. 서울: 생명의말씀사, 2010.

Fowler, James W.. *Becoming Adult, Becoming Christian: Adult Development and Christian Faith.* New York: Harper Collins Publishers, 1984.

Ganzevoort, R. Ruard. "Narrative Approaches." in *The Wiley-Blackwell Companion to Practical Theology.* ed.. Bonnie J. Miller-McLemore. West Sussex, UK: Blackwell Pub., 2012.

Howe, Neil. *The Fourth Turning Is Here: What the Seasons of History Tell Us about How and When This Crisis Will End.* 박여진 역. 『제4의 대전환: 거대한 역사의 순환과 새로운 전환기의 도래』. 서울: 한국경제신문사, 2023.

Pinar, William F. et al.. *Understanding Curriculum,* New York: Peter Lang, 1996.

Poling, James N.. *Rethinking Faith: A Constructive Practical Theology*. Minneapolis: Fortress Press, 2011.

Ricoeur, Paul. *Le Conflit des Interprétations*. 양명수 옮김. 『해석의 갈등』, 서울: 아카넷, 2001.

Savage, Carl Savage and Presnell, William. *Narrative Research in Ministry*. Louisville, Kentucky: Wayne E. Oates Institute, 2008.

Swinton, John and Mowat, Harriet. *Practical Theology and Qualitative Research*. London: SCM Press, 2006.

Van der Ven, Johannes. "Towards A Comparative Empirical Theology of Mindful Action." *Hermeneutics and Empirical Research in Practical Theology*. ed.. Chris A. M. Hermans and Mary E. Moore. Leiden·Boston: Brill, 2004.

Vermeer, Paul. "The Emerging Subject Development of the Hermeneutic Basis of Johannes A. Van Der Ven's Religious and Moral Pedagogy." *Hermeneutics and Empirical Research in Practical Theology*. ed.. Chris A. M. Hermans and Mary E. Moore. Leiden·Boston: Brill, 2004.

Westerhoff III, John H.. *Will Our Children Have Faith?* New York: The Seabury Press, 1976.

Ziebertz, Hans-Georg Ziebertz. "God Image: The Conceptual Triangle. A Quantitative Empirical Study of Young People in Germany." *Hermeneutics and Empirical Research in Practical Theology*. ed.. Chris A. M. Hermans and Mary E. Moore (Leiden·Boston: Brill, 2004).

7장. 해석학적 실천신학의 신학적 기초(2)

은준관. 『실천적 교회론』. 서울: 대한기독교서회, 1999.

이원일. 『해석학과 기독교교육현장』. 서울: 한국장로교출판사, 2008.

Barth, Karl. *Die Kirchliche Dogmatik: Die Lehre vom Wort Gottes*. 황정욱 옮김. 『교회교의학: 하나님의 말씀에 관한 교회 Ⅳ/3-2』. 서울: 기독교서회, 2012.

Calvin, Johannes. *Catechismus Ecclesiae Genevensis.* 박위근. 조용석 편역. 『요한네스 칼빈의 제네바 교회의 교리문답』 서울: 한들출판사, 2010.

Calvin, John. *Institutes of the Christian Religion. Vol II.* 김종흡 외3인. 『기독교 강요, 상』. 서울: 생명의말씀사, 2010.

Cooper-White, Pamela. "Suffering." in *The Wiley-Blackwell Companion to Practical Theology.* ed.. Bonnie J. Miller-McLemore. West Sussex, UK: Blackwell Pub., 2012.

Nelson, C. Ellis. *How Faith Matures.* Louisville, Kentucky: Westminster/john Knox Press, 1989.

_____. *Where Faith Begins.* 박원호 옮김. 『신앙교육의 터전』. 서울: 한국장로교출판사, 1996.

Osmer, R.. *Practical Theology: An Introduction.* Michigan: Wm. B. Eerdmans Pub., 2008.

Pieterse, Hendrik. "A Homiletical Reflection on the Human Rights Project in South Africa." *Hermeneutics and Empirical Research in Practical Theology.* Chris A. M. Hermans & Mary E. Moore. Leiden Boston: Brill, 2004.

Poling, James N.. *Rethinking Faith: A Constructive Practical Theology.* Minneapolis: Fortress Press, 2011.

Swinton, John and Mowat, Harriet. *Practical Theology and Qualitative Research.* London: SCM Press, 2006.

Van der Ven, Johannes. *Practical Theology: An Empirical Approach.* AC Kampen, The Netherlands: Kok Pharos Publishing House, 1993.

Vermeer, Paul. "The Emerging Subject Development of the Hermeneutic Basis of Johannes A. Van Der Ven's Religious and Moral Pedagogy." *Hermeneutics and Empirical Research in Practical Theology.* ed.. Chris A. M. Hermans and Mary E. Moore. Leiden·Boston: Brill, 2004.

Weber, Max. *Die Protestantische Ethik Und Der Geist Des Kapitalismus.* 박문재 옮김. 『프로테스탄트 윤리와 자본주의 정신』. 서울: 현대지성, 2024.

Westerhoff III, John H.. *Will Our Children Have Faith?* New York: The Seabury Press, 1976.

8장. 해석학적 실천신학의 신학적 기초(3)

이원일. 『성인기독교교육의 재개념화』. 서울: 한들출판사, 2014.

_____. "실천신학과 실천적 지혜." 『성인기독교교육의 내러티브』, 12장. 서울: 한들출판사, 2017.

Barth, Karl. *Die Kirchliche Dogmatik: Die Lehre vom Wort Gottes*. 황정욱 옮김. 『교회교의학: 하나님의 말씀에 관한 교회 IV/3-2』. 서울: 기독교서회, 2012.

Cooper-White, Pamela. "Suffering." in *The Wiley-Blackwell Companion to Practical Theology*. ed.. Bonnie J. Miller-McLemore. West Sussex, UK: Blackwell Pub., 2012.

Fowler, James W.. *Becoming Adult, Becoming Christian: Adult Development and Christian Faith*. New York: Harper Collins Publishers, 1984.

_____. "Faith Development Theory and the Challenges of Practical Theology." *Developing A Public Faith: New Directions in Practical Theology*. eds.. Richard R. Osmer and Friedrich L. Schweitzer. Missouri: Chalice Press, 2003.

Franklin, Benjamin. *The Autobiography of Benjamin Franklin*. 이계영 옮김. 『프랭클린 자서전』. 서울: 김영사, 2007.

Heifetz, Ronald A.. *Leadership Without Easy Answers*. Massachusetts: The Belknap Press of Havard University Press, 1994.

Moore, Mary E.. "Stories of Vocation: Education for Vocational Discernment." *Religious Education*. vol. 103. Number 2. March-April 2008. pp.218-239.

Nelson, C. Ellis. *Where Faith Begins*. 박원호 옮김. 『신앙교육의 터전』. 서울: 한국장로교출판사, 1996.

Poling, James N.. *Rethinking Faith: A Constructive Practical Theology*. Minneapolis: Fortress Press, 2011.

Van der Ven, Johannes. *Practical Theology: An Empirical Approach*. AC Kampen, The Netherlands: Kok Pharos Publishing House, 1993.

_____. *God Reinvented? A Theological Search in Texts and Tables*. Leiden, The Netherlands: Brill, 1998.

_____. "V. Phases of the Empirical-theological Cycle: Theodicy." in *Practical Theology: An Empirical Approach.* Kampen, The Netherlands: Kok Phros Publishing House, 1993.

Weber, Max. *Die Protestantische Ethik Und Der Geist Des Kapitalismus.* 박문재 옮김. 『프로테스탄트 윤리와 자본주의 정신』. 서울: 현대지성, 2024.

9장. 해석학적 실천신학의 유형과 현장 및 세대

강희천. 『기독교교육의 비판적 성찰』. 서울: 대한기독교서회, 1999.

김경자·온정덕·이경진 공저. 『역량 함양을 위한 교육과정 설계: 이해를 위한 수업』, 서울: 교육아카데미, 2021.

김재성, 『개혁신학의 정수』, 서울: 도서출판 이레서원, 2003.

백남진·온정덕 공저. 『역량 기반 교육과정의 이해와 설계』, 서울: 교육아카데미, 2018,

이순형 외 공저. 『보육과정』, 서울: 학지사, 2013.

은준관. 『실천적 교회론』. 서울: 대한기독교서회, 1999.

이원일. 『해석학적 상상력과 기독교교육과정』. 서울: 한국장로교출판사, 2004.

_____. 『해석학과 기독교교육현장』. 서울: 한국장로교출판사, 2008.

_____. 『성인기독교교육의 재개념화』. 서울: 한들출판사, 2014.

_____, 『성인기독교교육의 내러티브』. 서울: 한들출판사, 2017,

_____. 『미래세대와 기독교교육』. 서울: 한국장로교출판사, 2023.

Armstrong, Thomas. *Mutiple Intelligences in the Classroom.* Alexandria, Virginia: ASCD, 1994.

Brown, Sally A.. "Hermeneutical Theory," in *The Wiley-Blackwell Companion to Practical Theology.* ed.. Bonnie J. Miller-McLemore. West Sussex, UK, Blackwell Publishing, 2012.

Burns, J. Patout. *Theoloical Anthropology.* 송인설. 손은실 공역. 『교부들의 신학적 인간학』 서울: 도서출판 솔로몬, 1995.

Calvin, John. *Institutes of the Christian Religion.* ed.. John T. McNeill. Philadelphia: The Westminster Press, 1960.

Elias, John L.. *A History of Christian Education: Protestant, Catholic, and Orthodox Perspectives*. Malabar, Florida: Krieger Publishing Co., 2002.

Eisner, Elliot W.. *The Educational Imagination*. New York: MacMillan Publishing Co.. 1979.

_____. *Cognition and Curriculum: A Basis for Deciding What to teach*. New York & London: Longman, 1982.

Ganzevoort, R. Ruard. "Narrative Approaches." in *The Wiley-Blackwell Companion to Practical Theology*. ed.. Bonnie J. Miller-McLemore. West Sussex, UK: Blackwell Pub., 2012.

Gardner, Howard. *Intelligence Reframed*. New York: Basic Books, 1999.

Groome, Thomas H.. *Christian Religious Education*. San Francisco: Harper & Row, 1980.

_____. *Will There Be Faith?: A New Vision for Educating and Growing Disciples*. NY: HarperCollins Publishers, 2011.

Holmes Ⅲ, Urban T.. *A History of Christian Spirituality: An Analytical Introduction*. The Seabury Press, 1980.

Howe, Neil. *The Fourth Turning Is Here: What the Seasons of History Tell Us about How and When This Crisis Will End*. 박여진 역. 『제4의 대전환: 거대한 역사의 순환과 새로운 전환기의 도래』. 서울: 한국경제신문사, 2024.

Karl, E. F.. ed.. *Die Bekenntnisschriften der reformierten Kirche*. 손달익 · 조용석 편역. 『웨스트민스터 신앙고백』 (1674년).

Levinson, Daniel J.. *The Seasons of a Man's Life*. Ballantine Books, 1978.

Nelson, C.. *How Faith Matures*. Louisville, Kentucky: Westminster/john Knox Press, 1989.

_____. *Where Faith Begins*. 박원호 옮김. 『신앙교육의 터전』. 서울: 한국장로교출판사, 1996.

Nelson, C.. ed.. *Congregations: Their Power to Form and Transform*. 김득렬 옮김. 『회중들: 형성하고 변형케 하는 회중의 능력』. 서울: 한국장로교출판사, 1996.

Niebuhr, H.. *The Responsible Self: An Essay in Christian Moral Philosophy*. New York: Harper & Row Pub., 1963.

Osmer, Richard R.. *Practical Theology: An Introduction*. Grand Rapids, Michigan: William B. Eerdmans Pub, Co., 2008.

Poling, James N.. *Rethinking Faith: A Constructive Practical Theology*. Minneapolis: Fortress Press, 2011.

Poling, James. & Miller, Donald. *Foundations for a Practical Theology of Ministry*. Nashville: Abingdon Press, 1985.

Ricoeur, Paul. *Time And Narrative Vol.1*. trans. Kathleen Blamey and David Pellauer. Chicago: The University of Chicago Press, 1984.

_____. *Le Conflit des Interprétations*. 양명수 옮김. 『해석의 갈등』, 서울: 아카넷, 2001.

Savage, Carl Savage and Presnell, William. *Narrative Research in Ministry*. Louisville, Kentucky: Wayne E. Oates Institute, 2008.

Stevenson-Moessner, Jeanne. *Prelude to Practical Theology: Variations on Theory and Practice*. Nashville: Abingdon Press, 2008.

Sweet, Leonard. *First Century Passion for the 21st Century World*. 김영래 역. 『영성과 감성을 하나로 묶는 미래교회』, 서울: 좋은 씨앗, 2002.

Swinton, John and Mowat, Harriet. *Practical Theology and Qualitative Research*. London: SCM Press, 2006.

Twenge, Jean M.. *Generations*. 이정민 옮김. 『제너레이션: 세대란 무엇인가?』. 서울: 매일경제신문사, 2023.

Van der Ven, Johannes. *Practical Theology: An Empirical Approach*. AC Kampen, The Netherlands: Kok Pharos Publishing House, 1993.

Westerhoff Ⅲ, John H.. *Will Our Children Have Faith?* New York: The Seabury Press, 1976.

https://kostat.go.kr/board.es?mid=a10301010000&bid=10820&act=view&list_no=428414 (2023.1.)

https://brunch.co.kr/@linecard/263(2023. 9. 23.)

https://ko.dict.naver.com/#/entry/koko/ac2675d0ba9641f7b1568a719124ae15(2024.1.)

https://www.20slab.org/Intro/Index (2024. 2.)

https://www.nypi.re.kr/contents/mainpage.do (2024. 2. 14.)

https://www.forbes.com/sites/lanceelio/2025/01/05/generation-beta-ge

ts-underway-as-beta-babies-arrive-2025—2039-growing-up-amid
-ai-agi-and-artificial-superintelligence/(2025.1.)

10장. 해석학적 실천신학의 실천적 사역(1)

강희천. 『기독교교육의 비판적 성찰』. 서울: 대한기독교서회, 1999.

이원일. 『해석학과 기독교교육현장』. 서울: 한국장로교출판사, 2008.

_____, 『성인기독교교육의 재개념화』. 서울: 한들출판사, 2014.

_____. 『성인기독교교육의 내러티브』. 서울: 한들출판사, 2017.

_____. "코로나 19와 교회교육 커리큘럼: 미디어 리터러시 핵심역량." 『코로나 19
　　　를 넘어서는 기독교교육』. 김정준 외. 서울: 도서출판 동연, 2020.

_____. 『미래세대와 기독교교육』. 서울: 한국장로교출판사, 2023.

장신근. "20세기 실천신학의 3가지 유형에 대한 비교 연구." 『장신논단』. Vol.54,
　　　No.5.. 158-162.

_____. "20세기 후반 실천신학의 세 가지 유형에 대한 비판적 연구." 『기독교교육논
　　　총』. 제72집(2022. 12. 30), 25-48.

Ganzevoort, R. Ruard. "Narrative Approaches." in *The Wiley-Blackwell
　　　Companion to Practical Theology*. ed.. Bonnie J. Miller-McLemore.
　　　West Sussex, UK: Blackwell Pub., 2012.

Kowk, Pui-Lan & Burns, Stephen eds. *Postcolonial Practice of Ministry:
　　　Leadership, Liturgy, and Interfaith Engagement*. New York:
　　　Lexington Books, 2016. R. S. Sugirtharajah, *Exploring Postcolonial
　　　Biblical Criticism*, 양권석, 이해청 역, 『탈식민주의 성서비평』 (왜관: 분
　　　도출판사, 2019).

McLaren, Peter & Jandrić, Petar. *Postdigital Dialogues: On Critical Pedagogy.
　　　Liberation Theology and Information Technology*. New York:
　　　Bloomsbury Academic, 2020.

Moore, Mary E.. "Purpose of Pratical Theology: A Comparative Analysis
　　　between United states Practical Theologians and Johannes Van Der
　　　Ven." *Hermeneutics and Empirical Research in Practical Theology*.
　　　ed.. Chris A. M. Hermans and Mary E. Moore. Leiden·Boston: Brill,
　　　2004.

Negrut, Vasilica & Arisith, Mirela. *Designing and Implementing Competency-Based Curriculum.* Las Vegas, NY: Lambert Academic Publishing, 2013.

Stevenson-Moessner, Jeanne. *Prelude to Practical Theology: Variations on Theory and Practice.* Nashville: Abingdon Press, 2008.

Twenge, Jean M.. *Generations.* 이정민 옮김. 『제너레이션: 세대란 무엇인가?』. 서울: 매일경제신문사, 2023.

https://www.yna.co.kr/view/AKR20240909154000004?input=1195m (2024.9.12.)

https://www.joongang.co.kr/article/25277422?utm_source=navernewsstand&utm_medim=referral&utm_campaign=top6_newsstand&utm_content=240912(2024.9.12.)

https://v.daum.net/v/20240910235528304 (2024.9.12.)

11장. 해석학적 실천신학의 실천적 사역(2)

은준관. 『실천적 교회론』. 서울: 대한기독교서회, 1999.

이원일. 『성인기독교교육의 재개념화』. 서울: 한들출판사, 2014.

_____. 『미래세대와 기독교교육』. 서울: 한국장로교출판사, 2023.

Berryman, Jerome W.. *Children and The Theologians: Clearing the Way for Grace.* New York: Morehouse Publishing, 2009.

Brown, Stuart. *Play.* New York: The Penguin Group, 2009.

Browning, Don. "Moral Education and Practical Theology in the thought of Johannes Van der Ven." *Hermeneutics and Empirical Research in Practical Theology.* ed.. Chris A. M. Hermans and Mary E. Moore. Leiden·Boston: Brill, 2004.

Fowler, James W.. *Becoming Adult, Becoming Christian: Adult Development and Christian Faith.* New York: Harper Collins Publishers, 1984.

Howe, Neil. *The Fourth Turning Is Here: What the Seasons of History Tell Us about How and When This Crisis Will End.* 박여진 역. 『제4의 대전환: 거대한 역사의 순환과 새로운 전환기의 도래』. 서울: 한국경제신문사, 2024.

Kim, Sung-Won. "Educational Ministries in Korean Churches amid the COVID-19 Pandemic." *Journal of Christian Education in Korea.* 65 (2021), 103-131.

Negrut, Vasilica & Arisith, Mirela. *Designing and Implementing Competency-Based Curriculum.* Las Vegas, NY: Lambert Academic Publishing, 2013.

Park, Jin Kyung. "An Educational Ministry for Children through the Community of Faith- Enculturation Paradigm: The Case of G Church." *Journal of Christian Education in Korea,* 49 (2017), 211-244.

12장. 해석학적 실천신학의 실천적 사역(3)

민경배. 『교회와 민족』. 서울: 대한기독교서회, 1992.

이원일. 『해석학적 상상력과 기독교교육과정』. 서울: 한국장로교출판사, 2004.

_____. 『해석학과 기독교교육현장』. 서울: 한국장로교출판사, 2008.

_____. 『미래세대와 기독교교육』. 서울: 한국장로교출판사, 2023.

장신근. "20세기 실천신학의 3가지 유형에 대한 비교 연구." 『장신논단』. Vol.54, No.5.. 158-162.

Alexenberg, Mel, *The Future of Art in a Postdigital Age*, UK/Chicago, USA: intellect Bristol, 2011.

Brown, Sally A.. "Hermeneutical Theory," in *The Wiley-Blackwell Companion to Practical Theology.* ed.. Bonnie J. Miller-McLemore. West Sussex, UK, Blackwell Publishing, 2012.

Gerkin, Charles. *The Living Human Document: Re-visioning pastoral counseling in a hermeneutical mode.* 안석모 역. 『살아있는 인간문서』. 서울: 한국심리치료연구소, 1998.

Groome, Thomas H.. *Will There Be Faith?: A New Vision for Educating and Growing Disciples.* NY: HarperCollins Publishers, 2011.

Howe, Neil. *The Fourth Turning Is Here: What the Seasons of History Tell Us about How and When This Crisis Will End.* 박여진 역. 『제4의 대전환: 거대한 역사의 순환과 새로운 전환기의 도래』. 서울: 한국경제신문

사, 2024.

Jordan, Spencer. *Postdigital Storytelling: Poetics, Praxis, Research*. London & New York: Routledge, 2020.

McLaren, Peter & Jandrić, Petar. *Postdigital Dialogues: On Critical Pedagogy. Liberation Theology and Information Technology*. New York: Bloomsbury Academic, 2020.

Moltmann, Jürgen. *Der Geist des Lebens*. 김균진 역. 『생명의 영』. 서울: 대한기독교서회, 1992.

Negrut, Vasilica & Arisith, Mirela. *Designing and Implementing Competency-Based Curriculum*. Las Vegas, NY: Lambert Academic Publishing, 2013.

Poling, James & Miller, Donald. *Foundations for a Practical Theology of Ministry*. Nashville: Abingdon Press, 1985.

Schweitzer, Friedrich. *the Postmodern Life Cycle: Challenges for Church and Theology*. Missouri: Chalice Press, 2004.

Scilderman, Hans. and Scherer-Rath, Michael. "Redefining Pastoral Care and Counselling." *Hermeneutics and Empirical Research in Practical Theology*. ed.. Chris A. M. Hermans and Mary E. Moore. Leiden·Boston: Brill, 2004.

Understanding of Hermeneutical Practical Theology

해석학적 실천신학 이해

발행일 2025년 9월 5일

지은이 이원일
발행처 크리스찬 커리큘럼
주 소 대구시 수성구 노변공원로 22 106동 707호 (시지동, 노변동서우방타운)
전 화 010-2378-1137
기획·인쇄 신원사
등 록 제2017-000012호(2017.4.14)

ISBN 979-11-994433-0-3 (93230)
값 15,000원